中国新文化百年史丛书
ZHONGGUO XINWENHUA
BAINIANSHI CONGSHU

中国新文化百年史丛书

学术顾问

| 贾平凹 | 金铁霖 | 卢新华 | 马秋华 |
| 莫　言 | 温儒敏 | 吴为山 | 杨　义 |

编撰委员会

陈跃红	丁亚平	方　宁	郜元宝
郝雨凡	胡志毅	李继凯	林　岗
栾梅健	马相武	彭志斌	王　宁
王兆胜	汪应果	许　明	杨剑龙
张福贵	赵毅衡	朱寿桐	朱栋霖
朱晓进			

国家出版基金项目
NATIONAL PUBLICATION FOUNDATION

国家"十二五"重点图书出版规划项目
NATIONAL TWELFTH-FIVE-YEAR-PLAN KEY BOOK PUBLISHING PROJECT

王勇 著

中国思想文化百年史

SIXIANG WENHUA

中国新文化百年史
丛书主编·朱寿桐
1

南京师范大学出版社
NANJING NORMAL UNIVERSITY PRESS

图书在版编目(CIP)数据

中国思想文化百年史 / 王勇著. —南京：南京师范大学出版社，2018.12
（中国新文化百年史丛书）
ISBN 978-7-5651-4012-9

Ⅰ.①中… Ⅱ.①王… Ⅲ.①思想史－中国－近现代 Ⅳ.①B25

中国版本图书馆 CIP 数据核字(2018)第 303039 号

丛书名	中国新文化百年史丛书
书　　名	中国思想文化百年史
著　　者	王　勇
责任编辑	向　磊
出版发行	南京师范大学出版社
地　　址	江苏省南京市玄武区后宰门西村 9 号(邮编：210016)
电　　话	(025)83598919(总编办)　83598412(营销部)　83373872(邮购部)
网　　址	http://press.njnu.edu.cn
电子信箱	nspzbb@163.com
照　　排	南京理工大学资产经营有限公司
印　　刷	南京爱德印刷有限公司
开　　本	710 毫米×1000 毫米　1/16
印　　张	24.75
字　　数	360 千
版　　次	2018 年 12 月第 1 版　2018 年 12 月第 1 次印刷
书　　号	ISBN 978-7-5651-4012-9
定　　价	98.00 元

出 版 人　彭志斌

南京师大版图书若有印装问题请与销售商调换

版权所有　侵犯必究

序　言

　　中国新文化萌发于近代启蒙主义政治、社会、文化思潮，到五四新文化运动时期形成巨大气候并进入实质性运作，在以罕见的强势和决绝姿态"告别"了源远流长的中国传统文化之后，历尽时代的风狂和雨暴，饱经岁月的辉煌与沧桑，伴随着中国人民乃至全世界华人跨越一个世纪的艰辛与卓绝，光荣与梦想，成为一百年来几代中国人关系模式、人生方式、思维程式、行为范式和言论体式的品质与风格的呈现。中国新文化充分汲取了西方文化的精神营养，同时也承传了传统文化的丰富资源，因应着时代的节拍，体现着中华民族多元文明的质地，在当代世界文明的总体框架下独特而精彩地生息并发展，艰辛而顽强，青葱而壮硕，根深而叶茂。

　　百年的沧桑需要总结与回望，百年的辉煌值得讴歌与阐扬。汉语学术界从来就不缺少治史的热忱与传统，但这样的热忱常常被某种价值忌惮和畏难情绪疏隔在中国新文化史的编修之外。关于中国古代文化，各种版本的文化史专著精彩纷呈，但关于中国新文化史的学术撰述却相对冷落。在中国新文化历史范畴内，许多时代的纷争和意识形态的现实差异无疑将限制历史述说的深刻精准和理论阐述的畅快淋漓，而文化内涵的无所不包以及外延的难以捉摸更会让审慎的研究者望而却步。

　　但学术的延宕终究不能抵挡甚至销蚀百年文明的历史魅力。为这样的学术魅力所吸引，我们可以不揣冒昧，无所忌惮，不畏艰辛，写下中国新文化百年的史迹与节奏，伴之而起的是我们的观察与思考。

一、文化及其学术结构

中国新文化是人类文化史上杰出而富有生命力的存在。它植根于中华传统文化的深厚土壤,吸纳外来文化的营养与资源,体现着亿万中国人在特定时空条件下的价值选择和人生倾向,以其特定的演进轨迹和发展成果丰富了现代世界文明。

文化是一个异常复杂的概念。在相对保守的学术记录中,有关文化的定义有170多种,而宽泛一些的统计则多达400种。一种学术概念,如果存有多种定义,就足以表明关于其学术内涵的理解已经陷入了某种混乱,其所引起的概念之辩足以引起旷日持久的争讼。在这样的意义上,关于文化的定义到底是170多种还是400种的论辩往往说明不了别的情形,仅仅能够说明,每一个严肃的学者都可以而且应该对文化的学术概括作出自己的思考和判断。

显然,几乎所有自然、社会、人文现象都可以用文化加以概括,或者加以描绘,甚至连自然的地质记录都已经用文化概念加以表述。通常意义上人们比较习惯于将文学艺术算作基本的和典型的文化现象,类似于许多政府文化管理部门的职责范围。但毫无疑问,人类的思想和学术属于文化的重要内涵,所有社会典章制度、宗教信仰、经济运作等,以及社会习俗、民风民俗的积淀,都是文化必然属性的体现。这些文化现象都是人类文明形成或创造的结果。文化,如果从汉语语词的构成进行解析,当表述为人类文明与开化的所有痕迹的总和。

用钱穆所阐述的文化概念,"文化只是'人生',只是人类的'生活'",不过是"集体的"、"大群的人类生活"而已[1]。文化与人的活动相关,因而可以从人类文明和社会行为开化的意义上理解文化。

然而立即需要面对的问题是,许多自然现象都被纳入文化表述的范

---

[1] 钱穆:《文化学大义》,第4页,北京:九州出版社,2011年。

畴。既然远在人类尚未产生之前的宇宙间就存在我们称之为文化的东西,这是否意味着,文化并不完全属于人类文明,它可以是自然的现象? 可能的答案是,只有那些被人类的文明所认知、所理解并经过人类文明表述的自然现象才是文化的。宇宙空间尚有许多未被认知的天文现象,地质构造中也留有不少未解之谜,这些都无法纳入文化的表述之内。自然现象须带着与之相适应的文化表述才属于文化范畴。在这一意义上,钱穆的观点值得借鉴。钱穆认为,人类的文化即便是在物质和社会生活层面的,也仍然包含着精神的因素,而且精神因素才是文化的本质:"若使人类没有欲望,没有智慧,没有趣味爱好,没有内心精神方面种种的工作活动参加,也将不会有衣、食、住、行之一切物质创造与活动。"[1]

如果说人类文明可以被认为分别体现在自然、社会和狭义的文化这三个方面,那么,文化注定是人类文明的异称,是人类对自然现象的认知理解,对各种社会现象的观念表述,以及在思想、学术、文化、艺术及其承载传播等方面的创意性结果。

这样,文化被自然地分为三个层次。首先是文化的核心层次,也就是通常所说的纯文化层次,在思想、学术、文化、艺术及其承载传播层面的创造性继承与发展的文明形态。其次是结构层次,也就是社会法律制度、道德规范和宗教信仰等等,它们都体现为一种法规,一种约束,一种要求人们遵守的制度,虽然它们本身也许并不都以制度的状态出现。这种社会制度在重要性上远远超过一般意义上的文化,但作为观念概述又体现为文化的基本内涵。再次是物质文化层次,包括被理解的自然文化,以及各种人类物质创造的时代性理解。文化的本质是观念文明的痕迹与开化的结果。

钱穆在《文化学大义》中同样阐述了文化的三个层次,分别是物质的(自然的),社会的,精神的,也就是物世界、人世界和心世界[2]。这大致是准确的。但社会层面的文化也可能是物质的,如各种社会法律宗教设施等

---

[1] 钱穆:《文化学大义》,第8页,北京:九州出版社,2011年。
[2] 钱穆:《文化学大义》,第9页,北京:九州出版社,2011年。

等,特别是社会经济生活的方方面面。从这个意义上说,斯特恩(H. H. Stern)将文化分类为物质文化、制度文化和精神文化这三个方面,更能够行得通。不过中文的翻译将斯特恩的第三层次文化表述为心理文化,显然缩小了这一分层的文化范围,应该作为精神文化进行理解和阐述。

文化代表着人类文明积累的结果,自身的构成非常复杂,物质文化必然包含且呈现出某种精神的内涵,才能够成为人们文化认知的对象,这便是如前所说的,自然文化中没有被人类文明认知的部分,就不能算是文化,也不能进入文化的表述。同样地,即便是精神文化的类型,也必须通过一定的物质文化加以承载。精神文化和物质文化都是在相对意义上形成的某种分别。

但之所以作物质的、精神的和制度的三种类型的划分,是因为在对文化进行学术把握的时候,需要进行分门别类的研究,需要在诉诸人类文明思维的方法和途径方面进行类型学的概括。明确了此三种类型,便可以对一个民族某个时代的文化种类进行基本的结构阐析。之所以将钱穆所提出的社会文化修订为制度文化,是因为社会文化中既包含精神文化,也包含物质文化,精神与物质相对,但"社会的"类型在逻辑上无法与之并列。社会文化中包含着许多精神文化内容,也包含许多物质文化内容。从物质到精神类型,应该有一个介乎其中的制度文化类型,它确实立足于社会层面,但既不偏重于物质也不纯然体现于精神,而体现为一种文化方法——调节和制约人类社会行为和价值规范的文化方法,包括政治、道德、宗教、法律、教育、习惯等等。

钱穆倾向于将物质文化或自然文化当作广义文化,而将社会文化和精神文化视为文化研究的主要对象,由此,他将文化分为七个类别:经济、政治、科学、宗教、道德、文学、艺术[1]。这样的分类兼顾了他所阐述的社会文化和精神文化两大类型,但其间仍然有许多疏漏,也有一些混乱。例如,在精神文化类型中,思想文化、学术文化无疑是重要的文化现象,钱穆的概括中却忽略了这两方面的内容,而一般理论都倾向于将文学纳入艺术范

---

[1] 钱穆:《文化学大义》,第32页,北京:九州出版社,2011年。

畴,这里却主张将两者在类型上截然分开。

但钱穆作出了重要的理论开创,认为文化研究的重心,文化史研究的基点,应在社会文化和精神文化两大类型,而诉诸精神层面的文化现象才是文化研究的当然内容。在这样的意义上,他应该较少地涉及他所谓的"社会文化",而更关注精神文化的多个方面。但在他的框架设计中,社会文化如经济、政治、科学、宗教、道德等占据了文化类型的主要地位,精神文化方面仅仅涉及文学与艺术,未能充分反映这种类型中更广阔的文化内涵。按照我们的类型分析,文化分为物质文化、制度文化和精神文化。在每一种文化类型之中,又可以分为若干个文化种类。物质文化类型中,可分为自然文化、天文文化、山水文化、社会物质文化等。制度文化类型中,可分为政治文化、法制文化、道德文化、宗教文化、教育文化、民俗文化等。精神文化比较复杂,又可分为三种类别的若干形态。第一种类别是思想、学术文化,包括思想文化、学术文化、科技文化等,这些文化都是创造性思考的结果,因而从文化建设方法上可以概括为创思文化。第二种类别为创作文化,是文学、艺术文化,包括文学(当然文学可以归类为艺术,但在艺术创作中又占有突出地位)、音乐、美术、雕塑、建筑、戏剧、舞蹈、电影等。第三种类别为设计、传媒文化,这是一种创意性工作的结果,又可概括为创意文化,包括社会生活各个方面体现的设计文化,以及不断发展和更新的传媒文化,等等。为了较为清晰地反映这样的文化结构,特制下表:

文化类型	物质文化				制度文化	精神文化		
次类型	自然文化	天文文化	山水文化	社会物质文化	政治文化 法制文化 道德文化 宗教文化 教育文化 民俗文化	思想、学术 文化: 创思文化	文学、艺术 文化: 创作文化	设计、传媒 文化: 创意文化
形态						思想 学术 科技	文学 音乐 美术 雕塑 建筑 戏剧 舞蹈 电影	设计 传媒 娱乐

二、新文化及其历史把握

所谓中国新文化,是指中国百年来形成的融入西方因素的文化潮流和文化成果。新文化以近代启蒙主义思潮为基础,与现代政治、思想、文化革命密切联系,经过不同时期的运作、发展与调整,反映着现代中国人与传统相异的思维方式、语言方式及其支配下的生活习惯,生动地体现了从物质文明到价值观念、制度文化,再到精神文明的世界化与现代性的文化轨迹。

由此可见,百年新文化的历史总结,必须紧扣新文化的性质。并非在现当代历史时期出现和活跃的所有文化现象都属于新文化范畴。新文化必须体现新的价值观,体现近代以来的西方化和世界化因素,体现现代性的文化理念和文化形态。这是新文化的主体形态。与此同时,必须充分认识新文化的附庸形态,一定的传统文化传承到现代历史阶段,在现代生活中获得了时代性的赋形,它自然以其特有的方式和形态参与到新文化运作之中。

任何一个民族的文化,都与这个民族的传统有着密切的关系。中国新文化从这个意义上说,也割不断与传统文化的联系。事实上,如何处理与传统文化的关系,一直是新文化运作和运动的重要课题。但另一方面,鉴于新文化的发动以否定传统文化为价值前提,新文化的当然品质包含着相当浓厚的世界化、现代化的价值内涵,因而我们的新文化史研究应该立足于新质文化,尽管我们不可能完全认同全盘接受新文化倡导时期文化精英们的价值理念。这样的新文化品质认定,使得我们将传统文化史学所必然包含的民俗文化等等,从新文化史学系统中分离出去。民俗文化与传统文化的联系更为紧密,是长期形成并且在一定时间内难以真正改变的文化形态和文化方式,它的现代形态即使参与到新文化之中也只是一种时代赋形,并不体现新文化的本质内容。

我们对文化作出了如下的基本价值定位:文化是一定历史条件下人类文明与开化的结果,这样的文明与开化包含着鲜明强烈的观念和价值成分,因而其主要内涵在于精神层面。于是,新文化的历史研究和规律性研究主要以精神文化为主,部分涉及体现现代中国人社会价值理念的制度文化,但基本上不涉及物质文化,尽管新文化中的物质文化也包含着许多新质成分,特别是社会物质生产的结果(现代产品,主要是工业产品)。

新文化的历史研究还必须从新文化发展的实际出发,而不是从概念出发。新文化百年的发展并不是在文化的所有方面都有同等的效果和成就,为了准确反映新文化的发展成就,突出新文化成就的主导方面,对于滞后发展的一些新文化类别与形态理应采取学术兼顾的办法。具体地说,传统"八大艺术"中,美术与雕塑是并列关系,但新文化在中国的发展实际显示,雕塑的成就及发展线索在新文化总体格局中尚不足以独立成一个构成部分,因而可以将其与书法并入美术类属之中。同样的道理,舞蹈也可以从新文化发展的实际出发并入戏剧类属。中国新文化发展过程中,建筑艺术从文化创作的意义上来评判,属于颇为积弱的艺术文化部门,中国现当代建筑如果有值得进行历史研究的价值,则可能体现在它的某种创意性方面。于是,宜将新文化的建筑艺术部分从艺术文化的类型中抽绎出来,置于"创意文化"中的设计门类之中。

需要从中国百年来的新文化发展实际出发,对政治文化加以审慎对待。中国特殊的国情决定了我们的政治带着一种时代的刚性,它渗透到社会生活和物质文化的方方面面,一般不体现为一种文化形态(尽管文化内涵非常丰富),而是体现为决定人们价值观和意志力的意识形态和制度形态。这种刚性政治不宜单纯从文化层面加以阐述。从文化层面进行阐述的政治文化大多与社会法制建设紧密相连,因而所清晰呈现的是社会政法文化现象。

同样是从百年新文化发展的实际出发,当我们的历史叙述以中国大陆为本位(文化的空间属性决定了我们必须以此作为新文化的核心地带进行学术阐述)的时候,有些必然的文化现象会以偶然的文化样态出现,譬如宗教文化。在叙述中国现代文化史的时候,宗教文化明显地呈断裂状态。

于是，从新文化百年历史的实际出发，我们论述的重点是：

制度文化类型：政法文化

　　　　　　　宗教文化

　　　　　　　教育文化

精神文化类型：

　　思想、学术文化次类型：思想文化

　　　　　　　　　　　　　学术文化（含科技文化）

　　文学、艺术文化次类型：文学文化

　　　　　　　　　　　　　音乐文化

　　　　　　　　　　　　　美术文化

　　　　　　　　　　　　　戏剧文化（含舞蹈）

　　　　　　　　　　　　　电影文化

　　设计、传媒文化次类型：设计文化（含建筑、广告等商业设计、工业设计等）

　　　　　　　　　　　　　传媒文化（含出版文化、电视文化、网络文化、游戏等娱乐文化）

三、学术理念与学术结构

新文化的历史形态包含各个时期的新文化运动，包括一定历史条件下的新文化运作，以及这种运作的结果，即新文化在各领域的成果。新文化史的各个领域、各个课题的各个阶段，都应该从相应的文化运动（文化思潮）或者相应的文化运作（文化团体性的作为）展开历史的陈述，在此基础上，突出本阶段在本领域最具标志性的文化成果，重点介绍本领域在本阶段最具代表性的文化人。对于代表性人物和标志性作品，当然需要充分揭示其文化内涵，阐明其文化意义。

新文化百年在不同的历史时段,呈现出不同的时代主题,这些时代主题可以说是那个时代新文化的主旋律,也可以说是推动新文化不断发展的核心动力。从新文化运动开始正式掀起的1915年,到北伐战争兴起之际,这是新文化发展的第一个历史阶段。此阶段以中国文化的世界化和现代化为基本指向,突出的主题便是陈独秀概括的"民主与科学"。这时期的民主更多地体现为现代价值理念,而不是政制设计。科学在这里代表着实事求是的求实精神,以及破除迷信的现代人生态度和社会伦理。围绕着科学民主的时代文化主题,对新文化持保留甚至反对态度的文化思潮同样应该得到关注,并尽可能揭示它们的合理性,因为即便是反对新文化思潮的群体,往往在民主价值观和科学世界观方面也并非完全持反对的态度。如学衡派虽然反对新文化倡导者的某些观念和做派,但他们标举的新人文主义同样包含一定的民主思想和价值理念。各个门类的文化建设和文化倡导都以民主与科学的突出主题展示其自身的时代特性。

可以将1927年至1936年,概括为新文化运作的反思及内部调整时期,这时期的文化主题可用"革命与自由"来概括。从北伐战争到左翼运动,新文化的时代主题便是革命。这既是政治和战争意义上的革命,也是意识形态、文化艺术领域的革命。这场连续性革命的目标是争自由,其中包括工农群众的自由诉求,以及知识分子的自由意志。革命的倡导者祭起的法宝便是"争自由",对于"革命"持质疑态度的"自由人"同样标榜自由。对于许多知识分子、文化人而言,这是中国现代史上最为自由的时代,特别是在文化上的展开,都充分显示出自由的力量。

1931年,以"九一八"事变为标志,中国进入了旷日持久的抗日战争历史,而1937年的"七七事变"标志着全面抗日的展开,由此开始直到中华人民共和国成立之前,中华民族被拖进深重的、全面的、灾难性的战争岁月。日本帝国主义的侵略无疑是一场民族的灾难,而民族战争之后的内战使中华民族和广大民众面临的战争灾难未能即时结束。灾难中的呻吟,有民族反抗和自卫的呼声,有争取民主与捍卫和平的呐喊,新文化的时代取向是服务于现实,服务于危难之际的中华民族,此时代的新文化核心价值是"民族与民主"。共产党领导的延安等革命根据地,在那个时代显示出政治的独立性和独特性,但文化核心仍然是民族与民主。在内战时期民不聊生的情形下,文化界对当局的抗争与谏议,也都集中在民主话题和民族自救的内容。只是,这个时代的民主要求,较之于"五四"以后至20世纪20年代宣扬的"德先生",明显多了一些政治体制方面的改革要求。

以中国大陆为主导空间,1950年以后的新文化呈现出党派文化的特性,在共产主义理想的引领、激励和阶级斗争主题的促动下进行运作。"理想与斗争"是这个时代文化运作的突出主题。"文化大革命"不过是这种文化发展到极致的一种爆发。这一阶段的端点以"文化大革命"的结束为标志,其间逐步形成了非常有时代特色的文化面貌。

毫无疑问,1978年至1992年,是中国改革开放的历史阶段,制度文化和社会文化方面的拨乱反正,思想文化和价值观念上的正本清源,改革被赋予时代伦理的正当性,开放成为锐不可当的时代潮流,其间经历的种种历史浪潮的回旋,终究不能阻遏历史最初向着"四个现代化",后来向着小康社会不断努力的脚步。

1992年以后,历史进入到类似于后现代文化发展的时期,多元价值观念的形成,伴随着多媒体时代来临,形成了一直延续到当下的时代文化,这一文化以"多元与和谐"为主题,持续地演绎着新文化的活力与精彩,当然也同时演绎着新文化的尴尬与无奈。各种各样的文化在继承新文化传统的意义上呈现出自身的多元与开放,不断调整和制抑的呼声终究无法影响多元文化的发展。多元文化包含着许多劣质因素,但能够包容这样的多元就有足够的定力消除这样的劣质因素。拥有这样的定力是我们这个时代新文化的风采与胸襟,拥有这样的胸襟意味着新文化历经百年的成熟。

中国新文化的运作以1915年创刊的《青年杂志》(后改为《新青年》)为正式起点,2015年纪念新文化运动一百周年便成为文化热点。自2015年4月份开始,全国各地包括北京、上海、济南等重要城市都相继举行了各种规格、各种专题的学术研讨会,隆重纪念、深入研讨新文化和新文化运动。2015年9月14日,由澳门大学中文系和澳门大学南国人文研究中心主办的"中国新文化百年纪念学术研讨会",引起了海内外媒体和文化界的普遍关注。中新社对外发了通稿,全球100多家媒体予以报道。此会议之所以有如此反响,一是汇聚了海峡两岸暨香港、澳门有代表性的文史专家和文化学者[1],而且是非常集中地从海峡两岸暨香港、澳门的历史、现实出发进行研讨,从不同的社会、学术、文化背景对影响了一百年的新文化进行了深入、理性的探究,这样的交流能够体现出对中华新文化或汉语新文化的较为真切、全面的认知与反思;二是改变了一般学术会议议而不决的状况,达成了对于新文化认知的某种共识,作为会议的重要成果,发表了《新文化的重释与新倡》[2],俗称"澳门共识",对中华新文化作出重新阐释并提出了新的倡导性意见,其中的关键词是:"理性民主"、"科学发展"、"文明进步"、"多元和谐"。

这四组词,可以说是并列关系,也可以说成是修饰关系。"民主"是新文化运动举为先导的一面鲜亮的旗帜,当时有一个高雅而十分富有美誉度的名字"德先生",几乎所有积极的现代理念,如自由与平等、正义与公平等等,都可以在"民主"的理论框架内进行定位。但必须承认,民主的实践在不同的区域、不同的文化语境中有着千差万别的形态与体态,它们即便处在相互矛盾甚至相互对立的状态下,也可能都以"民主"的面目出现。五四时代的"民主"精神,应该是一种时代的理性精神,用陈独秀在《敬告青年》中的话说,是"诉之主观理性"的精神,它所吁求的是一种"自崇所信"的主体理性,是一种"自主的而非奴隶的"精神。即便是在现代民主体制已经基本建立的社会秩序中,这样的理性精神仍然是值得尊崇和倡导的。科学发展是一种当代文明的发展观,历史要前进,时代要发展,但这样的前进与发展不应该像陈独秀所痛心疾首指出的"恶流奔进",而应该是带着科学精神

---

[1] 参加本次会议并达成"澳门共识"的,来自海峡两岸暨香港、澳门以及海外的著名人文学者有许明、汪荣祖、杨义、林岗、龚显宗、张福贵、李继凯、朱寿桐、胡志毅、汤哲声、栾梅健、孔庆东、王性初、白杨、徐晋如、张志庆、崔明芬、周仁政、曾一果、龚刚等。

[2] 分别见香港《文汇报》,2015年11月23日;《澳门日报》,2015年11月18日;《社会科学辑刊》,2015年第6期。

和科学态度的良性发展。于是,即便是在历史的理念展开中,"科学发展观"也是对中华新文化作出的一个重大的时代性贡献。文明进步的关键是要文明地对待各种文化传统和思想资源。我们今天常用的一个词是"与时俱进",在新文化倡导者那里所用的一个词是"日新求进",不进则退,事关民族的生死存亡。但我们的进步必须是有传承、有秩序的文明的进步,必须是在继承和发扬优秀文化传统的前提下所取得的时代性进步。那种以偏激的态度否定和背叛传统而硬性推进的进步,实践证明有碍于文明的提升。文明的态度既然是以克服偏激为前提,则在对待异族文明和他国文化的意义上也同样应取尊重和科学的精神,实事求是的精神,吸取其优良精华,剔除其恶俗糟粕。多元和谐是指新文化的活力在于它的多元性,在于它拥有开放、包容的文明范式,并通向和谐、协同发展的内在机制。不同背景、不同基质、不同资源和不同地区的文化,都能够在中华新文化的时代平台上协调发展,从而构成了中华文明新的发展秩序[1]。

有关中华新文化的"澳门共识"体现出一种敢于对历史和现实负责的文化精神。从历史维度而言,"澳门共识"当然是以"民主"、"科学"为核心的五四新文化精神,这是新文化的理性类型的表达。在这样的理念基调下,结合新文化百年来在不同地区的实践经验和教训,从正反两方面总结、提炼、补缀而形成了四个概念,八个关键词,十六个字。从空间维度而言,"澳门共识"的现实文化基础,就是不同区域的中华文明在新文化语境下的发展态势所构成的趋势。不同的政治区块,经过新文化的淘洗、炼冶,都能够在理性民主、科学发展、文明进步、多元和谐的意义上趋于和洽,这是民族之幸,文化之幸。从现实层面而言,各地区的社会发展都取得了相当的成就,也都面临着这样那样的一些问题,而"澳门共识"都能对这些突出的社会发展问题有所回应。

新文化发展拥有一个辉煌壮丽的开端,以《新青年》为核心叫喊出了时

---

[1] 参见朱寿桐:《新文化的反思与前瞻——新文化"澳门共识"略解》,《明报月刊》,2015年第11期。

代的绝响。在它完成了百年历史的流转之后,应该具有本着时代立场发出的对于先贤哲言与功业的某种回声,尽管这回声可能非常微弱,但只要符合时代的理念,只要能得到不同地域不同背景的文化研究者的共鸣,就应该被理解为是新文化倡导之声在历史另一端的一种回声。历史也许会记录这样的回声,哪怕是作为对新文化倡导作出正面响应的一种努力与尝试,都应该为文化史研究者所关注。毕竟,这是一种有意义的努力,毕竟,这样的回声具有这个时代跨越地域、跨越政治的代表性价值,更重要的是,它已成为海内外纪念新文化百年活动的一个绝响,因而其对于中国新文化发展史应具有一定的标识性。

简约列之,新文化百年的历史可分为六大阶段,每个阶段都有突出的时代主题:

  阶段 大致时段 时代主题
  第一阶段:1915—1926,民主与科学
  第二阶段:1927—1936,革命与自由
  第三阶段:1937—1949,民族与民主
  第四阶段:1950—1977,理想与斗争
  第五阶段:1978—1992,改革与开放
  第六阶段:1992—现在,多元与和谐[1]

文化的发展是非常复杂的历史过程。一方面,一种文化主流并不能取代甚至有时都无法掩盖这一时段同时存在的文化支脉。有时候,处在文化支脉上的文化运作可能比文化主流更具活力和影响力。另一方面,也需要克服那种僵硬的思维方法:以为与文化发展主流相对立的就一定是逆历史

---

[1] 这里所列的具体年份都有一定的标志性事件作为支撑,但只是一种大致的时间范围的框定,因为文化的潮汐是流动的。另外,文化的发展与政治历史的进程未必完全同步,1931年我国已经进入抗日战争时期,但在全面抗战爆发之前,那个时代的文化除了日益高涨的民族与民主文化而外,主要还是革命与自由文化的延续。

潮流而动的"反动"思潮。文化需要更多的理解与宽容,新文化的宽容姿态和海纳百川的气概须经过相当长的历史历练才能形成,而一旦形成往往就是其健康、成熟的标志。有关新文化的学术研究也需要带着这样的姿态与气概。

总之,声势浩大的五四新文化运动催生了五四新文学,传播了民主与科学,并且直接促进了共产主义思潮的中国化和中国共产党的成立。新文化的百年发展,使得中国社会从思想上、文化上、政治上和生活上走出了古老的中国传统,并在西方"民主与科学"的现代价值观的引领下,特别是在马克思主义的指引下,建构了自己的新文化传统。蔡元培等认为五四新文化运动就是中国的文艺复兴,毛泽东等革命领袖充分评价五四新文化运动对于现当代中国的巨大意义。值此"五四"一百周年纪念之际,我们的研究便能凸显出以下的意义:

全面总结新文化运动的成功经验,以便在今天社会主义建设新常态的情势下,尊崇新文化的伟大传统,分析和开发新文化的伟大传统,加深对社会主义核心价值观的理解与认识;对于新文化运动中的某些偏颇及其所遗留的问题,进行学理的解释和理性的检讨,使得新形势下的社会主义核心价值观的建构更加科学。特别是如何面对优良的文化传统,如何理解西方价值观念的现代性与中国社会实际的适应性,我们须有清醒的认知。

合理地开发优秀的历史文化资源,建构新的文化品牌。以民主、科学为核心的新文化运动为中国现当代历史积累了优秀的文化资源,这种资源在不同时期的开发利用,体现着中国文化现代化历程的重要规律。对这一规律的把握和描述,足以建立一种新的文化品牌,科学地整合现当代文化研究的优秀成果,打造当代文化最优范本。我们将广泛吸收新世纪以来文化研究的优秀成果,力图在文化的理解以及现代中国文化的历史认知及其当代意义的认知方面有所成就。

将中国现代的政法、思想、学术、教育、传媒、文学、艺术等等置于文化分析的学术框架之下,有助于认清现代中国和当代中国的发展节奏与规律,为更好地建设社会主义当代文化提供足资借鉴的学术成果。文化是人类文明与开化的所有痕迹的总和。文化的核心层次,是在思想、学术、文学艺术及其承载传播层面的创造性继承与发展的文明形态。中国新文化是在与传统文化的复杂联系与挣脱中显现的历史形态,分别在思想、学术等创思文化类,文学、艺术等创作文化类,以及设计、传媒等创意文化类呈现出时代的风采。新文化的百年历程经过了"民主与科学"、"革命与自由"、"民族与民主"、"理想与斗争"、"改革与开放"、"多元与和谐"等六大阶段的时代主题。本丛书将从上述三大门类,以及纵向的六个阶段总结中国新文化百年的成就与局限,以及历史节奏与规律。

四、关于《中国思想文化百年史》

本卷探讨中国现代思想文化史,以及中国现代思想文化运作的时代特征。作者王勇教授长期研修中国文学,又在哲学、思想领域钻研有年,用力甚勤,是承担这一课题的不二人选。

中国新文化始终是一个充沛着思想的激情和魅力的社会运作。最初,新文化倡导者在世界潮流浩浩汤汤的大势之下反思中国"百事不如人"的情形,得出了这样的结论:中国文明与世界文明相比较,最重要的落差体现在思想文化方面。陈独秀1915年发表《东西民族根本思想之差异》一文,认为"五方风土不同",造成了思想的差异,而思想"因以各异",则形成了文明成色与形态的巨大分野。在这样的认知基础上他比较东、西洋民族不同的"根本思想",言其大者曰:"西洋民族以战争为本位,东洋民族以安息为本位。""西洋民族以个人为本位,东洋民族以家族为本位。""西洋民族以法治为本位,以实利为本位;东洋民族以感情为本位,以虚文为本位。"显然,西洋民族的思想比东洋民族和中华民族的根本思想更积极进取,更注重"实利"。此前在《敬告青年》,此后在《文学革命论》等战斗性檄文中倡导"自主的而非奴隶的","进步的而非保守的","进取的而非退隐的","实利的而非虚文的"等新文化之"义",其实都立足于这种根本思想之改造的观察。

这是一种观察,远不是一种真理性的阐述,其中的偏颇和局限在所难免,也可以展开持久的、多方面和多层面的讨论,但对于思想要素的根本性强调,以及对于西方文明思想品质的倾向性认知,对于中国文明思想惰性的批判性阐述,在一派思想混沌清浊莫辨的历史情状下可谓振聋发聩,能奏如雷击顶之效。可以说,新文化运动的观念基础,新文化运动的基本动力,新文化运动的目标指向,都通向思想革命、思想改造和思想重建的时代命题。

胡适积极参与新文化运动,主要精力放在白话文学的倡导上,但他非常重视文学中的思想的表达。《文学改良刍议》一文倡言的第一要点就是"言之有物",而这里的"物"包含情感与思想:"吾所谓'思想',盖兼见地、识力、理想三者而言之。思想不必皆赖文学而传,而文学以有思想而益贵。思想亦以有文学的价值而益贵也。"文学中要有思想,文学也可以提高思想的质地感和价值。伟大的鲁迅是中国文化革命的主将,是中国新文学的缔造者和辉煌实践者,被革命领袖谥以革命家、思想家和文学家的称号,而在王富仁这样的学者心目中,他的最伟大的价值是在于思想革命方面。王富仁因此贡献出 20 世纪最重要的学术专著《中国反封建思想革命的一面镜子》。可见,从一定的角度看,新文学的建设实际上离不开思想建设,甚至就是思想建设的重要组成部分。

在新文化运动倡导者的群体之中,陈独秀对思想的敏感和重视,使他取得了卓然独立且在当时无可替代的领导者地位,因为他所强烈触碰并强力推进的思想革命、思想改造和思想重建的时代命题实际上是新文化运动和新文化建设的根本命题。这或许正是胡适与陈独秀这两个新文化运动伙伴之间的差异之所在。如果胡适当年提出"多提出些思想,少谈些主义",或许就不会承受来自于新文化内部同道者的那么大压力。事实上,新文化倡导时期和新文化建设之中,各种"主义"的树立、张扬,其实都体现在相应思想的阐释及论辩上。离开了思想的"主义",任何时候都是荒诞不经的空壳。至少是在中国现代历史上,大部分引人注目的主义都是伴随着密集而厚重的思想登堂入室或行走江湖的,徐志摩那句"思想被主义奸污得苦"的感叹实际上是在为某种尚未标明"主义"的思想表达一种抗议而已。

毋庸讳言,20世纪的中国由于各个时期现实问题的严重、复杂、急切,需要强势的"主义",甚至需要维护一定"主义"的强势,这就导致思想需与相应的"主义"相吻合,各种各样的非"主义"类属的思想,也许就是徐志摩为之鸣不平的那样一类思想,就得不到充分的机会加以施展。原创性的思想在这个时代常常缺席于历史的喧嚣。原创性思想的单薄导致思想批判深度的消减,思想争鸣气氛的薄弱,实际上影响了时代思想的活跃程度。但这不妨碍仍然可以这样看待面对的时代和社会,它因为坚定的"主义"的力量而充满思想的张力和魅力,其思想的稳定性和有序发展性有益于协调这个社会的秩序和这个时代的前进步伐。

中国现代生活中的"思想"问题常常被混淆为政治问题,那样就会联系着一种危险的思维定式,历史的教训常常提醒人们,须尽力加以避免。

中国现代生活中的"思想"现象常常被处理为学术考察和学术阐论的对象,那样会使抽去思想自身丰腴的质地和鲜活的水分,使得再活跃的思想也因此显出"不死不活相"。经常看到的思想研究和学术研究正在做着这样的功课,其实这功课已经做得太多。

需要将中国现代文化意义上的"思想"还原为文化自身,需要从真正的文化角度去考察思想,定义思想,追寻思想的足迹,畅饮思想的意义。这才是伟大的五四新文化的精神,需要对思想进行政治考量和学术考量,但那不是思想的出发点和旨归,至少不是思想的全部出发点和旨归,而可以用作文化考量的有力参照。

朱寿桐

2018年10月22日改定

目 录

序　言　朱寿桐 | 1

绪　论　在矛盾、冲突与纠葛之中艰难前行 | 1

第一章　新思想文化百年史的重要开篇:"五四"新文化运动(1915—1926) | 88

第一节　前"五四"时期:新文化运动或现代启蒙主义思潮 | 91

第二节　后"五四"时期:社会主义或马克思主义的广泛传播 | 121

第三节　中国传统思想文化:在冲突与论争中的自我确立 | 142

第四节　现代思想文化的五色光谱:说不尽的"五四" | 158

第二章　"五四"新文化运动在革命年代的分化及多重呈现(1927—1936) | 162

第一节　"启蒙"向"革命"的转向及歧路 | 163

第二节　"中国社会性质"问题的大论争:马克思主义政党的思想文化"答卷" | 169

第三节　北伐战争后的政治角力 | 177

第四节 "新年的梦想"：庞杂的思想中透射自由、民主之时代
        呼求 | 185

第五节 "全盘西化"论的提出及其引发的论争 | 193

第六节 "中国文化本位主义"出台的时代背景及相关论争 | 206

第三章 "民族主义"主旋律下的民主建构及文化再造
（1937—1949） | 215

第一节 "新启蒙运动"："五四"的超越向度和马克思主义"中国化"
        的最初尝试 | 216

第二节 "毛泽东思想"的形成：马克思主义中国化的伟大成果 | 227

第三节 中国的民主建设工程：现代启蒙主义精神的承继与
        发展 | 244

第四节 民族主义的另一文化呈现："现代新儒学"思潮的兴起 | 254

第四章 在"理想主义"与"斗争哲学"的导引下，极左主义思
潮的生成、蔓延及肆虐（1950—1977） | 269

第一节 "十七年"时期：对资产阶级及中国传统思想文化的清算
        和批判 | 272

第二节 极左思潮的肆虐 | 283

第三节 现代启蒙主义思想的"薪火相传者"以及中国传统文化的
        "护卫者" | 287

第五章 思想和文化的春天:"回到真正的马克思主义"与"五四"启蒙精神的复归(1978—1992) | 296

第一节 纠"左"与"回到真正的马克思主义" | 297

第二节 "重回'五四'起跑线":现代启蒙主义的复归和"新启蒙主义"思潮的兴起 | 311

第三节 资产阶级自由化现象及其批判 | 325

第六章 回到"五四",超越"五四":当代思想在"复调"基础之上,以多元化和多重性的方式或姿势展开(1992—) | 329

第一节 改革开放和中国特色社会主义的坚守者 | 332

第二节 新自由主义的分化及"世俗化"启蒙的确立:"五四"现代启蒙主义的两个向度 | 341

第三节 新的政治、经济格局以及"民族主义"背景下,中国传统文化的复兴 | 354

主要参考文献 | 361

后　记 | 372

绪　论
在矛盾、冲突与纠葛之中艰难前行
——中国思想文化百年史的发展轨迹及其基本规律阐释

1915年9月,《青年杂志》在上海创办并发行。这不仅是"五四"新文化运动发生的标志,同时也成为中国思想文化百年史的发端和起点。而"五四"新文化运动的兴起,在中国现代思想史上也就具有历史性的标高和里程碑的意义。

在该套丛书总纲《中国新文化百年通史》的"绪论"部分,朱寿桐教授对"现代思想文化"或"新文化"有如下界定:"所谓中国新文化,是指中国近百年来形成的融入西方因素的文化潮流和文化成果。新文化以近代启蒙主义思潮为基础,与现代政治、思想、文化革命密切相联系,经过不同时期的运作、发展与调整,反映着现代中国人与传统相异的思维方式、语言方式及其支配下的生活习惯,生动地体现了从物质文明到价值观念、制度文化再到精神文明的世界化与现代性的文化轨迹。"[1]

在这个类似定义的阐释里,有如下几个关键词:中国、西方、传统、启蒙主义、世界化和现代化。在现代中国的思想文化语境之下,"西方"与"现

---

[1] 朱寿桐:《中国新文化百年通史》,第6页,南京:南京师范大学出版社,2017年。

化"，无疑属于同义语或同义词，这就像"世界化""全球化"与"现代化"属于同义语词一样，它说明这种"新文化"与西方或世界的内在的同一性关系；而"启蒙主义"与"现代化"也是如此，它说明这种新文化即文艺复兴以来的西方现代启蒙主义，这也是西方走向近代化和现代化的核心精神所在。因此，"启蒙主义"和"现代化"亦可视为表述同一话语体系特征的两个不同词汇。而"中国""传统"，则与"西方""启蒙主义""现代化"具有某种异质性的对应关系。

中国百年新思想文化运动的发展历程，也正向我们昭示了"新思想文化"这种总体特征，即以现代启蒙主义为核心价值理念，以现代化或世界化为标尺或旨归。同时，这种"新文化"与中国传统价值理念在总体上构成了矛盾关系，这种矛盾也即是我们平时所说的"传统/现代""中国/西方"之间的冲突或抵牾。

这种现代启蒙价值理念的核心，也即是民主、科学以及个性解放等现代西方思想。同时，这也是"五四"新文化运动或现代启蒙运动的主旋律之一。

来自西方的思想文化中还有重要的一支，那就是马克思主义。马克思主义是西方现代思想文化发展的必然的产物，是对现代启蒙主义思想进行革命性"扬弃"的产物。因此，它具有某种意义上的"双重属性"——既包含西方现代启蒙主义的核心价值理念，如民主、科学、人的自由和解放等思想内容；同时，又有着革命的思想新质，如阶级斗争、无产阶级专政和暴力革命等全新内涵。由于特定的历史原因，传入中国的马克思主义还包含了其发展之后的产物，也即列宁主义和斯大林主义的相应思想内涵。由于马克思主义的这种"双重属性"，在中国革命和建设的不同历史阶段，其价值取向时有偏仄的现象也就具备了合法性解释。但确定无疑的是，马克思主义不仅属于西方话语体系，同时，也是中国"新思想文化"的重要组成部分。在"五四"新文化运动的高潮时期，随着"十月革命"的一声炮响，马克思主义开始全面输入中国，并为中国先进的知识分子所热情拥抱，成为中国未来道路的重要选择项之一，并在建国之后成为国家主流意识形态。在并不算漫长的发展过程中，马克思主义的普遍真理与中国革命的现实相结合，在20世纪40年代形成了"毛泽东思想"；其后，则又在20世纪90年代形成了"邓小平理论"，创造性地建构了社会主义初级阶段、中国特色社会主义和社会主义市场经济理论体系，为马克思主义思想理论输入了新鲜血液。

毫无疑义的是，现代启蒙主义、马克思主义与中国传统文化三大思想文化体系不仅呈"三足鼎立"之势，而且构成了中国现代思想文化史的基本框架。

2015年9月14日，"新文化运动百年纪念学术研讨会"在澳门举行，达成了著名的"澳门共识"，即："理性民主，科学发展，文明进步，多元和谐，是新文化精神内涵的概括。"[1]"澳门共识"作为一条学术思想原则，渗透着对"五四"新文化运动、对中国传统文化持偏激态度的深度反思，倡言从理性多元的角度重新阐释新文化的应有内涵，并试图打破"中国/西方""现代/传统"的二元对立模式，从而消弭文化对抗所产生的各种内耗。这种努力兼具建设性和革命性。

应该说，在中国新思想文化百年史上，"澳门共识"所言说的"新文化精神内涵"是基本准确的，作为一条学术思想原则也具有建设性的价值，但这并不能从根本上否定和漠视"五四"新文化运动以来多元思想之间的矛盾、冲突和斗争这条思想主线索。这条思想主线索是基本明确和清晰的。当然，这种"明确和清晰"说法仅是概略式的，它并非想象中的那样清澈和澄明。事实上，在更多的情况之下，它混沌而模糊，显得错综复杂。现代启蒙主义、马克思主义、中国传统文化三大思想理论体系各领风骚，相互交错、纠缠，既斗争又融合；有时势均力敌，有时又此起彼伏，构成了中国现代思想文化史的复杂情形和态势。

如果不从中国新思想文化的各种矛盾、冲突和纠葛这条主线出发，将无法切中它的命理并真正说清其本质所在，也无法深入地描述其发展的历史轨迹和基本规律。而对这些矛盾现象的集中梳理，则又离不开八点，即：

---

[1] 引自中国新闻网报道，2015年9月14日。

① 抓住新旧思想文化矛盾和冲突这条主线索,探寻其特点、本质及其各种复杂性因素。② 新思想文化的内在张力及其冲突,是中国新思想文化的一大特质,这是"后发劣势"和"复调性"现象的主要表现。③ 新旧矛盾的不可调和性与新新矛盾的"复调性"关系是中国现代思想文化的主要特征。通过对中国传统文化的特殊性及中西文化的对接范式的研究,透过纷繁复杂的现象,探究和把握"后发劣势"及"复调"现象的形成原因,对其矛盾冲突的性质进行归类和界定,寻找其间的基本规律。④ 以"五四"新文化运动为范例,阐述中国新思想文化史的"复调"现象的具体呈现方式及其本质。⑤ 新思想文化输入中国的"前史"部分的陈述,从历史的维度来梳理和思考新思想文化"西风东渐"的历史进程。⑥ 对中国传统思想文化的价值进行重新估定,探寻新思想文化"内生性"的可能及其"现代化转型"的基础。⑦ 在历史和现实的双重语境中,反思和观照新思想文化的复杂态势及其选择性异变。描述新思想文化在与复杂现实相对接时的互动、错位、纠葛及新思想的萌生,以及历史选择和现实运作中的各种偏仄现象。⑧ 现代思想文化史的写作原则及整体性描述。

由此,我们可以寻找出纷繁的现象背后,现代思想文化运作的基本轨迹及其主要规律,从而更好地规范其发展,并更好地指导、规范和应用于现实世界的改造。说到底,思想文化的本质不是凌空蹈虚,坐而论道,而是要服务于现实世界的改造、改革目标或理想。新思想文化或现代思想文化也是如此。

一、新旧思想文化冲突的特点、本质及其复杂性

应该说,新/旧(中/西,现代/传统)思想文化之间的矛盾、对立以及激烈冲突是中国新思想文化史的基本面。

从思想文化史的角度来说,这种新旧思想文化之间的矛盾冲突有着诸多层面的表现形式。比如,民主与专制,自由与各种身心束缚,平等与等级制,法治与人治,科学与蒙昧,个性主义与"整体主义"(包括李慎之所说的

"大整体主义"与"小整体主义"),等等。这种新旧文化之间的矛盾和冲突是百年新思想文化史的本质和主体方面,也就是所谓"基本面"。对这个"基本面"的认可或肯定,是我们的研究和论述基础。

这种常说的新旧冲突或中西冲突,尚属表象。在本质意义上,这其实是落后、反动的思想文化传统与先进的、进步的现代思想文化之间的冲突,也即是前现代思想文化与现代思想文化之间的根本对立和矛盾。因此,从总体上来说,这种新旧冲突是本质性、根本性的冲突;虽然,其同一性方面也不可全面否定。而对新旧思想矛盾冲突的特点、本质及其复杂性的研究和探索,有助于我们探寻中国百年新思想文化的运行轨迹及其基本规律。

这些思想文化上的根本对立与冲突,主要表现在如下几个主要方面。

(一)民主与专制之间的冲突

这主要是"舶来"于西方的近现代民主主义思想,与中国二千多年来形成的皇权专制主义思想之间的根本冲突。由此推及,自由与专制制度下的各种人身束缚、平等与等级制、科学与蒙昧、法治与人治等思想文化上的冲突。

古希腊的"城邦制度",成为培育西方民主思想的最早摇篮。随着近现代的文艺复兴运动、英国宪章运动、18世纪的启蒙运动、法国大革命等的展开,民主终于酿成不可阻遏的思想潮流,并深入人心。而自秦朝以来,中国形成了以皇权专制为特色的统治方式和思想文化,在明、清两朝得到进一步加强并登峰造极。这就是西方学者笔下的所谓"东方专制主义"。1840年鸦片战争以来,西方的坚船利炮轰开了中国"闭关锁国"的大门,"西风东渐",民主思想逐步传入中国,并被先进的中国人所接受。于是,就有了最初的民主思想启蒙,以及作为政体的民主共和形式的实践。如,维新变法中的君主立宪制、辛亥革命的民主共和制、新民主主义等政制架设,这都是最初的民主实验和探索。但民众的民主启蒙尚不充分,因此,无论是君主立宪制还是民主共和制,在激烈的矛盾冲突之中均归于失败。这也正是"五四"新文化运动发生的历史背景,也是其首要主张和根本目标所在。"民主"与

"科学"一起成为两面猎猎飘扬的"五四"新文化运动的旗帜,也是最为核心的主题。其后,"九一八"事变后的民主宪政运动,以及思想界关于民主还是专制独裁的论争,抗战胜利之后围绕《中华民国宪法》起草的斗争,均是围绕民主与专制这条主线而展开。倡言民主,反对独裁,成为时代的最强音。这些现实的民主抗争,均是思想文化领域斗争的重要反映。

（二）自由与管控,或个性解放与以家族、国家为本位的"整体主义"之间的冲突

民主与自由是一对孪生兄弟,倡言民主,必然推崇自由。这是西方民主进程带给我们的最大启示之一。皇权专制,必然漠视和限制人民的各种自由权利,以"管控思维"对民众施以种种人身、精神上的束缚和羁绊。按照专制政权的思维逻辑,人民是子民、儿童或者说群氓,是"牧人"需要加以管理的"羊群",也就是所谓"牧民"。这起自于一种管控思维。不过,因为"皇权不下乡"的统治传统,这种"管控"呈现出一种特殊的历史景观。即对"士"阶层的政治控制和精神控制,主要以科举考试制度以及文字狱等,同时辅之以高官厚禄、金钱美女等各种方式的笼络和引诱。这是典型的"大棒＋胡萝卜"的手法。而对于普通民众,则主要是通过士绅、家族的方式,以儒家的"三纲五常"作为伦理手段,来实施各种人身和精神上的控制。这是一种伦理制约。当然,这并不排除政治控制的可能,如果以追求生存自由的方式来反抗皇权,则必招致最为严厉的镇压。这种管控思维或管控方式被历史证明行之有效,维持了数千年的皇权专制统治。因此,辛亥革命以来,自由成为革命志士们抛头颅、洒热血所追求的目标。而在"五四"新文化运动以来,"个性解放"即是自由的最强呼声。

从中国现代思想文化史来看,这种对自由的追求可以归结到"个性解放"口号的提出。这种强调"个人本位"的"个性解放",正是西方个人主义的体现,它与家族、国家以管控为特征的"整体主义"思想文化形成尖锐的对立。其实,这种整体主义也正是专制主义的必然要求。"大整体主义"即是法家所提倡的皇权专制主义或国家中心主义,在皇权专制时代,皇帝及

其家族即代表并拥有所谓国家,所谓"朕即国家"以及"溥天之下,莫非王土;率土之滨,莫非王臣";而"小整体主义",即是儒家所提倡的以乡里和家族等为主体,家族在这里具有中心地位。所谓乡里,无非是诸多家族组合而成、不具行政意义的松散"联合体"。这也是个人本位与家族、国家本位之间的尖锐对立,同时又是个人自由、个性解放与家族、国家所倡导的整体主义之间的矛盾冲突。"五四"青年们冲破封建家庭或家族的各种束缚,走向社会,走向世界。这其中被打破的也包括各种封建式的人身依附关系。其中,对爱情自由和妇女解放的吁求,不仅成为时代的呼声,也成为上述最有成效的领域之一。封建家庭和家族的"小整体主义"樊篱受到前所未有的冲击,并被打破。至于从"小整体主义"中冲出,最终又陷落在"大整体主义"之中的历史宿命,则是后话。

这样的启蒙悲剧,秦晖一语道破天机:

> 但是这种"个性自由"却有一个国家主义的背景,我想后来的启蒙,包括对自由、对个性的启蒙后来都走向了一个渠道,就是这种启蒙很大程度上是把个人从自己身边熟人(家庭、家族)的束缚中解放出来,然后把他交给一个无所不能的国家,启蒙运动对个人主义的弘扬,变成了"以国家主义来反对宗族主义","以大共同体本位反对小共同体本位",结果把个人从宗族中"解放"出来、却落到了不受制约的国家权力的一元化控制之下。应该说这不是民族意义上的国家,而是"totalitarianism",直译就是"整体主义",中国最常用的翻译是"极权主义",实际上两者是一回事。就是认为有一个至高无上的整体利益和代表这个利益的、不容置疑的"整体"权力。这个权力高于一切,压倒一切。那么这个权力在中国就不仅否定了个人权利的存在,也否定了小团体利益、小共同体权利的存在。[1]

---

[1] 秦晖:《在继续启蒙中反思启蒙》,《开放时代》,2006年第3期。

(三)平等与等级

在西方现代思想体系里,平等思想与民主、自由思想可以等量齐观,且有着悠久的传统。即使在基督教的教义里,"四海之内皆兄弟"的思想也有着深厚的历史基础。而在中国的传统思想体系里,"平等"几乎没有它的应有地位。法家看似有一些平等思想,比如秦朝时的军功制,表面上打破了贵族和平民在出身上的不平等,但这是极其有限的公平,等级仍然森严,皇权位居"九五之尊"且具有绝对性和排他性,官僚体制中"九品中正制"的制度架构,"士农工商"的"四民"社会组织,以至于每一个社会成员无不在等级之中。等级制和等级观念,渗入了社会组织的每一个细胞以及每一个人的血液里。儒家讲"仁爱""君子爱人",但最终落实到了"三纲""五常"上来,即是"君为臣纲,父为子纲,夫为妻纲"。无论是在社会政治关系上,还是伦理关系上,人与人都是不平等的。即使是"老吾老以及人之老,幼吾幼以及人之幼"这种推己及人式的"仁爱"思想,仍然是有层级的,与"博爱"有着巨大的差别。因此,儒家所谓"仁爱",在本质上是一种有差序等级的爱,不是现代思想中基于平等之上的所谓"博爱"。在中国传统思想文化中,佛家和墨家有一定平等思想。比如,佛家强调"众生平等";墨家具有一定宗教色彩和平民特征,也追求某种平等,主张"兼爱"。但中国是一个"儒表法里"的社会,与儒家和法家思想相比,佛家和墨家的这些微弱的平等思想,均不能构成中国传统思想的主体、主流和主导部分。无论是儒家,还是法家,他们不仅确认人在经济、政治地位上不平等,而且还制造着伦理和人格上的不平等。一个等级制社会的硬件形成,正是建立在思想文化这个软件基础之上。

(四)科学与蒙昧

西方从古希腊时期开始,即蕴藏着一种科学探究和科学实验的精神,出现了亚里士多德、欧几里得等早期的科学家和哲学家。基督教亦然,虽然讲上帝创世,但并不完全否定和禁止人对自然的探索,最早的大学即是教会设立，不仅教授神学，也讲授科学方面的课程。中国古代并非没有科技及其发现，如大家耳熟能详、往往脱口而出的"四大发明"，有司南和地动仪。中国还有农学著作《农政全书》，有医学著作《黄帝内经》《本草纲目》，有地理著作《徐霞客游记》，等等。但是，这些论述往往都比较模糊和混沌，浮于浅表，缺少深入的探究。所谓"四大发明"，也仅是"四大发现"而已。这最为根本的原因，不仅是缺少实验精神，更是缺少科学思想的指导和科学精神的支撑。所以，在"五四"新文化运动中，在提倡"科学"精神的同时，胡适才会从实用主义（实验主义）哲学出发，提出了"大胆假设，小心求证"的口号。

中国缺少的不仅是科学技术，更缺少科学思想和科学精神。因此，它的一些科学发现和技术，不能形成学科和体系。这种认知仍然是表面的，其根本原因在于中国传统文化本身的某种致命缺失或先天性的缺陷。法家思想作为皇权专制的统治术，其一个核心的做法，即是大力推行愚民政策，这从根本上来说就是"反科学"的。他们畏惧科学，害怕真相，怎么可能支持科学的发展和探索呢？儒家有无神论的思想倾向，如《论语》等著述中有"不知生，焉知死""不语怪力乱神"等原教旨式的思想，但这并没有使得儒家走向科学。相反，汉儒改变了这一思想取向，融合了阴阳家的一些思想，创造出了所谓"谶纬"之学。虽然这是用以作为帝王的警诫，但确实具有反科学的倾向。儒学本无鬼神观念，但最终却走向了伦理主义和神秘主义，并无科学的定见。道家的"天人合一"等观念，似乎触及了宇宙本体和自然本体，但并没有走向宇宙和自然。相反，经过流变形成了中国的本土宗教"道教"。道教有炼丹术，这是化学的原型，但并没有形成真正的化学科学。阴阳家讲究"阴阳五行"和"太极"，这不仅有形而上的哲学意味，也是科学认知的某种萌芽，但一切停止于《易经》的卜卦之学。

作为器械和物质层面的科学技术，与作为思想层面的科学思想和科学精神，这双重的缺失导致了中国科学的贫弱。这也正是"五四"的精神追求之所在。爆发于"五四"新文化运动时期的"科学与玄学"之争，其实，还没有脱出"中体西用"的思想模式，仍然纠缠于科学精神与道德或哲学力量的争执。而20世纪80年代的"气功热"、法轮功事件等,更是让人触目惊心。"科学发展观"作为一种政治理念的提出,也反映出了在现实层面和发展方式上的某些非科学和反科学冲动。种种迹象表明,即使历史前进到了当代,科学精神及其启蒙问题也并未真正得到解决。

(五)法治与人治

中国传统文化中缺失法制与法治的传统,儒家讲礼治,也就是德治,道家是无为而治。法家思想强调的是法制,不是法治,本质乃是绝对的人治。人就是法,人大于法,权大于法。这就与等级制一起,决定了专制政体下的人身依附关系。

儒家的"德治"思想的历史危害极大。"礼不下庶人",导致庶人阶层的粗鄙和奴性,即使在儒家的家族制里,礼也是对知识者即士的约束;"刑不上大夫",在大夫为官僚所替代之后,传统意义上的贵族最终消失。皇权专制政体之下,官僚们的危险处境和种种不安,导致他们的贪婪和奸险。因此,中国的权谋术、兵法和厚黑学就特别发达。

以上仅是概略式的描述。这种新旧冲突还有着诸多特点,它不是粗线条的思想概略,也不是简单的两军对垒,充满了各种复杂性和诡异性。

1. 在中国语境里所表现出的传统与现代之间的冲突,更为惨烈和残酷

中国新旧思想文化的矛盾冲突及其复杂性远甚于西方。在西方,它们相对明晰而单纯,在中国则呈现更为复杂和炫惑的状态和色调。这是特殊的历史和现实语境造成的。新旧思想的阵营对垒,并非那么清晰,或者说,界限分明。这里,彼此的深入、错综和纠缠,显示了复杂而令人迷乱的思想光环。这主要源于中国特殊的"封建主义",其实是绵延二千余年的"皇权专制主义",也被西方学者称为"东方专制主义",皇权成为绝对的权威。它们与现代性之间的差距过大,诚为殊途。这也是贵族制或封建制和王权与宗教权力相分离的西方,贵族与王权分庭抗礼,宗教则又制约着王权,如此,便是资本主义的市场经济、公民社会以及现代化得以建立并取得成功

的重要原因。正如陈乐民在《欧洲文明十五讲》中所说:"欧洲的近代资本主义有许多东西脱胎于中世纪,近代资本主义并不是一个从空白走出来的东西……中国的秦始皇后主要不是'封建制',主要是中央集权制,君主集权制。封建制的特点是分散,是分封,战国时期就是这样……西方正是在这种封建体制下,逐渐发展了有自治性质的市民社会的萌芽……"[1]西方"在封建社会的鼎盛时期,也就是封建制度比较确立的那个时期,有很多光明的东西在孕育着"[2]。"我把中世纪后期,或者说13世纪,大体上,不是一个固定的时期,叫做封建时期的后期。封建时期的后期,大体上就进入近代了。应该说是地理大发现——哥伦布发现新大陆,还有天文革命,从哥白尼开始,再下面就是文艺复兴、宗教革命、启蒙运动,这就慢慢进入了欧洲的近代文明。"[3]市民社会、文艺复兴、宗教革命、启蒙运动正是与资本主义相伴而产生的新事物,而陈乐民所讲的这个中世纪也正是封建制的中世纪。

2. 新旧思想的阵营对垒,并非是那么阵线清晰,界限分明

它们不是穿着制服的两军对垒,敌我标志明确;这是看不见的战线,常常会出现"互穿制服"的现象。在思想的深层,彼此的深入和错综复杂,显示了复杂而令人迷惑的思想光环。

这有如下情况或表现:① 在一个新旧杂陈的时代,思想者们在新旧之间摇摆。维新变法运动的领导者、积极倡导西学的康有为、梁启超等人,逐渐趋向保守,甚至是某种程度上的反动;新文化运动的最初反对者或持不同意见者,如林纾、辜鸿铭等人,都是西方文化的接受者和传播者。梁漱溟、熊十力以及此后的杜维明等新儒学的鼓吹者,杜亚泉等"东方文化派",《甲寅》杂志诸君的思想取向,他们以旧图新,试图将中国传统文化与现代西方思想相对接。即使如新文化运动的主将之一、自由主义者胡适,也在

---

[1] 陈乐民:《欧洲文明十五讲》,第67-68页,北京:北京大学出版社,2004年。
[2] 陈乐民:《欧洲文明十五讲》,第72页,北京:北京大学出版社,2004年。
[3] 陈乐民:《欧洲文明十五讲》,第80页,北京:北京大学出版社,2004年。

1921年提出"整理国故"的主张。一些受西学影响且具备了启蒙思想和自由主义思想的人,这些西学的最初接受者、倡导者、传播者,反而成为了儒学和传统思想的维护者或辩护者,这说明了什么?这里面有第一次世界大战、俄国"十月革命"的影响,从而对西学和中国传统文化重新进行认识和思考,特别是在更为激进的思想和社会革命到来之时,思想者们在惶惑之下,有了更多的文化反顾,同时也产生了对中国传统思想文化与现代思想文化之间的同一性的某种思考和认识。这说明,我们需要对传统思想文化进行进一步的梳理。同时,在"弘扬中华传统思想文化"的新语境之下,我们也更需审慎。何谓新,何谓旧?如何走向现代化,又如何保持自身的民族特色?如何批判旧的传统思想,又不至于把"洗澡水"和"婴儿"一起倒掉?这都是我们必须认真思考的问题。② 新旧调和的选择由来已久。新旧矛盾虽然因其程度上的激烈性更多被关注,但在其早期即具有某种"调和主义"的倾向。近代时期,一些矛盾被康梁所调和,其政治思想及政制选择上的折衷(如君主立宪),也导致了文化思想上的折衷和妥协。这是在皇权专制政体下的某种文化选择和政治改革的策略,类似于"托古改制",也有点像"文艺复兴运动"到古希腊文化中寻找现代思想资源一样,这种努力和尝试并不完全是一件坏事。但此后,这些思想都被激烈化处理,如"五四"新文化运动、国共的不同革命方式,等等。其实,这里仍有妥协和回旋的空间,如土地改革问题,国共在手段和方式上有极大差异。③ 以旧图新的新儒学。从梁漱溟到杜维明,在历史跨度上的新儒学诸君都做出了自己的选择。新儒学,到底属于新思想,还是旧思想?它与自由思想的矛盾,是内在矛盾,还是新旧矛盾?新儒学,是传统思想文化的改革者,以求适应社会变革下的新形势和新发展。这种冲突一直延续到21世纪的今天。中国传统儒学的"翻新"以及重新阐释显得十分重要。④ 新招牌,旧内容。"新壶旧酒"、貌新实旧现象也非常普遍。一些貌新实旧的东西,极易遮挡我们的视线。"文革"中,大民主等做法是无政府主义的倾向,但是在现代专制主义的支撑下得以借尸还魂。虽然西方的无政府主义理论和道家的无政府主义倾向,是"五四"新文化运动时期陈独秀等人曾加以批判的。而"新左派",既有新自由主义的思想内容,同时也是当代背景下的"左"倾思想的复辟和回潮。后殖民主义,其实是狭隘的民族主义,以保持民族性的正义,阻挡文化和文明的进步以及全球化的浪潮。其本质上是极端民族主义或民粹主义。在许多情况之下,正是代表旧的、传统的思想文化,在抵制新思想文化的同时,却扮演着民族捍卫者或英雄的角色。⑤ 一些超越性的东西,看似非常新潮,但由于其超越了时代和现实,实际上起到了比旧更坏的作用,如在20世纪90年代之后兴起的后现代主义思潮。⑥ 新旧思想之间的恶性循环。一些思想文化由旧变新,又由新走向了旧,如大、小整体主义,个人主义与集体主义,它们是如何发生历史错位的?这进一步说明了新旧思想文化冲突及斗争的复杂性。一不小心,新思想文化就落入了旧思想文化的圈套或窠臼。

某种程度上说,思想和政治上的各种妥协和利用,往往说明了人心(即社会心理结构)中某种传统思想文化的实际存在。新旧思想和新旧矛盾之间有其对立和冲突的一面,但也有调和和妥协的另一面。我们要认识到,新旧思想之间有一些东西,并非那么界限分明,但在本质性的理念上,其实是像"楚河汉界"那样界限分明。另外,新旧思想之间尚有同一性和继承性的因素需要考虑,一个具有悠久文化传统的国家在接受异质思想文化时,又该如何保持自身的思想文化特色或优良的文化基因,这都是我们需要深思熟虑、慎思明辨的问题。如果仅仅认识到新旧思想之间的对立和冲突,或把一切新的都视为好的,一切旧的都看作落后反动的,这样的极端主义或激进主义思想需要反思。新旧思想在某种程度上的融合和妥协,也是思想文化和政治制度选择时的某种必需。正如西方的君主立宪,难道不正是妥协和让步的产物吗?但这种选择的比例和成分,是有差别的;在本质上,更要加以区分。君主立宪制在本质上仍然是资本主义或自由主义的,并非是封建主义。这也是我们需要警醒的,防止一些复辟、倒退的人,用这些假象来迷惑我们,遮蔽我们的思想视域,消极调和新旧思想文化之间的根本差别,混淆其实际存在的根本矛盾。

3. 新旧思想文化的斗争不仅是艰巨的,还将是长期的,可谓任重道远

这与西方发达国家相比,其新旧思想的斗争早已达成某种平衡,并以新思想文化或现代思想文化占据主导地位而终结,一切早已不是问题。其主要原因在于,其新思想文化是"内生性"的,因而具有强劲的生命力。而对中国来说,新思想文化主要是"舶来"的,"内生性"严重不足。因此,这种新旧思想文化或中西思想文化之间的斗争,虽然从1840年"鸦片战争"以降,经历了将近一百八十年的激烈冲突,但新思想文化并未完全占据统治或主导地位,旧的思想文化还积淀在现实的政治、经济、文化结构之中,并成为心理结构里的文化基因。因此,这种新旧思想文化之间的斗争,必然是长期和艰巨的,落后的、反现代的旧思想文化不仅没有退却,某个历史时期还占据了主导地位。如1966—1976年的"无产阶级文化大革命",即是一个重要例证。在某一时期,它们会以某种特殊的思想文化形态来展示自己的存在,如,20世纪90年代以来,新、老"左"派在学术、文化、政治以及现实生活中的一度活跃甚至是甚嚣尘上;帝王戏、宫斗戏(如《步步惊心》《甄嬛传》)等,还大行其道,并受到人们的欢迎。这不仅是一种娱乐,更是一种文化心态和社会现实的体现,切切不可小视。这说明封建主义的毒素,尚未得到根本的肃清,它随时都可能卷土重来。特别是近年来,它们还可能借复兴优秀传统文化的机会,再次借尸还魂、李代桃僵,鼓吹落后、反动的思想文化,侵蚀改革开放的成果,从而让中国走向思想文化上的大倒退和大复辟。这是我们不得不加以警醒的。

4. "旧旧矛盾"以及传统思想文化的梳理和分类

新旧矛盾的激烈冲突,并不能掩盖中国传统思想文化中不同派别之间的矛盾和冲突,也即旧旧冲突。这就是说,中国传统思想并非铁板一块,而是存在着相当程度上的差异性。中国传统思想文化中,有与新思想文化或西方文化完全对立和冲突的地方,也有与其可以融合的思想所在。也就是说,新旧矛盾有斗争性和对立性的一面,也有同一性的另一面。比如,法家思想是与新思想根本对立的思想,而儒、佛、道思想里的平等、自由等思想,

则与现代西方思想文化有着某种一致性或兼容性。中国传统思想具有现代思想文化的"内生性"可能,这在关于中国传统文化的现代"内生性"的相关章节有详细论述。因此,对中国传统思想进行必要的梳理和分类,有着十分的必要性。

5. 中国传统皇权专制社会有着大一统的显著特征

在多数情况下,它是集政治专制、经济专制、文化专制、伦理专制于一体的一种绝对专制形式。这种"一体性"或"整合性"的强势力量,足以扼杀和阻遏新思想文化的萌芽、传播和发展,这一点远不同于西方传统社会。单从经济专制来看,自汉武帝以来,"国家专营+小农经济"的经济专制形式成为显著特征,这导致了中国传统社会商业和贸易的不发达,也导致了中国资本主义不能真正萌芽和成长壮大。这种绝对性的专制政体,使得任何单方面的改革或改变,均难以突破其障碍,也难以单独最终实施。政治独裁、经济垄断、思想钳制,以及伦理固化,使中国社会的专制格局成为铁板一块。中华民国政治形式的改变,"五四"新文化运动以来新思想文化的疾风暴雨,均不能最终彻底打破这种绝对的专制主义,"百足之虫,死而不僵"。

6. 对新旧思想文化"冲突论"与"融合论"的重新审视

"冲突论"和"融合论"是新旧矛盾必须直面的基本问题之一,也是新旧思想文化对接的两种基本范式。上述新旧矛盾之间的激烈冲突,恰可印证"文明冲突论"的某些观点。它们不仅印证了《文明的冲突》一书的观点,也为"后殖民主义"的思想找到了依据。《文明的冲突》是站在西方的立场上提出的观点;《后殖民主义》是站在东方的立场上提出的观点。而"全盘西化论",则是"冲突论"的某种延伸或另一范本,试图证明新旧或中西思想文化冲突的不可调和性。"融合论"则是新旧或中西思想文化冲突的另一种视界,清末洋务派领袖张之洞的"中体西用"观点以及其后的"中国文化本位主义"、现代新儒学的思想主张,是其在近现代思想文化史上的集中表现。这种新旧思想文化或中西思想文化对接范式的研究,将在下面的章节中重点论述和展开。

7. 新旧思想文化的冲突和对立的主阵地主要是在现实层面以及深层的文化心理结构上

这与近代思想文化史似有重大的差别。在中国近代思想文化史上,新旧思想冲突激烈,如顽固派与洋务派、维新派的冲突最为显著。"顽固派的特色是愚昧地顽固排斥西方资本主义的一切。也许除了日用洋货和鸦片烟之外,自然科学、工艺技术、铁路、轮船等等,都在排斥反对之列,更不用说思想、学说之类了。理由是所有这些东西都不合中国的封建圣道,中国是'天朝上国',自有纯正的'圣人之道'来治理,这就是'正人心、敦风俗','有治人无治法','重本抑末,重农抑商',总之是搞清官,搞道德说教,维护小农生产,反对'邪说异端''离经叛道'。"[1]顽固派不仅拥有强大的中国传统思想后援,而且具有政治、经济、军事上的强权优势,随时可以磨刀霍霍,镇压先进的西方现代思想及其代表人物。洋务派在物质层面的实验尚且好说(他们只是试图以西方之"用",来保护封建主义之"体"),维新派试图用"君主立宪制"来改变皇权专制政体,就受到严厉镇压,付出了血的代价。现代化,包括思想文化的现代化,似乎已是理论界和知识界的某种共识。即使对中国传统文化认知和判断,似乎也不是主要问题。在"五四"新文化运动中,除了少数激烈反对者之外,如辜鸿铭、林纾等人,似乎还没有完全拒斥现代西方文化,而主张依托中国传统文化的思想派别或思想者。这些反对者的反对声音是微弱的,小众的;更何况,他们都是了解并受益于西方文化的。新旧思想文化最为直接和激烈的冲突主要在于现代思想文化与中国现实如何对接的层面,而最大的矛盾则在于选择的艰难,特别是在现代思想文化多元性和复杂性背景之下艰难的自我选择。

因此,这种冲突的内在本质,不只是思想文化模式、政治架构或体制选择上的表层矛盾,更是在日常的社会生活以及深层文化心理结构上的冲突。如辛亥革命后,建立了民主共和的现代体制,但是,这种新体制的优越性并未实现,人民也并没有获得真正的民主和自由。其原

---

[1] 李泽厚:《中国近代思想史》,第494页,北京:生活・读书・新知三联书店,2010年。

因何在？这也正是"五四"新文化运动发生的原因，即进行现代思想文化启蒙。

二、新思想文化的内在张力及其冲突

可以毫不夸张地说，中国新思想文化的百年历史，就像是一趟在各种冲突和纠葛的泥淖之中跋涉前行的漫长旅程。它不仅面临着新思想与旧思想、新文化与旧文化之间（也即"新旧矛盾"）的激烈冲突，同时也身陷于新思想文化之间（也即"新新矛盾"）的各种复杂矛盾的旋涡之中。应该说，在新思想文化的内部，同样充满了内在的张力与歧义、矛盾与冲突。

作为现代启蒙话语，中国新思想文化无疑滥觞于文艺复兴以来的西方现代思想文化。19世纪中后期，特别是在20世纪初期，它们甫经引进，即与中国传统思想文化发生了尖锐而激烈的碰撞和冲突。比如，民主与专制，科学与蒙昧，个人主义与家族—国家制度等完全异质性的思想，可以说是势同水火、不共戴天。毋庸置疑，对于中国百年新思想文化史来说，新文化与旧文化、新思想与旧思想之间的矛盾，也即"新旧矛盾"，是最为基本也是最为根本的矛盾。

而新思想文化之间的矛盾，也即"新新冲突"，也随着新思想文化的不断引进以及迤逦展开，渐趋尖锐和激烈。这些新新矛盾在"五四"新文化运动时期即已存在，但多数尚处在晦暗不明的状态，并未充分显露。比如，张灏在《重访五四——论五四思想的两歧性》一文中，提及"五四"思想中的所谓"两歧性"问题，即是一例。不过，这些冲突的主体方面在"五四"新文化运动时期尚处于萌芽状态，尚未构成严重冲突的"新新矛盾"。"五四"新思想文化中的"两歧性"现象，是具有敏锐特质的思想者们的独特发现之一。

在新思想文化所处的历史语境中，新旧思想文化的异质性存在不仅处于主要矛盾的地位，而且冲突程度也极其惨烈，这都在相当程度上遮蔽或掩盖了"新新矛盾"，也即新思想文化之间的内在张力、歧义和冲突。新旧思想文化的冲突，其矛盾性和斗争性非常明显，是非曲直也易于察觉和认识；而处于新新矛盾中的各方思想，由于均属于新思想文化的同一家族体系，不仅不易于被察觉，而且极易让人们产生类似的幻觉，即这种类似兄弟之争式的内部矛盾，是可以调和、通融、共通和共存的，一切似乎不必大惊小怪。特别是在新思想文化的引进初期，这一点也更为明显。比如，作为资产阶级改良派的康有为以及作为资产阶级革命派的孙中山，在其思想体系中，均夹杂着初步的社会主义思想。两种完全不同的新思想，竟然共存于同一个人的身上。对于这一点，无论是其本人以及其时的思想者们，均未能有足够的警醒。也正因为如此，新思想文化内在的张力及矛盾性，始终未能得到思想界应有的关注和重视。

因此，对于新思想文化内在矛盾的各方来说，因其同属于新思想文化的有机组成部分，它们之间所构成的冲突，不仅呈现了更大的隐蔽性、复杂性和迷惑性，而且这种来自内部的矛盾及其爆发，对中国现代化事业的伤害也就可能更为危险和致命。从20世纪初期以来，这种隐蔽的矛盾逐渐显山露水，并时显明晰和激烈。在改革开放四十年的时间里，这些内在的"新新矛盾"开始集中性地爆发，在思想多元化的表象之下，实际上加剧了思想混乱和庞杂程度，从而掣肘了思想解放和现代化的进程。

有几个容易引起混淆的重要问题必须给予澄清，因为它们极易被误认为是新思想文化的内部矛盾或冲突。一是"五四"启蒙的"激进主义"与"渐进主义"的问题。这主要源于近年来王元化等人对"五四"激进主义的批判和反思，这并非新新矛盾的体现。因为，激进或者保守，这只是态度和方法的问题。二是启蒙与救亡（革命）的问题。这与第一个问题具有某种关联性。一方面，启蒙与救亡（革命）代表着两种不同的方法；另一方面，即从内容层面来看，这也是中国现代化进程中所面临的两大任务，同时也是两难选择。不过，从根本上来说，启蒙与救亡本来也是相辅相成的，即李泽厚先生所说的"启蒙与救亡的双重变奏"，"启蒙没有立刻被救亡所淹没；相反，在一个短暂时期内，启蒙借救亡运动而声势大张，不胫而走……启蒙又反过来给救亡提供了思想、人才和队伍"[1]。因此,启蒙与救亡(革命)也不构成新新矛盾。三是"感性的、政治行动导向型的启蒙"与"理性的、文化心态塑造型的启蒙"[2],这是董健先生所提出的,这两组概念指涉了"启蒙与救亡"、启蒙的"激进主义"与"渐进主义"这两大课题的精神实质,但同样不属于新新矛盾。四是20世纪30年代的科学与玄学之争。在本质上,"科玄之争"属于新旧问题,属于"中体西用"之争在新时代的某种变异形式。五是新时期以来的新儒学与自由主义之争,这基本可以归入新旧矛盾。六是个性主义与整体主义的问题。秦晖提出中国的启蒙运动把个人从家庭和家族的"小共同体"中解放出来之后,随即又落入了"不受制约的国家权力的一元化控制之下",也即是"整体主义"的控制,这导致了"五四"启蒙"以追求个性解放始,到极端地压抑个性终这样的一种'启蒙悲剧'"[3]。这可以从两个角度来看。第一个角度是,"整体主义"之所以得以窃取个性解放的初步成果,其实正是"救亡"或"革命"任务的某种需要,是民族革命战争也即是反帝目标的需要。因此,在某种程度上说,这是启蒙与救亡(革命)的一个子课题。第二个角度是,即使"整体主义"在某种程度上被等同于"专制主义",属于个人解放的大敌,那也只能属于新旧矛盾。无论如何,这都不能归入新新矛盾。因此,对于以上这几组复杂的新思想文化中的重大而复杂的问题,包括关于新、旧思想的矛盾和冲突,我们将在其他相关文章或章节中进行探讨和研究,在此不再赘论。毕竟,研究新旧矛盾及其变种的特征及发展历程,不是本书的主要任务。而对新思想与新思想之间的矛盾冲突的探求和梳理,恰恰是本书的学术使命之所在。

其实,这些新新矛盾的主体部分,在西方现代启蒙思想话语中,即早已存在。换句话说,它们是西方新思想文化遗产的一个组成部分——它们或是西方现代思想历史发展的结果,或是西方现代思想结构性的产物。大致

---

[1] 李泽厚:《启蒙与救亡的双重变奏》,《中国现代思想史论》,第15页,北京:东方出版社,1987年。
[2] 董健:《新时期小说论评·序》,胡若定著,第5页,南京:南京大学出版社,1989年。
[3] 秦晖:《在继续启蒙中反思启蒙》,《开放时代》,2006年第3期。

归纳一下,中国新思想文化的内在张力或冲突的产生,有如下几个主要原因:① 西方哲学思想的内在结构性,也即西方思想的古老基因。例如,在希腊哲学中,即凸显了柏拉图的先验论和亚里士多德的经验主义之间的矛盾;而在近代西方哲学中,同样产生了两种截然不同的倾向,即大陆理性主义(唯理论)与英国经验主义(经验论),前者以笛卡尔、斯宾诺莎和莱布尼茨为主要代表,后者以培根、洛克、巴克莱和休谟为主要代表。这是中国新思想文化内在冲突所产生的基因或西方哲学依据。② 在不同阶段或历史时期,西方现代思想启蒙的内容或任务各有侧重。例如,在文艺复兴时期,更多地偏重于感性或世俗性的解放;而在 18 世纪的启蒙运动时期,则主要表现为理性的自觉。③ 西方现代思想由于自我修正或修补的需要,而从自身内部滋生出的貌似彼此矛盾和冲突的思想。例如,马克思主义对西方现代启蒙思想的革命性"扬弃",形成了全新的无产阶级革命和社会主义的理论大厦;在民主的问题上,则有"多数人的暴政"的警醒,以及"少数人的权利"的吁求;自由主义与社会主义思想体系,后者正是对前者的革命性的反思和修补;现代主义与后现代主义的思想体系,后者正是对前者的某些偏执现象,如理性主义以及科学至上主义的反思和批判。

这些西方思想基因之中所携带的矛盾因子,本来是非常正常的。它们显示的正是西方思想内在生成和发展机制的正常运作,同时又是思想内在张力的体现,对于思想的发展有着重要的纠偏和修正的作用。而且,这也正是现代自由思想的重要的基石。因为,任何僵化或被定为终极真理的思想,必定会成为专制和扼杀自由思想的绞索,成为人类的最大敌人。

然而,这些在西方有条不紊、按部就班地渐次产生,并建立在西方现代化进程的推进及重大成果基础之上的新思想文化,在几乎同时或在极短的时间里,一下子被全面引入中国之后,却造成了极大的思想混乱和矛盾。因为,前此的思想在实践上尚未得到完全的落实和解决,而与之相矛盾的新的思想,又再次被引进。例如,在文艺复兴时期的"世俗化"启蒙目标尚未完成之时,18 世纪的欧洲启蒙运动中的现代启蒙主义思想又传入中国;与现代启蒙主义思想的传入几乎同时,马克思主义思想又借助俄国"十月革命"的雷霆之势,实现了对中国的全面登陆;而20世纪80年代以来,在现代化的进程和目标尚未完成之时,西方的后现代主义思想又占据了中国的话语论坛。于是,中国的思想文化领域出现了一个"众声喧哗"的现象。这就是思想文化输入型国家所面临的一种特殊窘迫之态,也即思想文化上的"后发劣势"。

因此,新思想文化史上的混乱和动荡,现实中的进退无据、无所适从的窘境,也就成为中国思想界的某种常态。当然,这种常态仅限于思想相对自由和解放的时期,像"文化大革命"这样的思想统制时期则除外,它们只有一种思想,一种声音,即使与之相反的思想也是某种人为设置的"假想敌"。在中国,新思想文化的内在冲突往往极其激烈,从某种程度上来说,这也正是新思想文化"外来性"的某种身份证明。如果像某些带着强烈民族主义情绪的学者所玄想的那样,中国的新思想主要源于中国传统思想文化自身发展,即所谓的"内生性";那么,这种"内生性"新思想文化在共时性上应该主要表现为"新旧矛盾",而非"新新矛盾"了。

现在,我们将对几组比较显著的新思想文化的内在矛盾进行一定的分析和比较,以便勾画出中国新思想文化内部,新新矛盾的基本格局和现状。当然,这种新思想文化之间的内在冲突,可以用"复调性"加以概述。

(一)"反帝"与"反封建"两大"五四"主题的内在张力和冲突

"反帝"和"反封建"是"五四"新文化运动的两大主题,或者说两大重要任务。与西方现代思想的启蒙历程相比,"反帝"是半殖民地中国的特殊任务之一。这不仅与"反封建"一起构成了"双重性压力",而且,由于这两大任务的同时存在,形成了让人欲说还休的内在性纠结。

正如上文所说,20世纪初以来,中国的现代化进程以及新思想文化的传播,是以西方为学习对象和参照系的。这些来自西方的新思想文化,正是反封建专制主义的理论武器。然而,正是这个作为"老师"的西方,又在经济、政治、外交等方面不断欺负自己的这个东方"学生"。"老师"打"学生","学生"怎么办?"学生"自然要反抗,这就衍生出"反帝"的新文化运动主题。

既要向西方学习，又要反抗西方的各种侵略，这本身就是一个带有悖论性的主题。这个悖论，在19世纪的中后期即摆到那些最早觉醒的中国人的面前。这在器物以及科技层面，似乎并不成问题，"师夷长技以制夷"，"学习"正是为了更好地"反抗"，似乎只要坚持"中体西用"这个大原则，一切就不成问题了。后来大家又发现，曾经喧嚣一时的"中体西用"思想似乎并不管用，除了器物以及科技层面的学习，还要学习西方的制度文化和制度建设。于是，就有了此后的维新变法和辛亥革命。再后来，随着"变法"和"革命"的实际失败，觉得仅仅解决制度层面的问题还不够，还要全面学习和引进西方的思想文化。于是，就有了著名的、轰轰烈烈的"五四"新文化运动。

　　然而，20世纪90年代以来，这些早已解决的问题，却再次从水面浮起。那就是"文化侵略"和"文化安全"概念的提出，包括好莱坞大片均存在价值输出和文化侵略的问题。90年代以来，赛义德的后殖民主义思想在中国的传播，得到了一部分学者的信奉。这种类似于义和团从"反洋教"开始的盲目排斥和反对西方的民粹主义思想，这种从"反帝"这种新思想文化内部产生的思想，如果向前走过一步，跨过了必要的界线或极端化，即可能成为新旧矛盾。

　　与此相辅相成的一个问题是，反封建，又如何继承文化传统、保护民族的特色？因此，中国的新思想文化一直在爱国主义与民粹主义之间徘徊和纠结。这也正是现代新儒学得以存身的重要基础。现代新儒学如果不能像西方的宗教改革那样脱胎换骨，并和新思想文化取得方向上的一致性，而仅是概念的某种翻新和打磨，也只能成为包装之后的传统思想或旧思想；更有甚者，是以此为掩护和借口，成为反对新思想文化传播的阻碍力量。如此，它们之间的矛盾也就转变成新旧矛盾，这是根本性质上的改变。

　　这是"反帝"与"反封建"两大"五四"主题内在性纠结的最大危险性所在。而这种新思想内部的矛盾和纠结，最终转化成新旧矛盾的可能，始终如我们头顶上的悬剑。至于借反文化侵略和复兴儒家文化的名号，以达到反对和阻碍新思想文化的别有用心者，则无疑是新思想文化的对立面和险恶敌人。

(二) 资本主义与社会主义思想体系的内在张力和冲突

从社会政治架构和制度安排上,资本主义和社会主义是两种尖锐对立的社会形式;而在思想文化史上,则表现为现代启蒙主义或自由主义与社会主义或马克思主义体系之间的张力,其均属于新思想文化,且具有某种互补性。这是一百多年来,中国社会新思想文化内部最大的矛盾冲突的经典范例。即使时至今日,由于意识形态和国家机制等方面的诸多原因,仍然是一个欲说还休、令人困惑的问题。

社会主义是资本主义思想体系中的内生性产物,不仅是一种革命式的修补或者修补式的革命,更是一种革命式的突破。由于资本主义的发展,贫富悬殊扩大,阶级矛盾激化,特别是由于前期资本主义的残酷性,正如马克思所说,"资本来到世间,从头到脚,每个毛孔都滴着血和肮脏的东西"[1]。这使得伟大的人道主义者马克思,产生变革社会的激情和理想,创立了关于社会主义和共产主义的伟大学说。社会主义思想在公有与私有、计划与市场、个人主义与集体主义等思想范畴内,均发生巨大变化。但是从根本上来说,社会主义作为自由主义的革命性的补充或修补,不仅并无根本上的矛盾(这不同于自由主义与专制主义),而且包含了自由主义的基本要义,比如民主、自由、平等、人道主义、个性主义等具有普世价值的核心内容。这一点,马克思有着非常清楚的论述。那些去除了自由、民主、平等的社会主义,只能是专制和独裁的代名词。这一点,苏联、东欧以及中国的"文化大革命"等社会主义实践中的重大挫折或失败,均是极好的例证。

自由主义与社会主义的思想,在中国早期的启蒙主义者和社会主义者身上,有着较为复杂的表现。在"五四"新文化运动之前,中国民主主义的先行者孙中山先生,亦有社会主义思想,这是他把旧三民主义提升为新三民主义,提出"联俄,联共,扶助农工"三大政策的重要思想基础。这导致了第一次国共合作,为清除以地方军阀为代表的封建专制主义的残余势力,

---

[1] [德]马克思:《资本论》,第839页,北京:人民出版社,1958年。

发挥了重大的历史作用。而在"五四"新文化运动时期,陈独秀、李大钊均由最初的自由主义者,在接受了社会主义思想后,迅速"向左转"。"五四"文化启蒙运动的主将们,均经历了这个思想站队或思想选择的过程,如陈独秀、李大钊的"向左转",鲁迅偏左,周作人偏右。但需要说明的是,陈的"向左转",情况更为复杂,并有反复。比如,他提出"二次革命论",即是对社会主义以及自由主义思想的深度思考。因此,陈独秀,先是一个自由主义者,后向社会主义发生转向;然后,又试图调和社会主义与自由主义的思想意识,这就是所谓的"右倾"。而鲁迅在"向左转"的同时,仍然保留了自我的一些思考,比如,他参加了左联,却对左联某些领导人的"左"倾做法,保持着批判和警醒;同时,他同情和支持革命,却又始终没有加入党的组织。在"五四"新文化运动的主将中,只有胡适是一个始终如一的、坚定的自由主义者,并对社会主义保持着自己的独立认识。这充分说明,在社会主义与自由主义思想被引入的初期,其所处的某种复杂和纠合状态,在人们的思想中引起了最初的混乱和纠结。而第一次国共合作的破裂,除了领导者个性、思想立场以及现实矛盾的诸多因素之外,似乎也暗示着两种思想的内在矛盾性,在现实上的裂纹不断扩大,以致到了不共戴天的地步。

而此后的改革开放,即是在现实层面,对社会主义与自由主义思想之间做出某些调整和妥协,但在政治上保持不争论以及坚持四项基本原则的根本约束。社会主义作为人类思想史上的伟大价值之所在,有着十分重要的意义。因此,在现实政治层面上不争论、暂时性的回避以及策略性的选择,不等于在思想和学术上不思考。而究其实,在思想界,这种争论一直存在并保持,一直延续到20世纪90年代和21世纪,如自由主义与新、旧左派之间的激烈争论和冲突,即是明证。

而究其实,这是一个无须争论且昭然若揭的理论问题。从思想演进的角度来说,社会主义思想里面应该天然包含了资本主义的民主主义思想。否则,如果抛弃了这些核心思想的社会主义,其与封建专制主义思想何异?这种矛盾本来应该不成其为矛盾。正因为历史的错位、人为选择及扭曲等原因,成为中国和世界现代化进程中的灾难性事件,并使苏联、东欧以及中国最初的社会主义实践,走向了歧路。这从某种角度上来说,说明马克思主义的内部也存在某种"内歧性",这不仅为后来的马克思主义者们提供了进一步论述的空间和发展的可能,也带来了某种选择上的偏仄。

事实上,西方社会特别是欧洲国家的社会民主主义、福利化等,正是社会主义精神对自由主义的某种补充和修正。现在的问题恰恰是,过分福利导致了民众的懒惰和社会的不发展,这也正是出身于工党的英国前首相布莱尔"坚硬的同情"一说的来源。

如今,在中国的社会主义核心价值理念中,加入了"民主""自由""平等"等语汇。具体表述如下:"富强、民主、文明、和谐是国家层面的价值目标,自由、平等、公正、法治是社会层面的价值取向,爱国、敬业、诚信、友善是公民个人层面的价值准则,这24个字是社会主义核心价值观的基本内容,为培育和践行社会主义核心价值观提供了基本遵循。"[1]这是百年社会主义实践之后的理性回归,也是进一步的总结和提升。

自由主义与社会主义在世界范围内的矛盾冲突,从融合和互补上,正是其作为新思想文化的共同产物,以及具有方向上的内在同一性和思想内容上的互补性的有力证明。

(三)现代主义与后现代主义之间的内在张力和冲突

后现代主义是西方后工业时代的思想或精神产物,具有复杂的背景和内在结构。但是,从总体上来说,它们是西方思想由于自我修补或互补的需要,而从自身内部滋生出的一种思想,比如,它们针对西方现代思想文化发展所导致的"科学至上主义""理性中心主义",提出了深刻的反思和批判。从表面来看,后现代主义是现代主义的反对者和反叛者;而在本质上,这正是对传统以理性主义、科学主义为特征的现代主义的反思和批判,同时也是修补和重建。

---

[1] 中共中央办公厅:《关于培育和践行社会主义核心价值观的意见》,2013年12月23日。

从20世纪80年代以来,中国在改革和开放上取得了一定阶段性成果。在此历史背景之上,后现代主义被中国学者们引入中国。这在经济、政治和人的现代化均未实现的情况下,足以搞乱人们的思想,十分令人担忧。对于现代化的建设尚未完成的中国而言,后现代起着反现代的作用。也就是说,在现代性得到充分发展并逐渐显露疲态的西方国家,后现代主义也许是治病救人的一剂良药;而对于现代性建设仅刚刚起步,远未实现物质现代化、制度现代化、文化现代化以及人的现代化的中国,这就成了一味致人伤残的毒药。这正如"无产阶级专政下继续革命""阶级斗争"这些看似超前、其实极左的思潮,其实起到的恰恰是延缓中国现代化进程的负面作用一样。

我们并不否定,在某些沿海的发达城市或地区,确实出现了某些后工业社会的迹象,而后现代主义的文化可能也有所萌芽和表现。但从总体上来说,这不仅是一个理论上的伪命题,更是对现实的严重误判。一个在食物上和精神上的饿汉的无节制饕餮,与西方社会所谓的流行性物欲症、消费主义、娱乐至死,其实有着本质的区别。虽然,也不免有极少数的过剩者,他们不仅比西方社会的中产人士还要富有,甚至只有少数超级富豪才能与他们相媲美。然而,他们的这些非正义财富,也正需要以同样非正义的方式,把它们花出去。这一点,即使西方的超级富豪们也无法与他们相提并论了。但是,整体的社会财富、物质和精神文化上的进步程度,远未达到西方发达国家的发展高度,以及西方后现代主义的思想家们所忧虑的程度。

自由主义与社会主义、现代主义与后现代主义,以上两大思想体系的矛盾,一个发生在19世纪末20世纪初,一个发生在20世纪中叶。其实,在本质上,它们均是西方现代思想文化的自我修正和修补机制发生作用的产物。

(四)"世俗化"启蒙与理性启蒙之间的内在张力和冲突

感性主义与理性主义,或者说感性启蒙与理性启蒙之间的内在张力和冲突,其本质上是文艺复兴和启蒙运动之间的矛盾。这是西方现代性在两大不同发展阶段的中心任务,属于"历时性"问题,但在中国,也成为一个"共时性"事件。这与现代主义与后现代主义在二十世纪八九十年代构成的冲突和奇异景观是同一道理。

在西方的文艺复兴时期,以感性的、肉身的或世俗化的启蒙为主体;而在启蒙运动时期,则以理性的启蒙为主体。当然,这也不是铁板一块,文艺复兴时亦有理性主义的表现;在启蒙运动时期,既有伏尔泰等人的理性主义传统,又有卢梭等人更接近于感性主义、浪漫主义或自然主义的独特追求。从西方哲学的学理渊源上来说,这与理性主义及经验主义传统也许不无关系。

而在中国,感性主义与理性主义的问题最初处于潜隐状态,其矛盾冲突状态没有暴露出来。它们在"五四"时期即以共生的状态存在,张灏所说"五四""两歧论"中"理性主义与浪漫主义",启蒙学者张光芒在《启蒙论》中所说的"五四"启蒙中的"情理激荡""情理两极崇拜"[1],即是对此种内在张力和冲突的描述。

然而,这种所谓的"情理激荡",到了20世纪80年代,即成为矛盾冲突的旋涡。80年代中期的"刘李之争",刘晓波与李泽厚关于"感性主义"与"理性主义""个人性"与"社会性"的论争,正是"五四""两歧性"裂缝的进一步扩大,而成为不可跨越的沟壑。其实,李泽厚仅是一个"感性与理性"的融合论者,并非一个极端的理性主义者。他仅是一个被选择参与论争或挑战的目标人物而已。

其后的90年代,则又爆发了"人文精神"的大讨论。虽然这场论争显得七嘴八舌、众声喧哗,甚至自言自语,但核心问题还是"感性启蒙"和"理性启蒙"的问题。有必要补充说明一下的是,这场名为人文精神的大讨论,其实是文艺复兴、启蒙运动与后现代主义的深度纠缠,演出了一场"关公战秦琼"式的中国思想讨论或争鸣大戏。这充分暴露了中国思想界在启蒙以及现代性思想研究和探讨方面的薄弱。其最大的诡异之处在于,中国后现

---

[1] 张光芒:《启蒙论》,第65、133页,上海:上海三联书店,2002年。

代主义的"黑马"跃马横枪,杀入了论争的核心,从而引起的一场论争性质和目的的大混乱。"张颐武等人站在后现代主义的立场上,为人的欲望化以及世俗化作了一场前现代的辩护,显得既滑稽,又庄严。这是启蒙'内部冲突'的某种体现,张颐武等人所指称的'后现代主义',在很大程度上,是蒙上了后现代主义面纱的文艺复兴时期的启蒙主义。"[1]究其实,感性主义的启蒙目标,亦是启蒙和新思想文化的一个组成部分。西方经历过了三百年的文艺复兴,完成了感性启蒙或者说世俗化启蒙的任务;而这正是中国启蒙的软肋之所在。如果没有深刻且深入的感性启蒙,理性启蒙也只能是沙地建塔,这已为中国现代化的历史和进程所证明。

　　正如学术界的主体所公认的那样,中国的新思想文化,主体上是从西方舶来或者说被引进的。但是思想文化的引进,与坚船利炮等器物以及科学技术大为不同。思想文化引进有其特殊性,由于众多思想的彼此冲突和干扰,在众声喧哗之中,反而造成了思想上的混乱和迷茫,这就是思想文化引进时所产生的所谓"后发劣势"。这对中国经济、政治以及人的现代化的进程,提出了一个复杂而严酷的课题,需要我们在理论上慎思明辨,在实践上做出正确而理性的选择。

　　除了在现实中的真抓实干之外,在思想上需有正常而明晰的认识,这是实践的第一步。没有理性而清晰的思考,就草率上马,苦干蛮干,只能让我们的现代化事业受到无妄之灾,历史已经证明了这一点。好在我们在思想文化的引进上,也不是完全处于"后发劣势"之中,毕竟,西方国家在现代化过程中的历史经验和教训,均是有目共睹的事实。从这一点说,我们还是具有一定的"后发优势"的。但是,故意地搅浑水、固执与保守,这些非理性的、保守的和反动的行为,不在我们的讨论之列。

　　新思想文化在中国传播一百多年之后,确实是到了做一点总结和反思工作的时候。这也正是这个课题的最大意义和价值之所在。

---

[1] 海马:《激流与残冰——启蒙视域中的1990年代中国大陆戏剧》,第12页,南京:南京大学出版社,2012年。

三、中国传统思想文化的特殊性及中西文化的对接、整合范式,兼论中国新思想文化史的"后发劣势"及"复调"现象

中华民族拥有五千年的灿烂文明史,因而有着自己的古老思想文化传统及其积淀。自19世纪40年代"鸦片战争"以来,虽然也经历了各种民族危机,但中国传统文化却始终是主流文化。然而以第一次"鸦片战争"作为分界,中国经历了晚清重臣李鸿章所说的中国历史上"数千年未有之变局",从政治、经济、军事到文化均面临空前的危机,经历了巨大的挑战和考验。

经历了第一次鸦片战争、第二次鸦片战争、甲午中日战争、八国联军入侵中国等一系列中外战争,瓜分豆剖、丧权辱国之势已成;而中国人,也经历了洋务运动、戊戌变法、辛亥革命等"自救式"的改良运动或革命。西方的政治、军事、经济入侵,正是打破中国传统封建制度的外来力量,随之而来的,自然是思想文化的渗透和进入,也即是所谓的"西风东渐"。从某种程度上来说,这是西方思想文化的入侵或侵略的过程,亦是新思想文化的输入和启蒙的进行时态。

中华民族一直都有着独特的文化自信或者说文化优越感,并以自己具有化育一切野蛮民族并领先世界的文化力量而自傲。"从七世纪到十二世纪,唐宋两朝蓬勃而起的中国文明,似乎超过欧洲是毫无疑问的。证据不仅是宋代的山水画及朱熹等人的理学,还有那一长系列的'中国第一'的科技发明。正如F.培根很早就提出的,塑造欧洲近代史的3大技术业绩是印刷术、航海的指南针和火药。这3件东西都是中国首先出现的……中国人民有一种深藏不露的文化优越感。当然,正因为这样,他们在现代落后状态中受到的耻辱感觉,也就格外难堪。"[1]清朝末期之前,中国人一直认为自己是天朝上国,经济发达,文化优越。这也曾经是某种事实。那时候,哥

---

[1] [美]费正清:《伟大的中国革命》,第7页,刘尊棋译,北京:国际文化出版公司,1989年。

伦布还没有发现美洲，欧洲还处在黑暗的"中世纪"。但西方和中国、日本等国家走了两条文明的发展路径，欧洲是走出去，中国和日本等东方国家是被打进来。而中国和日本面对外来强势文明的入侵，又采取了两种不同的态度：一个是主动变革和进取，一是被动应对和抵抗。但在西方的崛起面前，却不得不承认新世界的残酷现实。这些中国人眼中的"金发碧眼"的洋人，因不肯下跪而被认为小腿不能打弯的夷狄，不仅有着坚船利炮、发达的科技和典章制度，还有着特殊魅力的文化，其咄咄逼人之势，让人无法不予以正视。

应该说，从外交危机、经济危机、政治危机，到文化危机；或者说，从外交反思、经济反思、政治反思，到文化反思，这有一个堪称漫长而痛苦的过程。中华民族的政治自信和文化自信，则备受打击和摧残。

如上文所述，这种复杂的思想文化态势以及文化心态，源于中国新思想文化的"输入性"特征或特质。在中西文化发生交集和碰撞之后，其一切窘境与苦难还远不止于此。作为一个以文化而自傲于天下的国度，在一个极其短暂的历史时期，变成了一个思想文化输入型国家。这种文化输入，先是被迫和被动，后是积极和主动。

于是，另一个厄运降临到它的头上，那就是思想文化上的"后发劣势"。著名经济学家杨小凯在论及中国经济时，曾提及这样一个词汇——"后发劣势"，还有所谓"后来者的诅咒"理论，如果用在中国新思想文化发展史上，则更为贴切。应该说，与物质和经济层面相比，思想文化问题上"后发劣势"现象表现得更为突出。比如，在物质层面，我们可以有选择性地引进最新的现代科技和物质成果。冰箱、彩电、空调、火车、汽车、电脑，我们可以引进最为先进的那一种，而不必引进已经被产业革命所抛弃和淘汰的过时产品，不必引进马车、黑白电视、早期的飞机等等。但在思想文化领域，则很难做出先进与落后的简单区别和选择。它们瞬时涌入，众声喧哗，雄辩滔滔，各逞其强，不同心态的引入者则必然陷入选择、争辩、对立之中。而现实语境的复杂和变化，则如同化学上的催化剂，在更大程度上加剧了中西文化对接过程中"后发劣势"现象的强度和烈度。

一个长期闭关锁国，以"华夏文明中心主义"而自诩的国家，在国门被坚船利炮轰开之后，古希腊、中世纪、文艺复兴、启蒙运动、社会主义运动、现代主义、后现代主义等各种时期的西方思想文化，如潮水一般地涌入。正如前文所说，这些思想文化在西方有着时间上的先后顺序，且有着自身的规律性和内在矛盾性。但是，在主体方面，这些西方思想文化史上的"历时性的矛盾冲突"，在中国现代思想文化的语境里，却变成了"共时性的矛盾冲突"。于是，空间与时间的这种大紊乱，造成了深度的时空交错，就像博尔赫斯的魔幻现实主义的小说《交叉小径的花园》一样。

　　同时，中国是一个有着悠久传统思想文化的国家。这种传统思想文化最初呈现出多元化的特征，春秋战国时期的"百家争鸣"即是其最好代表。中国传统思想本身，也充满了各种歧义、矛盾和冲突，这就是所谓的"旧旧矛盾"。这已无须论证，儒家、法家、道家等之间，均有着激烈的思想斗争。经宋儒、明清儒的努力，儒、释、道等几个主导的思想才逐步走向融合，并形成了中国思想文化的独特成果"禅宗"。这是中国民间思想界的思想文化统一。但在皇权专制国家的干预和选择之下，则最终形成了"儒表法里"式的政治和文化架构。这是皇家或政府的思想统一。

　　中国思想文化的"旧旧矛盾"，其实存在于儒、释、道与法家思想之间的相互抵牾和冲突。以法为内在主体，以儒为外在补充，这是千古帝王术里的一大高超文化驾驭技巧。它们各自分出了势力范围，这是国家政治力量的某种有意安排和选择，也是各种思想文化之间冲突和抗争的结果。如儒家对地方及家族力量的控制，导致了"皇权不下县"，这其实留下了民主和自治的空间。这也即秦晖所说的"大、小共同体"理论，中国在近现代以来恰恰消灭了这个与皇权专制或法家文化相抗衡的政治基础，同时，也阻塞了皇权专制政治的减压阀和外泄管道。释家思想指向彼岸和来世，它以其对苦难现实的超脱性或超越性而独树一帜，它不反对皇权专制政体，最终导向宗教式的彼岸性超载，或者禅宗现世的、审美式的解脱。道家思想，一方面成为后来的中国本土宗教道教，一方面最终融入了禅宗。至此，中国传统文化进入了"成熟"或"烂熟"状态。在国家政治层面或帝王术里，呈现如下的现象,即儒、法的互为表里,佛家和道家的适度补充的思想文化格局。中国传统的这种政治及思想文化格局,一方面使得思想文化有了现实的依托或依附,另一方面也就更为铁板一块,具有某种"固化"倾向。而政教的适度分离,则是现代政治生活的基本特征和普遍表现。皇权专制政体下的"政教合一"以及民间层面上的文化融合,中国传统思想文化的这种特殊现象表明,文明或思想至此已进入烂熟的状态,如腐烂的苹果或葡萄,散发出了酒味或醋味。这种成熟或烂熟的文化绵延数千年,以至于到了近代,维新变法领袖谭嗣同仍然发出了感叹:"二千年之制,莫非秦制。"这其实是就"法里"的特征来说的。秦制的褊狭和暴戾,盲目排斥法家之外的包括儒家在内的其他思想文化,导致了它"二世而亡",而其后的王朝则总结经验,发展出了"儒表法里"新的思想文化格局,从而保证了王朝的稳固和永久。

不过,当这种烂熟或老迈的思想文明,在遭遇年轻、充满活力且是异质的西方现代文明时,其激烈的冲突程度可想而知。但西方物质文明与精神文明的强大,与中国的衰弱相比,其间的差异和不对等又是一个昭然若揭的事实。于是,传统的中华文明对西方文明有抵制和不屈,也有认识现实之后的接纳和认同。这种抵制不屈、接纳与认同态度,开始于近代,并贯穿于整个中国现代思想文化史或新思想文化史的始终。

由此,不仅铸就了几种不同的文化对接范式,也产生了迥异于其他国家和文明在遭遇西方现代文明时的不同境遇或处境。

与其他国家或地区的重要差别,在中西文化的对接及其冲突问题上,中国文化呈现出了差异性或独特的特点。这种差异性,正是由中国传统思想文化的特殊状态和形态决定的。如伊斯兰文化与中国传统文化相比,伊斯兰思想文化不仅具有相对单一性,而且基本具有"君师一体"的特征。中国传统文化虽然在政治上和民间获得某种统一,但"儒表法里"毕竟不同于这种完全定于一尊,而且包括儒家、道家、佛教在内的中国传统思想文化与现代西方文化有着某种对接性。这在中国传统文化的"内生性"章节将详加论述。因此,近年来的诸多暴恐事件的发生,均与思想文化的冲突相关。

而对于中国来说,则不可能引发如此惨烈的现实对立和对抗。而西方思想文化在北美地区和非洲地区的"横向移植",则也有着自身的特点。因为这些地区的传统文化相对薄弱,更有利于新思想文化直接进行横向移植并加以利用,并形成以西方文化为主导的思想文化格局和政治体制。再如日本、新加坡,也有其文化上的特殊性,比如具备文化兼容性的儒家文化相对强大,而具有极端倾向的法家文化相对薄弱等,因而更有利于西方思想的传入和对接。

中西文化在对接范式上,也具有多元性的特性。对于中西文化之间的关系进行描述或中西文化的对接范式进行研究,大致有如下几种主要观点或范式:①"冲突论"模式。这似乎印证了《文明的冲突》一书作者的观点。②"替代论"模式。"全盘西化"的思潮是其代表,这既是"冲突论"的一种极端形式,也是西方文化"优越论"的代表。而与此相对应的,则是少部分中华文化"优越论"者。他们在没有全面接触西方现代文化的19世纪之前,尚有可以理解之处;此后,则纯粹属于一种文化自大或思想意淫,最后陷于极端民族主义的泥淖。③"融合论"模式或"互补论"模式。这是一种假想或理想状态。"中体西用"论、中国文化本位主义均可纳入这个体系。不过,"互补论"也可以说是"融合论"的一种特殊形态。这些模式的形成,也正是源于中国文化的特殊形态和个性特征。现实的情况是,一会儿是"冲突论"成为主调,一会儿是"替代论""融合论"或"互补论"甚嚣尘上。更多的时候,则是这些观点同时并存,彼此辩论不休。其取"冲突论""替代论"观点者,则是更多看到了中西文化之间的差异性或异质性,故对思想文化上的"融合"持悲观态度。而"融合论"和"互补论"者,则是在看到中西文化差异性的同时,更多关注它们之间的同一性以及相互借鉴、取长补短的某种可能。

毫无疑问,中西文化的异质性冲突是主要的,也是核心的部分。以现代启蒙主义或自由主义为代表的西方文化与中国传统文化之间的激烈论争,从未休止和平息过。这是从清朝末年以来,即摆在中国先进分子面前的一个重要课题。从康梁对孔子思想的现代性解读到张之洞的"中体西用"论、"全盘西化"思想、中国文化本位主义等,均是对西风东渐背景之下中西文化巨大冲突做出的回应和思考。这是两种文化在发生交集、碰撞和冲突之后,发生的重要思想化合反应。

"文化冲突论"与"文化融合论"均面临了巨大的尴尬处境。简单的冲突以及融合,这都是一种过于简单化的思维方式,两种异质文化相遇,其最终的结果是什么?是简单的"东风压倒西风,或西风压倒东风",还是同样简单的那种完美"融合"的假想和美好想象?新的思想文化落地生根,殊为不易。佛教文化输入中国后的经历,即是一例。佛教作为异质性文化传入中国之后,在接受和抵制之间也几经反复,其最终的"融合"不仅经历了漫长的时间,而且是找到了两种文化融合的契合点,才最终得以实现。但这最终的融合,也启示了我们,异质文化之间的融合或彼此接受,并非完全没有可能。

文化之间需要彼此的退让以及自身的改造。但对于绝无融合可能的部分,比如异质的血液,则需要自身的整体改造或妥协、退让。因为,人体的血液无法改变,至少目前的科技无法做到。但文化是可以进行改造的,更是可以选择的。当然,这会是一个长期的痛苦过程,至少一百多年的时间还是太短。因此,所谓"融合论"需要的是一个长期的过程以及艰辛的努力,不能变成廉价的乐观和简单的预测。

佛教文化与儒家、道教文化的最终融合,形成了"禅宗"等中国化的佛教。这是一个重要的与异质文化之间发生"融合"的范例,但重要的是要找到"异质性"之间的"同质性",否则,如同输血时血型之间的匹配一样,这会成为一个重大问题。如果以佛教文化为范例,论述在中华文化的历史演进过程中,异质思想文化之间的部分而非全部的成功融合问题,对于中国新思想史来说具有一定的积极意义。

除佛教之外,中国遇到的文化冲突基本是以中国的强势文化对落后的草原游牧文化的彻底征服为结果的。这也是中国人的文化自信所在。但西方文化的异质性和先进性,是一个不辩自明的事实。其与中国传统思想文化之间的差异性和拒斥力强烈程度不同,与同属东方文化的印度文化也恐有较大差异。康有为是试图寻找中国传统文化（主要是儒教）中与西方文化的某种一致性，即将儒学进行西化的某种可能性，如民本思想、大同思想、家族和地方自治的政治格局等。悲观的"文化冲突论"与乐观的"文化融合论"，都值得我们慎思明辨。

如果对中国传统思想文化稍加梳理，则可发现其不同的特质以及某些同一性的方面。而这些特质在与西方文化的对接过程中，则会有不同的结果产生。比如，儒家文化的"民本"思想与民主思想的同根同源性，儒家的"大同"思想与马克思主义或社会主义思想在目标上的某种一致性，佛家文化的"众生平等"思想与西方现代文化的"平等"诉求相类同，道家文化的"自由"思想与西方文化对自由的追求也并无冲突。

与西方文化发生最大冲突和对立的恰恰是法家思想。中西文化融合或互补的主要障碍和关键问题是作为皇权专制基础或根本的法家思想。法家，是中国传统思想文化的一个古老幽灵。它不仅是一个思想体系，更为关键的是其已经融合进了体制和制度之中，也成为中国文化心理的重要组成部分。包括秦朝"郡县制"以来的官僚治理结构，这也导致了所谓中国式的启蒙主义和资产主义萌芽无法实现。贵族制或封建制的西方有其可能，而皇权专制政体的中国则无此可能，陈乐民在《启蒙札记》《对话欧洲》《欧洲文明十五讲》等书中均有较为深入的论述。但恰恰就是这个法家，在新思想文化史上却很少被提及。即使在具有文化激进主义之称的"五四"新文化运动中，陈独秀等人也主要是批判了儒家，并提出了"打倒孔家店"的口号，即使是比较边缘的道家思想文化也在批判"无政府主义"时被点了名。一直到"文革"，法家才在"评法批儒"的政治声浪中登堂入室，但却是作为肯定和褒扬的对象。

如果对日本、新加坡等国家和中国台湾、香港地区的现代化范式进行相应研究，似乎不无助益，并可加以学习、研究和借鉴。这些国家和地区都或多或少地受到中国传统文化影响，中西文化如何在此得以有效对接或落地生根？它们有着自己的答案，即在政治结构上，采用西方制度思想文化的成果；在纯粹的思想文化层面，则以西方文化为主体，但又保留了优秀的传统文化或民族特色。

　　日本是中国传统思想文化异邦传入的重要范例之一。其保留了更多的先秦时代的封建主义，有武士等贵族阶层的存在。"明治维新"之所以取得成功，即因为中央集权不够强大，具有革新思想的地方封建势力（即幕府和武士）可以借助天皇，便宜行事，强力推行西方的新思想文化，获得维新变法的成功。这有似于欧洲资本主义萌芽和现代启蒙主义思想产生时的情形。它们没有强大的皇权官僚专制体系，以及"儒表法里"的思想文化结构，从而更有利于新思想的进入和维新变法的施行。1853年7月，美国东印度舰队司令马修·佩里将军率领四艘军舰来到江户湾口，以武力威胁幕府打开国门，这即是著名的"黑船事件"。日美双方于次年即1854年签订了《日美和亲条约》，又称《神奈川条约》。自此，日本被迫结束锁国时代，幕藩体制也随之瓦解。日本对此事件有着自己的独特称呼，即"黑船来航"。这个中性的词汇里看不出有任何的憎恨。日本人视此为日本现代化起点，修建了佩里公园、佩里纪念碑和塑像，每年都要举行民间自发开国纪念活动——"黑船祭"。那位用坚船利炮打开日本国门的入侵者佩里将军被日本人塑造成为英雄，对他怀有某种特殊的尊敬和感激。这与中国人对"鸦片战争"的情感认知有着本质的区别。"黑船事件"之后，西方的现代思想文化直接启发了日本"明治维新"运动，并带来了日本在东亚和全世界的崛起。这个曾经的中国属国，从此成为中国的长久噩梦，也成了中国照亮自己面孔和灵魂的一面镜子。他们对中国的侵略不再是所谓的倭寇袭扰，而是一场现代化的战争。这里暂不论所谓"倭寇"主要是东海沿海商队或海盗的走私行为，其根本原因在于明朝的"海禁"等闭关锁国政策。日本最终成为崛起在中国身边的现代化强国，并在"甲午战争"中彻底击败中国，又在"全面侵华战争"中占据中国半壁江山。

　　新加坡有似于日本，中西文化得以兼顾。其主要由广东、福建等地的移民和当地的土著组成，而广东等地区是儒家文化的兴盛之地，家族制度繁荣。由于"五岭"等地理上的阻隔，历史上受到皇权专制思想的影响较中原地区更少。因此，这里法家的治理结构较为薄弱，受到法家专制思想的影响也相对较小。这些来自广东、福建地区的"移民",带有较为强烈的儒家思想、家族观念以及地方自治传统,这就奠定了新加坡这个以华人为主的国家的思想文化结构。而这种思想文化结构,有助于新加坡在走上现代化道路的同时,保留了传统的儒家思想文化。这也是"东亚威权主义"经济发展范式之一。

香港,主要由香港岛、九龙、"新界"和附近的一些岛屿组成,且毗邻广东。传统的思想文化对其有所影响,且主要是儒家文化的影响,法家的治理结构却非常薄弱。这是一个中华领土的边缘地带。因此,它也有利于西方思想的传播以及政治结构的深入,最终落地生根。它们虽然被迫接受殖民统治近百年,但传统文化得到了很好的保留,且建立起了自己的现代政治制度。

台湾同样属于中国皇权专制统治的薄弱环节,法家思想的影响较小。由于特殊的历史条件,它成为国民党的"军政、训政、宪政"思想的试验田。在经济腾飞的特定历史时期,得以实现现代化的转型。而儒家思想文化,由于当政者的提倡也得以保留和繁荣。

此外,"广东现象"似乎也值得我们关注和深思。广东,为什么会更为开放,并成为中国改革开放的前沿阵地?这不仅是地属沿海、毗邻香港等原因所能解释的。正如上文所说,这里的儒家思想文化相对繁荣,家族观念较为强烈,封闭式的地方治理结构也较为完善,法家专制思想以及其政治治理结构均相对薄弱。毕竟,历来皇权专制政权对岭南地区的治理,都是相对弱小的,这就更加大了其自治性。"如果我们能够站在高空鸟瞰历史演进的图景,将可以发现,中国秦朝以后社会隐伏着两条相互交织又此消彼长的线索:一条线索为皇权专制的发展趋势,不妨称之为'专制线索',由于两千年专制体制由秦朝奠定,这一线索又可称为'秦制线索';另一条线索为社会自治的发育程度,我们叫它'自治线索',因为传统社会的自治主要由儒家士绅推动,这条线索也可以叫做'儒家线索'。"[1]广东以及香港、台湾的现代化转型成功,正是儒家地方自治、家族自治思想较为

---

[1] 吴钩:《中国的自由传统·自序》,第1页,上海:复旦大学出版社,2014年。

成熟,并足以抗衡皇权专制而获得成功的例证。与此相对应的是,受法家文化及体制影响之深的中原腹地及长江流域,则西方思想难以深入和实施。这与欧洲以及日本等国家因为封建制较强而皇权或王权较弱,从而实现了资本主义和现代启蒙思想的形成和发展,有着异曲同工之妙。

以上的案例说明,中西文化的"冲突"虽然是主要的方面,但并非没有"融合"的可能。除了思想文化的基本结构和性状之外,还有另外两个重要方面:一是思想文化的自我选择性。中国思想文化现实或现状的形成,同样是基于自我选择的,并非完全的自然形成。如秦制选择了法家思想,完全排斥儒家等思想的存在。汉初选择了黄老思想,但法家思想亦在其中,且仍然是其内核部分。毕竟汉是在秦的基础上建立起来的,但其保留了秦之前的部分贵族制,分封了一部分同姓王和异姓王,因而具有一定的"封建性"特征。汉中期选择了儒家思想,即"独尊儒术"。但这是经由董仲舒所改造过的"儒家",它融入了道家、阴阳家等思想,已经不是"原教旨"意义上的儒家了,也即所谓"汉儒"。二是中国传统思想文化的"可融性"或者说其与现代西方思想文化的"共性"或"一致性"价值要素的客观存在。不同思想文化之间的差异性或异质性,这是一种客观存在。而思想文化的现代与传统、文明与野蛮、先进与落后之分,则主要是相对于时代而言,这也是客观事实。比如,欧洲"中世纪"的一些与宗教专制相关的思想文化;伊斯兰文化里的反现代性、反人性的思想文化因素,特别是"原教旨主义";中国传统皇权专制文化以法家文化为内核,因而具有了反现代性、反人性思想文化基因,等等。但是,不同的思想文化既有对立、冲突和矛盾,也有相互之间的学习、渗透和互融。比如,中国传统本土文化对来自印度的佛教文化的引入和融合,并最终形成了"禅宗";法国路易十四时期,学习中国传统文化,导致了欧洲王权专制文化的登峰造极;第一次世界大战结束之后,西方文化亦曾向东方文化主要是中国文化寻求救助,这也是"东方文化救世论"产生的重要现实基础;日本、新加坡、韩国等东方国家对西方现代文化的借鉴和学习;等等。这都是思想文化史上的事实。

当然,传统思想文化与现代思想文化之间的融合企图及其可能性,这即使不是一个假命题,亦是一个复杂的课题,不可以简单化的方式和廉价乐观的态度视之。如果没有思想文化的内生性或内在要素的存在和生长,仍然无法实现真正意义的借鉴和融合。这就譬如血型和基因。异质型的思想文化,如同不同的血型,是无法实现正常兼容和输血的,除非有诸如O型血的存在。而传统文化里的现代性要素,如果不能正常长成,也无法实现顺利的对接。这就像一个成年的男子,不能和一个胚胎(哪怕它确实属于且可成长为一个女性)结婚一样。文化之间的兼容和融合,需要具体条件和客观要素,不可凌空蹈虚,超越客观规律。

综上所述,在中国新思想文化领域,各种"新旧矛盾""新新矛盾""旧旧矛盾"的复杂交错及其互动,源于思想文化大量引进之后带来的"后发劣势"。那么,如何把"后发劣势"转化成"后发优势",这是一个探索了一百多年的话题,还需继续探索下去。而思想文化转化为现实应用,更是一个艰难的过程。但在理论上搞清楚,应该是学术界和理论界的当务之急。

不过,西方现代思想文化的庞杂性以及瞬间涌入,带来了中国新思想文化的"后发劣势",也带来了某种"复调性"效果。

"复调"是一个音乐理论术语。它指的是欧洲18世纪古典主义之前被广泛运用的一种音乐体裁,它与和弦及十二音律音乐相异,没有主旋律和伴声之分,所有声音都按自己的声部行进,相互层叠,构成复调体音乐。这种"复调音乐"(polyphony)是与"主调音乐"(homophony)相对应的一个音乐概念。它一般由两段或两段以上同时进行、相关但又有区别的声部所组成,这些声部各自独立,但又和谐地统一为一个整体,彼此形成和声关系,并以对位法为主要创作技法。如果说主调音乐主体是由一条旋律线(也即主旋律)加和声衬托性声部构成,复调音乐则是由若干(两条或两条以上)各自具有独立性(或相对独立)的旋律线有机地结合在一起(同时结合或相继结合)出现,协调地流动,从而展开所构成的多声部音乐。这个所谓"复调"的关键点是,多个旋律线(多主题),多声部,但又和谐地结合、统一在一起。前苏联学者巴赫金把"复调"概念引入小说理论,他把小说分成独白小说和复调小说两类,复调小说的创始者是陀思妥耶夫斯基。"'复调小说'

是一种'多声部'小说,'全面对话'小说。所谓多声部,不是说小说里有各种人物的对话声音,不是'同音齐唱';所谓全面对话,不是各种人物的热闹对话,而自有其特殊含义。巴赫金在谈及陀思妥耶夫斯基的小说时说:'许多种独立的和不相混合的声音和意识,各种有完整价值的声音的真正的复调确实是陀思妥耶夫斯基小说的基本特点。'"[1]这里说的也是多声部、多主题的意思,但它们被统一在同一部作品之中。

这种多声部、多主题的对立与统一相结合的"复调"性特征,与中国新思想文化的形态和格局十分相似。这些思想固然属于不同的声部,但却不是异质性的矛盾冲突,它们被结合或融合在一起,形成了现代思想文化史上的多声部合唱或奏鸣的壮丽史诗。对于思想文化的这种"复调"性来说,并非没有对立和冲突,但因为它们具有更多的同一性,从而形成某种张力关系,如自由主义与马克思主义。这也是中国坚持中国特色的社会主义以及社会主义核心价值观的在理论和实践上可能性、可行性之所在。再如启蒙与革命、"全盘西化"与文化保守主义等、民族主义的两重性、宗教与现代启蒙等,均可称作"复调"关系。这种"复调"式的合奏之中,也有"变奏",但这种"变奏"也正是"复调"的原始形式。因此,"变奏"并不能改变其仍从属于"复调"性合奏的基本事实。

"复调"的概念引入新思想文化史,具有积极的意义和价值。首先,它不仅是对新思想文化史的客观而有效的描述,同时也有助于解决"多元化"无法有效解读和科学涵盖的诸多问题。"多元化"是个筐,它只能进行定量分析,而无法进行定性分析。而"复调"理论,可以涵括多元化所述说的定量问题,又可以对这些不同声部和主题进行定性分析。对于中国新思想文化史来说,这种复调性的基调一直存在,但在不同的时代,则又有不同的表现,而且出现了变调。20世纪90年代以来,其陷入了一种更为复杂的处境。其次,它能够解决"后发劣势"概念所无法解决的诸多问题。"后发劣势"只是一种理论上的基本描述和判断,但它在性质的分析和判断上不具

---

[1] 钱中文:《复调小说:主人公与作者》,《外国文学评论》,1987年第1期。

优势。而"复调"的概念,它既描述了新思想文化史的某种状态或状貌,又有进一步阐释的可能,并指出了选择的方向和机遇所在。它既关乎新思想文化的危机感,更有助于将这些危机进行创造性的转化,从而构成全新的理论判断和叙说。这需要境界、智慧和选择的勇气。最后,"复调"理论也优于"冲突论"(全盘西化,全面拒绝)和"融合论"("中体西用"是一种古老模式,但仅具有表面上的操作性的一种说法)。它有助于在新/旧、传统/现代、中国/西方之间找到一种全新的可能,以及找到一条更为可靠和可行的路径。这是一种理论上的探索和进步。由此,中国传统思想文化与西方现代思想文化的融合和互补的问题,也可得到有效的解读。思想的危机可以转化为思想选择上的机遇。我们的历史机遇也正在于新思想内部冲突的这种"复调性"。"后发劣势"由此可以实现向"后发优势"的有效转化,融炼和构建出一套更为完善的中西思想文化有机融合、不分主次、独具特色且顺应时代发展的思想文化体系,并形成人类优秀思想文化的结晶。这看似是一种理想的、澄明的状态,只是理论上某种架构,但它对于新思想文化史上各种复杂问题的研究,可以提供理论参照和理论阐释的可能和依据。

下文我们将以"五四"新文化运动为例证,进一步阐述这个"复调"性理论。

四、中国新思想文化史的"复调"现象——以"五四"新文化运动为例

如果用一个意象来表现"五四"新文化运动,那么它一定有如一股激进的、裹挟一切的洪流,带着巨大的喧嚣之声,汹涌澎湃,摧枯拉朽,不可阻挡。站在它的面前,任何辩解、争议、质疑均会被它的巨大的声响所淹没,更不用说置身其中了。

但是,对于百年新思想文化史来说,有一个问题的提出,无疑同样具有雷鸣电闪般的声响和力量。那就是:当我们言说"五四"的时候,我们在说些什么?这似乎是一个极其简单的问题,但它的不平凡之处,或者说它重

要的理论意义以及实践价值恰恰在于:在很多时候,我们所说的极有可能不是同一个"五四",它们往往仅是某一方面的"五四",某一部分的"五四",或者某一阶段的"五四"。

其实,即使不宜用"多声部"来作比喻,"五四"至少也是"复调"的"五四"。"五四"思想内在的歧义、冲突和矛盾,正是所谓"复调"或"复调性"产生的根源,而这也正是带来"五四"新文化运动中那些思想旋涡和波涛的真正动力。在此,我们可以从众多"五四"新文化运动的研究者那里获得思想资源和理论佐证。

当代著名思想家李泽厚先生的"启蒙与救亡的双重变奏"说,即是较早述及"五四"运动"复调"问题的重要论述,虽然他并未使用"复调"这一词汇。在《启蒙与救亡的双重变奏》一文中,他用"启蒙与救亡的相互促进""救亡压倒启蒙""转换性创造"三个章节,详细阐释了"五四"新文化运动的这种"复调"性质。台湾著名学者张灏先生在《重访五四——论五四思想的两歧性》一文中,则提出了"五四"思想中的所谓"两歧性"问题,即"理性主义与浪漫主义""怀疑精神与'新宗教'""个人主义与群体意识""民族主义与世界主义"[1],等等。"五四"思想中的"两歧性"现象,这不仅是具有敏锐特质的思想者们的独特发现之一,也是"五四"思想具有"复调"性质的某种证明。而著名学者董健先生则有"两种启蒙类型"的划分或界定,"从中国的情况来看,启蒙有两种类型:一曰感性的、政治行动导向型的启蒙(这里所说的'感性',是从认识论上讲的,不是从美学上讲的),一曰理性的、文化心态塑造型的启蒙"。[2] 这两种启蒙类型正是肇始于"五四"新文化运动。

"五四"新文化运动的复调性表现在若干个层面。既有表层的,如关于"五四"运动的命名、发生的时间节点、重大事件、思想性质等;也有深层的,那就是对"五四"思想的深度剖析和论证。它既表现在新旧思想的对立、冲突以及相互渗透方面,同时,也表现在新思想内部的各种冲突和纠结。

---

[1] 张灏:《重访五四——论五四思想的两歧性》,《开放时代》,1999年第2期。
[2] 董健:《新时期小说论评·序》,胡若定著,第5页,南京:南京大学出版社,1990年。

对于"五四"运动来说,有两个时间节点和事件非常关键。一是1915年9月,陈独秀在上海创办《新青年》杂志(初刊时名为《青年杂志》),高高举起了"民主"和"科学"两面猎猎大旗;二是1919年5月4日,以一次世界大战结束召开"巴黎和会"时的山东问题为导火索,酝酿、激发而成的一场以学生为主体的群众性反帝爱国运动,"火烧赵家楼"成为其标志性事件之一。

于是,"五四"运动就有了两个不同的命名和性质,前者是以"民主"、"科学"以及"人性解放"为旗号的"五四"新文化运动,又叫"五四"现代启蒙运动,有国外论者甚至把它及此后运动的相关延续称为"中国的文艺复兴"[1];后者则是以反帝为主要内容的"'五四'爱国群众运动"。有学者据此把它分为"狭义的'五四'"和"广义的'五四'",如历史学家金冲及所述:"我们常讲的'五四'运动,其实有狭义和广义之分。狭义的是指一九一九年五月以巴黎和会中的山东问题为导火索的'五四'爱国运动。广义的,包括从一九一五年开始的初期新文化运动到一九二〇年中国共产党成立前夜。"[2]其实,我们更多人所熟知的"五四"运动,正是这个狭义的"五四"。

1939年5月,毛泽东在延安纪念"五四"运动时,写有两篇著名的文章,一篇是《五四运动》,一篇是《青年运动的方向》。这里所纪念的,正是这个狭义的"五四"运动。同时,延安陕甘宁边区的青年组织也规定,以五月四日为中国青年节。"那时国民党在广大的青年群众的爱国高潮的压迫下,也同意了这个规定。后来国民党畏惧青年的革命化,觉得这个规定很危险,又改定以三月二十九日(一九一一年广州黄花冈革命烈士纪念日)为青年的节日。"[3]1949年,中华人民共和国成立后,中央人民政府政务院在1949年12月正式宣布以五月四日为中国青年节,一直沿用至今。

一切不仅于此。也正是这个狭义的"五四"运动直接影响了中国共产

---

[1] [美]格里德:《胡适与中国的文艺复兴——中国革命中的自由主义》,鲁奇译,南京:江苏人民出版社,1989年。
[2] 金冲及:《二十世纪中国史纲》(上),第145页,北京:社会科学文献出版社,2009年。
[3] 《毛泽东选集》(第二卷),第533页,北京:人民出版社,1968年。按:这段话是编者加的注,非毛语。

党的诞生和发展,毛泽东在《新民主主义论》中以此运动作为旧民主主义革命和新民主主义革命的分水岭。同时,这也成为中国现代史的开始。不过,在中国共产党党史中,"五四"运动被定义为"反帝反封建"[1]的爱国运动(在这本党史中,"五四"运动指的是那场爱国群众运动,指的"狭义"的"五四",新文化运动则被看作另一场运动[2])。而毛泽东在《五四运动》一文中,也充分肯定"五四"运动"反帝反封建"的性质以及"文化革新运动"[3]的内容,其实,在这个定义中,已然包括了1915年开始的"新文化运动",不然将无法说通。因为,1919年开始的"五四"新文化运动,是以反封建为主要内容的,但随着形势的发展,在其后的"五四"运动(狭义的"五四"运动)发生时,又包括了"反帝"的民族主义内容。任何割裂两者关系,或片面强调其中的任一方面,均是不客观的和反历史的。而反帝和反封建,也是近百年以来中华民族的主要奋斗目标和任务,至今尚未完成。应该说,这个复调的"五四",才是一个完整的"五四"。它既包括1915年开始的新文化运动,即现代启蒙运动;也包括1919年发生的狭义的"五四"运动。前者主要是文化启蒙意义上的"五四",以反封建为主要历史使命;后者则是政治、社会运动意义上的"五四",以反帝爱国为主要目标。

  这么多年来,我们一直有一个似乎非常清晰的"五四",但那是政治学意义上的、狭义的"五四"运动。其实,一直有两个"五四",关于"五四"运动也有两套"话语系统"。"五四"不仅有两个重要的时间节点:1915年,精英知识分子现代思想启蒙运动或新文化运动;1919年,以反帝为主要目标和特征的一场群众运动。而关于"五四"的性质,则有两种说法:一是张扬民主与科学的启蒙主义精神,一是反帝、反封建。其实,一个是讲"五四"的精神本质,一个是讲"五四"的形式、目标或方式。一个是"自由主义"版本的,

---

[1] 中共中央党史研究室:《中国共产党历史》(第一卷上册,1921—1949),第43页,北京:中共党史出版社,2011年。
[2] 中共中央党史研究室:《中国共产党历史》(第一卷上册,1921—1949),第28-43页,北京:中共党史出版社,2011年。
[3] 毛泽东:《毛泽东选集》(第二卷),第522页,北京:人民出版社,1968年。

那就是自由主义知识分子眼里的"五四",也即以民主、科学和个性解放为旗号的"五四";另外一个版本的"五四",也即是"反帝""反封建"的爱国主义群众运动。

一个是"启蒙"的"五四",一个是"救亡"和"革命"的"五四"。一个是"左"的"五四",一个是"右"的"五四"。而"反帝"、"反封建"正对应着中国近代以来的两大现实问题,即"内忧"和"外患"。这两个问题至今似乎仍未得到彻底解决。其实,如果把两个"五四"合成起来,也许就是一个更有包容性的、广义的"五四",一个完整的"五四",一个真实的"五四"。当然,也就是一个"复调"的"五四"。这个统一、完整的"五四"所包含的"复调",不仅包括前后两个阶段的"五四",在不同发生时间、不同代表性事件、不同表现形式之间构成的某种表层或现象的"复调",更是不同目标、不同内容、不同主题、不同方式所构成的深层意义上的"复调"。这两个不同的目标、内容和主题,也即"反封建"与"反帝",这也是此后中国现当代史中的主要目标、主题和内容。在中国现当代史上,中华民族在"现代化"道路上的两个主要敌人也是如此,一个是封建主义,一个是帝国主义。两种不同的方式即是"启蒙"与"革命",它们之间所构成的"复调"与李泽厚所说的"启蒙与救亡的双重变奏"是一致的。

如果从更长的历史时期来看,李泽厚所说的这个"救亡",似应换成"革命"则更为合适。不过,李泽厚所说的这个"启蒙与救亡的双重变奏"有两层含义,这种划分或论说是极具学术上的建设性意义和价值的。一是"启蒙"与"救亡"的相辅相成和相互促进,即"启蒙没有立刻被救亡所淹没;相反,在一个短暂时期内,启蒙借救亡运动而声势大张,不胫而走……启蒙又反过来给救亡提供了思想、人才和队伍"[1]。二是"救亡压倒启蒙",也即是李泽厚所说的"绕了一个圈,从新文化运动的着重启蒙开始,又回到进行具体、激烈的政治改革终。政治,并且是彻底改造社会的革命性的政治,又

---

[1] 李泽厚:《启蒙与救亡的双重变奏》,《中国现代思想史论》,第15页,北京:东方出版社,1987年。

成了焦点所在"。[1] 这也正如李泽厚在文中转引的施存统的一段话:"我从此觉悟,要拿工读互助团为改造社会的手段,是不可能的,要想拿社会来改造以前试验新生活,是不可能的。要想用和平的渐进的方法来改造社会的一部分,也是一样的不可能的。那么怎么样呢?就是:改造社会要用急进的激烈的方法,钻进社会里去,从根本上谋全体之改造。"[2] 在此后的分析和论述中,对于"救亡压倒启蒙"这个结果,李泽厚一定程度上是表示理解和接受的。

同样在这个问题上,董健先生关于"两种启蒙类型"的思想,不仅把"救亡"这个"五四"时代词汇,换成了更有普遍意义的"革命"(同时,也肯定了"革命"也是启蒙之一种),而且在观点上更为旗帜鲜明,认识上也更为理性和清醒。因此,这二者所构成的"复调",也即是"文化启蒙"与"政治、社会革命"之间的复杂纠合。"前者是初级的启蒙,见效快而不彻底;后者是高层次的启蒙,见效慢而彻底,只有在全民素质较高的基础上才能进行。"[3] "启蒙"迅速向"救亡"和"革命"的切换,虽然是由于当时的情势所迫,但启蒙因此也煮了"夹生饭","历史老人在这方面显得十分吝啬,他不给中国一个从事彻底的高层次启蒙主义运动的机会,他使人们在求生存的紧迫政治斗争中无暇也无力顾及高层次文化心态的塑造和高层次理性原则的建立,而只能接受初级的、感性的、政治行动导向型的启蒙。所以,一次次地'反封建',反到八十年代我们还惊呼'五四反封建的任务没有完成';一次次地为人的解放而呼唤,共产党人为此而斗争不息,但到十年动乱中人仍然不被当作人"[4]。这种"启蒙"与"革命"的"复调",一直响彻了整个中国现当代史,这自然也包括了新思想文化百年史。只是"革命"这个词汇,有时被表述成"救亡"(革命战争和各种形式、内容的政治斗争),有时则被表述成

---

[1] 李泽厚:《启蒙与救亡的双重变奏》,《中国现代思想史论》,第26页,北京:东方出版社,1987年。
[2] 转引自李泽厚:《启蒙与救亡的双重变奏》,《中国现代思想史论》,第26页,北京:东方出版社,1987年。
[3] 董健:《新时期小说论评·序》,胡若定著,第5页,南京:南京大学出版社,1990年。
[4] 董健:《新时期小说论评·序》,胡若定著,第6页,南京:南京大学出版社,1990年。

"经济建设"(所谓"革命建设")。

但是,有必要细加辨析的是,"救亡"和"革命"不能混为一谈——"救亡"是目的和目标,"革命"(包括政治革命、社会革命)以及"启蒙"则是完成这一目标的手段和方法。最初的"启蒙"(文化启蒙)是"反封建"的主要手段,但后来又增加了"革命"这一更为快速的手段;而"反帝"似乎主要靠"革命"和斗争一途,但"启蒙"似也有重大作用,比如说,关于对民众进行"民族主义"思想的相关教育和引导。"启蒙"与"革命"成为"救亡"(反帝、反封建)的两个重要手段,一个是渐进的、缓慢的方法,一个是激进的、快速的手段;一个是中医式的汤药调理,一个是西医式的外科手术。

不过,"五四"运动的"复调"性,不仅表现在"启蒙"与"革命"、理论与现实、激进与渐进、革命与保守等方面,其更为复杂的"复调"性,则在于其思想的深层。这里固然有张灏所说的"两歧性"——但这里所表述的所谓"两歧性"尚属新思想文化的更为精微细致之处,其更为醒目之处在于以下三个方面。

一是自由主义与马克思主义或资本主义与社会主义两大思想体系的内在张力和冲突所构成的"复调"现象。

如果说1915年9月开始的、以倡言"民主"与"科学"为主体的文化启蒙运动,属于自由主义(资本主义)性质,那么,1918年前后受"十月革命"的激发和影响,社会主义思想迅速崛起并被更多知识者所接受。当然第一次世界大战的影响也不可小觑,它让中国人开始怀疑西方文化的先进性和优越性,从而更坚定地选择马克思主义。马克思主义和自由主义思想,虽然同属于新思想文化的范畴,但由于出现在西方不同的历史文化时期,且具有对抗性和互补性,因此无疑形成了内在的张力和冲突。也正因为此,把它们的构成关系称之为"复调"。社会主义的思想并不是在"五四"时期才传入中国,戊戌变法时的康有为、辛亥革命时的孙中山对此均有积极的表述和接受;但真正激动了众多中国启蒙者,并在此后蔚为大观,恰是在"五四"新文化运动的后期也即俄国"十月革命"后开始的。

这也正是"五四"新文化运动的前、后期之别。前期是以自由主义思想为主体的,后期则迅速加入了社会主义思想的因素。社会主义的思想因素虽早已有之,但由于第一次世界大战以及"十月革命"等重大历史事件的刺激或激发,该思想得以迅速膨胀和广泛传播。与此同时,"五四"新文化运动或启蒙运动走向了思想的分歧,"左翼"与"右翼"也由此产生。那就是以胡适等人为代表的新文化运动的"右翼",以及陈独秀、李大钊等为代表的新文化运动的"左翼"。"左翼"与"右翼"之间的分裂,则是以"问题和主义"之争为标志。

二是在对待"西方文化"与"中国传统文化"的不同态度上,形成的某种特殊的"复调"现象。

在"五四"新文化运动时期,这种对"西方文化"和"中国传统文化"的不同态度,不仅超越了简单的"文化冲突论",也已经超越了清末以来的"中体西用"模式。从表层来看,新文化运动的鼓吹者们,基本取向是"全盘西化"的态度,对中国传统文化的佛学、道教等尚有肯定,对中国儒学则基本是持全盘否定的态度;而中国传统文化的维护者和卫道者们,则是对来自西方的新思想文化进行顽强抵抗。然而,这种认识仅是"左"的阶级斗争学说以及其相关宣传带给我们的某种幻觉或错觉。

在这个问题上,中国传统文化的捍卫者们的态度其实非常明确,他们并不反对西方文化或所谓"西化",但同时认为,传统文化中的优秀部分必须得到保留和坚持。比如,梁漱溟作为早期"新儒学"的代表,并不否定西方文化,而是主张通过"传统儒学"的现代化,从而与西方文化接轨。而1918年,"东西文化"之争的主角之一杜亚泉,"不仅是启蒙者,也是一位自由主义者"[1]。他的观点只是主张东西文化融合的"调和论",主张在西学中融合传统文化,并积极挖掘"可与西学接轨的传统资源"[2]。即使此后的"科学与玄学"之争,也几乎不构成传统与现代之争。因为即使在西方文

---

[1] 王元化:《杜亚泉与东西文化问题论战》,《清园近思录》,第5页,北京:中国社会科学出版社,1998年。

[2] 王元化:《杜亚泉与东西文化问题论战》,《清园近思录》,第17页,北京:中国社会科学出版社,1998年。

化内部,关于"科学"与"哲学或伦理学"(玄学)之间的关系,也是需要进行论辩,并加以界定和区分的。

而"整理国故"(1920年)以及与"学衡派"的论争(1922年),不仅是"五四"新文化运动走向退潮时的文化现象,也均是具有"复调"意义的新思想文化发展史上的典型事件,其立足点并非抵制西方现代文化,而是对中国传统文化如何认定,以及对传统资源进行深入挖掘并加以利用的问题;遑论"科玄之争"已是上述早期"东西文化问题"论战的余绪或回光返照了。而"整理国故"的主要提倡者和实践者,恰恰就是新文化运动的积极倡导者和中国的自由主义者胡适。正如钱理群先生所说:"他(胡适)的'研究问题,输入学理,整理国故,再造文明'的纲领性的主张,实际上是他对整个新文化运动的长远发展的一个总体设计。他特意强调'新思潮对于旧文化的态度,在消极一方面是反对盲从,是反对调和(所以大家注意胡适并不是把传统文化美化,他是有自己的批判态度的);在积极一方面,是用科学的方法来做整理的功夫',而他认为'新思潮的惟一目的'就是'再造文明'。这样一个思路,和鲁迅在20世纪初提出的'取今复古,别立新宗'大体是一致的,并不矛盾。"[1]这一段论述,正是对此最好的阐释和说明。

不过,在"整理国故"以及其后的"科玄之争"中,陈独秀、胡适的不同观点及其表述,却标志着"五四"新文化运动向"左""右"两个方向发生分歧,一个更为激进的"左翼"以及一个相对温和、折衷的"右翼"由此形成。

因此,从思想论争的角度来说,这种"冲突"并不构成敌我矛盾意义上的冲突,而是具有思想价值取向上的某种"同一性"和"一致性"。其共同目标都是为了"反帝"、"反封建",为了"救亡",为了复兴和重新构建属于中华民族的伟大文化。因此,这仅是新文化运动这个同一"声部"中的"复调"现象,而绝不是分属两个不同的"声部"或两个完全对立的阵营。

"五四"新文化运动中"反封建"目标的主要敌人,不是诸如梁漱溟、杜

---

[1] 钱理群:《北京大学教授的不同选择——以鲁迅与胡适为中心》,《20世纪中国知识分子史论》,许纪霖编,第300页,北京:新星出版社,2005年。

亚泉这样的思想者,而是专制和蒙昧的社会现实,以及深入社会肌理和民众心理深层的那些专制、蒙昧思想。这种斗争的长期性和艰巨性,远远超出了当初启蒙者们的预设和想象,即使在距新文化运动一百多年的今天,那些先哲们的启蒙理想仍未完全实现,甚至在理念和实践上尚无更大的进步。孙中山先生的那句"革命尚未成功,同志仍须努力"的政治遗言,用在此处是再恰当不过的。

三是社会主义思想的内部也存在着某种"复调"现象,也存在着不同的两种思想、两个潮流。

这不仅有早期的空想社会主义和无政府主义等,还有后来的列宁主义(斯大林主义)和伯恩斯坦主义。这是国际共产主义运动的两大走向。列宁主义以及其后的斯大林主义曾经在20世纪的世界历史上叱咤风云,席卷了大半个世界;而伯恩斯坦所主张的社会民主主义在如今的欧洲(特别是北欧)同样取得令人瞩目的不俗成就。在此不做深论。

因此,我们不仅要看到新思想文化的外在冲突,如新思想与旧思想之间的矛盾,也要看到新思想的内在分裂和对立;我们不仅要看到这种新思想的内在分裂和对立,还要看到它们之间的某种辩证性和统一性;我们不仅要看到新思想内在分裂中的这种统一,甚至还要看到西方文化与中国传统文化对立之中也存在某种"统一性"和"一致性",存在某种共同的基础,这就是常说的"普世价值"。在许多看似彼此对立的思想之间,常常也会有彼此的"交错"和"共鸣"之处。这正是我们对"复调"现象应有的认识和理解。

以上所述的"五四"新文化运动的"复调"性,不仅表现在思想的深层以及相关论争事件上,也同样表现在"五四"思潮以及"五四"人物之间。比如杜亚泉与陈独秀、胡适之间,胡适与陈独秀,这在该章节的主体部分将有详尽的论述。不仅如此,这种"复调"性,也存在于"五四"新思想代表人物的自身。比如陈独秀,他先持自由主义思想,后接受并鼓吹社会主义思想,并成为中国共产党的第一任总书记,后来又有"二次革命论"的论调,这种在同一个人身上两种或多种思想之间的摇摆和犹疑,也正是"五四"新文化运动"复调"性的重要表现之一。再比如,胡适是"西化论"和自由主义的代表人物之一,但在"五四"退潮后,他一方面提倡和实践"整理国故",一方面又继续宣传"西化"的自由主义思想。而对"新月"的经营,则又映射出他试图在文学和文化上进行"中西和合"的尝试和努力。鲁迅、周作人、朱自清、叶圣陶等人,也肯定是显得较为复杂的人物。他们在"五四"新文化运动的思想走向发生严重分歧之时,既不向"左",也不向"右",而是继续坚持以"文学革命"依托的启蒙主义思想。但最终,还是发生了分化,如鲁迅、朱自清、叶圣陶等偏"左",周作人等偏"右"。在不同的历史阶段,在一个人的不同阶段,这种"复调"的表现具有不平衡性,但绝不随机。一切来自于现实的复杂性,思想与现实之间的巨大冲突,以及舶来的西方思想资源所带来的"后发劣势"。这也从另一个侧面说明社会现实以及人在思想选择上的复杂性,绝不可作简单化、概念化的理解,更不可以政治阵营的简单而绝对划分方法来加以论述。

对于1915—1926年这个特殊的历史阶段,其实可以分成两个时期,"前'五四'"时期(1915—1918)与"后'五四'"时期(1919—1923)。而"后'五四'"时期也即"五四"的退潮时期,却是"革命"蓬勃兴起的大好时光。在"前'五四'"时期,又有两个阶段,即以"民主""科学""个性解放"为思想主体的新文化运动或现代启蒙运动阶段;还有以反帝为主体的"五四"爱国群众运动,在此阶段,由于"十月革命"的胜利,马克思主义思想再度成为新的关注点,或者说热点。在"后'五四'"时期,"革命"具有了向"左"转的趋势;而"国共合作"的达成,体现资产阶级革命与社会主义革命(即所谓"左"和"右")在封建势力面前的大联合和大团结。这个时候的"革命"具有双重意义和作用,它不仅是"反帝"的,也是"反封建"的。这些"革命"的行动,显得更为具体,也更有效地接近"反帝""反封建"之要旨。湖南等地的农民运动主要是打击了农村的土豪劣绅所代表的封建势力;"二七"大罢工、"五卅"运动、省港大罢工等工人运动,不仅具有反封建的特点,更具有反帝的性质。再如1926年夏开始的"北伐战争",从"反封建"这个层面来说,这场战争是以打倒军阀、消灭封建割据势力的政治、军事基础为己任,从而达成

"五四"新文化运动的主要目标。"革命"以外科手术的方式，达成"五四"新文化运动"反帝""反封建"的内在要求。当然，在"革命"的浩大声浪之中，胡适等人以《现代评论》《新月》等刊物为阵地，仍然坚持和延续着"五四"启蒙的自由主义"香火"。只是与革命相比，这些声音显得微弱而已。

由于第一次世界大战，在西方和中国均产生对西方现代文化，特别是科学实证主义的怀疑和反思。这也正是新文化运动的倡导者们所面临的尴尬处境。中国的文化保守主义者提出了反思西方文化并反观中国传统文化的思路，从而与新文化运动的鼓吹者们形成了文化启蒙的"复调"关系。但这不是简单的"复古"或文化复辟，而是一种经过反思、对比、权衡之后的思索，也是某种建设性的措施和策略。而在"五四"时期的新文化运动的领导者看来，这是反动和保守的，是来自于新文化运动相对立的阵营的声音，这难免带有主观情绪色彩，同时也是特定历史条件下思想斗争的产物。在今天看来，事实并非如此。这是值得关注的一点，不能以封建主义思想文化的复辟回潮简单待之。因此，在本书中，我把它归为"复调"的范畴，而不是简单的"反调"，不是落后、保守甚至反动的异己文化力量。

在"五四"新文化运动的诸多"复调"之中，当然不能不提"理性启蒙"与"世俗化启蒙"、"世俗化启蒙"与"宗教启蒙"的关系问题。但是，在"五四"时期，"世俗化启蒙"与"宗教启蒙"的声音过于微弱，在力量对比上尚不能构成真正意义上的"复调"关系。不过，在20世纪90年代之后，"世俗化启蒙"的声音渐显高亢，并与"理性启蒙"形成了真正的"复调"关系；而"宗教启蒙"在进入21世纪以来虽然仍然不成主调，却也日益受到思想界的关注。

还有一个重要问题就是"民族主义"问题。"民族主义"的身份标识仍然是来自于西方。因为，中国本来并无强烈的"民族主义"的概念，仅有"夷狄之防"的民族主义的朦胧意识。中国人的"民族主义"是西方文化东渐之后的产物，却又成为反抗西方（帝国主义）的有力思想武器。这真可谓是"师夷长技以制夷"。中国"民族主义"本身也具有复杂的双重性或复调性，在此难以详尽论述。这只能有待于在各章之中，分而述之，从而描摹或构建 20 世纪以来中国"民族主义"的全貌。

这种"复调"性不仅是对"五四"时期有效,同时也规范和制约了"'五四'后"新思想文化的基本路径及其走向。只不过,它在此后的很多时候总沿着某一极的方向发展;或者说,某一种调音会成为某个特殊时代的主调。到了 20 世纪 90 年代,这种"复调"性不仅继续前行,且进一步被多元化或"多声部"的合奏所替代。不过,这种所谓的多声部,它仍然是一种"复调"式的合奏或变奏。这是一种客观的描述和观察,也是深入思考的结晶,它与"二元论"的全部轻率指责毫无关联。

由于意识形态、近代历史以及文化冲突等诸多复杂原因,"五四"新文化运动可能形成有时甚至是大相径庭的不同意义上的解读——在很多时候,"五四"运动不仅是一个象征系统,而且也是一个神话系统;它不仅充满了隐喻,有时也隐含着某些不可触及的"禁忌"。我们如果要为"五四"运动祛除"神圣化之魅"[1],则必须充分认识到"五四"运动以及其后的中国新思想文化史的内在张力或"复调"性,这无疑是一场重要且必要的理性建构的开始。

五、中国新思想文化的序幕或"前史"

《中国现代思想文化史》的写作起点是 1915 年,"五四"新文化运动的发端之年,但中国新思想文化的外来输入("舶来")和自我孕育,却要远远早于这个时间节点。但是,作为一场声势浩大的思想文化运动却是从"五四"开始的。因此,对于这场伟大的思想文化运动来说,它的"前史"或者说对其"前世今生"进行梳理,也就显得特别重要。它不是从石头缝里蹦出来的"孙行者",而是有着它的源头和历史过程。如果不把这一点说清楚,这个中国新思想文化史就会变成"只见树木,不见森林",只见汹涌澎湃的大

---

[1] 许苏民:《祛魅·立人·改制——中国早期启蒙思潮的三大思想主题》,《天津社会科学》,2007 年第 2 期。

江大河,却不知它的源头和各个支流的汇入。

从外来思想"舶来"来说,且不说佛教在东汉末年传入中国,作为西方思想一支的基督教,在唐代即已进入中国。这就是学术界所说的"景教",这是基督教异端中的一支。在明清之际,基督教以前所未有的规模向中国进发,虽影响不大,但确实让中国的知识阶层完成了最初的西方思想"启蒙"。这是一个更早的时间表。而西方现代启蒙思想全面输入的标志,则是1840年鸦片战争。

意大利学者安伯托·艾柯认为,两种异质文化相遇时会带来三种可能性的结局:一是征服,如欧洲文化对待美洲和非洲文化;二是文化的掠夺,如希腊文化对埃及文化;三是交流,这是一种相互尊重、互为影响的双向行为。明清之际随着基督教的传入(当然也包括几何、立法等科学知识),中西文化是属于交流这种范式,虽然也产生了较为激烈的碰撞和冲突。[1]

西方文化(主要是基督教)的传入,自唐代开始。唐贞观年间,作为基督教一支的"聂斯脱利派"也即景教来华。"当唐太宗时,教徒阿罗本赍经典来长安,太宗许其建寺曰波斯。是为基督教之乃斯脱利安宗,中国名曰景教"。[2] 至唐武宗"会昌灭佛"时,景教因受到牵连而休止,"武宗禁佛教,诸异教皆遭波及,景教亦绝"。[3] "会昌灭佛"是以皇权政体为依托,对包括佛教、景教在内的外来文化的一次全面狙击和整肃。此后,"景教"虽未完全湮灭,但向边疆地区发生转移,主要是在如蒙古等汉民族之外的少数民族地区传播,但影响已是式微。

1292年,方济会修士、意大利人约翰·孟高维诺作为罗马教廷使节出使元朝,西方天主教第一次传进了中国。但总体来说,西方文化(包括宗教)在中国的传播及影响很小。

明清之际,以利玛窦为代表的天主教耶稣会士等为主体的西方传教

---

[1] 转引自陈义海:《明清之际:异质文化交流的一种范式》,第264-265页,南京:江苏教育出版社,2007年。
[2] 吕思勉:《中国近代史讲义》,第5页,上海:华东师范大学出版社,2007年。
[3] 吕思勉:《中国近代史讲义》,第5页,上海:华东师范大学出版社,2007年。

士,再次把天主教传入中国。但明清之际的这次西方文化的"进入",不同于唐朝时的"景教"来华,前次是一次失败的"文化交流"。他们吸收了"景教"失败的教训,更为讲究方式和方法。因此,这是经过精心策划和思虑的一次西方文化的主动进入,对于中国文化来说,还是一种被动的接受。因此,这次交流从主体地位上来讲,还是不对等的。这是一次特殊的"交流"。这有如一个荷尔蒙过于旺盛的西方青年,诱惑一位东方的老处女。但他们并没有谈婚论嫁,即使身体上的接触也是极其有限的,更多的则是一些彼此的打量和交谈。利马窦等人不仅精心策划,而且讲究方法、策略和步骤,有坚持,亦有让步和妥协。"这一时期的西方传教士对中国的传统文化总的来说是尊重的;尽管他们坚持一神论的立场最终并没有让步,但他们还是力求在双方文化之间寻找某种共的,在传教策略上还是寻求某种妥协的。中国的士大夫方面也是以文化的方式来应对西来的、陌生的宗教。"[1]他们不仅得到了中国最高统治者皇帝的支持,而且中国知识者如徐光启、李之藻、杨廷筠等人也在相当程度上表示信服和接受。这些来自异域的传教士,他们穿华服、读汉典并与中国士大夫交游,其主体目的则是传播基督教思想,这是文化的"炮弹"。包裹的"糖衣",则是自鸣钟等现代科技产品作为辅助材料,让中国人见识了现代西方的物质能力和水平。同时,还附赠了产品,几何学、历法等西方科技知识。这些科技知识对于具有实用理性精神的中国人来说,还是容易接受的。但这些传播西方视域里的科学和科学思想,被较好接受的是后两者,宗教思想不在其内。清朝还任用西人修订历法,圆明园还有大水法等西方建筑、郎世宁等人的油画等。这说明,当时的西学引进还处在张之洞所说的"西学为用"的文化交流层面。

尽管基督教在中国的传播并不广泛,但还是发生了数十次抵制事件。据统计,1582—1616年,曾先后发生大小教案54起。1616年(明万历四十

---

[1] 陈义海:《明清之际:异质文化交流的一种范式》,第61页,南京:江苏教育出版社,2007年。

四年),礼部侍郎沈㴶连上"三书"(即《参远夷疏》《再参远夷疏》《三参远夷疏》)参劾西方传教士的传教活动。虽有徐光启等人上《辨学章疏》为传教士辩护,说他们"实皆圣贤之徒也。其道甚严,其学甚博,其识甚精,其心甚真,其见甚定,在彼国中,亦皆千人之英,万人之杰"[1],但亦无济于事,这最终导致明神宗颁发了放逐西方传教士回归本国的诏书,诏令称其"立教惑众,蓄谋叵测","督令西归,以静地方"。这即是著名的"南京教案"。清康熙初年(1664—1665),杨光先向传教士参加修正历法发难,其引起的"历狱",还有其后的"礼仪之争"等,均对基督教的在华传播构成有力的打击。官方如此,民间也有反对的呼声,如在闽浙一带掀起的反教活动,其视基督教为"滔天祸水""五胡之祸未堪匹此""杨墨之祸未堪匹此",并出版有《圣朝破邪集》,又名《皇明圣朝破邪集》。这既说明包括基督教在内的西方思想文化在中国传播的艰难,同时也是中国官方、民间在"华夏中心主义"意识之下对西方文化的某种宣示和回应,即对传统文化的"道统"的维持以及对异质的西方文化的憎恨和排斥。

清朝末年,特别是1840年鸦片战争以来,天主教、新教等以与此前完全不一样的姿势再次来华。"基督教的这一次'远征'跟前几次截然不同:它不再像景教那样以弱者身份出现在中国文化的地平线上,也不再像明末清初时期的利玛窦等人那样采取文化对话的形式,而是以强势文化的姿态出现,是在坚船利炮的掩护下所进行的文化征服。"[2]这种强势的介入,导致艰难的传教活动在原有的薄弱基础之上得以迅速发展。"1854年,当耶稣会在这个地区(作者注:与山东交界的直隶东南部)重新出现时,天主教早期传教时遗留下来的教徒只剩约350人。然而到1870年,其人数已上升至20000人,到1896年又增加了一倍多,达到43736人。"[3]不仅如此,

---

[1] 转引自陈义海:《明清之际:异质文化交流的一种范式》,第167页,南京:江苏教育出版社,2007年。

[2] 陈义海:《明清之际:异质文化交流的一种范式》,第62页,南京:江苏教育出版社,2007年。

[3] [美]周锡瑞:《义和团运动的起源》,第72页,张俊义等译,南京:江苏人民出版社,2010年。

与明清之际的传教士学习和尊重(至少表面如此)中国传统文化及其经典不同,他们的目标是用基督教替代中国传统思想信仰,也就是征服。他们并不"把基督教移植到异教上,而是打算用前者替代后者",而"皈依天主或基督就不仅意味着要驱除家里的灶王神和不再去庙里烧香磕头,而且意味着放弃习以为常的拜祖拜宗,不能参加当地的宗教节日,不得举行传统的婚礼和葬仪。无疑,这意味着与传统文化和现实社会的决裂:没有几个中国人愿意这么做。然而我们要研究的是某些中国人毕竟这么做了——不管是假装做给传教士看的,还是真正虔诚地想与本土文化彻底决裂"。[1]但即使如此,其所受到的抵制和抗拒亦很强大,义和团运动的掀起即是一例。其实,此次强势来华的不只是基督教,还有其他西方文化思想。

在"新学"传入以后的很长一段时间里,一般的士大夫认真关心的很少,一直到中法战争之前,一个基本的现象仍然是"朝士皆耻言西学,有谈者诋为汉奸,不齿士类"[2]。中法战争后,情况才稍有变化,但情势仍不容乐观。"马江败后,识者渐知西法之不能尽拒,谈洋务者亦不以为深耻。然大臣未解,恶者尚多,议开铁路,犹多方摈斥。盖制造局译出之书,三十余年而销售仅一万三千本,京师书肆尚无地球图,其讲求之寡可想矣,盖渐知西学而莫肯讲求。"[3]这种情况一直到戊戌变法时才有较大改变。中国传统思想文化一直占据主流地位,作为社会精英的士大夫阶层尚且如此,没有文化和识见的普通百姓则更可想而知。我们从鲁迅的小说《阿Q正传》中,正可以看到普通群众的惊人的愚昧和落后,他们对西方思想以及革命的理解尚且停留在"农民造反"的层次,尽管这已经是"辛亥革命"的前夜了。这也正是"五四"新文化运动发生的必然性和必要性的某种证明。

1840年鸦片战争以来的中西文化交流,有如下几个重要阶段:① 洋务

---

[1] [美]周锡瑞:《义和团运动的起源》,第81页,张俊义等译,南京:江苏人民出版社,2010年。
[2] 梁启超:《戊戌政变记》,《中国近代史资料丛刊·戊戌变法》(第二册),第18页,上海:上海人民出版社,1962年。
[3] 梁启超:《戊戌政变记》,《中国近代史资料丛刊·戊戌变法》(第二册),第18页,上海:上海人民出版社,1962年。

运动。除基督教思想之外,这时"舶来"的主要是西方器物层面的物质成果及科技产品,当然也包括相应的科学技术。大量的造船厂、机械厂等在政府的鼓励和支持下设立,这源于"鸦片战争"等惨败对中国上层精英们的刺激,"师夷长技以制夷"成为先进者的共识,而张之洞的"中体西用"思想成为接受西方文化的基本模式,也是文化底线。这是"五四"新文化运动提倡"科学"的重要基础。② 戊戌变法。由于中日"甲午战争"的再次惨败以及"马关条约"的签订,李鸿章苦心经营的北洋舰队也在这场战争中灰飞烟灭,"洋务运动"宣告失败。康有为、梁启超、谭嗣同等"维新变法"领袖们,认识到在政治体制以及政治文化上向西方学习的重要性和必要性。他们在全面推行资本主义的同时,力倡"君主立宪"制,以实现"群民共治"。维新变法因保守派的镇压最终归于失败,但这一努力和取向标志着中西文化交流走上了一个新的台阶,同时也成为"五四"新文化运动"民主"主张的一次重要实践。③ 辛亥革命。随着"戊戌变法"以及此后由统治者主导的"预备立宪"、皇族内阁等改良措施的失败和破产,中国先进分子中的一部分开始放弃"改良"祈求,转而倡言用政党和暴力手段进行激进"革命"。孙中山在早年曾有《上李鸿章书》,说明其曾有"改良主义"的思想倾向,由改良而革命经历了一个历史和思想演变的过程。"辛亥革命"的爆发及其成功,推翻了数千年的皇权专制体制,建立了民主共和的政治体制,设立了议会,并颁布了《中华民国临时约法》。这一切都标志着中华民族在现代化道路上有了一个"质"的飞跃。然而,袁世凯称帝、军阀混战、"张勋复辟"、曹锟贿选、提倡"尊孔读经"以及帝国主义的侵略和奴役等等乱象表明,有了民主政制不一定就能带来真正的民主政治和民主生活,中华民国只是一个亮闪闪的"金字招牌","新瓶旧酒",一切依旧是"换汤不换药"。也正是在这一历史大背景之上,出于对洋务运动至辛亥革命历次改良或革命的深刻反思,"五四"新文化运动最终爆发。而这一以"现代思想启蒙"为主旨的思想文化运动也标志着中国现代思想文化史的真正开始。

如果稍加梳理,在"五四"新文化运动之前,在"西风东渐"的过程中即有如下主要思想传入中国,并发生了一定的影响力。这基本奠定了西方思想"输入"和现代思想文化再造的基本轮廓线。

(一)"进化论"思想

严复是近代著名的翻译家,毕业于英国皇家海军学院。他强烈反对顽固保守派,力主变法自强。因此,他翻译了英国生物学家赫胥黎的《天演论》,以"物竞天择,适者生存""时代必进,后胜于今"的思想作为"救亡图存"的思想理论武器。"进化论"的思想甫一提出,即迅速得到传播和接受,并成为中国先进分子反对保守和落后、倡言西学和改革的主要理论依据,也是洋务运动、维新变法的重要思想基础或精神资源。

不过,到了"五四"新文化运动时期,"进化论"的思想影响渐趋式微。其最为重要的原因是,"辛亥革命"之后仍然深处黑暗之中的社会及政治现实带来了民众的普遍失望。历史并不像人们所预期的那么乐观,并非是线性发展和不断向上的。比如,鲁迅就曾对自己早期十分信仰"进化论"思想进行了质疑。但其影响力仍在继续,并在"革命"思想中获得了新的阐释以及权力支撑。毕竟,革命也是历史和社会进化的"催化剂",而且是一种最为快捷的方式,它是民族救亡的一条"捷径"。这就增加了革命的合法性和必然性。同时,革命还占据了道德制高点,并成为居于社会下层、具有改革欲望的小知识分子们浪漫情怀的寄托物或宣泄口。

另外,相对于宗教的"神创论","进化论"毕竟是一种科学的态度和方法。这与"五四"新文化运动中"科学"精神的提倡是目标一致的。

(二)科学思想

早期的西方传教士对科学技术传入中国,起到了十分重要的作用。当然,这主要限于物质产品以及实用专业知识层面,如自鸣钟、几何学、历法等。在洋务运动中,物质建设里的新科技含量不断提升,蒸汽机、电讯、铁路、轮船、洋枪洋炮等现代科技成果,以及数学、物理、化学、生物学、矿物学等各种专业知识不断被引入中国。

魏源编著的《海国图志》是在林则徐所留资料的基础上编辑而成的。

同时,他也继承并发展了林则徐"以夷治夷"思想,提出了"师夷长技以制夷"的政治主张。这成为"洋务运动"或"自强"运动的重要思想基础。

应该说,中国传统的"经世致用"思想,或者说实用理性思想在此时起到了很大作用,使得先进的中国人能够接受西方的科学技术。但这时的科学主要是实用科技以及科学著述,并不同于"五四"新文化运动时"科学"的内涵。后者包括了科学精神,并以此与"迷信"和"蒙昧"相对抗。

(三) 民主、自由与平等思想

对于中国传统社会及政治的本质,谭嗣同曾一语道破天机:"二千年之制,莫非秦制。"所谓"秦制",即是皇权专制政体之代称。二千年以来,这种高度一体化的政体虽时有打破,也就是所谓"分久必合,合久必分",但总体上非常坚固。而在"分"的历史阶段,由于整体或部分地脱离了专制之羁绊,这往往成为思想文化发展之幸事。且不说更早的春秋、战国年代,民国时代的思想多元化现象即是其最好证明。但从中国二千年的皇权专制史来看,其在整体上呈现不断强化的趋势,特别是在最终导致中华民族全面落后的明清时代,也正是这种皇权专制政体达到历史巅峰之时。而这也正是西方崛起的年代,在皇权专制政体的全面的政治、经济、文化钳制之下,中华民族全民落后于世界与时代。

民主、自由和平等的匮乏或被压制,这正是皇权专制政体的主要特征之一。它不仅剥夺了民众的基本政治权利,同时也导致了中国社会缺少活力和创造力,经济上也停滞不前,文化上保守、落后。郑观应在《盛世危言》中,不仅提出了学习西方的科学技术,而且也要学习西方的政治体制。这较魏源"师夷长技以制夷"以及张之洞"中体西用"的思想是一大进步,并成为"维新变法"最初纲要。1895年中日"甲午战争"爆发,李鸿章经营多年的北洋舰队灰飞烟灭。这标志着"洋务运动"的最终失败,所谓的"中兴"也成了一句政治笑话。历史的事实告诉人们,不改变现行政治体制,单纯发展经济与实业,并不能实现中华民族的真正"自强"。"戊戌变法"提出了"君主立宪"制的政治构想,主张伸张绅权和民权,限制君权。这是民主、自由和平等思想的政治基础。此时的思想者们,对民主和个人自由有着较为深入的思考和理解。比如,关于个性解放与个人自由问题,梁启超就最早提出了"群己之分"的思想,这在今天看来,仍然是卓有见识的独特思想之一。

"辛亥革命"的成功,成立了中华民国,推翻了千年帝制,实现了共和。中华民国首任临时大总统孙中山先生提出了"三民主义"的主张,这都是民主、民权思想的重大飞跃。同时,还颁布了宪法,成立了议会,这都是自古未有之事。这也是中国较为彻底的民主实践之一。当然,曹锟贿选、宋教仁被暗杀、"院府之争"、解散"国会"以及袁世凯"称帝"等事件的发生表明,这些早期的民主实践最终归于失败。一些西方观察家因此认为中国需要"皇帝",并断定中国缺少民主所应具备的法制、个人权利、纪律等条件。因此,"专制主义应该继续下去,直到它发展了对于政治权威更大的服从,对于社会合作更大的力量,对于私人权利有更大的关注之后再说"。[1] 而中国的改革家和政治家们对中国的社会现实也有着更为清醒的认识,梁启超、孙中山等均主张民主的实现有一个渐进的进程,以此培养公民意识和公共责任心。孙中山先生在1923年提出了中国民主实施的进程表,即"军政""训政""宪政"三个时期。但是,无论如何,民主、自由和平等的思想却一天天深入人心。这些,都成为"五四"新文化运动竖起"民主"大旗的重要基础。

(四)民族主义

如果检讨一下中国"民族主义"的传统思想资源,最早大概可以追溯到"夷夏之防"说,这大概是中国最早的民族主义话语。孔子在《春秋》中将其表述为:"内诸夏,而外夷狄。"此后,在每逢发生异族入侵、改朝换代的民族危机时,"夷夏之防"说的思想往往会被民族主义者祭起,用以凝聚国族人心,抵抗或反抗异族侵略和统治。但是,中国的民族主义观念和思想却无多大发展和深入。应该说,中国的民族主义意识以及民族主义的思想资源

---

[1] [美]费正清:《伟大的中国革命》,第210页,刘尊棋译,北京:国际文化出版公司,1989年。

是非常薄弱的。张君劢也持这种观点。他认为,与欧美国家相比,中国国民的民族主义思想意识是极其淡薄的。中国人头脑中主要是"天下"观念,而非"民族"意识[1]。中国人"天下"观念的具体表现形式,即是所谓"华夏中心主义",这与后来的"欧洲中心主义"的产生一样,有着同样的心理基础。在这种观念或心理的支撑之下,中国人视周边国家为"藩国"或"夷狄",彼此征服或征战,但却没有民族国家的概念。因此,元代时的宋代遗民或者清代时的明遗民,只是从正统王朝的角度出发,来反对这些由"夷狄"建造的新王朝,而恰恰不是民族主义意识的觉醒或唤起。这种民族国家观念的涣散和淡漠,至少从民族心理的角度来说,导致了近、现代以来中国任人宰割、被动挨打的局面。当然,除了上述思想文化原因之外,皇权专制政体难辞其咎。专制之下只有顺民和刁民,无从形成真正的公民群体,并培育和形成民众的民族观念和民族意识。"人随皇法草随风",是哪个王朝,皇帝是谁,这与民众并无太大关系。应该说,这是中国民族主义意识匮乏的主要原因。

"民族"和"民族主义"是近代才有的概念,来源于西方。据考证,有"华夏中心主义"传统的中国,"民族"一词最初由西方来华传教士所发明和使用。"'民族'一词最早由西方来华传教士1837年所发明,19世纪70年代在中国报刊即有一些使用例证,戊戌以后日本用法传入,这一词的使用就逐渐流行开来。"[2]但是,这与孙中山的"民族主义"不是一个概念,孙氏民族主义主要内容是"排满"。在"中华民族"这个大概念下,这不是广义民族主义,而是狭义上的一个概念了。

不过,也正是近代以来"瓜分豆剖"式的民族危机及其惨痛现实,西方民族主义思想资源才得以迅速传入,并不断强化了中国人的民族主义意识。

---

[1] 张君劢:《中华民族复兴之精神的基础》,《再生》2卷第6、7期合刊,1934年4月。
[2] 章开沅、严昌洪主编:《辛亥革命与中国政治发展》,第112页,武汉:华中师范大学出版社,2005年。

（五）"社会主义"或"马克思主义"思想

马克思主义或社会主义思想早在清朝末年即在中国开始传播。通过来华的西方人和中国出国人员的最初介绍，国人对此概念并不完全陌生。从1899年开始，维新变法运动的代表人之一梁启超在文章中多次提及并论述社会主义学说。邹容、胡汉民、冯自由、朱执信、廖仲恺、宋教仁等早期同盟会成员，也均对社会主义有所涉猎和介绍。孙中山先生更是直截了当地说，"民生主义即社会主义"[1]，用社会主义来阐释自己的"民生主义"思想。

社会主义思想具有理想色彩、历史资源以及全人类属性。它不应因为在20世纪中期的繁荣，而过高地被看重；也不能因为20世纪末期以来的挫折，而被全面怀疑和否定。中国的"大同"思想与西方的"乌托邦"理想一样，都是社会主义思想的重要基础之一。应该说，社会主义思想是人类的共有财富，也是古老的传统思想资源。康有为在《大同书》对"社会主义"所作论述，正是源于中国古老的社会"大同"思想。孙中山所接受的"社会主义"思想，对其后的"联俄、联共、扶助农工"的三大政策出炉，有着重要的影响。"五四"新文化运动以来，随着"十月革命"的一声炮响，社会主义思想全面传入中国，并最终在1949年后不久全面确立了社会主义制度。

（六）"无政府主义"思想

20世纪初，欧洲工人运动中的无政府主义思想被中国留日、留法的一部分学生所接受。同时，他们附会了中国传统文化中的"大同""平均"思想，形成了中国式的无政府主义。

无政府主义对中国现代思想的影响不可小视。在政治上，无政府主义者鼓吹个人绝对自由，反对一切强权，认为国家是产生一切罪恶的渊薮，主

---

[1] 章开沅、严昌洪主编：《辛亥革命与中国政治发展》，第89页，武汉：华中师范大学出版社，2005年。

张消灭一切政府、军队、警察、监狱和法律。在经济上，无政府主义者主张生产资料和消费资料均归全社会所有，废除财产私有制，主张消灭阶级，人人平等，各尽所能，各取所需。同时，废除家庭和种姓，实行平等教育。因此，它与"五四"新文化运动以来的个性解放以及社会主义思想均有所勾连。

无政府主义在近代中国的初始发展是在1901—1911年之间，主要是在留学生中广泛传播；1912年，开始传播到国内。梁启超、章太炎等把无政府主义作为反对清政府的重要手段加以宣传，如暗杀、爆炸等恐怖手段的运用。吴稚晖、刘师培、张静江、褚民谊等积极传播无政府主义，创办《天义报》《衡报》《新世纪》周刊等宣传阵地，并组建了"社会主义讲习所""新世纪社"，介绍宣传巴枯宁、克鲁泡特金、蒲鲁东等人的无政府主义学说。1912年之后，则有刘师复等人组织"晦鸣学舍"，创办机关刊物《晦鸣录》（后更名为《民声》），并发表了《无政府主义同志社宣言书》《无政府共产党之目的与手段》等纲领文件。这是"五四"新文化运动之前的主要状态。

当然，不得不说的一个史实是，在中西文化交流的过程中，也有着中国文化对西方的输出和影响。比如，中国的"四大发明"传入西方，推动了西方的现代航海、印刷等的发展，为西方资本主义的萌发和发展起到了一定作用；中国的皇权专制主义思想为法国的"太阳王"路易十四所欣赏和钦慕。这都是为数不多的中国文化"出口"西方的例证。在第一次世界大战结束之后，西方学者在反思自身文化的同时，转而求助于包括中国在内的东方思想文化，由此产生了"东方文化救世论"的思想。但这仅是部分西方知识分子的思考，并未进入主流，但已足以让部分具有中国民族本位主义倾向的中国知识者自淫和兴奋。

从中西文化交流史来看，不仅呈现西多中少的特征，而且西方文化总是以主动的姿势来到中国，而中国文化则是被动地加以拒斥、理解或接受。不管西方文化是采取弱者还是强者的姿势，都不能改变这个基本现实。

中国先进分子在"亡国灭种"的现实态势之下，采取更为积极的姿势拥抱和欢迎西方文化，则是1840年以来的事情。特别是1915年以来的"五四"新文化运动,这是中国部分知识分子张开双臂拥抱西方现代先进思想文化的重要开端。但是拥抱和拒斥两种力量仍然存在,对立和冲突仍然在所难免。其后的"全盘西化"派和"中国文化本位主义"者们的主张,都是这两种对立力量的极端表现形式。

西方思想在中国的传播有着悠久的历史,远远早于"五四"新文化运动。特别是1840年以来,这种传播速度和力度都不断得以加强。在此基础之上,才有了"五四"新文化运动,提出从文化上进行变革和全面引进。正是源于这些由来已久的思想准备,才导致"五四"新文化运动发动之后,没有受到太多的阻力和反对。思想文化与社会现实之间的深层矛盾,以及新思想内部的各种冲突,构成了"五四"新文化运动以来新思想文化史的主要思想文化斗争格局。

对中国新思想文化的"前史"进行简要的回顾和叙述,有利于我们更好地理解中国现代思想文化的历史传承关系。它们不仅是"五四"新文化运动的"序幕",也是中国新思想文化史不可或缺的一个重要章节或场次。

六、中国新思想文化的内生性、兼容性及其现代性转化

通过对西方现代思想文化的渐次"输入"中国进行一个简单梳理,不仅有利于形成一个初步的思想文化概念,更有助于理解新思想文化的历史背景和当下现实。如果不述及这些,"五四"以来的新思想文化就如同空穴来风,不知所由,亦不知所踪。而且,对新思想文化的叙述也将因为过于单薄和浅露而失去历史的厚重。这就像另一个概念"复调性"一样,都是让新思想文化获得其应有的深度和广度所不可或缺的组成部分。

与此相关的另一个问题就是,在中国传统思想文化中,有无现代启蒙思想文化的"自我孕育"或萌芽?换句话说,在中国传统思想中,是否具有新思想文化的"内生性"、原生性或原发性;或者说,中国传统思想文化中有无与现代思想文化相"兼容"的思想文化资源。如果有,它又为什么没有发生革命性或现代性的转化,或者最终发展、成长和壮大,从而成为与西方现

代思想文化相比肩或类同的现代思想文化体系？

对于中国传统思想文化中现代性思想文化的内生性、兼容性和现代性转化问题的研究和考量，还有助于解决另外三个问题：一是对中国文化本位主义的进一步研究，二是有助于弘扬优秀中国传统文化这个重大历史使命的最终实施，三是对"东方文化救世论"做出进一步的考量。这些至少可以让我们确定中国传统思想文化中的哪些部分与西方现代思想文化相一致或具备某种同质性。或者即使不具备同质性，但具有某种类在的优异特质，即使不能与西方思想文化直接对接，但可以对其做有效的补充和丰富，从而贡献于人类思想文化的宝库。这一部分优秀思想文化成果，必将成为我们继承和弘扬的那一部分。这也正是弘扬"优秀传统文化"的要义和关键所在。同时，我们还可以进一步解决这样一个问题，即中国传统思想文化对西方现代思想文化形成辐射和影响到底有无可能？如何实施，又以什么作为自己的核心思想资源？

中国传统思想文化中现代思想的"自我孕育"或"内生性"，是一个极具历史和现实意义的话题。这就是说，在中国传统思想文化的内部，是否确乎"萌芽"了现代启蒙思想的最初根苗？这些具有现代化倾向的思想文化如果确有"萌芽""萌发"或"萌生"，随着政治、经济、社会、文化等条件的变化，又是否具有某种自我成长性？这是一个值得深入研究的话题。

这些问题的引入和研究，具有革命性和颠覆性。如果答案是肯定的，它将有助于打破思想文化研究中新/旧、中/西、传统/现代的"二元对立"模式，并走出认知和判断上的几大误区。误区之一：新思想皆是外来，而旧思想均是中国传统所有。误区之二：西方思想是现代、先进的，中国传统思想文化是落后、守旧的。误区之三：中西思想之间是绝对的对立性关系，不具有一定程度上的"同一性"和"兼容性"。而我们恰恰需要指出的是，中国传统思想资源里具有新思想文化的根苗，仅是没有得到充分的发展和生长而已。新旧或中西文化之间，除了对立性之外，还具有某种程度上的同一性或一致性。由此，不仅能打破新思想文化的固有定义以及在其与西方现代思想文化之间所划出的"等于号"，而且中西文化之间的对话与理解、"融合"和彼此渗透也就成为可能。

所谓新思想文化,不仅是指从西方舶来的现代启蒙主义思想,同时也包括中国传统思想文化中所自我"萌芽"或孕育且与西方现代启蒙主义思想具有同质性或一致性的那一部分思想资源。它们自"五四"新文化运动以来,逐渐成为中国现代思想文化的某种潮流或者说主潮,影响、规范并主导了中国在政治、经济、社会等方面的现代化进程。

中国传统思想文化不仅有着内部分化及其合理性部分,同时也有着新的、异质思想文化的萌蘖和滋生。康有为、孙中山以降,均做了一件与此相关的重要工作,即是从儒家思想里寻找西方思想的同质资源,以为变革、改制和革命的论据。当然,这种新思想文化虽然在古老的中国思想文化传统中即有萌芽或表现,但由于古代以及近、现代的中国没有适宜的土壤(如政治、社会环境以及经济基础),因此并没有像西方社会一样,生长并发育出完整的现代思想体系,并使之茁壮成长。而西方的现代思想文化恰恰在某种合适的环境里长大、成熟,并最终贴上"现代思想文化"的标签"输入"中国。

中国传统思想文化的主体格局在春秋战国的"百家争鸣"时期即已奠定,所谓"三教九流"即是其最为基本的概括和描述,"多元化"是中国早期思想文化的基本特征。中国传统思想文化本身即具备与现代新思想文化相一致的某些"新质",构成内在的对峙或反抗力量,并形成某种微弱的"张力"。也就是说,在中国传统思想文化的自身中,即有新/旧、传统/现代、先进/落后之间的文化分别,只是那些"新质"部分处于劣势,并由于特殊的历史际遇没有能够长大、发展和成熟而已。与此相比,两河文明、古埃及文明、古印度文明以及欧洲文明在思想源头上,其思想体系均相对比较单纯和明晰。古印度文明中虽有婆罗门的等级制思想与佛教的众生平等思想之间的对立,但佛教最终却在自己的本土走向衰落。经过激烈的思想斗争或争鸣以及社会政治格局的变迁,中国传统思想文化的主流无疑是法家和儒家,它们成为最大的历史赢家,且"儒表法里"成为长期以来中国思想文化的主体结构和根本特征。本土的道家思想文化以及外来的佛教则成为儒家和法家思想的补充和支撑，起着重要的平衡作用。至于墨家、杨朱等思想虽也曾发生一定影响，但在中国古代思想文化中最终成为支流或旁枝末节。

在中西文化的纵横坐标系里，审视和反思中国传统文化的现代性"内生"问题，我们可以发现：在中国传统思想文化中，能够与现代西方思想产生对接或者说可称之为现代思想之"萌芽"的，如民主、自由、平等、科学等现代思想之雏形，确实可以罗列出不少。这不仅发生在道家、佛教等思想体系之中，中国思想正宗的儒学思想之中亦不少见。

（一）"民本"思想

在远古的时候，中国有着"禅让"的传统，但这也只是一种统治阶层的游戏规则，它与民主无关。中国是一个有着数千年皇权专制传统的国度，但是，也有"民主"思想的萌芽，这就是中国传统文化中深厚的"民本"主义思想。它们存身于正宗的儒教传统之中，并不见容于皇权专制的思想文化主流。比如，儒家的代表人物之一孟子即有"民为贵，君为轻"的思想，以及反抗暴政、颠覆暴君的"合理性"思想，如"闻诛一夫纣矣，未闻弑君也"。这与民间的"王侯将相，宁有种乎""皇帝轮流做，明年到我家"有着某种呼应作用。民间或非主流思想文化与儒学主流思想发生的某种呼应作用，表明了中国传统思想文化中的某些"异质"，其实正是新思想文化的"新质"所在。儒学不仅是温文尔雅的，也有着激烈和血性之处，这一点在经典儒学之中表现得尤其充分。当然，"民本"不等于"民主"，反抗暴政也不等于讲究程序和法治的民主本身，但前者确是后者的重要基础和前提，是现代"民主"大厦的地基。特别是明清之际，在黄宗羲等人的著述之中，即有反抗皇权专制和民主主义思想的萌蘖和滋生，其思想基础即是来源于此。对于中国思想界来说，这些思想就像迎春花一样，预告了春天的到来。可惜，这是一个虚妄的"春天"，在铁板一块的皇权官僚专制政体之下，这注定是要夭折和失败的。

（二）"仁爱"思想

墨家讲究"兼爱"，这是一种平等之爱。佛教也宣传爱的思想以及对生命苦难的悲悯。儒家则提倡和推行"仁爱"，讲"仁者爱人"，由民本思想而推及人本思想，这是一条符合逻辑的发展路径。如《论语》中有一则记载，"厩焚。子退朝，曰：'伤人乎？'不问马"[1]。这是经典儒学以人为贵的思想体现。这与西方现代的"博爱"思想有某种可以打通之处。但是，墨家和佛家的"爱"是平等之爱，而儒家的"仁爱"在整体上则是伦理、政治意义上的差序等级之爱，也即是所谓"君君，臣臣，父父，子子"[2]之论。

（三）"平等"思想

墨家除兼爱之外，最讲平等思想，有平民化的思想倾向。佛家也讲"众生平等"，这种平等兼及鸟兽虫鱼，哪怕最为卑微的蝼蚁。这与基督教的"四海之内皆兄弟"的教义以及现代思想平等要义，均是相通的。它们虽然并未构成中国思想文化的主流，但与讲等级差别的法家和儒家思想形成了强烈的对照和反差。它们是中国传统思想文化的内在反叛力量，也是与新思想文化相一致的文化"新质"部分。

（四）"自由"思想

道家思想里的重要内核即是自由解放思想，这种自由不仅是身体的也是精神或意志的自由，有着超脱意求，心骛八极。但在"五四"新文化运动中，中国的道家被陈独秀等人指责和批评，并称其为中国式无政府主义的"鼻祖"，"施行这严格的干涉主义之最大障碍，就是我们国民性中所含的懒惰放纵不法的自由思想；铸成这腐败堕落的国民性之最大原因，就是老、庄以来之虚无思想及放任主义"。"近来青年中颇流行的无政府主义，并不完

---

[1]《论语》，朱熹集注《四书》，第144页，上海：上海古籍出版社，1995年。
[2]《论语》，朱熹集注《四书》，第162页，上海：上海古籍出版社，1995年。

全是西洋的安那其,我始终认定是固有的老、庄主义复活,是中国式的无政府主义……所以我深恶痛绝老、庄底虚无思想放任主义,以为是青年底大毒。"[1]这是一种历史的误解。其实,这种身体以及精神意绪上的自由意向,在儒家经典中也有少量体现,如孔子"莫春者,春服既成,冠者五六人,童子六七人,浴乎沂,风乎舞雩,咏而归"[2]的人生理想和审美境界,即是一例。

(五)"科学"思想

科学思想是中国古代思想文化中一直非常薄弱的环节,但随着基督教传教士的到来,这种思想开始得到部分传播和接受,如徐光启等明朝官员。但是,科学思想的主要内容如实用主义或实验主义与儒家的实用主义伦理观和经世致用的思想,却有着理论上的相通之处。而经典儒家"敬鬼神而远之","不知生,焉知死"等思想观念,虽然说不上科学、唯物,但其取回避态度亦有积极意义。法家则继承了儒家的唯物思想,它是无鬼神论的,如王充《论衡》一书所体现的那样。

(六)"个体"或"个人"思想

中国第一个个人主义者是杨朱,他对个人或个体极度尊崇,以至于到了偏执的程度,即所谓"拔一毛以利天下,吾不为也"。这种个人主义思想固然是个性解放的重要前提,但是,杨朱并未解决好"群己关系"问题,主张极端个人主义,将个人与社会完全对立起来。而儒学在此方面,似乎更有代表性和论述价值。儒家的"修身、齐家、仁里、治国、平天下"的观念里,个人或自我均是起点。无论是"修齐治平",还是"老吾老以及人之老,幼吾幼以及人之幼",其伦理起点均是个人或个体。但是,无论是家族、地方,还是国家和天下,这个儒家的"自我"或个体最终融入一个更为宏大的"集体"之

---

[1] 陈独秀:《中国式的无政府主义》,《独秀文存》,第 611 页,合肥:安徽人民出版社,1987 年。
[2] 《论语·侍坐》,朱熹集注《四书》,第 156 页,上海:上海古籍出版社,1995 年。

中,并为这个大的集体(如国家、天下)或小的集体(如家族、地方)所湮没。后者成为前者的禁闭所或"监狱",个人或个体并未获得解放和伸张。因此,这才有了后来"五四"新文化运动中的"打倒孔家店"的口号。

再比如,个人的张扬或个性解放的问题,秦之前,也只有士的解放,而无庶民的解放和张扬;而秦一统天下之后,则士与庶民的权利全面丧失。但在明李贽等的思想中,则有了它的最初萌芽,产生了个人解放的欲求和冲动。当然,这种个性或个人的解放,首先是从身体和欲望的解放开始的,这是一个不容置辩的事实。但这种思想欲求的产生,却早在宋朝时期,也正是理学思想兴起之时。这正从某个方面反证了社会和个人解放的萌芽与发展,已让儒学卫道者产生了极大的恐慌,急于进行理论修补和思想遏制。这些个人欲望和情感的解放诉求,在宋明话本小说、拟话本小说以及《金瓶梅》《红楼梦》中均有体现。

(七)社会"大同"和"世界主义"思想

在中国古老的思想文化中,有一种很伟大的社会理想,那就是"大同"。康有为在《大同书》曾有所发挥,他重新阐释了儒家"大同"思想,并将其与社会主义思想相联系和切合。中国的"大同"思想或社会理想,这是一种平均主义的乌托邦理论,与西方的乌托邦思想有着某种同宗同源的关系,但与作为科学体系的社会主义思想有着本质的差别。同时,"大同"思想还具有"世界主义"的倾向,并不是单纯的民族主义,而是康有为所说的"天下一家"。"关于康有为的'天下一家'思想,有一点是值得注意的:它是把全人类包罗在一个新的社会文化秩序之内的世界观。康氏代表了民族主义势力,他的思想却超出民族国家。他所设想的乌托邦至今还是世界上伟大的理想之一。这就适应了一个要求,就是任何一种新的中国的世界观,必然是一种适用于全人类的世界观,而不是地区性的或一个民族、一个国家的。"[1]当然,这种乌托邦式的"社会主义"或"世界主义"思想,尚是处于萌

---

[1] [美]费正清:《伟大的中国革命》,第126页,刘尊棋译,北京:国际文化出版公司,1989年。

芽状态,并不完善和成熟,更不能形成科学的理论体系。

(八)"法制"思想

儒家讲究"德治",主张道德教化,主张"刑不上大夫,礼不下庶人"。儒家是不讲法制,也不讲法治的。法家的思想,讲究法制,认为这是国家治理和达至强盛的重要基础。但是,法家的"法制"并没有必然导向"法治",而是走向了"人治"以及皇权专制政体下的人身依附或从属关系。法家只是伸张君权和官权,压制民权,因此它是不讲民主的。说到底,还是人治和个人专制。而儒家所讲"德治",其实还是一种建立在伦理关系上的"专制",最终落实在地方治理和家族、家庭层面,也是一个差序等级的人身束缚系统。说到底,法家是国家层面的政治、经济"专制",儒家是地方和家族、家庭层面的伦理专制。"儒表法里",不仅是表里,还是上下联动、法上儒下的关系。他们互为表里,相互配合,构成了中国社会传统的且具超稳定性的皇权专制结构。因此,中国有法制,但无法治和宪政传统,没有走向"法治"的"法制"只能是"人治"和"专制"。

(九)实用主义与经世致用思想

"经世致用"思想与实用理性,是中国传统思想中的核心部分。它也导致了中国没有真正意义上的宗教传统。清朝以来,从理学到今文经学的发展,这是历史的继承,也是某种进步。这是中国接受西方科技的重要原生思想基础。这是《强国论》《原富》等思想著作得到部分先进知识者的认同以及洋务运动得以施行的思想根基,也是杜威的"实用主义"思想在中国大为流行的原因之一,不只是自由主义者胡适的大力推动。"中国进行西方化的努力,有一个古典的名词——'自强',以强调中国的自主和首创精神。推动力来自几个不同的源泉,首先是学者型官吏们讲究治国之道的传统,强调'实用于社会'的知识……治国方略的实用主义,引导林则徐督办采取英勇但无益的努力,企图在1839年禁绝鸦片……他的朋友魏源利用林所收集的一些情报编纂了一本世界地理《海国图志》,从而打开了中国的眼界。"[1]费正清此论,不仅确有其道理,而且一针见血。

中国的实用理性思想,包括清末的"今文经学""实学"思想、早期儒家的"治国平天下"的思想,这是中国政治、经济、社会和思想文化改革的重要思想基础。这也是外国侵略、国家积贫积弱情势之下的改革动力和思想保障。同时,一些先进的士大夫能够认清形势,在艰难之中致力于改良或改革。正如费正清在谈到中国清末的种种改革运动的努力时说,"改革运动是中国思想史的一个篇章,而不是西方思想史的一章。它涉及的是中国的前提问题,用的是中国语言。在我们简单地称呼它是外国刺激力的反应之前,我们必须首先承认中国传统的原动力的生命力量。孔子的改革主义记录才刚刚开始被人研究"[2]。这至少从一个侧面证明,中国的政治、经济、社会改良或者革命,是有中国的传统思想文化资源作为依托的,而并非完全是"舶来"的西方思想体系。

(十) 传统思想的多元性

从春秋、战国以及此后的中国思想现状来看,中国的思想界一直有着"多元化"的传统。对于异端思想有着最为基本的两种基本倾向:扫荡与宽容。其关键是看其对皇权专制政体的利害而定。如果危及皇权专制政体,则一律在扫除之列。即使被尊为"亚圣"的孟子,其"民本"和反抗暴政思想在明朝时一样不受朱元璋的待见,被逐出宗庙,不受祭祀,吃不着皇家免费提供的"冷猪肉"了。因此,这种多元是有条件的"多元存在",而不是无条件的、绝对的自由存在。

但是,这只是一些现代思想的萌芽,或与现代思想具有"兼容性"的部分思想资源,它们仅是一些碎片化的思想火花,并不能代表成熟,更没有形成完整的现代思想体系。比如,"民本"思想不等于现代民主,满足皇权专

---

[1] [美]费正清:《伟大的中国革命》,第94-95页,刘尊棋译,北京:国际文化出版公司,1989年。
[2] [美]费正清:《伟大的中国革命》,第130页,刘尊棋译,北京:国际文化出版公司,1989年。

制需要的"法制"不等于现代民主体制下的"法治",差等秩序的儒家"仁爱"与现代思想的"博爱"不可同日而语,极端个人主义思想与个人或现代意义上的"个性解放"也是天壤之别……因此,它与现代思想有着"质"的差异性。这种传统思想里的现代因素或因子,并不等于现代思想文化本身。这就如同古希腊时期的雅典式的城邦"民主"思想,与文艺复兴、启蒙运动中的现代民主思想,并非一回事一样。前者仅是一个胚胎和原始萌芽状态的东西。但这种民主基因,却奠定了民主思想得以进化、发展和实施的重要基础,至少解决了政治及思想机体上的排异性问题。

这些中国传统思想文化中的现代思想的"根芽"为什么没能成长、壮大,为什么不能发生革命性、现代性的"转化",像西方一样形成完整的现代思想体系,并完成启蒙运动和向现代社会转型的历史使命?这是令人困惑和痛苦,又不得不面对、不得不做出回答的严重问题。

1. 以航海和贸易为主体的城邦制国家与以农业、牧业为主体的大陆性国家的重要区别

前者,不仅有利于民主、共和等政治机制和思想理论的形成,也有利于科学和学术的发展;后者,则基本形成了皇权或王权专制政体,钳制文化与科学的发展,这也即马克思所说的"东方专制主义"。秦朝一统天下之前,是诸多诸侯国的"小专制",此后则形成了"大专制"。秦后两千多年来,虽有周期性的分裂状态,也即是所谓"分久必合,合久必分"。所谓"分",即是地方割据,仍是"小专制";所谓合,即是大一统,是皇权专制政体的"大专制"。具体到地方、家族和家庭,则是同样的一个专制原理。虽然也有一些特立独行的思想者或思想理论出现,如明清以来的"性灵说"、"童心说"、反抗暴君、批判皇权等,但民主、科学、个性自由却从未得以伸张,到了"五四"新文化运动时才有了民主、科学以及"个人解放"的强烈呼求。

2. "大一统"式的皇权专制体制

这种体制在经济政策的选择上,重农轻商,并对盐、铁等重要商业资源实行国家统制和垄断,这极其不利于资本主义的萌芽和发生。因为缺少

"土壤"和基础,也就不利于与之相适应的各种现代思想的萌发,这种政治、经济政策具有"釜底抽薪"式的效应。

3. 中国式的皇权专制政体特别强大

它是集政治、经济与思想文化的垄断于一体,虽未达到"君师一体"的程度,但至少是"政教合一"的模式。这不同于古巴比伦、印度等"东方专制主义"政体。它保证了为皇权专制政体所认可的正统思想得到强化和延续,同时,它还钳制着新思想的产生,并直接扼杀了叛逆性的现代思想的萌发和生长,极其不利于科学发展与新思想文化的内生及其传播。

4. 中国传统思想文化的过度成熟

中国传统文化之间的紧张和冲突关系,最终归于统一或妥协,互为一体,各得其所。纵观中国古代思想文化史,不同的思想文化从"百家争鸣",走向儒法独大,最终形成了"儒表法里"的思想文化格局。而未进入主体的道、佛思想,也与主体思想走向调和或融合。如,儒道之间的随时切换,"达则兼济天下,穷则独善其身"成为社会精神或知识阶层的内在思想意识和人生景观。儒、佛也有类似现象,即儒家的入世与佛家的超脱之间的切换。因此,在帝王术里,儒、法的互为表里,佛家和道家的适度补充,都成为中国思想的某种特殊状态。文明或思想至此已进入烂熟的状态,如腐烂的苹果或葡萄,散发出了酒味或醋味。这固然是皇权专制政体的强大选择和整合功能在起作用,同时,也有中国思想文化自身的融合力量。比如,儒、释、道的最终走向某种程度上的融合,形成了中国本土的"禅宗"思想,即是民间思想界的最大作为之一。由此,中国传统思想的过度成熟甚至是烂熟,不仅产生了某种思想文化上的自给自足性,也在更多的士大夫心中达到了某种心理平衡,他们可以在不同的政治格局和人生际遇中选择不同的思想文化作为抵抗现实、自我安慰的神器。个人与现实之间的紧张、冲突关系,最终得以化解,这也就从内部阻止或扼杀了新思想的发生和发展。这种看似多元化、互为表里、相为补充且极为烂熟的思想文化体系,内融性或腐蚀性都极其强大,从而形成了新思想文化内生和发展的自我约束机制或天然屏障。换句话说,中国思想文化"深层结构"已经全然板结或固化,形成了所谓的"超稳定结构"。"既然中国历史上任何'表层结构'意义的变动都是使'深层结构'越来越没有变化的因素,因此,由中国整个历史发展过程呈现出来的'深层结构'遂表现为一个'超稳定体系'的形态。"[1]这就是中国思想文化深层的"超稳定结构"的最终形成,同时,这也是中国思想文化最终全面落后的重要的原因。正如美国学者费正清所说:"我们只能再一次断言:中国之所以如此'落后',是因为她太先进了。"[2]他所说的这个"先进",固然不是政治、经济、科学上的先进,而是文化上的所谓"先进"或高度成熟、烂熟状态。后者的这个"先进",导致了中国在近现代以来的全面落后。而导致政治、经济、社会全面落后的这个文化本身,也成为全面"落后"的一个组成部分。

七、偏仄的翅膀:在现实语境中,反思和观照新思想文化的复杂态势及其选择性异变

中国新思想文化史的课题研究,具有相当程度的挑战性。它不仅在发展态势上错综复杂,且时有敏感和禁忌。如果要梳理其间的脉络,打通其理论上的阻隔之处,揭示其本质属性和规律,殊非易事。这需要打破很多传统的定见、成见和偏见,包括政治上的某些藩篱和定论,从而确立新论,发现真实和真理——新思想文化史的本质及其规律所在。

思想文化从来就不是一个玄虚、孤立的存在,不是天马行空,凌空蹈虚。思想不仅是客观现实的产物,同时也影响和规范着现实的发展,创造着新的现实。马克思在《〈黑格尔法哲学批判〉导言》中曾经指出:"批判的武器当然不能代替武器的批判,物质力量只能用物质力量来摧毁,但是理

---

[1] 孙隆基:《中国文化的"深层结构"》(上),第12页,西安:华岳文艺出版社,1988年。
[2] [美]费正清:《伟大的中国革命》,第120页,刘尊棋译,北京:国际文化出版公司,1989年。

论一经掌握群众,也会变成物质力量。"[1]马克思的这段论述充分说明了思想与现实之间的关系,特别是思想理论之于现实的巨大物质力量。思想与现实不断发生交集和碰撞,它影响着现实,又受到现实的压迫而发生改变。这个改变包括两个方面,一是思想选择上的改变,二是思想内容本身的改变。在中国新思想文化史上,思想文化的"内生"与"输入",拒斥与接受,冲突与融合,这都与现实的需要以及选择有着密切关联。于是,从西方"舶来"的现代思想文化由于"后发劣势"等原因,不仅产生了"新新矛盾",即现代思想文化的"内部矛盾"或"内在张力",而且在与现实发生交集和互动的过程中,发生了种种出人意料的"偏仄"现象。这也是新思想文化史的各种炫惑性和迷乱现象之所在。

中国新思想文化史与中国革命史、中国社会发展史有着紧密的勾连关系。因此,关于中国新思想文化史的叙述,不能不与后两者结合起来。后两者不仅是前者发生的深厚现实背景,更是其潜在推动力之所在。也就是说,这些思想的选择与现实不仅有着密切的关联,而且在现实的复杂态势及其压力之下,这些思想文化的选择还会产生相当程度的纠结、扭曲和异变。特别是那些重大国际、国内事件,对思想文化产生了巨大的改变和制约作用;同时,思想文化也对现实的方向、路径、方法的选择产生巨大的影响。这是中国新思想文化史必须研究和正视的课题。

自"五四"新文化运动以来,西方"舶来"的现代思想呈现出纷繁复杂的态势,再加上中国传统思想文化掺杂其中,更加增强了其错综复杂的性质。但是,如果细加梳理,其主要思想不外乎三个方面,即现代启蒙主义思想文化、马克思主义或社会主义思想文化以及以儒学、新儒学为主体的中国传统思想文化。在整个中国现代思想文化史上,这三大思想呈"三足鼎立"之势。其实,"三大主要思想"选择都有其现实性基础,或者说现实对思想选择的干预和裹挟,并不是凭空而来。①"五四"新文化运动。辛亥革命及此

---

[1] [德]马克思:《〈黑格尔法哲学批判〉导言》,《马克思恩格斯选集》(第一卷),第9页,北京:人民出版社,1972年。

前洋务运动、戊戌变法等诸多变革的失败,特别是民国以来,虽然推翻了千年帝制,有了民主政制、议会和宪法,但政治、社会现实依然黑暗。这促使了"五四"新文化运动的发生,亮出了民主与科学的大旗,提出了现代思想启蒙的主张。这是继实业救国、政治革命之后的思想文化引进和反思。② 俄国"十月革命"。第一次世界大战,成为俄国"十月革命"爆发的重要契机。而"十月革命"则为中国送来了马克思主义,其本质上主要是列宁主义思想。这成为"五四"新文化运动第二阶段的重要特征。③ 第一次世界大战和第二次世界大战。由于第一次世界大战的爆发,导致了俄国"十月革命"。由此,它不仅促使了"五四"新文化运动的转向,一是由自由主义向马克思主义转向,二是直接推动了狭义的"五四"运动的发生,并促使中国社会的改造路径和方式由启蒙向革命发生转化。同时,这也进一步推动了对中国传统思想文化的反顾和思考。本来,中国传统思想文化虽然受到西化思想的强烈冲击,但其基础和实力依然强大。两次世界大战在唤起"民族主义"情结的同时,也深深触发了中国传统思想文化的自我确立意识以及与现代思想进行对接的内在冲动。在一次大战发生后,有了"东方文化救世论"的论调,主要体现在以《东方杂志》为主要阵地的各种论争上;梁漱溟则将世界文化"三分"为三大主流文化,也即西方文化、印度文化和中国文化,其实主要目的是确立中国文化的世界性地位以及其存在的合法性。由于日本帝国主义侵华,特别是第二次世界大战的爆发,中国文化本位主义再次甚嚣尘上,民族主义的旗帜再次得以高扬,新儒学乘势而起。另外,从现代政治史来看,从袁世凯、孙中山、蒋介石,到21世纪初的中国传统文化宣言,都大力发展提倡中国传统思想文化,有着极强的文化民族主义色彩。在中国新思想文化史上,这三大思想的斗争、联合或融合取向,成为显著的文化征候或重要的思想特征。

另外,在中国现代史和现代思想史上,经历了四个极其重要的历史阶段及其文化拐点:一是"五四"新文化运动时期,先是选择思想启蒙,但随后又迅速转向革命。从思想文化上来说,则是在现代启蒙主义之外,又增加了马克思主义的新选项。先是辛亥革命和国民革命,再在十月革命的激发和引导之下,以俄为师,从而促使以马克思主义为指导的社会主义革命深入人心。二是抗日战争胜利后,中国面临内战和组织民主联合政府的两重选择。由于国民党蒋介石的破坏,最终挑起全面内战,成立民主联合政府的主张归于失败。这是中华民族复兴的另一重要选择关头。三是1949年以后,如果有更长时间的"新民主主义"时期,然后再发展社会主义,则又是另一番景象。这不仅可以继续被战争和革命所打断的思想启蒙,还能进一步发展经济。但在建国初期,即选择了向社会主义迅速转化,全面学习苏联模式,并最终走上了"左"倾主义的道路。四是1978年以来的改革开放,"社会主义初级阶段"理论的提出,"实践是检验真理的唯一标准"原则的确定,直至建设有中国特色的社会主义理论体系的建立,包括现在的新时代理论,则又开辟了一条崭新的社会发展道路。虽然,其间仍有很多曲折和挫折,但整体方向是正确的。

由于现实以及思想文化内部的各种复杂性,中国现代思想文化史也呈现"错综复杂的态势"。在思想文化内部,不仅有"新旧矛盾"之间的剧烈冲突,还有"新新矛盾"之间的各种歧义和张力。同时,这里还有着现实的各种迫切要求以及对思想文化选择上的各种扭曲和变异,诸如激进与渐进、启蒙与救亡等问题,几乎都贯穿于中国新思想文化史的始终。

仁人志士和社会革命者们,他们出于伟大的爱国热情所做出的种种努力和牺牲,是令我们崇敬和膜拜的。但是,由于现实的诸多原因、时代的局限性、思想的某种偏狭,难免会出现偏差和错误,甚至是重大的失误。我们应该采取什么样的态度来看待这些问题呢?是选择性忽略,为之辩护,还是以客观和科学的态度对待之?这是现代思想文化的研究者所面临的重要考验。应该说,站在中国现代思想文化一百多年之后,我们对一些问题应该是看得更为清楚了,避免了时人"不识庐山新面目,只缘身在此山中"的各种时代局限性。

对于发生在现代思想文化史上的各种偏仄、扭曲和变异,"偏仄的翅膀"是最好的描述和概括。这种"偏仄"往往是动态的,在不同的历史时期,呈现出不同的面貌和思想价值取向。还有一些思想,一直没有得到有效的梳理、反思和清算,如法家思想即是一例。因此,对现代思想文化进行深入的反思,不仅重要而且必要。

细加考量,由社会现实以及思想本身等诸多原因的复杂作用,中国现代思想文化史发生了五个方面的比较显著的思想"偏仄"。

(一) 启蒙与救亡(革命),激进主义与渐进主义

"启蒙与救亡(革命)"和"激进与渐进"这两个话题,也许是同一个问题在不同视角下的不同表述。而其被遮蔽的某个本质部分,则可以表述为现代启蒙主义与三民主义、社会主义等问题的相互勾连、纠结和彼此冲突。

"启蒙与救亡"问题,则是启蒙与革命的另一版本。革命是手段,救亡图存则是目的。"激进主义"与"渐进主义"的问题,则是上述问题另一种表述的版本,是对其方法和态度的某种判断。近年来,王元化等人对"五四"激进主义有相关批判和反思。[1] 这并非新思想文化内部"新新矛盾"的体现。因为,激进或者保守,这只是态度和方式问题。其实,"激进与渐进"问题,不止于"五四"新文化运动的选择,1949 年之后,由新民主主义社会迅速向社会主义过渡,也是一例。其后,"无产阶级专政下的继续革命"的理论与实践,又是一例。而"启蒙与救亡(革命)"问题,则有其复杂性。一方面,启蒙与救亡(革命)代表着两种不同的社会变革方法;另一方面,即从内容层面来看,这也是中国现代化进程中所面临的两大任务,同时也是两难选择。不过,从根本上来说,"启蒙与救亡(革命)"本来也是相辅相成的,即李泽厚先生所说的"启蒙与救亡的双重变奏","启蒙没有立刻被救亡所淹没;相反,在一个短暂时期内,启蒙借助救亡运动而声势大张,不胫而

---

[1] 王元化:《王元化对"五四"的思考》,《清园近思录》,第 72—76 页,北京:中国社会科学出版社,1998 年。

走……启蒙又反过来给救亡提供了思想、人才和队伍"[1]。因此,启蒙与救亡(革命)也不构成新新矛盾。同时,董健先生所提出的"感性的、政治行动导向型的启蒙"与"理性的、文化心态塑型的启蒙"的概念,"从中国的情况来看,启蒙有两种类型:一曰感性的、政治行动导向型的启蒙(这里所说的'感性',是从认识论上讲的,不是从美学上讲的),一曰理性的、文化心态塑造型的启蒙。前者是初级的启蒙,见效快而不彻底,可以在全民族文化素质低的基础上进行;后者是高层次的启蒙,见效慢而彻底,只有在全民文化素质较高的基础上才能进行"[2]。这两组概念指涉了"启蒙与救亡(革命)""激进主义"与"渐进主义"这两大课题的精神实质。从某种程度上来说,与李泽厚的对"启蒙与救亡"的论说一样,它们都是同一话语的不同表述。

这两者之间的差别不是革命与保守的差别,而是同为"革命""进步"的选择,只是革命的方式、速度、激烈程度不尽相同而已。它们是革命阵营和新思想文化内部的两个派别。这是从狭义上来看。如果从广义上来看,它又包括更多的内容,启蒙与革命、激进主义与渐进主义、全盘西化与中国文化本位主义、新民主主义与社会主义或无产阶级专政下的继续革命,开放主义与保守主义,似乎都可以列入其中。在中国现代思想史上,这个话题确实有着更为广泛的内容。此种思想,如果尚处于势均力敌的状态,互有攻守,则未尝不是一件幸事。因为这种具有某种"张力"的革命态势,不仅并非全然有害,而且可以起到相互补充的作用。但中国最终在"救亡"的现实压迫和目标之下,选择了革命与激进,国民革命、土地革命、社会主义革命均是其主要表现。革命话语持续高歌猛进,启蒙、渐进主义的主张长期被忽略或忽视,社会精英和底层民众都更愿意用激进和革命的手段迅速改变中国的贫穷、落后现实。在建国以后,则迅速向"左"转,在一条更为激进主义的道路上迅跑。政治、经济、文化均是如此。

---

[1] 李泽厚:《启蒙与救亡的双重变奏》,《中国现代思想史论》,第15页,北京:东方出版社,1987年。
[2] 董健:《新时期小说论评·序》,胡若定著,第5页,南京:南京大学出版社,1989年。

启蒙,转向革命。这是中国现代史和现代思想史上的一个客观事实。虽然马克思主义思想仍然是启蒙之一种,但其本质上是行动的、社会的、政治的革命理论;这不同于启蒙主义思想,虽然"五四"新文化运动的启蒙也是一种行动,但仅是一种文化的行动和思想的自觉。马克思主义是行动的哲学,革命的思想,实践的理论,因此,"五四"新文化运动以降,中国再次与辛亥革命接轨,倡言新的革命。这既包括"新三民主义"旗帜下展开的国民革命,也包括毛泽东所说的"新民主主义革命",以此区别于孙中山的"旧民主主义革命"。它不是洋务运动、戊戌变法式的改良或改革,也不是太平天国式的盲动和消极破坏,而是在新的理论旗帜指导下的革命行动。

20世纪90年代,李泽厚提出"告别革命"的主张,也正是从这个意义上来说的。

(二) 世俗化启蒙与理性启蒙

这是理性启蒙与感性启蒙(世俗化启蒙)的范畴。其实,由于上述"启蒙与革命"的偏仄,这两种启蒙都没有得到长足发展。如果整个启蒙均为革命或救亡所覆盖而不彰的话,世俗化启蒙更是被长期旁置,这也是一种偏仄。二十世纪八九十年代以来,开始了启蒙补课,这里包括了上述两种启蒙,而世俗化启蒙更是迅速地得到长足发展。

"五四"新文化运动以来,各种启蒙接踵而至。而作为基础和前提的世俗化启蒙,特别是与个性解放相关的世俗化启蒙,却没有得到优先发展。

感性与理性,这是人类永恒的冲突。无论是中国还是西方,在不同的历史时期,文化的偏重与均衡却有相当不同。从总体上来说,西方有理性主义,但也有发达的感性文化。在古希腊时期,它基本达到某种均衡;在古罗马时期,则偏重于感性的文化。而基督教的产生,则从某种程度来说,是对感性文化偏仄发展的某种纠偏。中世纪是西方宗教理性全面统治和肆虐的时期。其后的文艺复兴,则是感性文化的全面提倡和复兴。古典主义和18世纪的启蒙运动,又把文化重心移向理性。在这样的一个反复的过程中,理性和感性逐渐趋于平衡,且有不断的微调。如继现代主义之后,后现代主义又重新开始张扬感性。中国在感性与理性的问题上,则主要是走的一条理性为主的道路。儒、法等实用理性主义思想,限制了人的感性自由,遏制欲望,以及生命力的勃发。道家讲自然、自由,但归于飘逸和超脱,也不能最终落实到感性之上。后来,虽有竹林七贤等的个人反抗,也有李贽、公安三袁等人的童心说、性灵说等倡导感性的思想,但这种具有反叛性的思想,终不能成为时代的思想主流。清末传入中国的西方无政府主义,强调个人自由(包括感性自由)的绝对性,具有彻底颠覆性,不仅不适合中国的需要,在西方也已证明并不具备社会操作性。因此,其湮没也是情理之中的事情。感性和理性的调和,彼此的不可偏废以及均衡发展,是人类永恒的课题。但中国的理性传统更为强大,感性精神非常微弱。而在西方文化"舶来"的过程中,从戊戌变法到"五四"新文化运动,中国思想界均直接引入了西方18世纪启蒙运动以来的理性主义精神,而忽略了文艺复兴以来的感性主义传统。因此,在中国新思想文化史上,感性启蒙(世俗化启蒙)与理性启蒙均较为薄弱,而世俗化启蒙更是长期被忽略或漠视,直到八九十年代才重新被提上议事日程。20世纪80年代末的"刘李之争",也正是围绕这个问题的探讨而展开,这揭开了20世纪90年代"世俗化"启蒙的序幕。此后,"世俗化"启蒙实际上成为时代的思想文化主调之一。

(三)"全盘西化"与中国传统文化本位主义

中国新思想文化史呈现出一个显著的特征,那就是对中国传统思想文化基本采取否定态度,而更多地强调了西方思想文化的先进性。这是"五四"新文化运动的重要遗产之一。西方思想文化,包括现代启蒙主义和马克思主义,被视为先进、优秀思想文化的象征,而中国传统文化却被当作落后、反动文化,甚至是中国社会在现代化的道路上前进和发展的障碍。

"全盘西化"主张的提出,仅是这种思想文化取向的极端表现形式而已。20世纪30年代,岭南大学教授陈序经提出"全盘西化"的理论,这是对中国思想文化界西化冲动的一种呼应和表达。而这一理论主张的肇始者胡适在"五四"新文化运动时期,即提出类似观点。当然,在"全盘西化"论发生全国性论争的前后,胡适对自己的理论主张做出了某些修正,或者说新的解释和辩护。胡适对"全盘西化"论的重新阐释,对于这种思想文化上的偏至现象有着某种纠偏作用。

同时,另一种文化偏至现象同样存在,那就是对中国传统思想文化的大力提倡和充分肯定。这首先表现在政府层面,如北洋军阀政府、国民政府,均是中国传统思想文化的倡导者。而"东方文化派"、中国文化本位主义者等,均是在思想文化领域发出呼应的重要群体。从表面上来看,他们倡导中国传统思想文化,抵制西方思想文化,而在本质上则是对马克思主义思想文化的反对和遏制。

因此,这两种具有某种极端倾向的思想文化选择上的偏至或偏仄现象同时并存,使得中西两种思想文化之间的斗争和冲突趋于激烈化。但从总体上来看,中国传统文化的提倡者一般并不反对西方文化的部分"输入",但坚持中国传统思想文化的主体地位;而西化论者虽然总体上并没有全盘否定中国传统思想文化,但对其批判更为激烈。其间的平衡点或者共识始终未能找到,陷入了彼此斗争、各自言说的状态。

(四)个人与集体

关于个人与集体的关系问题,梁启超对此早有论述,也即"群己"关系的界定问题。但这两个早已解决的理论问题,却由于现实的各种因素而始终纠缠不清。

直到21世纪的今天,个性主义与整体主义的关系确定又是一个问题。秦晖对此有较为清醒的认识,他提出中国的现代思想启蒙运动把个人从家庭和家族的"小共同体"中解放出来之后,但随即又落入了"不受制约的国家权力的一元化控制之下",也即是"整体主义"的控制,这导致了"五四"启蒙运动"以追求个性解放始,到极端地压抑个性终这样的一种'启蒙悲剧'"。[1] 这可以从两个角度来加以观察。第一个角度是,"整体主义"之所以得以窃取个性解放的初步成果,其实正是"救亡"或"革命"任务的某种现实需要,同样也是民族革命战争也即是反帝目标的需要。因此,在某种程度上说,这是启蒙与救亡(革命)的一个子课题。第二个角度是,即使"整体主义"在某种程度上被等同于"专制主义",属于个人解放的大敌,那也只能属于新旧矛盾。

关于这个问题,在第三章、第四章、第五章、第六章中均有所涉及。在第三章中,蒋介石以抗战为借口,提出"一个主义,一个政党,一个领袖"的主张,强调个人服从集体,也可称之为专制主义。在第四章中,社会主义运动蓬勃兴起,同样强调集体,否定个人价值。诗人鲁藜的《珍珠与泥土》一诗,以比喻的方式清晰呈现了这种思想取向。在第五章、第六章中,个人开始觉醒,开始厘清个人与集体之辩证关系。如个人、集体、国家兼顾的经济理论,感性启蒙中强调个人物质欲望的满足等,均是其集中体现。

个人与集体的关系问题,在不同的历史时期有着不同的体现。由于现实因素的掣肘,它均有不同程度的偏仄现象出现。由小整体主义的打破,进而陷入了大的整体主义,这是 20 世纪思想文化史中前期的总体趋向。但自新时期以来,出现了个人的复归以及个人与集体关系之间的调整。

(五) 民族主义与世界主义

在新思想文化史上,民族主义与世界主义的关系总是摇摆不定的一对范畴。就像个人与集体的关系一样,这是一架随时需要调整或校准的天平。

从"五四"新文化运动以来,民族主义与世界主义一直是一个非常窘迫的存在,呈现出极大的张力。一方面是世界主义式的全盘吸收和全面开放,一方面又要反抗帝国主义的各种经济、文化和军事侵略。作为思想和现实关系的某种激烈反应,全盘西化和民族本位主义的情绪都同样强烈。建国后,民族独立与"输出革命"的双重主题也呈现出"复调"的特征。由于帝国

---

[1] 秦晖:《在继续启蒙中反思启蒙》,《开放时代》,2006 年第 3 期。

主义的封锁，必须要倾向于独立自主、自力更生；而解放全人类的重任和理想，又需要具有世界主义的情怀。20世纪90年代以来，一方面是改革开放深入人心，并取得了累累硕果；一方面后殖民主义思想泛滥，文化保守主义，民族主义与民粹主义甚嚣尘上。这发生在改革开放的背景之下，在表面上令人匪夷所思，而本质上则是新思想文化内部的矛盾所在。中美贸易战的发生，让我们再度思考、审视民族与世界、改革与开放的关系问题。

八、新思想文化史的基本写作原则

中国百年新思想文化的历史，就像是一趟在各种冲突和纠葛的泥淖之中跋涉前行的漫长旅程。它不仅面临着新思想与旧思想、新文化与旧文化之间（也即"新旧矛盾"）的激烈冲突，同时也身陷于新思想文化之间（也即"新新矛盾"）的各种复杂的旋涡之中。作为主要矛盾的、异质性的新、旧思想文化冲突，在相当程度上遮蔽或掩盖了新思想文化之间的内在张力、歧义和冲突。即使是马克思主义，也由于其中的内歧性，呈现出极大的复杂性。这使得新思想文化的内在冲突呈现出更大的隐蔽性、复杂性和迷惑性，而这种来自内部的冲突及其爆发，对中国现代化事业的伤害也就更为危险和致命。

新思想文化的发展并非全然呈现不断高涨、奋勇向前的态势，由于各种矛盾的复杂纠葛，这条主线时隐时现，时而激昂，时而低微。它呈现出多种形态或状态，或为运动，或为著述，或为某个人物，或是某个事件；它们的状态，或是低潮，或是高潮；或在地上，公开的，或在地下，以隐秘的方式存在，甚至，还有倒退和复辟回潮，但它们从未断绝。这是一切新生事物的必然走向和过程，正如辩证唯物主义哲学所告诉我们的那样。同时，它们发展历程中的遭际和命运，也正暗示了一个落后的、前现代的国家，走向现代、走向世界的艰难历程。"回顾20世纪的百年启蒙史，启蒙犹如一股不可阻挡的洪流，即使遭遇历史上的大挫折，不能形成声势浩大的运动，它也不会中断。它或是蔚为大潮，或是成为激流与漩涡，或是成为在地表流淌的汩汩细流,或是变成潜流,在地层之下仍然继续着它的流淌与激越。"[1]

但无论如何,中国新思想文化的不断发展,使得20世纪成为一个启蒙的世纪。在20世纪,新思想文化的发展一共形成了三次高潮:一是"五四"新文化运动,这是中国启蒙运动的第一次高潮,也是中国现当代史上的第一次思想解放运动。二是在20世纪70年代末和80年代,以"真理标准问题"的大讨论为契机,形成了声势浩大的第二次思想解放运动,这是启蒙运动的第二次高潮。三是90年代以来,随着邓小平"南方谈话"的发表,以"世俗化"启蒙为主体特征的第三次现代思想文化高潮。中国新思想文化的发展可以分为六大阶段,它在不同的时期或阶段,有不同的主题或声部。第一阶段,1915—1926,主题是民主与科学;第二阶段,1927—1936,主题是革命与自由;第三阶段:1937—1949,主题是民族与民主;第四阶段:1950—1977,主题是理想与斗争;第五阶段:1978—1992,主题是改革与开放;第六阶段:1992—现在,主题是多元与和谐。以上的三个高潮分别对应着第一阶段、第五阶段和第六阶段。

---

[1] 海马:《激流与残冰——启蒙视域中的1990年代中国大陆戏剧》,第7页,南京:南京大学出版社,2012年。

第一章
新思想文化百年史的重要开篇：
"五四"新文化运动（1915—1926）

1915年，即中华民国四年，农历乙卯年。诸多重大事件的发生表明，对于中华民族来说，这不仅是历史上的多事之秋，也是获得新的思想文化生机的一个重要开端。

极具象征意义的是，这一年的7月13日，广州珠江上游堤围崩决，广州发生空前特大洪灾。14日下午，正当水位高涨之时，广州十三行一带不慎失火，祸及专售火油、汽油、火柴等的同兴街。火借油势，油浮水面，火随油流，所到之处燃起熊熊烈火，四处蔓延，不可遏制，珠江两岸顿成一片火海，死伤数千余人，损失重大。江河崩溃，水火交加，烈火烹油，成为一个时代的最好隐喻。

1月18日，日本驻华公使日置益向袁世凯当面提出史上著名的"二十一条"要求。中日政府先后进行了24场谈判，在日本政府的各种威逼利诱之下，北洋政府节节妥协、退让。同年5月，为了换取日本对其称帝的支持，袁世凯接受了日本政府旨在灭亡中国的"二十一条"，中方代表陆征祥和日方代表日置益在北京签订了"中日条约"和换文。日本帝国主义的侵略野心，激起了中国人民的强烈愤慨。2月11日，中国留日学生一千多人针对日本政府提出的"二十一条"举行抗议活动，并于10天后派遣留日学生代表回国参加抵制活动。李大钊散发了《警告全国父老书》,台湾则爆发了余清风发起和领导的抗日暴动。

与此同时,袁世凯复辟帝制的狼子野心也公开暴露。8月8日,各省的袁氏党羽和被收买的所谓社会名流组成了所谓的"请愿团",要求实行帝制。8月14日,杨度串联孙毓筠、李燮和、胡瑛、刘师培及严复等人,发起组织"筹安会",并联名通电各省和发表宣言,大力赞扬君主制度。同时,"筹安会"还电请各省将军、巡按使及各团体选派代表到京共同讨论国体问题。10月8日,议决国体,袁世凯正式公布《国民代表大会组织法》,规定不再召开国民会议,而由各省代表进行国体投票。9月20日,参政院根据各省代表的请愿,建议年内召集国民会议解决国体问题。为尽快实行君主制,袁世凯的亲信梁士诒出面组织全国请愿联合会,制造民意,不断派代表向参政院请愿。一时间,北京出现了"商会请愿团""人力车夫请愿团""乞丐请愿团""妓女请愿团"等五花八门的请愿团体。9月2日,参议院通过梁士诒的提议,设立征求多数国民之公意的机构"国民代表大会",投票表决国体。11月20日,各省举行了刺刀下的所谓民意投票。会场内外布满军警,票面只印"君主立宪"四字,勒令投票人写上"赞成"或"反对"字样,再签上自己的姓名。投票前每个代表发大洋500元,将军或巡按使则发表演讲,痛诋共和政体,称颂君主立宪制。各省将选票送至北京汇总,由参政院统计票数。孔孟之徒也没闲着,孔子后裔孔令贻代表孔、颜、曾、孟四姓向袁世凯发送劝进帝位的电报稿,并在袁世凯称帝后因"劝进"有功,袭封"衍圣公并加郡王衔"。12月12日,袁世凯通电全国,正式宣布接受帝位,改国号为"中华帝国",以1916年为洪宪元年。复辟闹剧在紧锣密鼓中正式开场。12月15日,日、英、俄、法、意五国公使提出第二次警告,声明对改变国体持静观态度。12月25日,蔡锷、李烈钧、唐继尧联名宣布云南独立,组织护国军讨袁,很快得到各省响应。

而在国际上,第一次世界大战也于1915年进入了第二阶段。第二年发生的三次大型的陆地上战役,即西线的"凡尔登战役""索姆河战役"和东线俄军的夏季攻势,进入酝酿和准备阶段。随后,大战的战略主动权转移到了协约国一方。第一次世界大战促成了俄国"十月革命"的爆发,全世界第一个社会主义国家由此诞生。这预示着整个世界将面临翻天覆地的重大变局。

也就在这个水火交加、内外交困、中华民族"国将不国"的时代大背景之下,9月15日,陈独秀在上海创办并发行《青年杂志》(从第二卷起更名《新青年》),高举思想启蒙的火炬,倡言民主、科学、个性解放等现代启蒙主义思想。这不仅成为"五四"新文化运动发生的重要标志,同时也成为中国思想文化百年史的发端和起点。"五四"新文化运动的兴起,在中国新思想文化史上具有历史性的标高和里程碑的意义。

"五四"新文化运动共分为前、后两个重要阶段或时期。前"五四"时期(1915—1918),主要是倡导民主、科学、个性解放等现代启蒙主义思想,其主要西方思想资源是欧洲十八世纪的启蒙运动。后"五四"时期(1919—1923),该时期爆发了著名的"五四"青年运动,标志着新文化运动由"启蒙"向"救亡"("革命")的重要转化。此后,在国共合作基础上开展的"国民革命"也相继发生,启蒙与救亡或革命更迭发生,中国新思想文化史的炫惑性和复杂性得以呈现。同时,由于俄国"十月革命"胜利,马克思主义开始在中国得到广泛的传播和接受,并于1921年成立了中国共产党,中国革命从此走上了新的历史征程。

由于现代启蒙主义和马克思主义思想的迅速传播,中国传统思想文化受到批判,其根基受到进一步的动摇。代表着中国传统思想文化的东方文化派、学衡派等登上前台,发生了激烈的思想交锋和冲突。由此,中国新思想文化史上呈鼎足之势的三大主流思想正式形成,即现代启蒙主义、马克思主义和中国传统思想文化。在此后的一百年时间里,上演了一场又一场中国新思想文化史上的壮剧。

第一章　新思想文化百年史的重要开篇："五四"新文化运动(1915—1926)

第一节　前"五四"时期：新文化运动或现代启蒙主义思潮

中国现代思想文化的勃兴源于"五四"新文化运动，而"五四"新文化运动的肇始则是一本杂志的诞生。1915年9月15日，《青年杂志》(后更名《新青年》)在上海发刊，从而拉开了新文化运动的序幕。《新青年》不仅是"五四"新文化运动新思想文化史上最重要的刊物之一，也是这场运动的标志和象征物之一。

该刊创始人陈独秀在"二次革命"失败后，对中国时局进行了思考，认为政治革命(辛亥革命及其后的历次"革命")没有作用，而"救中国、建共和，首先得进行思想革命"。民国四年(1915年)夏天陈独秀从日本回上海后，便开始准备筹备《青年杂志》，先是同亚东图书馆的汪孟邹商量，在得知亚东图书馆无法合作后，又介绍给群益书社的陈子沛、陈子寿兄弟。几人商议后由群益书社出版《青年杂志》，每月一本，每期支出在200元。最初发行量为1000份。

陈独秀所写的发刊词《敬告青年》是该刊的纲领性文章。该文开宗明义地指出"人权说""生物进化论""社会主义"这三事是近代文明的特征，要实现这社会改革的三事，关键在于新一代青年的自身觉悟和观念更新。正如陈氏在"发刊词"中所说："青年如初春，如朝日，如百卉之萌动，如利刃之新发于硎，人生最可宝贵之时期也。青年之于社会，犹新鲜活泼细胞之在人身。新陈代谢，陈腐朽败者无时不在天然淘汰之途，与新鲜活泼者以空间之位置及时间之生命。""予所欲涕泣陈词者，惟属望于新鲜活泼之青年，有以自觉而奋斗耳！"[1]对青年寄予热望，这也是《新青年》创办的初衷。同时，他还提出宣言性的六大主张，即自主的而非奴隶的、进步的而非保守

---

[1] 陈独秀：《敬告青年》，《青年杂志》第1卷第1号，1915年9月。

的、进取的而非退隐的、世界的而非锁国的、实利的而非虚文的、科学的而非想象的。

关于"五四"新文化运动的基本内容,有"四个提倡、四个反对"的概括和阐述,即:一、提倡民主,反对专制;二、提倡科学,反对迷信;三、提倡新道德,反对旧道德;四、提倡新文学,反对旧文学。新旧对照,正反对立,旗帜鲜明,也真正体现出了新文化运动的"新"之所在。

一、"补课"辛亥革命:现代思想启蒙共识的形成

对辛亥革命及民国社会现实的反思、观照,正是新思想文化运动的起点和动因。不止《新青年》的创办者陈独秀如此,这是时人的共识。

《新青年》杂志创刊之后,在总结辛亥革命失败的主要教训时,主要视点即集中于思想文化领域,认为中华民国建立之后,实际的社会现实依然是一片黑暗和混乱,即在于缺少一场对旧思想、旧文化、旧礼教的深刻批判和反思,大多数国民的头脑仍被专制和愚昧所牢牢束缚,缺乏关于民主和科学的最基本的意识和觉悟。陈独秀在《吾人最后之觉悟》中,对此有较为全面和深刻的论述:

> 三年以来,吾人于共和国体之下,备受专制政治之痛苦。自经此次之实验,国中贤者,宝爱共和之心,因以勃发,厌弃专制之心,因以明确。吾人拜赐于执政,可谓没齿不忘者矣。然自今以往,共和国体,果能巩固无虞乎?立宪政治,果能施行无阻乎?以予观之,此等政治根本解决问题,犹待吾人最后之觉悟。[1]

陈独秀还进一步提出了政治民主、信仰民主、经济民主、社会民主和伦理民主的主张,大声疾呼,号召中国人拿起民主这个武器和旧的意识形态、

---

[1] 陈独秀:《吾人最后之觉悟》,《青年杂志》第1卷第6号,1916年2月。

传统思想进行斗争。

傅斯年于当时的反思,也不可谓不深刻,且有代表性:

> 我以为未来的真正中华民国,还须借着文学革命的力量造成。现在所谓中华民国者,真是滑稽的组织;到了今日,政治上已成"水穷山尽"的地步了。其所以"水穷山尽"的缘故,全由于思想不变,政体变了。以旧思想运用新政体,自然弄得不成一件事。
>
> ……
>
> 到了现在,大家应该有一种根本的觉悟了:形式的革新——就是政治的革新——是不中用的了,须得有精神上的革新——就是运用政治的思想的革新——去支配一切。物质的革命失败了,政治的革命失败了,现在有思想革命的萌芽了。现在的时代恰和光绪末年的时代有几分近似,彼时是政治革命的萌芽期,现在是思想革命的萌芽期。
>
> ……
>
> 二十年里的各种改革,弄到结果,总是"葫芦题";这都原于不是根本改革。放开思想去改革政治,自然是以暴易暴,没有丝毫长进。若是以思想的力量改造社会,再以社会的力量改造政治,便好得多了——这是根本改革。[1]

张继与罗家伦的对话,很有意义,亦有相同的思想。这是张继的信:

> 可见中国的国门,只换了一块招牌,思想风俗一切全没有改,无怪乎袁世凯要坐刻龙的椅子,张勋要架出那小宣统来呢……法国的孔德先生说得好:"要想政治改良,非先把思想变了,风俗改了不行。"中华民国可怜的很。思想仍是历史传来的家庭个人主

---

[1] 傅斯年:《白话文学与心理的改革》,《新潮》第1卷第5号,1919年5月。

义,风俗如昏宴丧祭,与非洲的土人相去不远。共和政治从那里来呢?[1]

罗家伦赞同此思想,并把俄国革命与中国革命相比。又说:"若是大家的思想不从速受过一番革命的洗礼,则正如先生所谓'民国的招牌'是保不稳的……设如袁世凯生在美国,中国的人民有美国的人民那种觉悟,他也敢发生做皇帝的梦吗?"这说得非常到位。他归纳出中国人思想的三大毒素,即"奴性的思想""专制的思想""昏乱的思想",以及解毒方法:"变奴性的思想为独立的思想""变专制的思想为平民的思想""变昏乱的思想为逻辑的思想"[2]。这是思想启蒙运动或新文化运动的动力和由头所在,可谓是当时知识界精英们的共识。

而作为民主革命者的孙中山,对此也有认识和反思。他认识到宣传也即思想启蒙的重要性,以及此前辛亥革命等历次革命运动的真正缺失:

> 这次国民党改组,变更奋斗的方法,注重宣传,不注重军事……
>
> 大家知道我们革命的方法,自推倒满清以后,都是注重军事;以前是注重宣传。这个原因,是在后来组织军队的机会,比从前多。说起功效来,是那一样大呢?自然是宣传奋斗的效力大,军事奋斗的效力小……革命成功,创造民国,原是先觉先知奋斗出来的,普通人民不知其所以然……不是袁世凯做皇帝,张勋复辟,便是曹锟拿钱买总统做,用武力反叛民国。所以弄到今天,不是人民的国家,完全是官僚和军阀的国家。[3]

---

[1] 张继、傅斯年:《思想革命真是救中国的根本方法》,《新潮》第2卷第2号,1919年12月。
[2] 张继、傅斯年:《思想革命真是救中国的根本方法》,《新潮》第2卷第2号,1919年12月。
[3] 孙中山:《宣传造成群力》,《孙中山选集》,第556页,北京:人民出版社,1981年。

这是孙中山的自我反思和认识的结果,也不能不说是对辛亥革命失败的深刻反思,同时也是"五四"启蒙运动的启迪所在。

历史学家金冲及提出了著名的"补课"说:

> "五四"新文化运动怎么会发生?它是由人们对辛亥革命失败原因的痛苦反思而来……孙中山领导的革命活动,没有很长时间的宣传教育和组织工作,就很快把重点转到发动武装起义上来。这是它的优点,但也带来弱点:缺少一场有足够力度的思想文化运动作为先导。从这个意义上,可以说初期新文化运动是对辛亥革命在这方面的补课。[1]

这次"补课"或反思的直接对象是辛亥革命,而本质上则是针对中国近代以来的历次现代化运动及其努力。它不仅包括洋务运动、戊戌变法等西化运动,甚至也包括太平天国起义、义和团运动等争议较大的历史事件。

二、"五四"现代启蒙运动的三面大旗:民主、科学与个性解放

民主、科学和个性解放是"五四"新文化运动或现代启蒙思潮最为鲜亮的三面旗帜,也是最为响亮的三个口号,它们飘扬和回响在20世纪初中国阴霾密布、黑暗诡异的历史天空。其实,它们更像是灿烂而温暖的阳光或是几道划破长空的闪电,照亮了这个古老而阴冷的中华帝国,它们也是现代启蒙主义的要义之所在。

(一)提倡民主,反对专制

因其紧密相连、无法分割的关系,民主和科学这两个重要的概念不仅

---

[1] 金冲及:《二十世纪中国史纲》(上),第147页,北京:社会科学文献出版社,2009年。

让人耳熟能详,而且总是被放在一起进行讨论和研究。与此相关的第三个问题个性解放,代表着人性的解放和个体的觉醒,这是民主和科学得以实行的重要基础。西方现代思想文化的萌生,也即是从以人的解放为特征的文艺复兴运动开始的。匍匐在中世纪神的威权之下的人,终于可以站立起来,不仅与神分庭抗礼,而且成了一个大写的人。

"五四"新文化运动的旗手之一陈独秀分别把民主、科学称为"德先生"和"赛先生"。"德先生"指的是英文里词汇"Democracy"(民主),"赛先生"则指的是"Science"(科学)。"先生"是老师的意思,在古代中国,"师生"在伦常关系中虽未被列入"五伦",但却是"天地君亲师"之一,属于祭祀和礼拜对象,可见其尊崇和神圣。因此,在这一声"先生"的称谓里,不仅蕴含着"以西方为师""向西方学习"之深刻寓意,同时还饱含着强烈的主观情感色彩,那就是学生对老师一般的敬畏和谦恭。在后"五四"时期,李大钊所说的"以俄为师"也有同样的意思。

"五四"新文化运动的主旨"四个提倡,四个反对"中的一、二两条,即是专指民主和科学这两个目标。同时,它还指出了民主的对立面是专制,科学的对立面是蒙昧。这正如民主与科学是孪生兄弟一样,专制和蒙昧也是不可分割的两个封建主义"怪胎"。民主与科学相辅相成,缺一而不可。陈独秀在《敬告青年》中述及了两者之间的关系:"近代欧洲之所以优越他族者,科学之兴,其功不在人权说下,若舟车之有两轮焉。"[1]又说"国人而欲脱蒙昧时代,羞为浅化之民也,则急起直追,当以科学与人权并重"[2]。

这里的"民主",有着双重含义,一是指民主思想,二是指民主政治或民主实践。对于有着两千多年皇权专制历史的古老中国来说,"民主"是一个全新的西方理念,是一个完全"异质"的东西。中国既无直接的民主思想,更无民主政治或民主实践。而所谓"科学",不仅是指近代自然科学法则,更是包涵了与迷信相对的科学精神的重要内容。

---

[1] 陈独秀:《敬告青年》,《青年杂志》第1卷第1号,1915年9月。
[2] 陈独秀:《敬告青年》,《青年杂志》第1卷第1号,1915年9月。

中国有所谓的"禅让"的美好政治传说,尧、舜、禹的权力传承以及许由、务光的逃避权力,在历史上都有明确记载。中国有"民本"思想,如孟子所说的"民为贵,社稷次之,君为轻"[1]。有反专制和压迫的思想,如齐宣王与孟子的一段对话:"齐宣王曰:'汤放桀,武王伐纣,有诸?'孟子对曰:'于传有之。'曰:'臣弑其君,可乎?'曰:'贼仁者谓之贼,贼义者谓之残。残贼之人,谓之一夫。闻诛一夫纣矣,未闻弑君也。'"[2]这都是很有革命性的思想。但是,"禅让"只是统治阶层之间的"权力更替"规则或"权力游戏",它与民主在本质上无涉。而孟子的"民本"思想,也不等同于"民主",反抗专制也只是规定了反抗权,与民主思想和体制还相距甚远。不过,这种反抗暴政、揭露封建皇权专制的思想,被明末清初的思想家黄宗羲发挥到了某种极致:

> 以为天下利害之权皆出于我,我以天下之利尽归于己,以天下之害尽归于人,亦无不可;使天下之人,不敢自私,不敢自利,以我之大私为天下之大公。始而惭焉,久而安焉,视天下为莫大之产业,传之子孙,受享无穷……是以其未得之也,屠毒天下之肝脑,离散天下之子女,以博我一人之产业,曾不惨然……其既得之也,敲剥天下之骨髓,离散天下之子女,以奉我一人之淫乐,视为当然……为天下之大害者,君而已矣。[3]

在他的著述里,皇帝无疑是窃国大盗,是国家和人民的死敌。但黄氏并没有像法国的伏尔泰、孟德斯鸠、卢梭那样,成为中国的"民主之父",形成类似于"三权分立""契约论"等民主思想的基本理念和制度架构。因此,

---

[1] 孟子:《孟子·尽心章句下》,《四书》,朱熹集注,第424页,上海:上海古籍出版社,1995年。
[2] 孟子:《孟子·梁惠王章句下》,《四书》,朱熹集注,第260页,上海:上海古籍出版社,1995年。
[3] 黄宗羲:《原君》,《明夷待访录》,第2页,北京:中华书局,1981年。

中国无民主思想,更无制度上和体制上的民主实践。在西方,古希腊的城邦制度则成为"民主"的摇篮和最初实践。民主在中国只有思想基础,但无思想"基因"。相反,专制在中国才有广泛基础,正如谭嗣同所说:"二千年来之政,秦政也,皆大盗也;二千年来之学,荀学也,皆乡愿也。惟大盗利用乡愿,惟乡愿工媚大盗。二者交相资,而罔不托之于孔。"[1]所谓"秦政",即封建皇权与官僚相结合的专制制度。

"西风东渐"并不是始于"五四"新文化运动,这是一个最为基本的中国现代思想史常识。它在中国的传播和被接受,在不同的阶段,也呈现出不同的特点。对于中国来说,"民主"绝对是外来的或者说"舶来"的重要思想资源,属于"西风东渐"的主要产物之一。那种把中国说成具有"民主"传统思想资源的人们,如果不是源于无知,即是出于别有用心。当然,这并不是说中国的社会、经济和思想中,没有民主的某些因子或雏形,而是说缺少系统的、完整的民主思想体系和民主实践。

同时,对于"五四"现代启蒙主义的倡导者来说,民主已然不是一个理论问题,其实施的必要性也无须论争。它是一个实践问题,即如何在中国实施和建立民主政治。康有为、梁启超的"戊戌变法",孙中山的"辛亥革命",是中国民主思想宣传传播以及民主实践的开始。"君主立宪"即是民主的建制尝试,也有思想的宣传。清末也有立宪的闹剧,包括皇族内阁。辛亥革命,建立了共和和民主的体制,但最终却是"你方唱罢我登场",虽有宪法但并无人遵守。在陈独秀鼓吹"民主"之时,袁氏的"复辟"也已箭在弦上。对这些民主政治倡导和实施过程中的种种"闹剧"或"壮剧",20世纪初的中国人并不陌生。

那么,如何在中国建立民主政治?那首先就是要实行"民治","民治"是民主政治的基石或核心。陈独秀认为,实现"民主"当从实现"民治"开始,是为"民治主义"。在《实行民治的基础》里,他论述并设计了民主的实施进程和路径,也即是从最基础也是最基本的"民治"做起。"民治"不是

---

[1] 谭嗣同:《仁学·二十九》,第169页,郑州:中州古籍出版社,1991年。

"官治",中国是皇权官僚专制体系,"官治"是皇权的基础和基本手段。

民治是什么?难道就是北京《民治日报》所说的民治?杜威博士分民治主义的原素为四种:

(1)政治的民治主义　就是用宪法保障权限,用代议制表现民意之类。

(2)民权的民治主义　就是注重人民的权利:如言论自由,出版自由,信仰自由,居住自由之类。

(3)社会的民治主义　就是平等主义:如打破不平等的阶级,去了不平等的思想,求人格上的平等。

(4)生计的民治主义　就是打破不平等的生计,铲平贫富的阶级之类。

前二种是关于政治方面的民治主义,后二种是关于社会经济方面的民治主义。[1]

因此,民主政治的实施是一个系统工程,它包括民权、平等、民生等诸多方面的内容。如果仅有民主共和的政体,并不能解决中国的实际问题。如果不能实现真正的"民治",仅有共和政体等民主形式或所谓地方自治,如胡适等人所提倡的"联省自治",仍然是无法变成真正意义上的民主国家。

中华民国的假招牌虽然挂了八年,却仍然卖的是中华帝国的药,中华官国的药,并且是中华匪国的药……我们从前把建设共和看得太容易,革命以前宣传民治主义的工夫太做少了……拥护共和的进步、国民两党人,都不懂得民治主义的真相,都以为政府万能,把全副精神用在宪法问题,国会问题,内阁问题,省制问题,全国的水利交通问题,至于民治的基础——人民的自治与联

---

[1] 陈独秀:《实行民治的基础》,《独秀文存》,第250页,合肥:安徽人民出版社,1987年。

合——反无人来过问。

……

少数提倡地方自治的人，虽不迷信中央政府，却仍旧迷信大规模的省自治和县自治，其实这种自治，只算是地方政府对于中央政府的分治，是划分行政区域和地方长官权限的问题，仍旧是官治，和民治的真正基础——人民直接的实际的自治与联合——截然是两件事。

……

大规模的民治制度，必须建筑在小组织的民治的基础上面，才会实现；基础不坚固的建筑，象那沙上层楼，自然容易崩坏；没有坚固基础的民治，即或表面上装饰得如何堂皇，实质上毕竟是官治，是假民治，真正的民治决不会实现，各种事业也不会充分发展。[1]

在陈独秀的民主政治设计里，这个"民治"就是"人民直接的实际的自治与联合"，而"这种自治的形式"，包括"地方自治"和"同业联合"两种组织。这种"自治"是自下而下，而非自上而下的："第一个错误，是以为地方自治和同业联合都要政府提倡，才能够实现。我以为这种从上面提倡的自治联合，就是能够实现，也只是被动的官式的假民治，我们不要；我们所要的，是从底下创造发达起来的，人民自动的真民治。"[2]因此，他推崇英国和美国的"民治模式"。"我们现在要实行民治主义，是应当拿英美做榜样，是要注意政治经济两方面，是应当在民治的坚实基础上做工夫，是应当由人民自己一小部分一小部分创造这基础。这基础是什么？就是人民直接的实际的自治与联合。"

英美的民主政制不仅有古希腊城邦制民主的传统和基因，而且是在自

---

[1] 陈独秀：《实行民治的基础》，《独秀文存》，第252-253页，合肥：安徽人民出版社，1987年。

[2] 陈独秀：《实行民治的基础》，《独秀文存》，第254页，合肥：安徽人民出版社，1987年。

然状态中逐步形成的,具有坚实的基础。正如杜威在《美国之民治的发展》中所说:

> 美国是一个联邦的国家,当初移民的时候,每到一处便造成一个小村,由许多小村,合成一邑,由许多邑合成一州,再由许多州合成一国。小小的一个乡村,一切事都是自治。
>
> 美国的联邦是由那些有独立自治能力的小村合并起来的,历史上的进化是由一村一村联合起来的。美国的百姓是为找自由而来的,所以他们当初只要自治不要国家,后来因有国家的需要,所以才组成联邦。[1]

作为一个移民的新大陆国家,美国民主政体的形成以及自然演进的脉络十分清晰,具有样板意义。他们没有经历过欧洲国家教皇以及国王的专制阶段,完全是新世界里的"自由民"。他们一切从头开始,一张白纸上可以画出最新最美的图画。

那么,这对于具有两千多年的皇权官僚专制政体的古老国家,如何向英美国家特别是美国这样的新大陆国家学习呢?陈独秀认为,中国有自己的"自治"基础和传统,在皇权专制之外,还有与之对抗或分庭抗礼的力量存在:

> 中国社会史上的现象,真算得与众不同;上面是极专制的政府,下面是极放任的人民;除了诉讼和纳税以外,政府和人民几乎不生关系;这种极放任不和政府生关系的人民,自己却有种种类乎自治团体的联合:乡村有宗祠,有神社,有团练;都会有会馆,有各种善堂(育婴,养老,施诊,施药,积谷,救火之类)。有义

---

[1] 转引自陈独秀:《实行民治的基础》,《独秀文存》,第254页,合肥:安徽人民出版社,1987年。

学,有种种工商业的公所;象这些各种联合,虽然和我们理想的民治隔得还远,却不能说中国人的民治制度,没有历史上的基础。

……

而且自古以来,就有许行的"并耕",孔子的"均无贫"种种高远理想;"限田"的讨论,是我们历史上很热闹的问题;"自食其力",是无人不知道的格言;因此可以证明我们的国民性里面,确实含着许多社会经济的民治主义的成分。我因为有这些理由,我相信政治的民治主义和社会经济的民治主义,将来都可以在中国大大的发展,所以我不灰心短气,所以我不抱悲观。[1]

中国具备自己的"民治"基础,有自己特色的民间自治团体,主要是村社与宗族,这是地方自治。在社会经济上,也有着"民治"的思想基础和某些实践。而这些,也正是对抗皇权专制的组织及经济基础。吴钩在《中国的自由传统》一书中对此也有较为深刻的论述:"如果我们能够站在高空鸟瞰历史演进的图景,将可以发现,中国秦后社会隐伏着两条相互交织又此消彼长的线索:一条线索为王权专制的发展趋势,不妨称之为'专制线索',由于两千年专制体制由秦朝奠定,这一线索又可称之为'秦制线索';另一条线索为社会自治的发育程度,我们叫它'自治线索',因为传统社会的自治主要由儒家士绅推动,这条线索也可以叫做'儒家线索'。"[2]当然,这种一定程度上的传统"地方自治"并不等于现代民主,但确实是民主的发端和开始,也是对人民最为基本的民主训练。这种思想,陈独秀已经阐述得比较明确了,而吴钩在《中国的自由传统》一书中的论述则更为深入。

此后,二三十年代,梁漱溟"村社自治"主张的提出及其实践,也正是儒

---

[1] 陈独秀:《实行民治的基础》,《独秀文存》,第252页,合肥:安徽人民出版社,1987年。
[2] 吴钩:《中国的自由传统·自序》,第1页,上海:复旦大学出版社,2014年。

家的地方、家族自治思想的某种体现,亦是对现代民主社会的一种回应。而其源头,除了中国古老的"地方自治"以及"家族"治理的传统,不能不说是"五四"新文化运动中对民主问题的这种"返身自顾"式的思考。这是一条由下而上的路线,区别于通过革命的激进手段,从顶层设计上来解决全部民主政治问题。但因为整体上专制体制尚未破除,且底层民众觉醒和自觉的缺失,使得这一切努力犹如沙地建塔,革命和改革的成果最终付诸东流。

无论是陈独秀,还是梁漱溟,他们的民主思考及其实践,虽然角度和立足点不尽相同,但都是民主启蒙思想的一个组成部分。而孙中山作为一个革命家,他对中国的民主政治问题,也提出了自己的政治构想,并进行着不懈的努力和奋斗。1921年,他提出了《五权宪法》以及"五权宪法"的思想,即立法权、司法权、行政权、弹劾权、考试权,在西方"三权分立"的基础之上融入了"中国特色"的弹劾权和考试权。其后,则又提出推进中国的民主进程应分为三个阶段,即"军政期""训政期""宪政期"。1923年1月29日,孙中山于《申报》五十周年纪念专刊上发表《中国革命史》。1924年后,孙中山发表了《国民政府工作报告建国大纲》,集中阐述了他三阶段的政治主张。这又是民主革命者的另一种"顶层设计",影响了中国的民主思想的传播以及民主社会的建构进程。

正如民主与科学"若舟车之有两轮"一样,民主与自由也是一对孪生兄弟。这种自由除个人的基本人身自由之外,还包括宗教自由、思想自由、言论自由、出版自由等诸多方面。中国的自由主义者胡适对此有着独到的见解:

> 自由主义最浅显的意思是强调的尊重自由,现在有些人否认自由的价值。同时又自称是自由主义者。自由主义里没有自由,那就好象《长坂坡》里没有赵子龙,《空城计》里没有诸葛亮,总有点叫不顺口罢!据我的笨见,自由主义就是人类历史上那个提倡自由,崇尚自由,争取自由,充实并推广自由的大运动。
>
> ……

> 东方自由主义运动始终没有抓住政治自由的特殊重要性,所以始终没有走上建设民主政治的路子。西方的自由主义绝大贡献正在这一点:他们觉悟到只有民主的政治方才能够保障人民的基本自由。所以自由主义的政治的意义是强调的拥护民主……[1]

由此,胡适不仅强调了自由主义的意义,同时还指出一条通向民主、自由的现代国家路径。"总结起来,自由主义的第一个意义是自由,第二个意义是民主,第三个意义是容忍——容忍反对党,第四个意义是和平的渐进的改革。"[2]这后两点,也是其后胡适既反对蒋介石的专制独裁,又反对社会主义和暴力革命的理由所在。

(二) 倡言科学,反对蒙昧

倡议"科学"是"五四"启蒙主义思想的另一个重要方面。这里所说的科学,不仅包括科学和技术、自然科学和社会科学,更是指涉科学精神,也即是追求终极真理和探究事物或世界的本质。说到科学,狭隘的爱国主义者和民族主义者就会提及中医、四大发明、地动仪、圆周率,等等,但这些科技文明的碎片,并未发展成为具有学理性的学科或真正意义上的科学。以中医为例,它更像是某种哲学或玄学,缺少定量和定性的分析,以至于直到21世纪的今天,对中医的科学性以及存续的必要性还有很多争议和质疑。而所谓"四大文明",从某种程度上来说,仅是一种发现而已。至于丝绸的纺织、精美的瓷器以及景泰蓝的制作等,只是技术,还远远上升不到科学的高度。

中国人接受西方科学技术,首先是从器物层面开始的,也就是那些"洋玩艺",比如,自鸣钟,玻璃,香水,照相术。对此,最早来到中国的西方传教士们功不可没。1840年以来,紧闭的"国门"被西方坚船利炮打开之后,中国人

---

[1] 胡适:《自由主义是什么?》,《周论》第2卷第4期,1948年8月6日。
[2] 胡适:《自由主义》,《世界日报》(重庆),1948年9月5日。

则开始接触到军舰、洋枪洋炮、火车、电报等西方实用科学技术的成果。这一点,具有传统"实用理性"思维的中国人能够理解和接受。因此,"师夷长技以制夷"的思想也为士大夫阶层和知识阶层中的先进者所认识、理解和拥护。当然,随着对这些器物层面科技成果的知悉和引进,较为系统的科学知识以及科学思想也随之得到一定传播和接受,也是一个基本事实。

中国人受惠于实用科学技术之益,公开反对科学、否定科学的人几乎没有,但是对科学的态度还有很多误区和偏见,更不足以形成"科学的精神"。正如梁启超所说:

> 近百年来科学的收获如此其丰富:我们不是鸟,也可以腾空;不是鱼,也可以入水;不是神仙,也可以和几百千里外的人答话;……诸如此类,那一件不是受科学之赐?任凭怎么顽固的人,谅来'科学无用'这句话,再不会出诸口了。然而中国为什么直到今日还得不着科学的好处?直到今日依然成为"非科学的国民呢"?[1]

因为,中国人对科学的认识存在两个误区:

其一,把科学看得太低了,太粗了:我们几千年来的信条,都说的:"形而上者谓之道,形而下者谓之器","德成而上艺成而下"这一类话。

这是视科学为"器"的传统观念在作怪。

其二,把科学看得太呆了,太窄了:那些绝对的鄙厌科学的人

---

[1] 梁启超:《科学精神与东西文化》,《启蒙文献选编》(中国卷),第53页,上海:上海人民出版社,2010年。

且不必责备,就是相对的尊重科学的人,还是十个有九个不了解科学性质。他们只知道科学研究所产结果的价值,而不知道科学本身的价值;他们只有数学几何学物理学化学……等等概念,而没有科学的概念。[1]

总之,中国人缺少"科学的概念"或"科学精神",这是认知上的褊狭造成的。那么,什么是"科学精神"呢?梁启超认为:"科学精神是什么?我姑从最广义解释:'有系统之真智识,叫做科学;可以教人求得有系统之真智识的方法,叫做科学精神。'"[2]他把这种科学精神分成三个层面,即求真智识,求有系统的真智识,可以教人的智识。他进而批判了中国人因缺乏科学精神而常犯的五大毛病:笼统、武断、虚伪、因袭、散失。从对"坚船利炮"等器物层面的实用科技的认知,到对科学精神的思考,这是中国思想者对科学认知的重大进步。

科学不止于器物层面的技术以及自然科学的知识,还包括社会科学。科学精神的核心是其理性精神,它的反面即是迷信和愚昧。在数千年的专制之后,蒙昧和迷信是中国的主流。这也是专制的副产品。因为,专制主义正是真理的反面,其本质是不能被揭开的,就像阿Q头上的伤疤一样。它必须藏在普通民众旧毡帽或帝王的皇冠之下,用神话传说的光芒来加以掩饰或装饰。而且,专制皇权极端恐惧和仇视现代科学技术。据史料记载,中国的元朝即有枪械的制造和使用,朱元璋在反元起义中广泛使用枪械,这是其最终战胜蒙元重要利器之一。但明朝建立以后,这些火器枪械反而被禁止使用,其主要目的是维持皇权专制政体,防止民众的反抗。由此可见,皇权专制不仅阻碍民智的发展,也妨碍着科学的进步。

科学无法钦定,它在本质上就是自由和独立的一套精神价值体系。而

---

[1] 梁启超:《科学精神与东西文化》,《启蒙文献选编》(中国卷),第53-54页,上海:上海人民出版社,2010年。
[2] 梁启超:《科学精神与东西文化》,《启蒙文献选编》(中国卷),第55页,上海:上海人民出版社,2010年。

这些,正是皇权专制者所不愿看到和正视的,他们更愿意让民众相信,地震等自然现象是神话传说中的大鳌动弹了一下腿脚或者眨巴了眼睛,或者是对帝王的某种启示、预警或告诫,这是汉儒的神秘主义谶纬之学的本质之所在。现代自然科学揭示了宇宙以及物质世界的秘密,破解了那些"受命于天""真命天子"的神话和传说,打破了专制主义的思想基础,这都是不能被容忍的。因此,"师夷长技以制夷"的提出,看似简单和必然,实际上是需要一些政治勇气的,虽然它的出发点仍然是为了维护皇权专制政体的存续和发展。洋务运动的伟大也正是在这里,它们是相信科学,至少是相信科技的。

陈独秀对科学的理性精神的理解和把握,比之梁启超又更进一步,这标志着中国人对科学精神有了更为本质的理解和思考:

> 科学者何?吾人对于事物之概念,综合客观之现象,诉之主观之理性而不矛盾之谓也。想像者何?既超脱客观之现象,复抛弃主观之理性,凭空构造,有假定而无实证,不可以人间已有之智灵,明其理由,道其法则者也。在昔蒙昧之世,当今浅化之民,有想像而无科学。宗教美文,皆想像时代之产物。近代欧洲之所以优越他族者,科学之兴,其功不在人权说下,若舟车之有两轮焉。今且日新月异,举凡一事之兴,一物之细,罔不诉之科学法则,以定其得失从违;其效将使人间之思想云为,一遵理性,而迷信斩焉,而无知妄作之风息焉。[1]

这里明确指出,科学即理性,与皇权专制主义所提倡的迷信、蒙昧根本对立。另外,科学与民主、人权是相辅相成、密不可分的,"科学之兴,其功不在人权说下,若舟车之有两轮焉",并充分肯定这是使得"近代欧洲之所以优越他族者"。因此,陈独秀明确提出"国人而欲脱蒙昧时代,羞为浅化

---

[1] 陈独秀:《敬告青年》,《青年杂志》第1卷第1号,1915年9月。

之民也,则急起直追,当以科学与人权并重"[1]。陈独秀对此做了更为具体的阐述:

> 士不知科学,故袭阴阳家符瑞五行之说,惑世诬民;地气风水之谈,乞灵枯骨。农不知科学,故无择种去虫之术。工不知科学,故货弃于地,战斗生事之所需,一一仰给于异国。商不知科学,故惟识罔取近利,未来之胜算,无容心焉。医不知科学,既不解人身之构造,复不事药性之分析,菌毒传染,更无闻焉;惟知附会五行生克寒热阴阳之说,袭古方以投药饵,其术殆与矢人同科;其想像之最神奇者,莫如"气"之一说;其说且通于力士羽流之术;试遍索宇宙间,诚不知此"气"之果为何物也!
>
> 凡此无常识之思,惟无理由之信仰,欲根治之,厥维科学。夫以科学说明真理,事实求诸证实,较之想像武断之所为,其步度诚缓;然其步步皆踏实地,不若幻想突飞者之终无寸进也。宇宙间之事理无穷,科学领土内之膏腴待辟者,正自广阔。青年勉乎哉![2]

陈独秀力倡民主与科学的相互依存作用,缺一不可。这是具有很高识见的思想。

在"五四"新文化运动时期,曾发生了一场"科学与玄学"的论争。但其在本质上不是反对科学本身,而是隶属于西方思想文化与中国传统思想文化之间冲突的一场论争。但确实出现了将科学与道德或哲学相对立的倾向。胡适对此有着非常明确的论述:

> 这场争论把中国的知识分子划分为截然不同的两个阵营。

---

[1] 陈独秀:《敬告青年》,《青年杂志》第1卷第1号,1915年9月。
[2] 陈独秀:《敬告青年》,《青年杂志》第1卷第1号,1915年9月。

所谓"玄学鬼"阵营的领袖是张嘉森,他提倡"内省精神生活"论,相信这种内心精神生活是超越科学范围之外的。因此张先生和他的好友,其中包括已故梁启超先生,主张恢复宋明新儒学的理学。另一个是由丁文江先生领导的现代科学家阵营。丁先生驳斥陈旧的哲学而力持科学与科学方法的万能论。

……

我的立场是中国必须充分接受现代文明,特别是科学、技术与民主。我试图表明容忍象缠足那样的野蛮风俗达千年之久,而没有抗议的文明,很少有什么精神性。我也指出科学与民主的宗教二者均蕴育着高度的精神潜力,并且力求满足人类的理想要求。甚至单纯的技术进步也是精神的,它可以解除人类的痛苦,大大增加人类的力量,解放人类的精神和能力,去享受文明所创造的价值和成果……我认为尽可能充分利用人类的聪明才智来寻求真理,来制服天行以供人用,来改变物质环境,以及改革社会制度和政治制度以谋人类最大幸福,这样的文明,才是真正的"精神"文明。[1]

在胡适看来,不仅科学本身是精神文明的组成部分,即使技术本身也有着独特的精神内涵和价值。在《我们对于西洋近代文明的态度》一文中,他更是旗帜鲜明地指出:"西洋近代文明的精神方面的第一特色是科学。科学的根本精神在于求真理。""求知是人类天生的一种精神上的最大要求。东方的旧文明对于这个要求,不但不想满足他,并且常想裁制他,断绝他。所以东方圣人劝人要'无知',要'绝圣弃智',要'断思惟',要'不识不知,顺帝之则'。这是畏难,这是懒惰。这种文明还能自夸可以满足心灵上的要求吗?"[2]

---

[1] 胡适:《文化的冲突》,张景明译,罗荣渠校,《中国基督教年鉴》,1929年。
[2] 胡适:《我们对于西洋近代文明的态度》,《现代评论》第4卷第83期,1926年7月。

鲁迅对这些反对科学、主张恢复中国传统哲学的"玄学鬼"们进行了犀利的批判：

> 现在有一班好讲鬼话的人，最恨科学，因为科学能教道理明白，能教人思路清楚，不许鬼混，所以自然而然的成了讲鬼话的人的对头。于是讲鬼话的人，便须想一个方法排除他。
>
> 其中最巧妙的是捣乱。先把科学东扯西拉，羼进鬼话，弄得是非不明，连科学也带了妖气……
>
> 这简直说是万恶都由科学，道德全靠鬼话；而且与其科学，不如拳匪了。从前的排斥外来学术和思想，大抵专靠皇帝；自六朝至唐宋，凡攻击佛教的人，往往说他不拜君父，近乎造反。现在没有皇帝了，却寻出一个"道德"的大帽子，看他何等利害。[1]

（三）呼吁个性解放，打碎精神枷锁

除了民主、科学之外，"五四"新文化运动还有另一面大旗，即个人主义或个性解放。这是现代启蒙主义思想不可或缺的组成部分，亦是民主、科学得以实施的重要基础工程，鲁迅所说的"立人"或"国民性改造"则是此问题的另外一面。

提倡个性主义和个性解放不是自"五四"新文化运动起。梁启超在《尽性主义》一文中说："国民树立的根本义，在发展个性。《中庸》里头有句话说得最好：'唯天下至诚为能尽其性。'我们就借来起一个名叫做'尽性主义'。"从中国儒家文化传统里寻找改良和革新的思想资源，这是维新变法诸君子的常用手法，梁启超也不例外。他继而对"尽性主义"做出了自己的阐释："这尽性主义，是要把各人的天赋良能，发挥到十分圆满。就私人而

---

[1] 鲁迅：《热风·随感录三十三》，《鲁迅全集》（第一卷），第314-316页，北京：人民文学出版社，2005年。

论,必须如此,才不至成为天地间一赘疣,人人可以自立,不必累人,也不必仰人鼻息。就社会国家而论,必须如此,然后人人各用其所长,自动的创造进化,合起来便成强固的国家、进步的社会。"把个人的解放和独立,上升到了国家强盛、社会进步的高度,这是对个人主义的高度肯定和深刻认知。因此,个人主义"是个人自立的第一义,也是国家生存的第一义"。[1]

在"五四"新文化运动时期,蒋梦麟对"个性主义"和"个人主义"做出了较为精准和全面的界定,代表了"五四"新文化运动时期的先驱们对此问题的认知水平:

> 何谓个性主义(Individuality)?曰,以个人固有之特性而发展之,是为近世教育学家所公认,教育根本方法之一也,无或持异议者矣。何谓个人主义(Individualism)?曰,使个人享自由平等之机会,而不为政府社会家庭所抑制是也。[2]

与"个人主义""个性解放"相对的,除了中国的传统皇权专制思想之外,还有近现代的德国、日本所提倡的国家主义学说。在本质上,这是属于一种极权主义或专制主义思想。"德国与日本之国家学说曰:国家为无上尊严之所寄,个人当牺牲一己以为国家谋强力;国家有存在,个人无存在:是极端反对个人主义者也。"[3]

在批评了上述两种极端之后,蒋梦麟极力推崇英美之"平民主义"思想:"两端之中,有中正和平之个人主义在,是即上所谓英美之平民主义是也。"他同时指出,个人价值是个人主义之核心:"共和之国,其要素为平民主义。平民主义之要素,在尊重个人之价值。所谓自由平等者,非尊重个

---

[1] 梁启超:《欧游心影录(节选)》,《五四风云人物文萃·梁启超》,第53-54页,丁守和主编,北京:人民日报出版社,2005年。
[2] 蒋梦麟:《个性主义与个人主义》,《教育杂志》第11卷第2号,1919年2月。
[3] 蒋梦麟:《个性主义与个人主义》,《教育杂志》第11卷第2号,1919年2月。

人之价值而何。"[1]

个性主义、个人主义的反面,则是不自主、不自由的奴隶状态和"奴隶道德"。陈独秀在《敬告青年》里的第一条"自主的而非奴隶的"里,结合西方个人解放史,对此有独到的论述:

> 等一人也,各有自主之权,绝无奴隶他人之权利,亦绝无以奴隶自处之义务。奴隶云者,古之昏弱对于强暴之横夺,而失其自由权利者之称也。自人权平等之说兴,奴隶之名,非血气所忍受。世称近世欧洲历史为"解放历史":破坏君权,求政治之解放也;否认教权,求宗教之解放也;均产说兴,求经济之解放也;女子参政运动,求男[女]权之解放也。

他进一步指出,何谓"奴隶"和"奴隶道德":

> 解放云者,脱离夫奴隶之羁绊,以完其自主自由之人格之谓也。我有手足,自谋温饱;我有口舌,自陈好恶;我有心思,自崇所信。绝不认他人之越俎,亦不应主我而奴他人。盖自认为独立自主之人格以上,一切操行,一切权利,一切信仰,唯有听命各自固有之智能,断无盲从隶属他人之理。非然者,忠孝节义,奴隶之道德也;德国大哲尼采(Nietzsche)别道德为二类:有独立心而勇敢者曰贵族道德(Morality of Noble),谦逊而服从者曰奴隶道德(Morality of Slave)。轻刑薄赋,奴隶之幸福;称颂功德,奴隶之文章也;拜爵赐第,奴隶之光荣也;丰碑高墓,奴隶之纪念物也。以其是非荣辱,听命他人,不以自身为本位,则个人独立平等之人格,消灭无存,其一切善恶行为,势不能诉之自身意志而课以功

---

[1] 蒋梦麟:《个性主义与个人主义》,《教育杂志》第11卷第2号,1919年2月。

过;谓之奴隶,谁曰不宜?立德立功,首当辨此。[1]

罗家伦还把对"奴性的思想"的批判从政治层面,推及学术层面:

> 中国人不特在政治上有种奴性,而且在学问上也有极深的奴性。无论什么事,自己不敢用一点理性,凡圣贤说的就是对的;只有庄子所谓"重言",是他们的偶像。无论什么法,只要是古的就是好的;所以就是"改制"也要"托古"。抱这种思想的民族,还有一分独立的精神吗?[2]

个人主义或个性主义,也是人权和人道主义的题中应有之义。陈独秀把"人权说"视为近代文明的三大标志之一:"法兰西革命以前,欧洲之国家与社会,无不建设于君主与贵族特权之上,视人类之有独立自由人格者,唯少数之君主与贵族而已;其余大多数之人民,皆附属于特权者之奴隶,无自由权利之可言也。"[3]周作人在《人的文学》中,更是一针见血地指出:"我所说的人道主义,并非世间所谓'悲天悯人'或'博施济众'的慈善主义,乃是一种个人主义的人间本位主义。"[4]它指明了人道主义与个人主义之间的关系。

但个性解放并不就是个人游离于社会之外的绝对自由,这一点,"五四"新文化运动的倡导者们对此有着清醒的认识。蒋梦麟不仅区分了个人主义与个性主义的差别,还批判了"极端个人主义",并指出其主要代表则是中国的老子、庄子的道家思想,以及西方的无政府主义的思想:

> 老子曰:"弃仁绝义,民复孝慈。"又曰:"剖斗折衡,而民不争。"庄子曰:"奈何以仁义胶天下乎?"老庄所谓仁义者,社会所公

---

[1] 陈独秀:《敬告青年》,《青年杂志》第1卷第1号,1915年9月。
[2] 张继、罗家伦:《思想革命真是救中国的根本方法》,《新潮》第2卷第2号,1919年2月。
[3] 陈独秀:《法兰西人与近世文明》,《青年杂志》第1卷第1号,1915年9月。
[4] 周作人:《人的文学》,《新青年》第5卷第6号,1918年12月。

认之道德标准是也。个人为道德标准所束缚,则枵其性。此庄子所谓"鹜胫虽短,续之则忧"也。无政府主义者曰:政府万恶之原,社会万恶所归,皆所以戕贼个人之性者也,除而去之,则个人得以自由发达。是两派者,西国学者称之曰极端的个人主义(Radical individualism),现今之世界,不可行也。行之,则社会之秩序乱。[1]

蒋梦麟对中国老庄思想以及西方无政府主义的批判,与陈独秀可谓遥相呼应。陈独秀视老庄思想中虚无的个人主义和任自然主义为中国式"无政府主义",并加以批判:"近来青年中颇流行的无政府主义,并不完全是西洋的安那其,我始终认定是固有的老、庄主义复活,是中国式的无政府主义,所以他们还不满于无政府主义,更进而虚无主义,而出家,而发狂,而自杀;意志薄弱不能自杀的,恐怕还要一转而顺世堕落,所以我深恶痛绝老、庄底虚无思想放任主义,以为是青年的大毒。"[2]过度消极避离,脱离社会,甚至反社会,这不是个人解放的定义和本质所在。陈独秀还对上海《时事新报》上 P. R. 君所持"世界改造原理"的相关观点进行了批判,该观点主张完全游离于社会的某种个人解放和自由。"人类自有二人以上之结合以来,渐渐社会的发达至于今日,试问物质上精神上那一点不是社会底产物?那一点是纯粹的个人的?……我们万万不可再提议这些来遗害青年了。因为虚无的个人主义及任自然主义,非把社会回转到原人时代不可实现。"[3]

因此,对个人自由与社会之关系,即"群己自由"问题,做出了科学的阐释和更为准确的界定也就成为某种必然。最先对此予以关注并做出论述的是梁启超,他认为:

---

[1] 蒋梦麟:《个性主义与个人主义》,《教育杂志》第11卷第2号,1919年2月。
[2] 陈独秀:《中国式的无政府主义》,《新青年》第9卷第1号,1921年5月。
[3] 陈独秀:《虚无的个人主义及任自然主义》,《独秀文存》,第601-602页,合肥:安徽人民出版社,1987年。

专制久而民性漓也。天生人而赋之以权利,且赋之以扩充此权利之智识,保护此权利之能力,故听民之自由焉,自治焉,则群治必蒸蒸日上;有桎梏之、戕贼之者,始焉窒其生机,继焉失其本性,而人道乃几乎息矣。

……

役之如奴隶,防之如盗贼,则彼亦以奴隶盗贼自居,有可以自逸、可以自利者,虽牺牲其家其廛之公益以为之,所不辞也,如是而不萎焉以衰,吾未之闻也。故夫中国群治不进,由人民不顾公益使然也;人民不顾公益,由自居于盗贼使然也;其自居于奴隶盗贼,由霸者私天下为一姓之产而奴隶盗贼吾民使然也。[1]

蒋梦麟则详细阐述了个人与国家社会之辩证关系:

平民主义曰:个人有个人之价值,不可戕贼之。国家与社会者,所以保障个人之平等自由者也。故个人对于国家社会,有维持之责任;国家社会对于个人,有保障之义务。个人之行为有违害国家社会者,法律得以责罚之。

国家社会有戕贼个人者,个人得以推翻而重组之。故平民主义者,个人与国家社会互助之主义也。以平民主义为标准之个人主义,即作者之所谓个人主义也。[2]

中国民主革命的先行者孙中山先生,也从政治层面出发对此有精辟的论述。

政治里面有两个潮流,一个是自由底潮流,一个是秩序底潮

---

[1] 梁启超:《论进步》,南京大学中国现代文学研究中心编:《启蒙文献选编》(中国卷),第40页,上海:上海人民出版社,2010年。
[2] 蒋梦麟:《个性主义与个人主义》,《教育杂志》第11卷第2号,1919年2月。

流。政治中有这两个力量,正如物理之有离心力与归心力。离心力之趋势,则专务开放向外;归心力之趋势,则专务收合向内。如离心力大,则物质必飞散无归;如归心力大,则物质必愈缩愈小。两力平均,方能适当。此犹自由太过,则成为无政府;秩序太过,则成为专制。[1]

胡适则从个人与社会的关系出发,从另一个侧面来说明个性不解放、不自由,对社会亦是害莫大焉:"易卜生的戏剧中,有一条极显而易见的学说,是说社会与个人互相损害。社会最爱专制,往往用强力摧折个人的个性(Individuality),压制个人自由独立的精神。等到个人的个性都消灭了,等到自由独立的精神都完了,社会自身也没有生气了,也不会进步了。"[2] 社会压抑个人,而反抗者受到强大社会力量的惩罚,最后大家"也渐渐的把黑暗世界当作安乐窝了"。[3]

周作人则说:

> 我所说的人道主义,并非世间所谓"悲天悯人"或"博施济众"的慈善主义,乃是一种个人主义的人间本位主义……所以我说的人道主义,是从个人做起。要讲人道,爱人类,便须先使自己有人的资格,占得人的位置。耶稣说,"爱邻如己"。如不先知自爱,怎能"如己"的爱别人呢?至于无我的爱,纯粹的利他,我以为是不可能的。人为了所爱的人,或所信的主义,能够有献身的行为。若是割肉饲鹰,投身给饿虎吃,那是超人间的道德,不是人所能为的了。[4]

---

[1] 孙中山:《在广东省教育会的演说》,《孙中山全集》(第五卷),第491页,北京:中华书局,1985年。
[2] 胡适:《易卜生主义》,《新青年》第4卷第6号,1918年6月。
[3] 胡适:《易卜生主义》,《新青年》第4卷第6号,1918年6月。
[4] 周作人:《人的文学》,《新青年》第5卷第6号,1918年12月。

这就是说,利他的前提条件是学会利己,要解放社会、解放群体,首先要解放自己、发展自我、张扬个性。一个压抑个性的社会,最后必将伤及其身。个性被压抑了,反抗者被蒟除了,社会的活力和精气神也就没有了,这是专制社会的最终结果。

"要个性发展,必须从思想解放入手。"[1]而个性发展或个性解放,不仅包括梁启超所说的思想解放,还有身体解放。合起来,也就是身与心的解放。落实到20世纪初的中国,大的方面是推翻专制王朝,获得政治上的自由;而具体到一些层面,就是打破封建家庭的桎梏,并获得相应的个人自由和爱情自由;而妇女在儒家伦理框架中处于受压迫的最底层,因此,妇女解放的呼声也就最为高涨。妇女解放与爱情自由,成为"五四"时期个人自由和个性解放的主要象征和标尺。因为皇权专制社会有"皇权不下县"的传统,国家对个人的桎梏,主要是通过家庭、家族来实现的。"三纲五常"的儒家思想,限制了个人的各种自由,压抑了个性在真正意义上获得解放,这其中也包括爱情的自由。在皇权专制社会,儒家的治理理想或权力分工,主要是县级以下的地方自治以及家族统治;县级以上则主要是法家的皇权专制治理模式。儒家的地方自治和家族制度,在民主和"自治"层面固然可以抵制皇权专制对人民的直接侵害,并由此抗衡法家,这一点陈独秀也是有认识的;但要实施真正个性解放,则又要打破家庭或家族对个人的桎梏和侵害,这势必又要打倒儒家,这也就可以理解为什么要"打倒孔家店"了。这就是一个悖论。更进一步说,儒家既有对抗性皇权的性质,还具有维护内部统治和皇权专制政体的性质,它与法家分工明确,并承担着专制政体"减压阀"的功能。儒家如果没有迎合或配合皇权专制的性质,它也就无法生存下来。由此,皇权专制国家对于个人的专制和统治从总体上看不是直接的,而是间接的,地方自治和家族制度是社会个体所面临的直接敌人。这种家族化的底层政治现象,在当代社会实现底层民主选举时,仍然发挥

---

[1] 梁启超:《欧游心影录(节选)》,《五四风云人物文萃·梁启超》,丁守和主编,第54页,北京:人民日报出版社,2005年。

着重大作用。当选的底层自治组织的领袖,往往是当地最强大的姓氏和家族。个性解放和个人自由的主要敌人和直接障碍,即是儒家的地方自治势力及家族制度。因此,在"五四"新文化运动时期,儒家也就首当其冲,而与皇权专制政体完全一体化的法家却被轻易放过,这也是反儒不反法的内在原因。另外,北洋政府"尊孔读经"以及大举祭孔等行为,也在客观上刺激了"五四"新文化运动的现代启蒙主义者,他们感受到来自儒家思想的危机和威胁。从历史、现实和思想的内在结构上看,批判儒家和"打倒孔家店"的被认同,也就势在必然。

从伦理主义的角度,傅斯年论述了个性主义与道德上"善"的关联,并批判了中国式家庭和家庭制度:

> 请问"善"是从何来的?我来答道:"善"是从"个性"发出来的。没有"个性"就没有了"善"。我们固然不能说,从"个性"发出来的都是"善",但是离开"个性","善""恶"都不可说了。所以可以决然断定道,"个性"里面,一部分包罗着"善","非个性"里面,却没处去寻"善"去……
>
> 更进一层,必然"个性"发展,"善"才能随着发展。要是根本不许"个性"发展,"善"也成了僵死的,不情的了。僵死的,不情的,永远不会是"善"。所以摧残"个性",直不啻把这"善"一件东西,根本推翻。"善"是定要跟着"个性"来的,所以破坏个性的最大势力就是万恶之原。
>
> 然则什么是破坏"个性"的最大势力?
>
> 我答道,中国的家庭。[1]

他指出家庭是摧残个性的根源所在:"可恨中国的家庭,空气恶浊到了一百零一度。从他孩子生下来那一天,就教训他怎样应时,怎样舍己从人,

---

[1] 傅斯年:《万恶之原》,《新潮》第1卷第1号,1919年1月。

怎样做你爷娘的儿子,决不肯教他做自己的自己。一句话说来,极力的摧残个性。"[1]他并转引胡适说:"我不是我,我是我爹的儿子。"

个体的未来选择以及爱情、婚姻自由,也成了最直接面对的问题。1919年1月15日,鲁迅的《随感录四十》在《新青年》第六卷第一号上发表,呼吁解放孩子。文中说:有一首诗,从一位不相识的少年寄来,题目为《爱情》。少年写道:我是一个可怜的中国人。爱情!我不知道你是什么。鲁迅说:"这是血的蒸气,醒过来的人的真声音。"[2]这是对爱情的颂赞和吁求,作为封建包办婚姻的受害者,对于母亲的"礼物"朱安,鲁迅的感受深刻而沉痛。

当然,在封建式家庭里最受压抑的就是广大妇女。她们的爱情自由、婚姻自由、人身自由全然被剥夺。因此,妇女解放也成了时代的最强音,也就成了"五四"的重要主题之一。它不仅是理论上提倡,而且被真正实践,取得了显著成效。

以"个人本位"反叛封建家庭的家族本位,从而实行个人自由和个性解放,并从根本上解放个人,实现人性的确认和解放。这有很强的操作性,因此被广泛地实践。但由于从"启蒙"向"救亡"或"革命"的时代性转换,个体从家庭式的"小整体主义"中解放出来,获得了自由之身,却又为"大整体主义"的革命洪流所裹挟,进而陷入新的尴尬境地和历史性的悲剧之中。这个问题在下文中再行论述。

应该说,与个人自由或人性解放相关联的另一个重要主题,即是"国民性"批判和"立人"。通过"国民性"批判,消除国民"劣根性",如此达到"立人"的功效,这是个性解放和人的解放的基础工程。鲁迅可谓毕生致力于"国民性"批判和"立人"这一重大文化工程。在他的小说、杂文等作品中,时时不忘对国民"劣根性"进行揭露、针砭和批判,比如深入骨髓的奴性、面子问题、看客心理、马虎敷衍的作风,以及麻木、卑怯、自私、狭隘、保守、愚昧,等等。阿Q、祥林嫂、闰土等不朽的文学形象,都寄托着鲁迅的深切批

---

[1] 傅斯年:《万恶之原》,《新潮》第1卷第1号,1919年1月。
[2] 鲁迅:《随感录四十》,《新青年》第6卷第1号,1919年1月。

判以及切肤之痛。谈到看客心理，鲁迅在《娜拉走后怎样》一文中说：

> 群众，——尤其是中国的，——永远是戏剧的看客。牺牲上场，如果显得慷慨，他们就看了悲壮剧；如果显得觳觫，他们就看了滑稽剧。北京的羊肉铺前常有几个人张着嘴看剥羊，仿佛颇愉快，人的牺牲能给与他们的益处，也不过如此。而况事后走不几步，他们并这一点愉快也就忘却了。[1]

鲁迅尤其憎恶中国人的奴性人格，并以瞒和骗方式为自己制造逃避之路，维持心理上的平衡，从而维持那种"做稳了奴隶"的黑暗生活：

> 中国人的不敢正视各方面，用瞒和骗，造出奇妙的逃路来，而自以为正路。在这路上，就证明着国民性的怯弱，懒惰，而又巧滑。一天天的满足着，即一天一天的堕落着，但却又觉得日见其光荣。[2]

"国民性"批判是一种文化反思和批判的重要手段和方法，但不是现实之最终目的，一切只是为了达到"立人"的功效。而"立人"目标的实现，又是个人解放和人的解放的重要前提。对此，鲁迅有着十分清醒的认识："人立而后凡事举；若其道术，乃必尊个性而张精神。"[3]"立人"的思想可谓贯穿鲁迅的一生，"做人"还是"为奴"这是文化自觉的根本分界线，也是个性和人性能否得以最终解放的底线所在。鲁迅具有强烈的现实意识和文化改造的诉求，因为他深知，一个现代化的国家不是为奴隶所建造的，没有觉醒了的、被启蒙了的人，一切社会改革和革命的努力终将归为子虚乌有，甚至走向其目标的反面。

---

[1] 鲁迅：《娜拉走后怎样》，《鲁迅全集》（第一卷），第170页，北京：人民文学出版社，2005年。
[2] 鲁迅：《论睁了眼看》，《语丝》周刊第38期，1925年8月。
[3] 鲁迅：《文化偏至论》，《河南》月刊第7号，1908年8月。

第二节 后"五四"时期：社会主义或马克思主义的广泛传播

如果说在"五四"新文化运动的第一阶段，即前"五四"时期（1915—1918），主要是倡导民主、科学、个性解放等现代启蒙主义思想，那么在其第二阶段，即后"五四"时期（1919—1923），则是以著名的"五四"青年运动为代表的爱国群众运动，标志着新文化运动由"启蒙"向"救亡"或"革命"发生转化。同时，由于受到俄国"十月革命"胜利的激发和影响，马克思主义或社会主义思想得到广泛传播，并成为此阶段的思想文化主色调。

一、"五四"爱国群众运动："启蒙"与"革命"的转折点

1919年5月4日，北京学生三千余人举行爱国游行示威，强烈抗议巴黎和会的强权和北洋军阀政府的卖国行径，痛打章宗祥和"火烧赵家楼"具有政治行为艺术上的意义，并成为这场运动的经典之笔。它不仅象征着用文字书写在书刊上的思想变成了实际的、当下的具体行动和社会运动，同时也标志着现代思想启蒙向社会运动或救亡（革命）发生重大转化。其后，一场声势浩大的爱国群众运动蓬勃而起，一发而不可收，并迅速扩展到全国。

5月5日，北京中等以上学校学生宣布实行总罢课，要求惩办卖国贼，释放5月4日被捕的爱国学生。5月7日，上海商、学、工各界在公共体育场举行了国民大会，声援北京学生的正义斗争。5月9日，上海各界发布通告，进行罢市、罢课。5月25日，天津女界爱国同志会宣告成立，大会选举刘清扬、李毅韬为正、副会长，邓颖超、郭隆真等为评议委员。6月3日，北京各校学生赴街头进行爱国讲演，遭到军警镇压，近千名学生被捕。6月5日，上海工人罢工、学生罢课、商人罢市，声援北京学生斗争。这就是中国

现代史上著名的"五四"运动。

在这场如烈火烹油一般的爱国群众运动的巨大压力之下，5月14日，巴黎和会通知中国代表，撤销各国列强在华特权问题，宣布其不在和会权限之内。6月10日，北京政府被迫下令释放被捕学生，并免去曹汝霖、陆宗舆、章宗祥的职务。6月28日，参加巴黎和会的中国代表拒绝在对德和约上签字。"五四"运动以统治者的退让而告终，并取得了最初的胜利，表明了群众运动在改变现实、推动社会和历史前进方面的巨大力量和作用。

但这场运动的根本意义和价值还不止于此。在这场运动的刺激和激发之下，马克思主义或曰社会主义思想在中国大地上得到迅速和广泛的传播，代表中国先进政治、文化方向的中国共产党在共产国际的帮助之下得以成立，这才是这场运动的最大价值和圭臬之所在。它不仅改变了中国革命的方向和进程，而且成为中国现代史的真正发端。

1919年5月15日，《新青年》发表李大钊《我的马克思主义观》一文。1920年3月，李大钊在北京组织马克思学说研究会。7月6日，新民学会旅法会员在法国蒙达尼召开会议。蔡和森、向警予、萧子升、萧子暲、张昆弟、罗学瓒、蔡畅、李维汉等20余人参加了会议。会议确定了新民学会的方针为"改造中国与世界"。蔡和森主张建立共产党，走十月革命的道路，萧子升则主张温和革命，采用无政府主义的方法。1920年春，在共产国际代表维金斯基抵北京与李大钊讨论筹建共产党时，张太雷担任翻译。8月，陈独秀在共产国际帮助下，成立上海共产主义小组。随后，列宁派马林作为共产国际代表到中国考察东方革命运动情况。8月2日，毛泽东创办的文化书社发起会在长沙召开，9月9日正式营业。1920年8月至次年春，北京、武汉、长沙、济南、广州以及法国巴黎、日本东京均建立了共产主义小组。上海共产主义小组出版《共产党宣言》第一个中文全译本（陈望道译，陈独秀、李汉俊校）。1920年8月，上海共产党组织以社会主义研究社名义翻译出版了《共产党宣言》（陈望道译，陈独秀、李汉俊校译）第一个中文全译本。11月7日，上海共产主义小组机关刊物《共产党》月刊创刊。1921年4月，赵世炎、张申府、陈公培、刘清扬和周恩来在巴黎组建共产主义小组。6月3日,共产国际代表马林到达上海。6月23日,张太雷出席在莫斯科召开的共产国际第三次大会。7月23日,中国共产党第一次全国代表大会在上海开幕,正式宣告中国共产党的成立。1922年1月21日至2月2日,共产国际召集的远东各国共产党及民族革命团体代表大会举行,中国、莫斯科均派有代表参加。1月24日,列宁在莫斯科接见瞿秋白、张国焘等人,探讨国共合作之可能。5月5日,中国社会主义青年团在中共领导下召开第一次全国代表大会。6月18日,旅欧中国少年共产党在巴黎举行成立大会,赵世炎任书记,周恩来任宣传委员。7月16日,中国共产党第二次全国代表大会在上海召开,并制订了打倒军阀、打倒帝国主义的民主革命纲领。9月13日,中共中央在上海创办第一份公开发行的机关刊物《向导》周报,蔡和森任主编。发行量最多时近10万份,并远销海外。11月1日,湖南工团联合会成立,毛泽东任总干事。11月5日,中共代表参加共产国际大会。共产国际第四次代表大会在莫斯科举行,中共代表陈独秀、刘仁静、王俊出席大会。刘仁静就中国形势和国共合作问题向大会做了报告。11月15日,共产国际负责人拉狄克在会上批评中共不懂得同工人群众相结合,要求中共走出"孔夫子式的共产主义研究室,到群众中去"。会议结束时,陈独秀当选为共产国际执行委员。

在中国共产党成立前后,特别是成立之后,工人运动也呈现出蓬勃之势。1920年11月21日,中国第一个现代工会"上海机器工会"成立。1921年1月1日,北京共产主义小组创办的长辛店劳动补习学校正式开学。同年8月,毛泽东在长沙创办湖南自修大学,同时,中国共产党领导工人运动的总机关——中国劳动组合书记部在上海成立。1922年1月12日,香港海员工人为反对英国资本家的奴隶待遇举行大罢工,坚持56天取得胜利。5月1日第一次全国劳动大会在广州举行,全国百余工会的162位代表应邀参会,谋求工人阶级的大团结。大会喊出了"打倒帝国主义!打倒军阀!"的斗争口号,并决定在全国总工会成立前,以中国劳动组合书记部为总通讯机关。8月24日,北京长辛店工人罢工,坚持了3天取得胜利。9月14日,安源路矿工人举行大罢工,坚持了5天取得胜利。10月23日,开滦煤矿工人举行大罢工,遭英国矿主和军阀政府武力镇压而失败。12月10日中国第一个产业总工会组织汉冶萍总工会在汉阳成立。汉冶萍公司包括安源路矿、下陆铁矿、汉阳钢铁厂、大冶钢铁厂和汉冶萍轮驳公司等5大企业,是中国著名的钢铁企业,全公司有3万多工人。刘少奇、向忠发分别被选为汉冶萍总工会正、副委员长。

随着中国共产党的成立,在共产国际的推动之下,第一次"国共合作"也在同时运作之中。1922年8月14日,孙中山决定暂离广州,从长计议,率蒋介石等人离开"永丰"舰,于当日抵达上海,受到各界热烈欢迎。在上海,他会晤李大钊、林伯渠等,探讨国共合作的问题,更坚定了他联俄、联共、重整国民党的决心。8月29日,根据国产共际代表马林的提议,中共中央在杭州西湖召开特别会议,讨论国共合作问题。10月,上海大学在上海创办,为国共两党共同创办的培养革命干部的学校。于右任任校长,共产党人邓中夏任校务长,负责主持学校工作。12月张继奉孙中山之命,在北京会见苏俄全权代表越飞。1922年8月,苏联政府代表越飞抵达中国,与孙中山先生商订合作政策。1923年1月26日,发表《孙文越飞宣言》。

二、历史的选择:马克思主义的迅速传播和接受

正如"民主"与"科学"等思想,马克思主义或社会主义思想同样是"舶来"的,它们是西方思想的重要组成部分,是西方思想文化发展的必然产物。同时,它们也是"五四"新思想文化的重要组成部分,具有合法性和正当性。

早在清朝末年,马克思主义思想即在中国开始传播。通过来华的西方人和中国出国人员的最初介绍,国人对此概念并不完全陌生。从1899年开始,维新变法运动的代表人之一梁启超在文章中多次提及并论述社会主义学说。邹容、胡汉民、冯自由、朱执信、廖仲恺、宋教仁等早期同盟会成员,也均对社会主义有所涉猎和介绍。孙中山先生更是直截了当地说,"民

生主义即社会主义"[1]。

应该说,马克思主义具有理想色彩、历史资源以及全人类属性。这并不因为20世纪中期的繁荣而被过高地看重;也不因为20世纪末期的挫折而被怀疑或全面否定。中国古代的"大同"思想,正如西方的"乌托邦"理想,都是社会主义的传统思想资源。社会主义思想是人类的共有思想财富,而且源远流长。康有为在《大同书》中所阐述的"社会主义",正是源于中国古老的"大同"思想。孙中山也早就接触到"社会主义"思想,它是其后在苏联帮助下进行国共合作的思想基础。

1919年底,在北京、天津、上海、武汉、南京、长沙等地,一些进步青年组织起了工读互助主义的实验,本着"人人做工,人人读书,各尽所能,各取所需"的理想原则,组织起一些"共产主义"小团体,并试图把这种工读互助团逐步推广到整个社会,从而实现"平和的经济革命"。另一些青年知识分子,则学习日本九州的新村、美国的劳动共产村的一些做法,在中国进行"新村"实验。这些实验的失败,标志着空想社会主义与改良主义此路不通,促使其中的一部分人走向科学社会主义。

"五四"时期,在《法兰西人与近世文明》中,陈独秀把"社会主义"界定为"近世文明之特征"之一,并认为其具有"使人心社会划然一新"的作用,具有文明进步的意义和价值。这可谓是极高的评价。同时,他阐述了"社会主义"在欧洲的发展历史和产生的巨大作用:

> 近世文明之发生也,欧罗巴旧社会之制度,破坏无余,所存者私有财产耳。此制虽传之自古,自竞争人权之说兴,机械资本之用广,其害遂演而日深:政治之不平等,一变而为社会之不平等;君主贵族之压制,一变而为资本家之压制。此近世文明之缺点,无容讳言者也。欲去此不平等与压制,继政治革命而谋社会革命

---

[1] 章开沅、严昌洪主编:《辛亥革命与中国政治发展》,第89页,武汉:华中师范大学出版社,2005年。

> 者,社会主义是也。可谓之反对近世文明之欧罗巴最近文明。其说始于法兰西革命时,有巴布夫(Babeuf)者,主张废弃所有权,行财产共有制(La communaute des biens)。其说未为当世所重。十九世纪初,此主义复盛兴于法兰西。圣西孟(Saint-Simon)及傅里耶(Fonrier),其最著称者也。彼等所主张者,以国家或社会,为财产所有主,人各从其才能以事事,各称其劳力以获报酬,排斥违背人道之私有权而建设一新社会也。其后数十年,德意志之拉萨尔(Lassalle)及马克斯(Karl Marx),承法人之师说,发挥而光大之,资本与劳力之争愈烈,社会革命之声愈高。欧洲社会,岌岌不可终日。财产私有制虽不克因之遽废,然各国之执政及富豪,恍然于贫富之度过差,决非社会之福;于是谋资本劳力之调和,保护工人,限制兼并,所谓社会政策是也。晚近经济学说,莫不以生产分配,相提并论。继此以往,贫民生计,或以昭苏。此人类之幸福,受赐于法兰西人者又其一也。[1]

这是社会主义的发生机制和发展简史,也反映了其时的中国先进知识分子对社会主义的最初认知。虽然,作者并没有在中国提倡社会主义的意思,但对其之倾慕和评论是极其正面的,即"此人类之幸福"。

社会主义真正大行其道,成为先进中国人所向往的未来目标,有三个重要原因:一是第一次世界大战的爆发对中国人民的强烈刺激,使得对资本主义的种种美好向往变成了怀疑,转而向往社会主义。二是辛亥革命以来中国社会的现实,民主、共和流于表面,社会黑暗依旧,帝国主义横行,也使得国人增加了对社会主义的某种渴望。正如瞿秋白所说:"帝国主义压迫的切骨的痛苦,触醒了空泛的民主主义的噩梦","所以,学生运动倏然一变而倾向社会主义"。[2] 三是俄国"十月革命"的爆发,直接感召和刺激了

---

[1] 陈独秀:《法兰西人与近世文明》,《青年杂志》第1卷第1号,1915年9月。
[2] 瞿秋白:《饿乡纪程》,《瞿秋白诗文选》,第34-35页,北京:人民文学出版社,1982年。

当时中国的先进分子和思想者。"十月革命一声炮响,给我们送来了马克思列宁主义。"[1]"人类的历史,是共同心理表现的记录。一个人心的变动是全世界人心变动的征兆。一个事件的发生,是世界风云发生的先兆。一七八九年的法国革命,是十九世纪中各国革命的先声。一九一九年的俄国革命,是二十世纪中世界革命的先声。"[2]这是最好的总结。就像中国的民族主义、东方文化派的发生一样,俄国"十月革命"也是第一次世界大战的直接结果之一。经由"十月革命"的激发和导引,马克思主义或社会主义思想在"五四"新文化运动的进程中得到迅速传播,并得到中国先进分子的接受和信仰。这些马克思主义或社会主义思想的鼓吹者和传播者,除陈独秀之外,还有张申府、李大钊、蔡和森、瞿秋白、毛泽东、周恩来、李达、杨匏安、李汉俊等人。

李大钊是传播马克思主义并主张向俄国十月革命学习的重要人物之一。他从自由主义者开始,到成为一个坚定的马克思主义者,并以自己的生命殉了自己的事业和理想。

李大钊(1889—1926),河北乐亭人,伟大的马克思主义者、杰出的无产阶级革命家、中国共产党的主要创始人之一。1917年,"十月革命"爆发之际,时任北京大学图书馆馆长的李大钊即在《新青年》上发表了《庶民的胜利》和《布尔什维主义的胜利》等文章,热情洋溢地宣传俄国革命和马克思主义思想。

1918年,李大钊在《法俄革命之比较观》一文中,分析了1917年俄国十月革命与1789年法国资产阶级革命的本质差别,指出"俄罗斯之革命是二十世纪初期之革命,是立于社会主义上之革命",是"世界的新文明之曙光"。在《庶民的胜利》和《Bolshevism 的胜利》中,他热烈颂扬了"十月革命",并指出无产阶级的社会主义革命是世界历史的潮流,预言"试看将来的环球,必是赤旗的世界!"1919年10月、11月,他分两次在《新青年》杂志

---

[1] 毛泽东:《论人民民主专政》,《毛泽东选集》(第四卷),第1471页,北京:人民出版社,1968年。
[2] 李大钊:《庶民的胜利》,《新青年》第5卷第5号,1918年11月。

上发表了《我的马克思主义观》一文。

> 自俄国革命以来,"马克思主义"几有风靡世界的势子。德、奥、匈诸国的社会革命相继而起,也都是奉"马克思主义"为正宗……
> 马氏社会主义的理论,可大别为三种。一为关于过去的理论,就是他的历史论,也称社会组织进化论。二为关于现在的理论,就是他的经济论,也称资本主义的经济论。三为关于将来的理论,就是他的政策论,也称社会主义运动论,就是社会民主主义……
> 他这三部理论,都有不可分的关系。而阶级竞争说恰如一条金线,把这三大原理从根本上联络起来。[1]

在该文中,李大钊充分肯定了马克思主义的重要历史地位,盛称其为"世界改造原动的学说",并系统地介绍了马克思主义的唯物史观、政治经济学和科学社会主义的基本原理。这篇文章标志着中国马克思主义的传播由零星转向系统的研究和介绍。

1918年,留日学生李达在上海《民国日报》副刊《觉悟》上发表了《什么叫社会主义》《社会主义的目的》等文章;1919年秋到1920年夏之间,他又翻译了《唯物史观解说》《马克思经济学说》《社会问题总览》等三部著作,系统传播社会主义思想。陈独秀、张申府、蔡和森、杨匏安、李汉俊等人也发表了一批宣传马克思主义及社会主义的文章。《新青年》《民国日报》《每周评论》等报刊发挥了现代思想传播阵地的重要作用,发表了关于马克思主义的各类文章200多篇。一时间,宣传和传播马克思主义成为一种时代风潮,"五四"新文化运动由现代启蒙主义思想的宣传,发生了向马克思主义思想传播的悄然转换。当然,这种转换并非完全替代前者,"五四"新文化运动的两大思想主题均登上中国思想文化的历史舞台,并发生了交集以及激烈的争论,如著名的"问题与主义"之争以及社会主义是否适合中国国情

---

[1] 李大钊:《我的马克思主义观》(上),《新青年》第6卷第5号,1919年5月。

的论争,等等。

马克思主义思想的传播,有其时代的必然性。除了俄国"十月革命"的外在激发,也是中国社会发展的一种内在需要。当时,很多寻找救国救民真理和切实路径的中国先进分子,把马克思主义视为指路明灯和最好的道路。他们开始热情地拥抱马克思主义,除李大钊、陈独秀等之外,还有蔡和森、瞿秋白、毛泽东等人。毛泽东在接受美国记者斯诺采访时,曾回忆了自己曾经的心路历程:

> 我第二次到北京期间,读了许多关于俄国情况的书。我热心地搜寻那时候能找到的为数不多的用中文写的共产主义书籍。有三本书特别深地铭刻在我的心中,建立起我对马克思主义的信仰。我一旦接受了马克思主义是对历史的正确解释以后,我对马克思主义的信仰就没有动摇过。这三本书是:《共产党宣言》,陈望道译,这是用中文出版的第一马克思主义的书;《阶级斗争》,考茨基著;《社会主义史》,柯卡普著。到了一九二○年夏天,在理论上,而且在某种程度的行动上,我已成为一个马克思主义者了,而且从此我也认为自己是一个马克思主义者了。
>
> ……
>
> 我第二次到上海去的时候,曾经和陈独秀讨论我读过的马克思主义书籍。陈独秀谈他自己的信仰的那些话,在我一生中可能是关键性的这个时期,对我产生了深刻的印象。[1]

马克思主义或社会主义思想的传播和探讨,迅速从理论层面进入现实的层面,即中国共产党的成立以及为理想而斗争的展开。"五四"新文化运动的现代启蒙主题,再次迅速转向了救亡或革命。虽然马克思主义思想仍

---

[1] [美]埃德加·斯诺:《西行漫记》,第131-133页,北京:生活·读书·新知三联书店,1979年。

然是启蒙之一种,但其本质上是行动的、社会的、政治的革命理论,这不同于"五四"新文化运动的现代启蒙主义思想的传播,虽然启蒙也是一种行动,但仅是一种文化的行动和思想的自觉。马克思主义理论是行动的哲学,革命的思想,实践的理论。

> 经济的改造自然占人类改造之主要地位。吾人生产方法除资本主义及社会主义之外,别无他途。资本主义在欧美已经由发达而倾于崩坏了,在中国才开始发达,而他的性质上必然的罪恶也照例扮演出来了。代他而起的自然是社会主义的生产方法,俄罗斯正是这种方法最大的最新的试验场……要想把我们的同胞从奴隶境遇中完全救出,非由生产劳动者全体结合起来,用革命的手段打倒本国外国一切资本阶级,跟着俄国的共产党一同试验新的生产方法不可……一切生产工具都归生产劳动者所有,一切权都归劳动者执掌,这是我们的信条。[1]

这是陈独秀等"五四"启蒙者对解决中国社会诸问题的一个新的认识和选择项,同时,也是对一次世界大战以及中国社会现实所做选择的最好解释和说明。

从此,中国再次与辛亥革命接轨,倡言新的政治革命和社会革命,也即毛泽东所说的"新民主主义革命",以此区别于孙中山所领导的"旧民主主义革命"。但其最初的选择则是与国民党进行合作,全面进行国民革命,以外科手术的方式,去痈除疽,以建设一个全新的中国社会。革命的宣传发动是与革命的行动相结合的,而疾风暴雨的军事及群众运动的方式则是革命的必然选择。这似乎溢出思想文化史之外,但这恰恰也是革命思想和革命文化的外在形式的重要表现之一。中国有着社会革命的思想文化传统,此时,又融入了法国革命、俄国革命的新传统和新经验。它不是洋务运动、

---

[1] 《短言》,《共产党》第1号,1920年11月。

戊戌变法式的社会变革或改良,也不是太平天国、义和团式的群众盲动和消极破坏,而是一场在先进理论和思想指导之下的全新的、建设性的政治革命和社会革命。

三、马克思主义的继承与发展:列宁主义与俄式革命道路

不过,由于社会主义新思潮的来势迅猛,难免泥沙俱下,难免面临甄别、辨析真假马克思主义的诸多困惑或各种论争。正如《中国共产党历史》中所说:"'五四'时期被中国人当作新思潮传播的社会主义学说十分庞杂,既有马克思主义的科学社会主义,又有各种各样被称为'社会主义'的资产阶级和小资产阶级的思想流派,如无政府主义、无政府工团主义、互助主义、新村主义、合作主义、泛劳动主义、基尔特社会主义、伯恩斯坦主义等。"[1]胡适也曾引孙中山的话说:"孙中山先生曾引一句外国成语:'社会主义有五十七种,不知那一种是真的'。"[2]

社会主义思想的庞杂性在其早期即存在,马克思在《共产党宣言》中即有论述和批判形形色色的冒牌、反动、保守的社会主义,即"封建的社会主义""小资产阶级的社会主义""德国的或'真正的'社会主义""保守的或资产阶级的社会主义""批判的或空想的社会主义和共产主义",等等。

蔡和森极其鲜明地主张"极端马克思主义",即"列宁主义",其核心是张扬唯物史观、阶级斗争和无产阶级专政学说,走俄式的社会革命和政治革命的道路。在给陈独秀的一封信中,他有如此表述:

> 闻公主张社会主义而张东荪欢迎资本主义,两方驳论未得而见,殊以为憾。和森为极端马克思派,极端主张:
>
> 唯物史观

---

[1] 中共中央党史研究室:《中国共产党历史》(第一卷上册,1921—1949),第 44 页,北京:中共党史出版社,2011 年。
[2] 胡适:《自由主义》,《世界日报》(重庆),1948 年 9 月 5 日。

>阶级斗争
>
>无产阶级专政,
>
>所以对于初期的社会主义,"乌托邦"的共产主义,不识时务穿着理想的绣花衣裳的无政府主义,专主经济行动的工团主义,调和劳资以延长资本政治的吉尔特社会主义,以及修正派的社会主义,一律排斥批评,不留余地。以为这些东西都是阻碍世界革命的障碍物(其说甚长,兹不能尽);而尤其深恶痛绝参杂中产阶级思潮的修正派,专恃议院行动的改良派,动言特别情形特别背影以及专恃经济变化说的投机派,以为叛逆社会党爱国社会党都是这些东西的产物。
>
>窃以为马克思主义的骨髓在综合革命说与进化说(Revolution et evolution)。专恃革命说则必流为感情的革命主义,专恃进化说则必流为经济的或地域的投机派主义。马克思主义所以立于不败之地者,全在综合此两点耳。[1]

同时,他还强调选择社会主义革命这是形势所迫,且无法顾及"革命的经济条件",也就是唯物史观中所阐述的生产力与生产关系的"社会进化论"思想:

>我们恐怕免不了社会革命的运命。到了这个时候,革命之爆发乃是必然的趋势,也如自然力的雷电之爆发一样,行所必然,什么成败利钝都不会顾,什么改造的理想家大学问家都也把持不下地。这是最大多数的生死临头问题,纵然革命的经济条件、生产条件不具足,革命后会被围困封锁而饿死……忍不堪忍了,还论

---

[1] 蔡和森语,转引自《答蔡和森(马克思学说与中国无产阶级)》,《独秀文存》,第838-839页,合肥:安徽人民出版社,1987年。

什么革命的经济条件具足不具足。[1]

蔡和森的最终结论是，主张通过阶级斗争和社会主义革命，实现无产阶级专政。这也标志着其对资产阶级革命的否定，以及对无产阶级革命的必要性的充分肯定。

> 我是极端主张无产阶级专政的。我的主张不是主观的，乃是客观的，必然的。因为阶级战争是阶级社会的必然的结果；阶级专政又是阶级战争必然的结果；不过，无产阶级专政与中产阶级专政有大不同的特点：
>
> （一）中产阶级专政是永久的目的；无产阶级专政是暂时必然的手段。其目的在取消阶级。无产阶级不专政，则不能使中产阶级夷而与无产阶级为伍，同为一个权利义务平等的阶级，即不能取消阶级；不能取消阶级，世界永不能和平大同。
>
> （二）中产阶级专政假名为"德莫克拉西"。无产阶级专政公然叫"狄克推多"，因此便惹起一般残人的误会和反对。其实这是事有必至理有固然的，任你如何反抗，历史的过程定要如此经过的。[2]

对此问题，陈独秀则显得更为冷静和客观。他对于马克思的"人为的革命说"与唯物史观之间的矛盾性、生产力与生产关系、经济基础与上层建筑之间的辩证关系等，均有着更为审慎的思考：

> 尊论所谓"综合革命说与进化说"，固然是马克思主义的骨

---

[1] 蔡和森语，转引自《答蔡和森（马克思学说与中国无产阶级）》，《独秀文存》，第840－842页，合肥：安徽人民出版社，1987年。
[2] 蔡和森语，转引自《答蔡和森（马克思学说与中国无产阶级）》，《独秀文存》，第843－844页，合肥：安徽人民出版社，1987年。

髓,也正是有些人对于马克思主义怀疑的一个最大的要害。怀疑的地方就是:马克思一面主张人为的革命说,一面又主张唯物史观,类乎一种自然进化说,这两说不免自相矛盾。鄙意以为唯物史观是研究过去历史之经济的说明,主张革命是我们创造将来历史之最努力最有效的方法,二者似乎有点不同。唯物史观固然含着有自然进化的意义,但是他的要义并不只此,我以为唯物史观底要义是告诉我们:历史上一切制度底变化是随着经济制度底变化而变化的。

我们因为这个要义底指示,在创造将来的历史上,得了三个教训,(一)一种经济制度要崩坏时,其他制度也必然要跟着崩坏,是不能用人力来保守的;(二)我们对于改造社会底主张,不可蔑视现社会经济的事实;(三)我们改造府应当首先从改造经济制度入手。[1]

但是,这种思想上的审慎最终由政治上的坚定所否决,并最终确认了"革命说"的正义性,完成了自我怀疑与自我批判。"在第(一)(二)教训里面,我们固然不能忘了自然进化的法则,然同时我们也不能忘了人类确有利用自然法则来征服自然的事实,所以我们在第(三)教训内可以学得创造历史之最有效最根本的方法,即经济制度的革命。"[2]强调人定胜天以及人对自然的改造和征服的可能,并认为这同样可应用于社会革命领域。"照我这样解释,马克思主义并没有什么矛盾。若是把唯物史观看做一种挨板的自然进化说,那末,马克思主义便成了完全机械论的哲学,不仅是对于历史之经济的说明了……"[3]经过一番论证,最终回归到肯定蔡和森的

---

[1] 陈独秀:《答蔡和森(马克思学说与中国无产阶级)》,《独秀文存》,第837页,合肥:安徽人民出版社,1987年。
[2] 陈独秀:《答蔡和森(马克思学说与中国无产阶级)》,《独秀文存》,第838页,合肥:安徽人民出版社,1987年。
[3] 陈独秀:《答蔡和森(马克思学说与中国无产阶级)》,《独秀文存》,第838页,合肥:安徽人民出版社,1987年。

观点。由此,我们对照此后陈氏的"二次革命论"和所谓"托派"思想,便显得有些意味深长。陈氏这番分析和论证,似乎是力图自己说服自己,其思想上的某种摇摆在此初步显现。

蔡和森所说的这个"极端马克思"主张以及陈独秀经过一番论证之后的确认,都从某种程度上表明中国社会主义者真正接受的是苏俄式社会主义思想的影响,换句话说,即列宁主义。毕竟,中共的建党是在苏联的帮助下完成的,其主要接受列宁主义的思想体系也是某种必然。再者,苏联帮助中国建党以及对中国党的严密控制,本来就是源于"输出革命"的需要,目的是"武装保卫苏联"。这在闻一的《十月革命——阵痛与震荡》一书中有较为充分和详细的记载。而建国之后,由于选择"一边倒"的外交政策,中国则主要选择了斯大林主义。但无论是蔡和森的激进和坚定,还是陈独秀的犹疑和最终确认,均说明在中国的先进分子选择马克思主义学说时确实经历了某种矛盾而痛苦的心路历程。

四、中国革命的发展阶段:"一次革命论"与"二次革命论"

关于中国革命的发展阶段问题,主要有两种观点,也即"一次革命论"和"二次革命论"。

"一次革命论"的持论者主要以王明为代表。他们反对中国革命有任何阶段和步骤之分,无视资产阶级民主革命和社会主义革命之间的区别,认为中国革命应该"毕其功于一役"。也即社会主义革命和民主革命并作一步走,在民主革命时期一举取得社会主义革命的胜利。在党史上,这被界定为一种"左"倾机会主义者的错误路线。

与此相对的即是所谓"二次革命论",又称"万里长城论"。其主要观点是在民主革命胜利后,应该首先建立一个资产阶级专政性质的国家,等待资本主义经济等各种条件发展成熟后,再进行无产阶级的社会主义革命,建立社会主义或无产阶级专政的国家。持此观点的主要代表人物是陈独秀。

1920年，陈独秀即著文论述中国革命的发展阶段问题，并对中国社会经济和政治状况做了较为细致和透彻的分析。他把中国经济现状分为三种形式，即乡村的家庭农业、城市的手工业、近代资本主义工商业；中国政治状况分为三种类型，即国际帝国主义的压迫、国内军阀的扰乱、政党的萎弱。[1] 由此得出中国革命应该分为两个阶段的结论："中国的阶级争斗不得不分为两段路程：第一段是大的和小的资产阶级对于封建军阀之民主主义的争斗，第二段是新起的无产阶级对于资产阶级之社会主义的争斗""幼稚的中国无产阶级，眼前还没有代表他的政党出现。"[2]1922年7月，陈独秀参与起草了中共二大宣言，在宣言的初稿中即明确提出，中国革命必须分为民主主义革命和社会主义革命两个步骤。1923年4月和12月，陈独秀又分别写作了《资产阶级的革命与革命的资产阶级》和《中国国民革命与社会各阶级》两篇文章，非常明确地把民主革命看作是资产阶级领导的旧民主主义革命，并认为这个阶段的中国资产阶级民主革命应该成为"实实在在的资产阶级的民主革命"[3]。陈独秀关于"二次革命论"的主要观点集中于这两篇文章之中，"人类社会这种进化历程，纯是客观的境界，不是主观的要求"[4]。因此，他主张放弃旧民主革命时期中国共产党人对革命的领导权，并拱手相让于国民党。陈独秀坚持"二次革命"的理论直到晚年，其写于抗日战争期间的《民族野心》《资本主义在中国》《我们当真反对资本主义吗?》《我们不要害怕资本主义》等文章仍然持此观点。

陈独秀的观点与孟什维克的代表人物苏汉诺夫一脉相承，同时也与伯

---

[1] 陈独秀：《对于现在中国政治问题的我见》，《陈独秀文章选编》(中)，第185页，北京：生活·读书·新知三联书店，1984年。

[2] 陈独秀：《对于现在中国政治问题的我见》，《陈独秀文章选编》(中)，第185页，北京：生活·读书·新知三联书店，1984年。

[3] 陈独秀：《资产阶级的革命与革命的资产阶级》，《陈独秀文章选编》(中)，第256页，北京：生活·读书·新知三联书店，1984年。

[4] 陈独秀：《中国国民革命与社会各阶级》，《陈独秀文章选编》(中)，第287页，北京：生活·读书·新知三联书店，1984年。

恩斯坦等人和平过渡到社会主义的观点有一定联系。19世纪70年代和80年代,世界资本主义进入了一个相对"和平"的发展时期,随着各国自由主义改革的实行,工人阶级获得了长期以来争取的最基本的政治民主权利。社会主义运动中逐步兴起了一种渐进的、温和的思潮,不赞成暴力革命,主张通过议会斗争和平夺取政权,然后过渡到社会主义的观点。其代表人物即是德国社会民主党的理论家爱德华·伯恩斯坦,自1896年起在《新时代》上以《社会主义问题》为总标题发表了一系列文章,主张阶级合作,以改良的方式和平进入社会主义。考茨基等人也接受伯恩斯坦的思想,并得到第二国际各国党多数领袖的支持,成为当代民主社会主义的重要思想来源。这与主张暴力革命和无产阶级专政的列宁等人发生了激烈冲突,第二国际由此发生分裂。

另外,对于像俄国这样经济文化比较落后的国家如何进行社会主义革命,如果实行社会主义是否符合历史发展规律？这存有很大争议。俄国孟什维克党人苏汉诺夫在其所写的《革命札记》中认为,俄国生产力还没有发展到足以实现社会主义的水平,如果不经过资产阶级这个阶段,还不能进行社会主义革命。这种观点受到列宁的严厉批评,1923年1月,列宁在病中口授了《论我国革命》一文,认为"世界历史发展的一般规律,不仅丝毫不排斥个别发展阶段在发展的形式或顺序上表现出特殊性,反而是以此为前提的"[1]。

因此,陈独秀的"二次革命"思想不是空穴来风,有着国际共产主义运动的深刻时代背景。这种思想不符合马克思主义的辩证法原理,沦陷于机械唯物论的陷阱和泥淖之中。但陈独秀对资本主义的某些认识,也是有其正确性的,符合马克思主义历史唯物论的某些观点。这种对资本主义基本价值的认知,也成为改革开放和社会主义初级阶段理论的重要思想资源之一。其实,列宁的"新经济政策"也正是对资本主义所具价值的充分利用。中国其时的社会主义者,还处在"幼年期"或"童年期",难免会产生一些失

---

[1] [俄]列宁:《论我国革命》,《列宁选集》(第四卷),第776页,北京:人民出版社,1995年。

之偏颇的思想观点。直到20世纪40年代"毛泽东思想"形成之后,中国革命的具体实践与马克思主义才得到了有机结合。

但随着蒋介石为代表的国民党叛变革命,发动"四一二"反革命政变,陈独秀这些观点被作为"机会主义"思想受到批判。加上陈独秀对"中东路事件"的态度,最终被认定为党内的"托派"。而伯恩斯坦等人所提倡的社会民主主义,也即是走议会斗争的道路,由于与中国社会的现实相距甚远,一无欧洲的议会传统,二无资本主义较为成熟的发展,并没有对中国革命产生太大影响。直到21世纪,这些社会主义思想才在中国得以重提,如中国人民大学原副校长谢韬主张在中国实行社会民主主义的某些观点即是代表。

五、无政府主义思想的"双重批判"

在"五四"新文化运动之前,无政府主义即已传入中国,并曾掀起一些传播的高潮。如:1907年,中国的无政府主义者在东京和巴黎分别出版了《天义报》《新世纪》等报刊;此后,师复等人又在广州成立了晦鸣学社,并于1913年创办了《晦鸣录》周刊(第三期即更名《民声》),大力宣传无政府主义思想。无政府主义提出了"绝对平均""绝对自由""反对任何权威"等思想,主张以个人为中心,反对任何形式的专制与压迫,这在当时的进步思想界中具有一定影响力,信奉者甚众。其主张暗杀、炸弹等反抗暴政的手段,也被同盟会的革命者所使用。

无政府主义反对政治专制和家庭压迫,主张个人绝对自由,从表面来看似乎与个性解放有着某种勾连关系。但"五四"启蒙主义思想的倡导者,提倡个性解放,却坚决反对无政府主义。陈独秀把无政府主义的问题放到中国的文化历史背景中加以考察和认识,指出老庄思想是其重要思想基础。这里完成了对传统文化重要一支的老庄思想的批判,这是"打倒孔家店"之外又一重要方面。1921年,陈独秀著文对"中国式的无政府主义"和"虚无主义"不仅持否定和批判态度,甚至不惜提出了"干涉主义"甚至"开明专制"的主张：

> 我近几年细细研究中华民族种种腐败堕落到人类普遍资格之水平线以下，我的惭愧，悲愤，哀伤，常常使我不肯附和一般新旧谬论。
>
> 我敢大胆断言：非从政治上，教育上，施行严格的干涉主义，我中华民族腐败堕落将永无救治之一日；因此我们唯一的希望，只有希望全国中有良心，有知识，有能力的人合作起来，早日造成一个名称其实的"开明专制"之局面，好将我们从人类普通资格之水平线以下救到水平线以上。
>
> 施行这严格的干涉主义之最大障碍，就是我们国民性中所含的懒惰放纵不法的自由思想；铸成这腐败堕落的国民性之最大原因，就是老、庄以来之虚无思想及放任主义。
>
> 近来青年中颇流行的无政府主义，并不完全是西洋的安那其，我始终认定是固有的老、庄主义复活，是中国式的无政府主义，所以他们还不满于无政府主义，更进而虚无主义，而出家，而发狂，而自杀；意志薄弱不能自杀的，恐怕还要一转而顺世堕落，所以我深恶痛绝老、庄虚无思想放任主义，以为是青年的大毒。[1]

无政府主义与"社会主义"似乎也有一些撇不清的关联，至少部分无政府主义者自称是"社会主义者"，有些人甚至加入了中国共产党。但无政府主义实质上是反对马克思主义或社会主义，特别是俄式的社会主义革命。"我们要明白时下的所谓共产党，却与期求'无统治的自由社会、各尽所能各尽（取）所需的共产'制度的无政府共产党完全不同。"[2] "从上边给与民

---

[1] 陈独秀：《中国式的无政府主义》，《新青年》第9卷第1号，1921年5月。
[2] 《正名》，《民声》第31号，1921年4月。

众甚至制度呀,组织呀,都很不好,勉强制成机械的共产主义决不生好结果。使民众自身任意组织建设一切罢:用国权去干涉总是坏事。真正自治是由民众任意建设来的。总而言之,俄罗斯革命对破坏是成功的,对建设是失败的……我们的原理很是单纯明了的:排斥所有的压制和窘迫,向自治方面进行的,就是企望自由社会的实现。"[1]因此,无政府主义者在受到"五四"启蒙主义者批判的同时,也受到来自马克思主义倡导者的大力批判。陈独秀、蔡和森等早期的中国共产党人均从中国社会的现实和革命的需要出发,对无政府主义进行了深刻的批判。1920年8月,蔡和森从法国给毛泽东的信中述及该问题:"我以为现世界不能行无政府主义,因为现世界显然有两个对抗的阶级存在,打倒有产阶级的迪克推多,非以无产阶级的迪克推多压不住反动,俄国革命就是个明证。"[2]

在这些论争中,让更多的人认识到了无政府主义对中国革命的危害性,也捍卫了马克思主义的纯洁性。

六、关于马克思主义的其他论争

马克思主义是西方思想文化的重要组成部分,也是其重要发展阶段。中国传播和接受马克思主义有其历史机缘,也有其时代必然性。俄国"十月革命"之后,马克思主义全面传入中国,也引来了各种论争。

首要的一个问题即是中国要不要社会主义的问题。参与论争者既有文化保守主义者,亦有自由主义思想者。反对者认为马克思主义或社会主义不符合中国的国情。张东荪则信奉罗素对中国的劝告,即中国应"暂不主张社会主义",当务之急是开发资源、发展实业。他根据对中国国情的所谓分析,认为中国远未到实行无产阶级专政和建立共产党的历史阶段。同时,他认为马克思主义的社会发展阶段理论、阶级斗争理论、无产阶级专政

---

[1] 《评平民的独裁政治》,《民声》第32号,1921年5月。
[2] 蔡和森:《蔡和森文集》,第51页,北京:人民出版社,1980年。

理论总体上是错误的,不符合历史发展的实情。梁启超在《欧游心影录》中说:"(马克思主义)若要搬到中国……我头一个反对。"因此,他也大力支持张东荪的观点,认为中国经济落后、群众愚昧,不宜建立劳动阶级的国家以及中国共产党。陈独秀、李大钊、李达、蔡和森等中国早期的马克思主义者纷纷撰文反驳张、梁等人的言论。陈独秀一针见血地指出:"除了中国劳动者联合起来组织革命团体,改变生产制度,是无法挽救的……中国劳动(农工)团体为反抗资本家资本主义而战,就是为保全中国独立而战。只有劳动团体能够达到中国独立之目的。"[1]李大钊则批判罗素的中国应首先发展实业的论调,指出社会主义是中国的根本出路所在:"今日在中国想发展实业,非由纯粹生产者组织政府,以铲除国内的掠夺阶级,抵抗此世界的资本主义,依社会主义的组织经营实业不可。"[2]

当时影响最大的是胡适所引起的"问题与主义"之争。1919年,胡适在《每周评论》上发表《多研究些问题,少谈些"主义"!》一文,认为:"空谈好听的'主义',是阿猫阿狗都能做的事,是鹦鹉和留声机器都能做的事。""空谈外来进口的'主义',是没有什么用处的。""偏向纸上的'主义',是很危险的。这种口头禅很容易被无耻政客利用来做种种害人的事。"[3]他所指向的这些"主义"包括无政府主义、民生主义、过激主义等,但他立即话锋一转,把矛头指向了"马克思的社会主义"。

针对胡适的观点,李大钊写了《再论问题与主义》一文进行批驳,并公开声明"我是喜欢谈谈布尔扎维主义的"。他说:"布尔扎维主义的流行,实在是世界文化上的一大变动。我们应该研究他,介绍他,把他的害[实]象昭布在人类社会。""一个社会主义者,为使他的主义在世界上发生一些影响,必须研究怎么可以把他的理想尽量应用于环绕着他的实境。""我们只要把这个那个的主义,拿来作工具,用以为实际的运动,他会因时、因所、因

---

[1] 陈独秀:《独秀复东荪先生底信》,《新青年》第8卷第4号,1920年12月。
[2] 李大钊:《中国的社会主义与世界的资本主义》,《李大钊全集》(第三卷),第604页,石家庄:河北教育出版社,1999年。
[3] 胡适:《多研究些问题,少谈些"主义"!》,《每周评论》第31号,1919年7月。

事的性质情形生一种适应环境的变化。"[1]

这些论争标志着"五四"新文化运动中的两大主要思想,即中国的自由主义者与社会主义者分道扬镳。同时也有着十分重大的意义,正如《中国共产党历史》所说:"从本质上说,这是一次关于中国走社会主义道路还是走资本主义道路、实行社会革命还是实行社会改良和需要不需要建立无产阶级政党的论争。"

第三节　中国传统思想文化:在冲突与论争中的自我确立

清末以来,"西风东渐"已呈不可阻挡之势。"五四"新文化运动以来,西方思想更是如汹涌大潮之态势来到中国,这其中主要包括现代启蒙主义和马克思主义思想。在此历史语境之中,中西文化发生交集、碰撞和冲突,且中国传统思想文化基本处于守势。

各种思想派别瞬时涌入,带来了巨大的冲突和论争。对于中国思想史来说,其态势有似春秋时期"百家争鸣"的重演。正如本书《绪论》所说,西方思想文化史的发展和演进是有其历史顺序和内在逻辑性的,但它却在很短的时间里涌入中国,不仅造成了其与中国传统文化之间的冲突和对抗,而且新思想文化内部的各种思想之间的矛盾和冲突也极其激烈。这些西方思想内部的"历时性"或"共时性"矛盾在进入中国化之后,均变成了"共时性"冲突。中国思想史学者郑大华在《民国思想史论》中,用"思想斗争异常激烈和复杂"对此加以概括和总结,并从三个方面加以分析:一、多种思想文化并存。二、思想家群体和思想流派甚多,思想文化论战此起彼伏。三、各个阶级、阶层和各种政治势力及集团对思想文化的运用更加自

---

[1] 李大钊:《再论问题与主义》,《每周评论》第35号,1919年8月。

觉。[1] 这个分析,应该说是切近当时的民国思想文化史的实际,对于"五四"时期的思想界也同样适用。

撇开民国初年的"孔教之争"不谈,在"五四"时期,发生过的具有较大影响力的思想文化论争即有多次,如东西文化之争、白话与文言之争、科学与玄学之争、问题与主义之争、新文学与旧文学之争、无政府主义之争、社会主义之争、"甲寅派"的论争等等。在这里,东西文化之争,主要指涉了"西化"的第一阶段,主要是在西方自由主义思想输入的时代大背景之下,对于中国传统文化的态度和选择问题。问题与主义之争、社会主义之争、无政府主义之争,则基本发生在"西化"的第二阶段,即关于马克思主义或社会主义思想文化的论争,前两个争论是中国要不要社会主义的论争,后一个是社会主义内部对非社会主义思想的批判。白话与文言之争、新文学与旧文学之争,其实是一个关于思想的现实或载体问题的争论,这是"五四"新文化运动的重要组成部分。

西方思想文化与中国传统思想文化之间的激烈冲突及其论争,是从清朝末年以来即摆在中国先进分子面前的一个重要课题。从康有为、梁启超、谭嗣同等对孔子思想的现代性解读,到张之洞的"中体西用"论,均是对西风东渐背景之下中西文化巨大冲突做出的回应和思考。

中西文化的冲突是一个复杂的历史过程,并呈现出纷繁的现实格局。"文化冲突论"与"文化融合论"均面临巨大的尴尬处境,冲突或融合的简单判断和预测,都是属于过于简单化的思维方式。在两种异质文化相遇时,其最终的结果是什么?这不是简单的"东风压倒西风"或"西风压倒东风"问题,也不是同样简单的那种"融合"的假想和美好想象。佛教自传入中国,并最终形成某种"融合"的态势,不仅经历了漫长的时间,而且是找到了两种文化融合的契合点,才最终得以部分实现。

包括现代启蒙主义、马克思主义在内的西方思想文化与中国传统思想文化,这是两种"异质文化"。新思想文化不仅改变了传统思想文化的构

---

[1] 郑大华:《民国思想史论》,第1—6页,北京:社会科学文献出版社,2006年。

成,而且具有深层的破坏性,前者最终危及了后者存续的理由以及根基。这是新的思想文化因子和元素的横向植入。但这种"植入"不是静态的,不是"随风潜入夜"式的悄然渗透,而是以滚滚大潮之势席卷而来,并以暴风骤雨的方式荡陈涤旧,摧枯拉朽。但是,中国传统思想文化看似备受打击,摇摇欲坠,但却像一棵根系庞大的老树,其根基仍然深厚和坚固,在与西方文化的激烈冲突和论争之中,一方面顽强地固守和抵抗,一方面改变或重新阐释自己的思想主张,从而获得了某种程度上的自我确立。

一、"国粹派"与"孔教运动"

1840年鸦片战争以来,"西风东渐"已成气候。至"五四"新文化运动之时,西方思想文化则已成汹涌澎湃的大潮之势,不可阻遏。中国传统思想文化不仅面临危机,而且受到前所未有的巨大挑战。在中西思想文化的巨大冲突之中,中国传统文化的维护者们并没有放弃抵抗,他们主动应对西方思想大潮的冲击,梳理和反思中国传统自身的优劣,以图自存,并形成了一股股文化保守主义的思潮。因此,这些思潮与戊戌变法时期的顽固派有着本质的差别。顽固派全面反对向西方学习,认为这是以夷变夏,全面维护中国传统思想文化的统治地位。对于西方文化,部分保守主义者也知已不是要不要学习的问题,而是如何学习、学习什么的问题;而对于中国传统文化,则是如何保持其特色和优秀部分,以期自立于世界各民族之列。

在"五四"新文化运动前夕,也即清末民初之际,即有章太炎、刘师培等人所形成的所谓"国粹派"和康有为等人所掀起的"孔教运动"。

以章太炎、刘师培等人为首的"国粹派"属于近代以来的第一个文化保守主义的团体。在20世纪初,他们受到日本三宅雪岭、贺志重昂等人在明治维新后提出的"保存国粹,可以强国"思想的启发和影响,开始思考中国传统文化的保存问题。1902年,邓实、黄节等人在上海创办《政艺通报》,宣传保存国粹的思想。1905年,邓实、黄节又与刘师培等人在上海发起成立了"国学保存会",并出版发行《国粹学报》,以"研究国学,保存国粹"为宗旨。1906年,经章太炎的发动,"国学讲习所""国学振起社"在日本东京成立,刘师培亲自担任国学讲习所讲习,章太炎担任国学振起社长。同时,章太炎还利用自己主编同盟会机会刊物《民报》的便利,将其变成了一份宣传国学的刊物。为了弘扬国粹,他们致力于经传的章句训诂、历史典籍的考订和语言文字方面的学术研究,意图像欧洲的文艺复兴一样复兴中国的"古学",以此实现中国传统文化在当代的复兴大业。他们的研究目标主要是三个方面,即"中国语言文字制作之源""典章制度所以设施之旨趣""古来人物事迹之可为法式者"[1]。

"国粹派"对中国传统文化泥沙俱下现象有着较为清醒的认识,将其一分为二为"国学"和"君学"。所谓"君学",即是"以人君之是非为是非者",这是统治阶级宣传纲常礼教、实施皇权专制统治的思想工具,也是造成中国贫穷、愚昧、落后的根本原因。所谓"国学",则是"不以人君之是非为是非者",其中包含有爱国主义、民族主义以及民主自由等具有积极意义的现代思想内容。因此,他们主张批判"君学",弘扬"国学"。他们的主要观点是,既反思中国文化,批判地进行继承;也反思西方文化,有选择地加以利用,从而通过中西文化的折衷与调和,构建中华民族的全新思想文化体系。这样的主张不仅具有某种合理性和理性色彩,也具有一定的积极意义和建设作用。

康有为在戊戌变法时期就有"托古改制"的思想,他在《新学伪经考》《孔子改制考》《大同书》等著述中,重新阐释了以孔子为代表的儒家思想,以期与西方现代思想相接轨,从而在中国实现"君主立宪"的政治制度。在变法失败之后,他继续积极活动,成立各种孔教组织,并形成了一场具有一定影响力的"孔教运动"。他认为孔教是中国文明的象征,也是立国之本,意图设儒学为国教,立孔子为教主,以期保存和弘扬中国传统文化,挽救民族危亡。康有为并不反对学习西方文化,而是主张实行政教分离的形式,即政治上西化,思想文化上保持中华文化的特色。"双轮并驰,以相救助,

---

[1] 章太炎:《演说录》,《民报》(东京)第6号,1907年1月10日。

俾言教者,极其迂阔之论以养人心,言政者,权其时势之宜以争国利,两不相碍,而两不相失焉。"[1]这是他对中国未来政治以及思想文化的基本架构和设想。

但是,康有为的"孔教运动"以及其"君主立宪"思想在客观上为袁世凯政治复辟阴谋所利用。袁世凯的北洋政府颁布了"尊孔令",提倡"尊孔读经",也正是从政治上确认了孔教的地位,以期为其称帝这一阴谋服务。同时,美国人古德诺发表了《共和与君主论》,杨度发表了《君宪救国论》等文章,散布中国宜于实行君主制,没有君主便要"灭亡"的谬论。因此,"孔教运动"与"君主立宪"思想互为表里,全力服务于袁世凯称帝野心,康有为的"孔教运动"最终成为一个政治阴谋的组成部分。

虚君共和,还是民主共和;引进西方文化,还是保持中国传统文化,这既是政体的选择,也是文化的选择。西方文化派与此发生激烈冲突,这是文化冲突的表现。针对这种情况,《新青年》杂志曾发表数十篇文章进行批判。如陈独秀发表的《驳康有为共和平议》《一九一六年》《吾人最后之觉悟》,李大钊发表的《民彝与政治》《青春》等文章,揭露了君主专制的危害,批判了孔教思想的危害。

二、关于白话文运动之争

语言是思想的现实和载体,如果要传播现代启蒙思想文化,必然要改革语言文字以及文学的传统格局。白话文和新文学是现代启蒙思想得以广泛宣传和传播的物质凭借和传播介质。因此,白话与文言之争、新文学与旧文学之争,这是"五四"思想文化之争的重要组成部分,具有启蒙的意义。

白话文运动和新文学的倡导者和实践者有陈独秀、胡适、鲁迅、周作人、钱玄同、刘半农等人,而反对者则是林纾等文言和旧文学的捍卫者。

---

[1] 康有为:《中华救国论》,《康有为政论集》(下),汤志钧编,第729页,北京:中华书局,1998年。

1917年,在《新青年》杂志上,胡适发表了《文学改良刍议》一文,从"一个时代有一个时代的文学"的文学进化论的角度,提出从"八事"入手,进行语体改革,废除文言文。[1]陈独秀则发表了措辞十分激烈的《文学革命论》一文,提出了文学革命的主要目标,"曰推倒雕琢的阿谀的贵族文学,建设平易的抒情的国民文学;曰推倒陈腐的铺张的古典文学,建设新鲜的立诚的写实文学;曰推倒迂晦的艰涩的山林文学,建设明了的通俗的社会文学"[2]。胡适和陈独秀的文学革命主张得到了钱玄同、刘半农、周作人、傅斯年等人的积极响应。钱玄同在致《新青年》杂志的信中,痛批拟古的骈文和散文是"选学妖孽,桐城谬种"[3]。刘半农在《我之文学改良观》中,提出很多建设性的意见,如改革韵文和散文,使用标点符号等。周作人发表《人的文学》《平民文学》等文,提出人道主义的文学观点。

白话文运动和文学革命关系到现代启蒙思想的传播。这一点,傅斯年的《白话文学与心理的改革》有较为深入的论述,他在该文中谈及政治革命、社会革命、思想革命和文学革命、白话文运动之关系,很有见地:"我们因此抱改造思想之心颇切。老实说,文学革命不过是我们的工具,思想革命乃是我们的目的。而且思想革命同文学革命是一刻儿离不了的。不然,白话文已经有许久了——《三国演义》、《今古奇观》何尝不是白话文做的,上海许多滑头流氓的小说何尝没有白话做的——为什么到今天才有'文学革命'呢!"[4]

林纾(林琴南)则对文学革命持反对意见。这位古文家曾在清朝末年用文言翻译外国小说,对中国文学的发展有着较大的贡献。但他极力反对用白话文代替文言,对白话文大加攻击。在《论古文白话之消长》《致蔡鹤卿太史书》等文章中,认为其是"覆孔孟,铲伦常""尽反常轨,侈为不经之

---

[1] 胡适:《文学改良刍议》,《新青年》第2卷第5号,1917年1月。
[2] 陈独秀:《文学革命论》,《新青年》第2卷第6号,1917年2月。
[3] 钱玄同:《通信》,《新青年》第2卷第6号,1917年2月。
[4] 张继、傅斯年:《思想革命真是救中国的根本方法》,《新潮》第2卷第2号,1919年2月。

谈"[1],并写作了文言小说《荆生》含沙射影地攻击新文学的倡导者们。李大钊、鲁迅等人发文对此倒退行为加以还击,《新青年》全文发表林氏的小说《荆生》,并对其观点进行逐条批驳。

另外,白话文的倡导者们还积极参与文学实践。胡适出版了第一本白话诗歌集《尝试集》以及戏剧,周作人写有诗歌《小河》等。鲁迅则发表了现代文学史上的第一篇新体白话小说《狂人日记》,并成为文学实践的最有成就者。

白话文运动以及文学革命取得全面胜利。1920年1月,当时的教育部颁布命令,国民学校低年级的国文课统一使用"语体文",也即白话文。

三、西方文化派与东方文化派、学衡派和玄学派的论争

在"五四"新文化运动期间,以陈独秀、胡适等为代表的现代启蒙主义者(也即西方文化派),与梁漱溟、杜亚泉、张君劢等为代表的中国传统文化本位主义之间的论争,最能代表西方文化与中国传统文化之间的激烈冲突。

第一次世界大战的发生给整个世界政治、经济和文化带来了巨大的影响。它既促成了俄国"十月革命",第一个苏维埃社会主义国家得以建立,使马克思主义在中国得以广泛传播,也带来了"西方的没落"的论调以及东方文化救世论的思想。

"西方的没落"源于西方学者对自身文化的深刻反思。德国历史哲学家斯宾格勒于第一次大战前后写作并出版了他的重要著作《西方的没落》,该书揭示了西方社会矛盾和文化弊病,探索西方文化发展的未来命运,因而风行一时,受到了读者的广泛欢迎。德国哲学家卡西勒揭示了该书成功的原因,并给予了高度评价:"斯宾格勒成功的原因,宁在其题目,而不在其内容。《西方的没落》这题目是个电火花,点燃了他的读者们的幻想而发出火焰。该书出版于1918年6月,正值第一次世界大战的末端。在这个时

---

[1] 林纾:《致蔡鹤卿太史书》,《公言报》(北京),1919年3月18日。

间里,我们的受到赞美的西方文明中,有些事物腐烂了。斯宾格勒的书,在尖锐得当的方式下,表现了这样一个一般性的不安。"[1]

这个"电火花"不仅点燃了西方读者的"幻想",更是激起了中国读者的思想"火焰"。在中国精英阶层对西方文化充满渴望和幻想的历史语境里,"西方的没落"的思想犹如一盆冷水,让部分热情的西方文化的追随者开始了自己的思考和质疑,进而反顾自身的传统思想文化。早在1916年,杜亚泉即在《静的文明与动的文明》一文中表达这样的疑虑和思考:"近年以来,吾国人之羡慕西洋文明无所不至,自军国大事以至日用细微,无不效法西洋,而于自国固有之文明,几不复置意。然自欧战发生以来,西洋诸国日以其科学所发明之利器戕杀其同类,悲惨剧烈之状态,不但为吾国历史之所无,亦且为世界从来所未有。吾人对于向所羡慕的西洋文明,已不胜其怀疑之意见。"[2]

在西方文明受到来自西方和东方学者怀疑和反思的同时,东方文化受到了来自西方和东方的关注。"东方文明救世论"的思想自此产生,且首先发端于西方。1919年,法国著名作家罗曼·罗兰在给印度诗人泰戈尔的信中,即表达了这一思想:"大战之惨祸,已明白昭示欧洲文化弊病深重,非吸取东方文化之精髓,融东西文化于一炉,不足以言自存。"[3]英国哲学家高秉德则对东方文明的中华文化情有独钟:"亦叹美东洋文明,而尤渴仰中华文明,居恒指摘欧洲文明之弊害,于多数欧洲人向所冷视轻蔑之中国文明,则极力提倡,以为最宜学步。"[4]在这股思潮的推动之下,"四书""五经"等大量中国古典著作被译介到西方,西方汉学家们研究中国文化的学术著作大量出版。哥廷根大学哲学教授奈尔逊高度评价中国文化对西方文化的重要价值:"中华民族受益于博大精深之孔夫子学说已经两

---

[1] [德]卡西勒:《国家之精神》,转引自郑大华:《民国思想史论》,第32页,北京:社会科学文献出版社,2006年。
[2] 杜亚泉:《静的文明与动的文明》,《东方杂志》第13卷第10号,1916年10月。
[3] 转引自郑大华:《民国思想史论》,第34页,北京:社会科学文献出版社,2006年。
[4] 转引自郑大华:《民国思想史论》,第34页,北京:社会科学文献出版社,2006年。

千年之久,深刻理解这一学说,一方面可以吸收那些对西方文化有益的和有保留价值的东西;另一方面不至于对导致世界灾难的西方文化的弱点视而不见。"[1]

这种来自西方的"东方文化救世论"思想像一剂强心针,一扫部分国人对自身文化的悲观情绪,从而认为新的文明的曙光"自朦胧之东方渐渐而升",中国文明历史性地承担起"创造世界新文明之重大责任"。这种从文化自卑到文化自大的思想转换,受到了部分清醒的中国知识者的批评,如胡适、吴稚晖、常燕生等人。胡适的批评可谓一针见血:

> 今日最没有根据而又最有毒害的妖言是讥贬西洋文明为唯物的(materialistic),而尊崇东方文明为精神的(spiritual)。这本是很老的见解,在今日却有新兴的气象。从前东方民族受了西洋民族的压迫,往往用这种见解来解嘲,来安慰自己。近几年来,欧洲大战的影响使一部分的西洋人对于近世科学的文化起一种厌倦的反感,所以我们时时听见西洋学者有崇拜东方的精神文明的议论。这种议论,本来只是一时的病态的心理,却正投合东方民族的夸大狂;东方的旧势力就因此增加了不少的气焰。[2]

在"东方文化救世论"的影响和激发之下,中国传统文化的支持者空前活跃,提倡东西文化互补的理论,从而反对"五四"新文化运动和现代启蒙思想。其最为重要的代表即是以杜亚泉、梁漱溟、章士钊等为代表的东方文化派别,这就引发了与陈独秀、胡适等现代启蒙主义的代表人物之间的一场大论战。

梁漱溟(1893—1988),蒙古族,原籍广西桂林,生于北京。中国著名的思想家、教育家、国学大师,现代新儒家的早期代表人物之一,曾在中国发

---

[1] 转引自郑大华:《民国思想史论》,第38页,北京:社会科学文献出版社,2006年。
[2] 胡适:《我们对于西洋近代文明的态度》,《现代评论》第4卷第83期,1926年7月。

日,张君劢在清华大学为部分即将赴美学习科学的学生做了题为"人生观"的演讲,对科学主义"科学万能"的思想倾向提出质疑和批评。张君劢认为,科学具有客观性,受因果律的支配,方法上则以逻辑与分析方式为主;而人生观具有主观性,属于自由意志的表现,了解和把握人生观则要采取直觉与综合的方法。他主张科学不能支配人生观。该演讲内容整理成文后发表于《清华周刊》第272期。针对张君劢的这一观点,丁文江于同年4月在《努力周报》上发表《玄学与科学》一文,向张君劢发难并挑起了论争。丁文江认为,科学与人生观不可分离,科学对人生观同样具有决定作用。这次论战产生了广泛的社会影响,梁启超、胡适、吴稚晖、张东荪、唐钺、任鸿隽、孙伏园、朱经农、林宰平、王星拱、陆志韦、范寿康等均著文发表观点,参加到论战当中。大家围绕着科学是否能够支配人生观、科学人生观的具体内容是什么、物质文明与精神文明的关系等问题展开,最终形成了以张君劢、梁启超为代表的"玄学派",以丁文江、胡适、吴稚晖等为代表的"科学派",以陈独秀、瞿秋白为代表的"唯物史观派"。值得一提的是,新生的中国共产党人陈独秀、邓中夏、瞿秋白等用马克思主义的立场和方法发表文章,在总体支持科学派的同时,表明了自己的观点与看法,指出论战双方在哲学思想上是唯心主义的,推动了马克思主义的唯物史观与科学方法论的有力传播。

这场"科学与玄学"之争的爆发具有深远的国际、国内两大历史背景。一是西方思想界。西方文化具有理性主义和人文主义两大传统。第一次世界大战结束之后,自文艺复兴以来的"理性""科学"等理性主义传统受到质疑和冲击,与科学主义相对的人文主义思潮开始蔓延,受到重视,并不断传播开来。二是国内思想界也受到影响。一方面是"五四"新文化运动大力倡导科学,另一方面是梁启超、严复、梁漱溟等人开始质疑"科学万能论"。在这样一个宏大的现实和思想背景之下,科学主义与玄学主义的争论在"五四"这一特殊的历史语境中得以爆发,主张科学无法支配人生观的一派称为玄学派,坚持科学对人生观具有决定作用的一派则称为科学派。

"科学与玄学"论争的相关文章主要发表在《努力周报》《时事新报》副刊《学灯》《新青年》等报刊上。相关论战文章被结集出版,上海亚东图书馆编辑出版了《科学与人生观》一书，由陈独秀、胡适作序；上海泰东图书局则发行《人生观的论战》文集，由张君劢作序。两本书的内容基本相同。至此，科学与玄学论战大体告一段落。

西方文化派与"东方文化派""学衡派""玄学派"的几场大论争，不仅更广泛地传播了现代启蒙主义思想，同时，中国传统文化的支持者也借此表达了自己的意图和思想。

四、"打倒孔家店"口号的提出及其真伪之辩

在上述论争之中，以陈独秀、胡适等为代表的现代启蒙主义思想或西方思想文化派，和以梁启超、梁漱溟、杜亚泉等为代表的中国传统文化派，可以说是立场坚定、观点鲜明。从本质上来说，这是一场中西思想文化之争，也是新旧思想文化之争。

但一个基本事实是，"东方文化派""学衡派""玄学派"等中国传统文化派维护者并未完全否定西方文化。而以"五四"新文化运动的主将们为代表的西方文化派虽然激烈反对旧文化，也即反对儒教为主体的中国传统思想文化，但并未完全否定中国传统文化。

虽然在"五四"先贤们看来，西方思想文化与中国传统思想文化是一正一反的两个命题，具有本质上的对立关系：

> 追本溯源，本志同人本来无罪，只因为拥护那德莫克拉西（Democracy）和赛因斯（Science）两位先生，才犯了这几条滔天的大罪。要拥护那德先生，便不得不反对孔教、礼法、贞节、旧伦理、旧政治；要拥护那赛先生，便不得不反对旧艺术、旧宗教；要拥护德先生又要拥护赛先生，便不得不反对国粹和旧文学。[1]

---

[1] 陈独秀：《本志罪案之答辩书》，《新青年》第6卷第1号，1919年1月。

第一章 新思想文化百年史的重要开篇:"五四"新文化运动(1915—1926)

陈独秀在《新文化运动是什么》一文中说:

> 我们不满意于旧道德,是因为孝弟底范围太狭了。说什么爱有等差,施及亲始,未免太猾头了。就是达到他们人人亲其亲长其长的理想世界,那时社会的纷争恐怕更加利害;所以现代道德底理想,是要把家庭的孝弟扩充到全社会的友爱。现在有一班青年却误解了这个意思,他并没有将爱情扩充到社会上,他却打着新思想新家庭的旗帜,抛弃了他的慈爱的、可怜的老母;这种人岂不是误解了新文化运动的意思?因为新文化运动是主张教人把爱情扩充,不主张教人把爱情缩小。[1]

从这样的论述不难看出,其实陈独秀并非要认为传统文化一无是处,只是觉得太过狭窄了,需要进行扩充。陈独秀在另一篇文章《复辟与尊孔》中说得更为明白:"愚之非难孔子之动机,非因孔子之道之不适于今世,乃以今之妄人强欲以不适今世之孔道,支配今世之社会国家,将为文明进化之大阻力也。"[2]陈独秀反对的不是孔子本身,而是借孔子为"敲门砖"行复辟倒退之实,从而阻碍中国的文明进程。

同样的态度,在李大钊身上体现得更为明显。1917年,李大钊在《自然的伦理观与孔子》一文中写到:"余之掊击孔子,非掊击孔子之本身,乃掊击孔子为历代君主所雕塑之偶像的权威也;非掊击孔子,乃掊击专制政治之灵魂也。"[3]可以想见,李大钊也不是单纯地反对孔子本身,他要反对的是那些假孔子之名行事的所谓古老传统。

以胡适为例,他是曾经激烈反对中国传统文化、主张"全盘西化"的主要论者,但在"五四"后期又提出"整理国故"。这个行为本身说明,胡适也并没有从根本上否定中国传统文化,否则还要对这些过时的"老古董"做什

---

[1] 陈独秀:《新文化运动是什么?》,《新青年》第7卷第5号,1920年4月1日。
[2] 陈独秀:《复辟与尊孔》,《新青年》第3卷第6号,1917年8月1日。
[3] 李大钊:《自然的伦理观与孔子》,《李大钊选集》,第80页,北京:人民出版社,1978年。

么"整理"工作呢?

这就牵出了"打倒孔家店"这一"五四"的响亮口号的公案。据相关学者考证,新文化运动的各位代表人物,从蔡元培、陈独秀、胡适到最激进的钱玄同,都没有直接提出过"打倒孔家店"口号,只是说过"打孔家店"。"打倒孔家店"一说,是30年代新启蒙运动中张申府、陈伯达等人的理论概括,或者说加工和改造:

> 新启蒙运动很可以说就是民族主义的科学民主的思想文化运动。对于自己传统的东西是要扬弃的。所谓扬弃的意思,乃有的部分要抛弃,有的部分则要保存而发扬之,提高到一个更高的阶段。"五四"时期的启蒙运动有的地方不免太孩气了。因此为矫正"打倒孔家店"的口号,我曾提出"打倒孔家店,救出孔夫子"。[1]

新启蒙运动以"反思'五四',超越'五四'"为口号,他们对"五四"新文化运动中激烈反对中国传统文化是持反对和质疑态度的,并试图融合现代启蒙主义、马克思主义和中国传统文化等三大思想体系。从这一段话可以看出,他们并不同意"打倒孔家店"这个过激口号。从某种程度上说,他们仅是把"打倒孔家店"这个口号的提出者安到了"五四"新文化运动的头上,并借此提出了自己"打倒孔家店,救出孔夫子"的思想主张。

其实,"五四"新文化运动者因其激烈反传统的姿势,被人指责为"激进主义"也是有些冤枉的。某种程度上来说,这是面对黑暗社会现实和文化折衷、调和论调甚嚣尘上时的一种"矫枉必须过正"的思想文化策略。正如陈独秀所说:

> 无论政治学术道德文章,西洋的法子和中国的法子,绝对是两样,断断不可调和牵就的……若是决计革新,一切都应该采用

---

[1] 张申府:《什么是新启蒙运动》,第161页,北京:生活·读书·新知三联书店,2012年。

西洋的新法子,不必拿什么国粹,什么国情的鬼话来捣乱。譬如既然想改用立宪共和制度,就应该尊重民权,法治,平等的精神;什么大权政治,什么天神,什么圣王,都应该抛弃。若觉得神权君权为无上治术,那共和立宪,便不值一文。又如相信世间万事有神灵主宰,那西洋科学,便根本破坏,一无足取。若相信科学是发明真理的指南针,像那和科学相反的鬼神,灵魂,炼丹,符咒,算命,卜卦,扶乩,风水,阴阳五行,都是一派妖言胡说,万万不足相信。因为新旧两种法子,好像水火冰炭,断然不能相容;要想两样并行,必至弄得非牛非马,一样不成。

中国目下一方面既采用立宪共和政体,一方面又采唱尊君的孔教,梦想大权政治,反对民权;一方面设立科学的教育,一方面又提唱非科学的祀天,信鬼,修仙,扶乩的邪说;一方面提唱西洋实验的医学,一方面又相信三焦,丹田,静坐,运气的卫生;我国民的神经颠倒错乱,怎样到了这等地步![1]

陈独秀在《不可思议的新旧思潮》里,则有如下记述和论点:

日本是君主国,那德莫克拉西主义,和纲常名教主义冲突,原来是当然的事。若在共和国里,纲常名教本当不成问题了,一方面却还把纲常名教当做旧思潮,一方面也把德莫克拉西当做新思潮,两边居然起了冲突,实在是不可思议。更奇怪的竟有一班调和大家,折衷大家,想用那折衷主义来调和新旧。试问德莫克拉西是什么?纲常名教是什么?两下里折衷调和起来是个什么?[2]

---

[1] 陈独秀:《今日中国之政治问题》,《新青年》第5卷第1号,1918年7月。
[2] 陈独秀:《不可思议的新旧思潮》,《独秀文存》,第493页,合肥:安徽人民出版社,1987年。

而胡适在《独立评论》的《编辑后记》的说法则更为直截了当、一语中的:"古人说,取法乎上,仅得其中;取法其中,风斯下矣。这是最可玩味的真理。我们不妨拼命走极端,文化的惰性自然会把我们拖向折衷调和上去。"[1]而鲁迅在《无声的中国》也有类似的表述:"中国人的性情是总喜欢调和,折衷的。譬如你说,这屋子太暗,须在这里开一个窗,大家一定不允许的。但如果你主张拆掉屋顶,他们就会来调和,愿意开窗了。没有更激烈的主张,他们总连平和的改革也不肯行。那时白话文之得以通行,就因为有废掉中国字而用罗马字母的议论的缘故。"[2]

第四节 现代思想文化的五色光谱:
说不尽的"五四"

中国现代思想文化呈现着复杂的态势,有着炫目的"五色光谱"。这是文化"后发劣势"所呈现出的特征之一。作为现代思想文化的重要发端,"五四"新文化运动充分体现了这种多元性和"复调"性的重要特征,并为其后百年中国思想文化史奠定了基调和底色。

"五四"运动可以划分为前、后两个重要时期,即"前'五四'"时期(1915—1918)与"后'五四'"时期(1919—1923)。在"后'五四'"时期,社会主义或马克思主义思想得到广泛传播和接受,现代思想启蒙向"革命"或"救亡"发生转型,"革命"和"救亡"运动蓬勃兴起。而以现代启蒙主义为主要特征的"五四"新文化运动,则主要发生在"前'五四'"时期,对科学、民主、个性解放等现代启蒙主义思想的吁求是其主调。其间,又有东方文化派、学衡派等坚持中国传统文化思想本位的主张。由此,奠定了中国现代思想上的三大思想体系,即现代启蒙主义、马克思主义和中国传统文化。

---

[1] 胡适:《编辑后记》,《独立评论》第142号,1935年3月。
[2] 鲁迅:《无声的中国》,《鲁迅全集》(第四卷),第14页,北京:人民文学出版社,2005年。

因此,关于"五四"的现实意义和历史价值的评估和评价不能一概而论,应该分而述之。从传统政治意义上来说,将"五四"定位为"反帝反封建的爱国群众运动",这无疑是对狭义的"五四"或后期"五四"的性质的判定及评价。毛泽东把中国的民主革命分为两个重要时期,即旧民主主义和新民主主义。[1] 正统历史论者往往把"五四"作为新民主主义革命和旧民主主义革命的分水岭,这个"五四"自然也指的是狭义的"五四"。在中国改革开放之前,对"五四"的评定和判断也往往是指这个狭义的"五四"。对"五四"新文化运动的全面理解,特别是对现代启蒙运动的重新认识和反思,这是1978年新时期以来,随着新启蒙运动的展开才有的全新现象。

"五四"新文化运动作为一个特殊的历史时期,处于新旧交替的状态。因此,它既有旧民主主义、现代启蒙主义的思想内容,如对于民主、科学等的吁求;又有马克思主义和社会主义的全新主张。马克思主义或社会主义是"五四"新文化运动的内在组成部分,它不仅同样来自于西方,而且是一种全新的思想文化现象,无疑也属于新思想文化的范畴。即使其时的中国传统思想文化的坚守者所提出的观点,也是或融入了新的思想内容,或对传统思想文化进行了新的阐释。即使不能完全归入新思想文化的范畴,但作为其对立面或构成张力的思想因素,可以也应该纳入相关论述之中。

陈独秀在《新青年》杂志上,写有《法兰西人与近世文明》一文,对近代文明或文化有如下概括和总结:"近代文明之特征,最足以变古之道,而使人心社会划然一新者,厥有三事:一曰人权说,一曰生物进化论,一曰社会主义,是也。"[2] 他把人权说、进化论、社会主义统归于近代文明的重要成果,在西方思想史上,这些思想是有着前后顺序和演进关系的,但在中国却被作为新思想并"一锅烩"了。这也正从某个侧面证明了旧民主主义与新民主主义的"复调"状态。

因此,关于"五四"的评价,呈现出极其复杂的态势,有热情和高度的颂

---

[1] 毛泽东:《新民主主义论》,《毛泽东选集》(第二卷),第623-670页,北京:人民出版社,1968年。
[2] 陈独秀:《法兰西人与近世文明》,《青年杂志》第1卷第1号,1915年9月。

扬者,也有对"五四"的存在缺陷提出反思和批评者。从政治的角度来看,它更多地被强调是一场"反帝爱国群众运动",为中国共产党的诞生做了思想上和人才上的准备。而从思想文化的角度来看,或者从自由主义知识分子的角度来看,"五四"的意义和价值就在于它是一场吁求民主、科学、个性解放的现代启蒙主义运动。而其激烈反传统的文化姿势,一方面被解读为其启蒙立场的彻底性、坚定性和不妥协性;另一方面,也被解读为激进主义和数典忘祖。后一种负面评价,既来自于中国传统文化的坚守者,也来自于启蒙中人,如20世纪90年代王元化等人对"五四"过激主义、庸俗进化论等的反思。[1]

"五四"新文化运动的意义和价值主要在于:① 它既是一场伟大的思想启蒙运动,同时,也是一场波澜壮阔的政治革命。它传播了民主、科学、个性解放等欧洲现代启蒙主义思想,用以打击中国传统的皇权专制主义,启迪了民智,沟通了东西方文化的交流。它使得马克思主义或社会主义思想得以迅速传播和被接受,并为中国共产党的成立做了思想上和人才上的准备。它在帝国主义侵略的时代大背景下,进一步激发了广大人民的民族主义情绪和爱国主义热情,增强了中华民族的凝聚力和向心力。它弥补了洋务运动、戊戌变法、辛亥革命以来历次改革和革命运动思想宣传不足的缺失,并为第一次国共合作以及国民革命奠定了思想基础。② 它不仅是一场思想启蒙或政治革命,还是语言革命、文学革命和现代传播手段的一场革命。语言是思想的第一现实,白话文运动以及文学革命的发起和成功,不仅有效地传播了现代启蒙主义和马克思主义思想,普及了文化,同时也开创了中国语言和文学的一个全新时代。现代意义上的进步社团和报刊杂志如雨后春笋,破土而出。据统计,其时共有《新青年》《每周评论》《新潮》《湘江评论》《天津学生联合会报》《觉悟》《少年中国》等报纸杂志400余种,还有"少年中国学会""国民杂志社""新潮社""北京大学平民教育讲演团""新民学会""互助社""工读互助团""文化书社""利群书社""觉悟社"以及

---

[1] 王元化:《清园近思录》,第33-72页,北京:中国社会科学出版社,1998年。

各地建立的马克思学说研究会等众多的现代社团组织,有力地宣传了现代启蒙主义和马克思主义思想,积聚了进步和革命的力量。

"五四"新文化运动的不足则在于:① 文化和政治激进主义的传统,影响了此后中国社会的思想方式和行为模式。② 在从启蒙向革命(救亡)的转型过程中,使得个人解放的成果受到消弭,从家庭和家族的"小整体主义"中解放出来的个人,最终沦陷于国家、民族的"大整体主义"之中。③ 跃过了西方文艺复兴以来的世俗化启蒙这一重要基础阶段,直接进入了以理性启蒙为特征的18世纪欧洲启蒙运动,导致了世俗化启蒙的不足,也影响了理性启蒙的有效开展。④ 对以孔子为代表的儒家思想进行了深入的批判,但放过了法家思想这个中国向现代社会转型的最大敌人,反思和批判不足,导致了其在后来的"文化大革命"中的复辟回潮。⑤ 对宗教问题缺少深度关注,对其认识浮于表浅和流于简单,这不能不说是中国思想文化建设的一大缺失。但这些缺失既不能否定"五四"新文化运动的巨大作用,更无损于它的伟大。

由于意识形态、近代历史以及文化冲突等诸多方面的复杂原因,对"五四"新文化运动形成了有时甚至是大相径庭的不同解读——在很多时候,"五四"运动不仅是一个象征系统,而且也是一个神话系统;它不仅充满了隐喻,有时也隐含着某些不可触及的"禁忌"。我们如果要为"五四"运动祛除"神圣化之魅"[1],则必须充分认识到"五四"新文化运动以及其后的中国新思想文化史的多元性、内在张力或"复调"性;既充分肯定它的意义和价值,同时也认识到它的不足和缺失,这无疑是一场重要且必要的理性建构的开始。

---

[1] 许苏民:《祛魅·立人·改制——中国早期启蒙思潮的三大思想主题》,《天津社会科学》,2007年第2期。

第二章
"五四"新文化运动在革命年代的分化及多重呈现(1927—1936)

1927—1936年,这是一段特殊而复杂的历史年代。这是革命的年代,也是炮火连天的年代;这是理想和激情的年代,也是血雨腥风的年代;这是外敌当前、内忧外患的年代,也是自立自强、民族主义情绪高涨的年代;这是自由思想血脉贲张的时代,也是尚余浪漫情怀的年代。

如果从思想文化史的角度来说,它承启了"五四"新文化运动。"五四"新文化运动是中国现代思想文化史的发端,在其前期,它高举起了民主、科学、个性解放等现代启蒙主义为特征的思想解放大旗;在其后期,在俄国"十月革命"的影响之下,马克思主义思想在中国得到广泛的传播和接受。在中国现实条件之下,通过反帝、反封建从而实现"救亡图存"和建立现代国家的目标和任务,上述两大思想体系是达成这两个奋斗目标的主要思想武器。中国传统思想文化也在不断完成自身的"创造性转换",意图加入到中国现代思想话语体系的建构之中,并获取更多的话语掌控权力。

不过,在新的历史和现实条件之下,"批判的武器"最终为"武器的批判"所替代,"思想启蒙"向"革命"或"救亡"发生重大转型。与革命的"武器的批判"相一致,"批判的武器"虽然退居次要地位,但其对社会的批判和思考并未就此消失,那么,20世纪30年代的中国现代思想界是一个什么样的现状？它是沿着"五四"新文化运动的思想路径继续向前推进，还是发生了某种分化、变异或轨道偏离？这是我们首先必须提出和思考的主要问题。

第一节 "启蒙"向"革命"的转向及歧路

拿破仑曾说过，这个世界有两种力量，一种是剑，一种是思想。他认为，思想的力量比剑的力量更为强大。这段话可以用来比喻"启蒙"与"革命"或"救亡"的关系。

不过，思想的表达方式并不总是语言和文字，有时，它也用剑与火来发言。使用剑与火或者大炮表达的民主诉求和意愿，能不能最后带来真正民主和自由的社会？其实，在英国、法国、美国等国家，为了实现人民民主、自由、独立的权利，都曾经历了血与火的战争。即使有思想文化启蒙的过程，革命仍然是不可缺少的利器。这是有效的，也是必需的。但在中国，我们经历了那么多的"剑与火"的时代，似乎也没有解决多少根本问题，这是为什么？在新思想文化运动将近百年之时，确实值得我们深思。

但是，在那段特殊的历史时代，在启蒙与革命之间，确实发生了某种偏仄和转向。"复调"，最终变成了所谓的"变调"。我们选择了剑与火，选择了枪和炮，选择了革命，选择了战斗和战争。

1921年7月中国共产党的成立，以及1924年1月的"国共合作"不仅导致"五四"新文化运动由"思想启蒙"向"革命"或"救亡"的转移，而且标志着中国革命力量的开始形成和进一步汇聚。

此后的一系列事件，均说明了"五四"运动反帝、反封建的主题在另一向度上的展开。"二七"大罢工，不仅是中国共产党所领导的工人运动登上历史舞台的一次出色表演，同时也具有反对封建军阀的意义；而其后的五卅运动、省港大罢工均具有反帝性质，受到了日本、英国等帝国主义的武力镇压。而在农民运动方面，对农民的革命启蒙教育，对掌握着乡村族权、经济权和文化权的"土豪劣绅"们的清算，对土地等的重新分配，均具有荡涤农村封建势力的积极作用。1926年夏发动的北伐战争,更是具有反对帝国主义、消灭封建军阀割据、扫清封建主义障碍性质的伟大革命行动。北伐军高唱着"打倒列强,除军阀"的革命歌曲,一路势如破竹,而工农运动也给北伐提供了极大的支持。[1]革命中"右翼"(中国国民党)和"左翼"(中国共产党)的联合,大大推动了革命形势的高涨。这不仅属于"感性的、政治行动导向性的启蒙"[2],同时,也以最为直观的方式向民众传播了现代启蒙思想。这也正是李泽厚所表述的"启蒙与救亡的双重变奏"思想,而不是简单的"救亡压倒启蒙"。

然而,就在1927年,北伐军相继占领了南京、上海等重要城市,北伐战争和启蒙事业如歌如潮之际,蒋介石、汪精卫分别发动了"四一二"和"七一五"反革命政变,疯狂屠杀中国共产党人以及革命群众。这不仅说明了第一次"国共合作"的破产,也标志着反帝、反封建的革命同盟发生严重分裂,革命力量发生了彻底的分化。

如果说"思想启蒙"与"政治、社会革命"的"双重变奏"仍然具有某种"同一性"和"一致性",属于"复调"范畴的话,那么,在由"思想启蒙"向"政治、社会革命"转化的过程中,革命和启蒙的同一性和一致性逐渐发生偏仄并悄然失落,形成了新的"变调"。即使这种"政治、社会革命"仍然属于"启蒙"的范畴,并以另一种方式执行着启蒙的伟大历史任务和使命。而革命力量从联合到分裂的命运,则预示着这种"变调"的进一步强化,以及新的"变调"的产生。在这个过程中,历史机缘、政治选择、经济政策、军事格局以及政党在特殊时期的选择,对思想文化的影响、制约、规范和导向作用,是新思想文化史的研究者不可不察,更不可漠视的一个事实。

从"复调"到"变调",或者说,在"复调"之中又有了"变调"的诸多因子,思想启蒙运动在1927—1936年不仅发生了深刻的分化,而且有着更为复杂的多重呈现。

---

[1] 金冲及:《二十世纪中国史纲》(上),第245页,北京:社会科学文献出版社,2009年。
[2] 董健:《新时期小说论评·序》,胡若定著,第5页,南京:南京大学出版社,1990年。

第二章 "五四"新文化运动在革命年代的分化及多重呈现(1927—1936)

一、国民革命的"右翼"势力

在第一次国共合作组成的统一战线中,中国共产党人代表"革命"的"左翼"(中国共产党人,以及部分国民党人),而中国国民党代表"革命"的"右翼"。其实,国民党中的组成成分极其复杂,又可分为"左翼"和"右翼"。其"左翼"以廖仲恺、汪精卫、宋庆龄、何香凝、邓演达、谭延闿、孙科等为代表。廖仲恺后被刺杀。汪精卫则在"宁汉合流"之后背叛了革命,走向了反动。宋庆龄等国民党人中的"左翼"力量组成了新的革命派别。其"右翼"则主要是"西山会议派",如杨森等人。蒋介石投机革命,先以"左翼"面貌出现,在"中山舰事件""整理党务案"之后,仍被中共定位于"中派"。即使在"四一二"反革命政变前夕,仍以"左翼"面目对共产党人和工农群众进行欺骗,直到彻底撕毁面具,以"右翼"的狰狞嘴脸出现,疯狂举起了镇压共产党人和进步工农群众的血腥屠刀。国民革命的"右翼"在"国共分裂"并执掌全国政权之后,在政治、军事上进一步走向专制、独裁,而在思想文化的选择上则向中国传统文化发生转向。

这里有三个事件可以代表这种发展趋向。

一是宣布由"军政时期"进入"训政时期"。1928年10月3日,北伐战争结束不久,国民党中央常务委员会通过一个《训政纲领》,并交由国民政府执行。二是随着国民党的统一全国,"戴季陶主义"得以进一步落实。所谓"戴季陶主义"即是国民党理论家戴季陶所提出的思想体系。三是提倡"尊孔读经"并发起"新生活运动"。"新生活运动"是由国民党于1934年发动的一场国民教育运动,以儒家的"礼义廉耻"(四维)为中心思想。

"尊孔读经""新生活运动"不仅是"训政时期"以及民族危机条件下的文化主张,也是文化保守主义与现实政治的某种结合。同时,这也是对马克思主义思想体系所进行的理论、文化和实践上的某种抵制。以上不仅展示了国民党政治统治下的文化精神状貌,也揭示了其作为"革命"的右翼在执掌全国政权之后,在思想、文化的选择上变得更"右"的实证。

二、左翼政治力量的崛起

以中国共产党为代表的革命"左翼",在"国共分裂"和"革命"殊途之后,在政治行动以及思想文化的选择上则是进一步向"左"转。

历史是不以人的意志为转移的,身处历史的特殊环境之中,一个人或一个政党的选择往往有其合理性和正当性。就像中国国民党在"国共异途"之后,在"右"的思想倾向上选择了更"右",中国共产党则在"左翼"的思想基础上选择了更"左"。

在反帝、反封建大旗下集结起来的昔日革命盟友,以刀兵相见的方式宣布同盟关系的"断裂"。在中国国民党人的突然袭击和屠刀政策之下,毫无防备的中国共产党人损失惨重。"据中共六大的不完全统计,从一九二七年三月到一九二八年上半年,共产党员和进步群众被杀害的达三十一万多人,其中共产党员两万六千多人……党员人数从大革命高潮时的近六万人急剧减少到一万多人。"[1]不过,年轻的中国共产党及其党员们在最初的紧张和混乱之后,迅速地采取反击措施,投入战斗。正如毛泽东所说:"中国共产党和中国人民并没有被吓倒,被征服,被杀绝。他们从地下爬起来,揩干净身上的血迹,掩埋好同伴的尸首,他们又继续战斗了。"[2]

南昌起义、秋收起义、广州起义等都是武装反击的范例,而井冈山等根据地的建立则开创了工农武装割据政权的革命范式,成为日后夺取全国政权的基础和起点。而在根据地里进行的"土地革命"运动,则不仅是启蒙思想的另一种表达方式,也是民生问题的解决方案之一。中国的土地问题,成为历代农民起义的主要诉求,同时也是太平天国运动和辛亥革命的"民生"问题的解决方案里的重要议题。不过,孙中山先生的"和平赎买"政策,变成了无条件没收,对封建土地的所有者也就是地主乡绅们不仅是实施经

---

[1] 金冲及:《二十世纪中国史纲》(上),第304页,北京:社会科学文献出版社,2009年。
[2] 毛泽东:《论联合政府》,《毛泽东选集》(第三卷),第937页,北京:人民出版社,1968年。

济基础上的完全铲除,甚至还包括肉体上的消灭。这种"激烈"的土地改革或土地革命,在今天看来,固然有值得反思和审视之处,但对于当时根据地的红色政权和军队来说,这既有军事上筹款的需要,也有新民主主义革命的某种政治选择——既然要以革命行动来反封建,那么解决农民和农村的土地问题,这都是"政治行动导向型的启蒙"的重要环节或革命措施之一。它与思想启蒙互为表里,构成了"启蒙"与"革命"的"双重变奏"。这种"革命"和"启蒙"方面的指向性或正向性,我们切不可不察,否则,极易陷入"过激革命论"的泥淖之中而难以自拔。

按照俄式革命的范式来看,为了应对现实政治、军事的恶劣处境,在政党、军队内部实施新的管理方式是其特征之一。为了实现对旧军队的改造和新军队的训练,中国共产党在军队中实施"政治化改革"(如党代表制、政治委员制等)的同时,还实施"民主化"的改造,以至于后来受到了"极端民主化"的批评和指责。而农民协会的成立,也让普通民众获得了从来没有的政治"话语权"。此后,在抗日战争时期,解放区形成了抗日民主政权的"三三制"原则,这不仅是应对抗战形势和战局的时策,在实践层面上也有着推进中国民主进程的进步意义。这都是中共在"民主"问题上所做的探索和实践。

另外,在思想、文化方面,正如国民党将"三民主义"学说(其中不仅包含了西方民主、自由等民权思想,也包含了民族主义和民生主义的要义)与中国儒家传统文化相对接一样,中国共产党则选择西方新思想文化中更具激进性、批判性的马克思主义,特别是马克思主义中的"左翼"——列宁主义和斯大林主义,因而具有文化激进主义的某种倾向。这不仅是当时特殊现实境况的产物,同时也有着历史的某些必然性。

作为一个年轻的、有着理想主义情怀的政党,革命文艺里也呈现出了"浪漫主义"以及追求自由的特征。虽然"革命+恋爱"的写作模式屡受一些评论者的指责和批评,但在今天看来,"恋爱自由"不正是"五四"精神中"个性解放"的重要内容?"革命"不也正是后期"五四"改革社会的重要手段和方案吗?而"左联"所提倡的"文艺即是政治宣传"的极端主张,不仅受到自由主义者的指责,也受到了倾向革命的"五四"老将鲁迅的批评。而鲁迅为此陷入了双重的夹击和进攻之中,一方面是与以"自由人"相标榜的自由主义知识分子发生了艺术和思想观点论争,另一方面则是被更为"革命"和激进的文艺青年们指责为"封建余孽"[1]。

但是,革命的统一性以及集体主义要求,与个性解放或自由的关系是非常复杂的。正如"左翼"革命小说中所展示的那样,早期的革命青年们有着理想主义、浪漫主义的革命激情,但在其后残酷的革命现实面前,却被逐步要求放弃自我和个性,汇入革命的集体洪流之中。这样的结果,似乎已是某种必然,并且在此后的革命过程中愈演愈烈。这些在"五四"新文化运动"民主""科学""个性解放"以及反帝、反封建声浪之中成长起来的革命青年们,终于走向最初意愿的反面,这不能不说是历史的悖论所在。秦晖等学人所述及的"五四"启蒙运动,在"启蒙"与"革命"的"双重变奏"声中,"把个人从自己身边熟人(家庭、家族的小共同体)中解放出来,但随即又陷入了不受制约的整体主义控制之下,以至于导致了以追求个性解放始,至极端压抑个性终的'启蒙悲剧'"[2]。这种意外的结局,正是对这种现象的理论概括和理性探究。

从中国革命的历史长河来看,在此历史阶段对"苏联模式"的模仿和学习,对共产国际指令的遵从和绝对执行,是其主要特征。这不仅表现在政治、军事和经济措施的选择上,在文化上也是如此。因此,在这一阶段苏联的社会主义文化对中国影响深远。这在当时,已有相当的体现,如苏联无产阶级文化派("波普")在中国的传播,以及"无产阶级文学"等"左翼"文艺理论的提出。

马克思主义的"中国化",也即后来的"毛泽东思想",还处于萌芽状态。主要体现在政治、军事、经济方面,如武装割据、游击战争、土地改革,在文化方面尚无更多卓越的表现和建树。这也是由于其时艰难的政治、军事环

---

[1] 钱理群、温儒敏、吴福辉:《中国现代文学三十年》,193－208页,北京:北京大学出版社,1998年。
[2] 秦晖:《在继续启蒙中反思启蒙》,《开放时代》,2006年第3期。

境所决定的。

在此重要历史时期,值得一提的还有国民革命的主要对象,北洋军阀以及其他大小军阀的表现。北洋军阀等反动势力在北伐战争的洪流冲击之下,已经渐趋崩溃和瓦解,但也显出其最后的疯狂。除了以战争方式对革命进行对抗之外,他们还在做垂死挣扎,试图扑灭革命的火种。"反革命"的表现,与国民革命的"右翼"遥相呼应。作为现代中国的反动力量,他们曾提倡"尊孔读经"以阻止文化启蒙思想的传播,又在大革命的过程中屠杀罢工的广大工人群众和示威的青年学生;在1927年8月,继蒋介石的"四一二"反革命政变和汪精卫的"七一五"反革命政变之后,处于垂死边缘的北洋军阀捕杀了李大钊等共产党人,中国新文化运动的主将和中国共产党的缔造者之一的李大钊成为新思想文化的"献祭者"。

第二节 "中国社会性质"问题的大论争: 马克思主义政党的思想文化"答卷"

中国共产党作为一个年轻的政党,主要从事革命割据的斗争以及土地革命的伟大实践。除了"左联"的文化(文学)斗争,且基本是"俄式"思想的引进,中共在思想文化上,尚无独立建树。但"中国社会性质"问题的大讨论以及"新启蒙运动"却是两个特例。

"新启蒙运动"起于1934年,在1936年和1937年达到高潮。它由年轻的中国共产党人发动,以"继承'五四',超越'五四'"为号召,是中国现代思想文化史上的一次重要事件。这留待下章论述。同时,在20年代末、30年代初,主要在国、共两党之间发生了一场历时六七年之久的关于"中国社会性质"问题的大论战,也显得颇为意味深长。它包括了中国古代社会和当代社会的社会性质等诸多问题,因而也被称作"中国社会史论战"。按照史学界的一般说法,这是国民党在对共产党进行"军事围剿"的同时,进行的一场"文化围剿"。也就是说,它不仅是一场学术或思想文化论争,同时也是一场政治斗争。它以学术和文化论战为依托,在本质上则是在中国共产党领导下的"左翼"社会工作者试图确立马克思主义的正确地位,并"同反马克思主义的思潮进行斗争"[1]。从一定意义上来说,这也是中国共产党表达自己的社会判断以及申明政治主张的一次绝好机缘。

1927年,国民革命或第一次国内革命战争以国共分裂而走向终结。一个最为严峻的问题摆在中国共产党人和全国人民面前,那就是"中国应走什么道路","中国向何处去"。因此,中国共产党人必须正确解答中国革命的性质、方向、任务和前途等一系列的问题。1928年6—7月,中国共产党第六次全国代表大会召开。在此次会议上,确定了中国社会的性质是半殖民地半封建社会,中国革命的性质则是反帝、反封建的民主主义革命,批判了中国革命已转变到社会主义革命的错误认识。中共"六大"的这一论断,受到来自国民党以及党内"左""右"翼各方面的质疑、反对和攻击。从某种程度上来说,此次"论战"实质上是围绕着中国共产党的"六大"决议而展开的。

参加此次论战的主要有三方力量。国民党人一方,主要是以戴季陶、陈果夫、周佛海、陶希圣、潘公展等为代表的"新生命派",他们主要依托创办于1928年的《新生命》杂志;另有以汪精卫、陈公博为首的国民党改组派,主要以1928年由陈公博创办的《革命评论》杂志为阵地。共产党人一方,又分为两个派别。一个派别是以潘东周、王学文、吴亮平、李一氓、张闻天、向省吾、何干之等为主要成员的"新思潮派",主要依托1929年创办的《新思潮》杂志;另一个派别则是陈独秀、李季、王宜昌、杜畏之等组成的所谓"托陈派",又称"少数派""反对派"或"机械派"。国共之外的自由主义知识分子组成了第三方阵营,他们包括:胡适、梁实秋等人,他们创办了新月书店,并于1929年底出版《新月》杂志;王礼锡、陆晶清等人,于1931年4月1日创办了《读书杂志》;还有以严灵峰、任曙、刘仁静等组成的"动力派",他们因1930年创办的《动力》杂志而得名。

---

[1] 中共中央党史研究室:《中国共产党历史》(第一卷上册,1921—1949),第371页,北京:中共党史出版社,2011年。

第二章 "五四"新文化运动在革命年代的分化及多重呈现(1927—1936)

1928年,陶希圣与周佛海等人在上海编辑、出版了《新生命》杂志,此后又创办新生命书局,组合而成了所谓"新生命派"。其主要成员有陶希圣、戴季陶、周佛海、潘公展、梅思平、陈邦国、朱伯康、梁园东等人。同年10月,陶希圣在《新生命》杂志上发表题为《中国社会到底是甚么社会》的论文,与"新生命派"成员一道,撰文反对中共"六大"关于中国是半封建半殖民地性质的决议。

陶希圣是其中最为活跃的代表性人物。陶希圣(1899—1988),名汇曾,字希圣,湖北黄冈人,国民党人,毕业于北京大学法科,曾担任上海商务印书馆编辑。1927年初,担任中央军事政治学校武汉分校中校教官,并参加北伐。1931年1月,担任中央大学教授,讲授中国政治思想史等。1935年1月,其与王新命、何炳松、萨孟武等十位教授发表《中国本位的文化建设宣言》。1940年,与其追随多年的汪精卫集团决裂,揭露汪日卖国密约。1943年,担任《中央日报》主编及蒋介石的秘书。抗战结束之后,蒋介石发表《中国之命运》一书,据说即由其代笔。

1928年以来,陶希圣共发表了《中国社会到底是甚么社会》《中国社会之史的分析》《中国封建社会史》《中国封建制度的消灭》等一系列文章。他依据波格丹诺夫在《经济科学大纲》中所表达的历史观,认为中国在历史演进的序列中,跳过了奴隶制社会,只有宗法社会、封建社会、资本主义社会三个阶段,在商朝时即由氏族社会直接进入封建社会,从此"便是封建制度起源发达崩坏的记录"[1],也即是"与公社制结合的封建制"封建社会,这是典型的"中国的亚细亚生产方式时代"。秦朝吞并六国之后,废除封建,设置郡县,中国的封建制度开始瓦解。在"鸦片战争"时期,中国已由封建社会变身为"金融商业资本之下的地主阶级支配的社会,而不是封建制度的社会",而现阶段社会性质则是"封建主义与商业资本结合",在本质上属于资本主义社会[2]。"亚细亚生产方式"是马克思早期的一个重要观点。

---

[1] 陶希圣:《中国封建制度的消灭》(上篇),《新生命》第2卷第3号,1929年3月。
[2] 陶希圣:《中国之商人资本及地主与农民》,《新生命》第3卷第2号,1930年2月。

陶希圣以"亚细亚"特殊论来立论，认定中国社会是一种"亚细亚"式的特殊社会性质，可以偏离马克思所说的原始氏族社会、奴隶社会、封建社会、资本主义社会、社会主义社会的一般社会发展规律，从而走出一条自我发展的独特之路。这采取的是"以子之矛，攻子之盾"的辩论方式，从而否定马克思主义关于社会发展的一般规律，以及批判中共"六大"关于当时中国社会正处于"半封建半殖民"阶段的重要论定。

为了打破国民党的"文化围剿"，批驳"新生命派"的反动观点就成为当务之急。为此，中国共产党于1929年创办了《新思潮》杂志，形成"新思潮派"。"新思潮派"成员有潘东周、王学文、吴亮平、李一氓、张闻天、向省吾、何干之等人，主要代表人物则为何干之、张闻天等。"新思潮派"的主要观点是：近代以来，帝国主义势力在政治、经济、军事上大举入侵中国，此时的中国虽然有资本主义因素的产生，但封建力量依然十分强大。由此，中国陷入了"半殖民地半封建"的可悲境地。

何干之(1906—1969)出生于广东的一个华侨家庭，早年留学日本早稻田大学和明治大学，1931年回国。1932年，担任国民大学教授兼经济系主任，积极宣传马克思主义。1934年参加上海社会科学家联盟，同年5月加入中国共产党。1937年奔赴延安，担任陕北公学的理论教师。1950年后，担任中国人民大学研究部副部长和历史系主任。主要论著有《中国经济读本》《中国的过去、现在与未来》《中国社会性质问题论战》《中国社会史问题论战》等。同时，何干之也是20世纪30年代中国"新启蒙运动"的主要代表人物之一。

何干之在他的《中国社会性质问题论战》和《中国社会史问题论战》等论著中，主要针对"新生命派"所谓中国没有经过奴隶制社会以及"亚细亚生产方式"展开立论。他以世界史为参照背景，并以马克思主义经典作家的论著为范例，从而展开自己的论述。恩格斯在《家庭、私有制和国家的起源》中论及，在从氏族公社解体到国家产生的过程中，欧洲共形成了三种主要国家诞生的方式，即雅典式、罗马式和德意志（日耳曼）式。

第二章 "五四"新文化运动在革命年代的分化及多重呈现(1927—1936)

国家在氏族制度的废墟上兴起的三种主要形式。雅典是最纯粹、最典型的形式:在这里,国家是直接地和主要地从氏族社会本身内部发展起来的阶级对立中产生的。在罗马,氏族社会变成了闭关自守的贵族,贵族的四周则是人数众多的、站在这一社会之外的、没有权利只有义务的平民;平民的胜利炸毁了旧的氏族制度,并在它的废墟上面建立了国家,而氏族贵族和平民不久便完全深化在国家中了。最后,在战胜了罗马帝国的德意志人中间,国家是作为征服外国广大领土的直接结果而产生的,氏族制度是不能提供任何手段来统治这样广阔的领土的。[1]

何干之据此认定,历史的发展是多样性的,但多样性与普遍性是统一的,从而坚定地认为中国与世界所走过的道路是相同的,强调"谁空白了奴隶制度,谁就不了解世界史的全貌",坚决否定中国"没有经历过奴隶制度"的错误论点。[2]

"新思潮"派别的另一重要代表是张闻天,在中国社会性质的论战过程中,他坚决站在中共"六大"的立场上,认定中国属于"半封建半殖民"的性质,并激烈批判了各种错误或反动观点。

王亚南的文章虽然发表在《读书杂志》上,但坚持的观点与"新思潮派"是一致的。王亚南(1901—1969),中国马克思主义经济史学开拓者之一。20世纪30年代以来,他从中国经济史研究入手,探索中国社会经济形态,并提出著名的"地主经济论",即中国经济分为领主经济和地主经济两个阶段。他的代表作有《中国经济原论》《中国地主经济封建制度论纲》《中国官僚政治研究》《封建制度论》等。他在论述中指出:旧中国社会经济关系极其复杂,既有外国资本、官僚买办资本、民族资本,又有封建经济,这决定了

---

[1] [德]恩格斯:《家庭、私有制和国家的起源》,《马克思恩格斯选集》(第四卷),第165-166页,北京:人民出版社,1972年。
[2] 何干之:《中国社会史问题论战》,《何干之文集》,第238页,北京:中国人民大学出版社,1989年。

中国"处在过渡状态"之中。因此,在中国社会性质问题的长期争论中,他主张当时的中国社会属于"半封建半殖民地"的社会。

1930年,当时流亡日本的郭沫若发表了《中国古代社会研究》一书,批驳了国民党等"中国国情特殊"论者对马克思主义学说的非难,运用历史唯物主义观点揭示了中国社会历史发展的进程,论证了中国社会的发展完全符合马克思主义关于社会发展普遍规律的学说。这是对"新思潮"派的有力的理论支持。

在《新思潮》杂志创办的同年6月,"左翼"中国社会科学家联盟也在上海成立,提出研究和宣传马克思主义、批判反马克思主义思想、促进中国革命胜利的任务,并创办了《社会科学战线》参加论战。

不过,在当时中国共产党的内部,也有持不同观点者。当时仍留在中共党内的原总书记陈独秀即是一例,以他为首的少数中共党员,推崇托洛茨基的主张,直接反对中共"六大"的决议。陈独秀一方面认为,中国是"由亚细亚生产制而入封建社会"的,没有经过奴隶社会阶段,[1]同时又认为,自1840年的鸦片战争以来,帝国主义的入侵已经"绝对地"破坏了封建制度的经济基础,并直接推动了中国资本主义的发展,包括中国广大农村在内的封建势力,已经是微不足道的残余势力,占据支配地位的已然是资本主义生产方法,因此,"中国目前是个资本主义社会"。1927年大革命失败后,中国资产阶级民主革命任务即已完成,封建势力"受了最后打击",并已"变成残余势力之残余",无产阶级需等待资本主义发展到某种程度后进行社会主义革命。这也是陈独秀的"二次革命"论的主要思想。

李季、王宜昌、杜畏之等人支持陈独秀的观点。李季一方面认为,奴隶社会不是社会的必经阶段,同时把中国社会的演进分为如下几个主要阶段,即中国在唐虞以前为氏族社会阶段,也即"原始共产主义"阶段;夏朝和殷朝是"亚细亚生产方式"阶段;周朝为封建阶段;秦朝至清鸦片战争前为

---

[1] 陈独秀:《〈实庵字说〉之三》,《东方杂志》第34卷第7号,1937年4月。

第二章 "五四"新文化运动在革命年代的分化及多重呈现(1927—1936)

"前资本主义"阶段;鸦片战争至20世纪30年代为"资本主义"阶段。[1]另外,严灵峰、任曙、刘仁静等组成的"动力派"所持主张,与陈独秀的观点也大体一致。他们因《动力》杂志得名,该杂志创刊于1930年7月,同年9月停刊,仅出版两期。严灵峰在该杂志上发表《中国是资本主义的经济,还是封建制度的经济?》《再论中国经济问题》等文章,认为中国资本主义经济的发展达到相当的水平,业已代替封建经济而支配中国经济生活,中国在世界范围内已经实现资本主义。

王宜昌则在《渤海与中国奴隶社会》《中国奴隶社会与封建社会之比较研究》《为奴隶社会辩护》《再为奴隶社会辩护》等系列文章中,试图独立建构自己的社会体系学说。王宜昌与任曙、严灵峰等人都认为中国社会乃资本主义占优势,持与陈独秀相同的观点。

中国的自由主义者也参与了这场大讨论。胡适、梁实秋等创办了新月书店,后于1929年底出版《新月》杂志,也提出了"中国现状"问题并发起讨论。

王礼锡及其创办的《读书杂志》在这场大论战中发挥了巨大作用。王礼锡(1901—1939),江西安福人,社会活动家、诗人。他虽然是一名国民党党员,但作为国民党"左翼"社会活动家,始终站立在自由主义的中间立场。因此,应该将他归类为"自由主义"派别。他读过一些马克思的书籍,并尝试用唯物主义思想来解释中国和世界历史的发展。1931年4月1日,王礼锡、陆晶清主编《读书杂志》,由神州国光社出版。杨东莼、胡秋原、张竞生、王亚南、周谷城等人成为这本杂志的主要撰稿者。《读书杂志》创刊号辟"中国社会史论战"专栏,刊登朱其华致陶希圣《关于中国的封建制度》一封信及陶希圣的回信,出版了《中国社会史的论战》,引起了极大的轰动。《读书杂志》是中国社会性质论战最为主要阵地之一,它不拘一格,广纳各派意见,在该杂志发表文章、参加论战的既有"新生命派"的陶希圣等人,"托派"的任曙、严灵峰、李季、王宜昌、杜畏之等人,也有"自由派"的胡秋原,还有

---

[1] 李季:《中国社会史论战批判》,第268页,上海:神州国光社,1934年。

中国共产党方面"新思潮"派的主要成员,如刘梦云、张闻天、熊得山等。1933年,国民党特务捣毁神州国光社,《读书杂志》停刊,"中国社会性质问题"的大论战也就此画上了一个休止符。

在社会史论战中,王礼锡一方面自己发表论战文章,一方面还发挥了策划者、组织者与推动者的重大作用。因此有学者称,没有王礼锡,就没有社会史论战的质量与规模。复旦大学著名学者贾植芳给予王礼锡高度评价:"中国社会史论战是我国现代革命史和思想文化史上的一件大事,它对于我国现代革命实践活动、中国社会与历史的研究都具有深远的意义,而王礼锡作为这场论战的发动者和组织者,为推动这场论战,作出了巨大的贡献。"[1]

王礼锡发表了《中国社会形态发展史中之谜的时代》等系列文章,认为:在中国社会里,一直是存在着奴隶的,但是"不曾在生产上占过支配的地位"。中国确实没有经历过奴隶社会阶段,但欧洲有些国家也没有:"奴隶社会这个阶段不但在中国找不出,就在欧洲也不是各国都要经过这个阶段,德国、英国就没有经过这阶段。所以我们不必机械地在中国去寻找奴隶社会这个阶段。"[2]这就从另一个角度,否定了奴隶制社会对中国社会的特殊影响,也即是所谓中国"亚细亚生产方式"的特殊性存在。在国民党"新生命派"和共产党"新思潮派"的观点之间,看似"骑墙",但其从根本上否定了前者所持的中国"特殊论",也就从侧面支持了后者的某些观点。

除王礼锡之外,以"自由人"著称的胡秋原亦是《读书杂志》编辑事务的主要主持者。他写有《略复孙倬章君并略论中国社会之性质》《亚细亚生产方式与专制主义》《亚细亚生产方式论》《中国社会—文化发展草书》等文章,他认同杜布洛夫斯基在《亚细亚方法、封建制度、农奴制度及商业资本主义本质问题》中的观点,认为其文章中反思和批判"特殊亚细亚生产方法论"的部分,纠正了马克思的一些失误,因而具有重要的理论价值。不过,他与王礼锡的中西均无奴隶社会这一阶段的持论不同,认为中国虽然没有

---

[1] 贾植芳:《〈王礼锡传〉序》,《王礼锡传》,顾一群等著,成都:四川大学出版社,1995年。
[2] 王礼锡:《中国社会形态发展史中之谜的时代》(第3辑),《读书杂志》第2卷第7、8期合刊,1932年8月。

像西方国家那样经历过完整的奴隶主义这一社会发展阶段,但并不重要。这些观点,也是自由主义知识分子在重大问题论争中,始终保持自身独立性的某种证明。

关于"中国社会性质"问题的大讨论,在今天看来似乎是一场"混战",也没有形成什么历史定论,但意义却特别重大。20年代末30年代初,是一个白色恐怖的时代,国民党政府默许开展这次论战,其目的是配合正面战场上的军事"围剿",以对共产党人进行文化上的另一场"围剿"。但是,事情的发展出乎他们的意料,这次论战反而促进和提高了广大读者对中国革命问题的认识,宣传了马克思主义的基本思想和中国共产党的革命战略,捍卫了中国共产党领导的新民主主义革命路线。这次论战对进步的理论工作者来说还有一个重大意义,它是运用马克思主义观点、立场、方法对中国社会性质进行深入探讨的某种开始,在此后抗日战争期间,重庆和延安的革命史学工作者吸收了这次论战的一些初步成果,编写了数本关于中国历史、中国现代革命史问题的专著,确立了马克思主义中国历史学的基础。应该说,这是马克思主义"中国化"过程中的一个重要历史阶段。这是一份并不完美的"答卷",许多重大问题的回答,要到毛泽东的《中国革命和中国共产党》《新民主主义论》等一系列文章的发表,才得到了较为完美和科学的解答。彼时,也正是马克思主义理论体系"中国化"的重大发展阶段,标志着"毛泽东思想"的正式形成。

第三节 北伐战争后的政治角力

北伐战争结束之后,中国国民党即宣布由"军政时期"进入"训政时期"。1928年10月3日,中国国民党中央常务委员会通过并公布了《中国国民党训政纲领》,并交由国民政府执行。"训政纲领"规定:"一,训政开始,由党代表大会代理国民大会,领导国民行使政权。二,党代表大会闭幕时,由中央执行委员会执行之。三,依照建设大纲四种政策,训练人民,逐渐施行,以立宪政之基。四,行政、立法、司法、考试、监察之五种治权,付与国民政府总揽之,以立宪政时期民选政府之基。五,指导国民政府,重大国务由中央执行委员会政治会议议决行之。"[1]1929年,国民党三届二中全会通过了《训政时期之规定案》,这种理念和实践来源于孙中山先生关于中国政制的创造性设计。1921年,他提出了《五权宪法》以及"五权宪法"的思想。1923年1月29日,孙中山先生在《申报》五十周年纪念专刊上发表《中国革命史》一文,文中称:

> 从事革命者,于破坏敌人势力之外,不能不兼注意于国民建设能力之养成,此革命方略之所以必要也。余之革命方略,规定革命进行之时期为三:第一为军政时期,第二为训政时期,第三为宪政时期。[2]

所谓军政时期即"以党建国"的暴力革命时期,训政时期即"以党治国"时期,宪政时期即"还政于民"时期。这是关于"军政、训政、宪政"三阶段理论的最早阐述。该理论设计也是对辛亥革命的沉重反思和深刻总结。辛亥革命虽然推翻了帝制、建立了民国、颁布了宪法、成立了议会,但这些表面上的热闹并没使得中国真正走向民主共和的道路,却走向了军事强人政治和军阀混战,国家四分五裂。孙中山先生认为,其根本原因即在于:

> 由军政时期一蹴而至宪政时期,绝不予革命政府以训练人民之时间,又绝不予人民以养成自治能力之时间,于是第一流弊,在旧污未由荡涤,新治未由进行。第二流弊,在粉饰旧污,以为新治。第三流弊,由发扬旧污,压抑新治。更端言之,第一为民治不

---

[1] 金冲及:《二十世纪中国史纲》(上),第281页,北京:社会科学文献出版社,2009年。
[2] 孙中山:《中国革命史》,《申报》(五十周年纪念专刊),1923年1月29日。

能实现,第二为假民治之名,行专制之实,第三,则并民治之名而去之也。[1]

1924年,孙中山在《国民政府建国大纲》中再次重申了中国民主的三个进程,即"军政时期""训政时期""宪政时期"。

"军政、训政、宪政"三阶段理论是孙中山根据中国社会的实际情况所设计的一张政治路线图。从表面来看,《中国国民党训政大纲》中有关规定正是对"民主"的有序推进,由"军政"而"训政"似乎也是一种进步。另外,根据《训政纲领》规定,"重大国务由中央执行委员会政治会议议决行之",而《中央政治会议暂行条例》则又规定"国民政府在发动政治根本方案上,对政治会议负责"[2]。这就形成了一个人们所批评的"以党代政"的政治局面,但根据《国民政府建国大纲》的政治设计,所谓"以党代政"也是民主进程中"训政时期"的重要阶段或过程。问题的真正关键是,其时蒋介石不仅身兼国民政府主席、陆海空军总司令,还是国民党中央执行委员会政治会议主席,党、政、军大权集于一人之身,这就形成了个人独裁的政治局面。事实上,此后二十多年的中国政治格局的主要病灶,恰恰就是一党专政和个人独裁。因此,在《中国国民党训政大纲》之后,国民政府又公布了《训政时期之规定案》(1929年)、《中华民国训政时期约法》(1931年6月1日)、《中华民国宪法(草案)》(1936年5月5日,故又名《五五宪草》)。《训政时期之规定案》明确提出,"训政时期规定为六年,至民国二十四年完成"。《中华民国训政时期约法》是国民政府发布的第一部宪法性文件,明确了"以党代政"原则,国民党最高权力机构即是国家最高权力机构。政府由党直接组织,国家法律的制定、修正和解释权,以及国家行政决策权均属于党的机构。总之,一切听命于党的机构,政府仅为一党专政的工具。应该说这部约法的核心是"以党治国",但其也明确声称:"国民政府本革命

---

[1] 孙中山:《中国革命史》,《申报》(五十周年纪念专刊),1923年1月29日。
[2] 金冲及:《二十世纪中国史纲》(上),第281-282页,北京:社会科学文献出版社,2009年。

之三民主义五权宪法以建设中华民国,既由军政时期入于训政时期,允宜公布约法共同遵守,以期促成宪政,授政于民选之政府。"旨在说明国民党在理论上承认"宪政"是自己的政治目标,"训政"仅为达到"宪政"的一种过渡性政治形式。同时,"约法"也以法律形式明确保障了人民的宗教、结社、言论、请愿、秘密通信的权利和自由,比起此前的《训政纲领》应该是一个进步。1936年的《五五宪草》,则是根据《训政时期之规定案》(1929年)"六年之期"的要求颁布的。但这些做法引起了来自各方的争议和反对之声。

国民党元老之一的胡汉民提出"训政保姆论",认为国民党就是中国的"训政保姆",这是对"训政论"一种通俗性的解读。

> 由国民革命所产生之中华民国人民,在政治的知识与经验的幼稚上,实等于初生之婴儿;中国国民党者,即产生此婴儿之母;既产之矣,则保养之、教育之,方尽革命之责;而训政之目的,即以保养、教养此主人之成年而还之政,为其全部之根本精神。[1]

同时,他针对指责国民党是"一党专政"的言论进行了反驳:"于建国治国之过程中,本党始终以政权之保姆自任;其精神与目的,完全归宿于三民主义之具体的实现。不明斯义者,往往以本党训政之义,比附于一党专政、阶级专政之论,此大谬也!"[2]但这种解释并没有获得社会各界更多的理解和支持,反对的声浪反而愈来愈高,这就酿成了30年代初的要求结束"训政",还政于民的一场"民主宪政运动",又被称之为"微弱的宪政运动"。"'九一八'后的民主宪政运动,其思想深度不能与孙中山的宪政思想及其

---

[1] 荣孟源主编:《中国国民党历次代表大会及中央全会资料》(上册),第658页,北京:光明日报出版社,1985年。
[2] 中国历史档案馆编:《国民党政府政治制度档案史料选编》(上册),第585页,合肥:安徽教育出版社,1994年。

实践、与共产党人的宪政思想及其实践相提并论,其规模和影响又远较抗日战争时期的两次宪政运动逊色,所以有人称它为'微弱的宪政运动'。"[1]

最初的批评者是中国自由主义的倡导和坚守者胡适。1929年5月,胡适发表了《人权与约法》一文,针对《中国国民党训政大纲》的出台,呼吁赶快"制定约法以确定法治基础""制定约法以保障人权",认为训政不能没有法治。对于是否需要制定"约法",在主张制定"约法"的蒋介石和作为反对者的立法院院长胡汉民等国民党高层之间,发生了激烈的冲突。1931年6月1日,通过非程序手段,《中华民国训政时期约法》终于正式出台。

其实,要求"结束训政,还政于民"的强烈呼声首先来自国民党的内部。如蔡元培、孙科、何香凝、李烈钧等人。1931年10月18日,李烈均等118人联名提案,强烈要求"开放政权,准许人民自由组党"。同年11月,在国民党四全大会上,蔡元培提出组织国难会议。12月,在国民党四届一中全会上,孙科、何香凝等人提案吁请提前结束训政,筹备宪政。1932年4月1日,"国难会议"在洛阳召开,共商救国大计,但结束训政、还政于民的问题被排除在会议议程之外。上海的国难会员马相伯、王造时、黄炎培、沈钧儒、史量才等62人联名致电并拒绝出席会议。在实际会议召开时,部分代表还是提出了如期结束训政、制定宪法、召开国民大会、组建民主政府等要求。

应该说,在30年代的民主语境里,对"结束训政,还政于民"以及民主自由吁求最为强烈的,还是像胡适这样的自由主义知识分子和社会各界人士,如王造时、马相伯、黄炎培、沈钧儒、左舜生、陈天启、张东荪、张佛泉、张君劢、罗隆基等人。

上海光华大学教授王造时,积极要求国民党结束训政,实现民主政治。他在《救亡两大政策》一书中提出两大救亡对策,一是对外殊死战争,二是对内取消一党专政。要求国民党还政于民,恢复人民的言论、出版、集会、

---

[1] 郑大华:《民国思想史论》,第274页,北京:社会科学文献出版社,2006年。

结社等最为基本的民主权利,以便全国上下团结一致,共御外侮。在《我为什么主张实行宪政》一文中,他指出:大凡实行寡头专制政体的国家,则很容易发生革命。因为所谓寡头政体,不管它表面上采用什么样的统治形式,其实质不外是少数人依赖其武力包办全国的政权,使大多数人没有参政机会……国民党的所谓"训政"就是这样一种寡头政体,与其他寡头政体一样,它也面临着发生革命的现实危险性。

针对国民党的训政主张,以及胡汉民等人的"保姆论",认为人民需要具备一定的政治经验和常识等,张君劢进行了辩驳:

> 就中国人民知识能力不及格来说,倘使为事实,则必是全国的人民都如此,决不能有一部分人民被训,另一部分人民能训。被训的人民因为没有毕业,所以必须被训,试问能训的人民又于何时毕业过呢?何以同一人民一入党籍便显出能训与被训呢?可见训政之说真不值一驳。[1]

他一针见血地指出"训政"之说只是"欺人之变"。张君劢在《国家民主政治与国家社会主义》一文中也写道:

> 国民党以宪政为最后目的,其所采之手段为训政,意谓全国人民须经训政后,乃能进而实行关于宪政之权利,然自其近年之行为与其党义观之,则吾中华民族在国民党指导之下,永无达于宪政之一日。[2]

罗隆基在《训政应该结束了》一文中指出,中国最大的毛病是人心不能统一,而要统一人心,则除了结束训政之外,没有别的更好办法。

---

[1] 张君劢:《我们所要说的话》,《再生》创刊号,1932年5月。
[2] 张君劢:《国家民主政治与国家社会主义》,《再生》第1卷第2期,1932年6月。

胡适则在《我们什么时候才可有宪法——对于〈建国大纲〉的疑问》和《从一党到无党的政治》中,进一步补充和发挥了张佛泉的观点。他指出,宪政是一种游戏规则的建立,也是一种习惯的养成,就像学游泳必须到水里去,学网球必须要上运动场,宪政最好的学习方法就是实行宪政,一句话,"宪政是宪政的最好训练"。胡适有力地揭露和批驳了"训政论"的荒谬:

> 我们可以明白中山先生的主张训政,只是因为他根本不信任中国人民参政的能力……人民需要的训练是宪法之下的公民生活。政府与党部诸公需要的训练是法治之下的政治生活。"先知先觉"的政府诸公必须自己先用宪法来训练自己,裁制自己,然后可以希望训练国民走上共和的大路。[1]
>
> 绝少数的人把持政治的权利是永不会使民众得着现代政治的训练的。最有效的政治训练,是逐渐放开政权,使人民亲身参加政治里得到一点政治训练。说句老话,学游泳的人必须先下水,学弹琴的人必须先有琴可弹。宪政是宪政的最好训练。[2]

但国民党默许或鼓励御用文人和部分看好蒋介石的知识分子发表文章,认为"结束训政"的条件尚不成熟,"还政于民"还为时过早。朱经农在《结束训政的时间问题》一文中就认为:"现在国内大多数的人民,知识实在不够,切实的训政工作实在少不得……人民如果真正希望宪政实行,也应该容许政府再有一些训练民众的时间。"[3]许持平在《宪政可以开始了吗?》一文中则说:"这样庞大而复杂的国家,具有这样深远的传统的病根,人民是这样缺少政治的素养,生产技术和组织是这样的落后……训政要不

---

[1] 胡适:《我们什么时候才可有宪法——对于建国大纲的疑问》,《胡适选集》,第241-244页,天津:天津人民出版社,1991年。
[2] 胡适:《从一党到无党的政治》,《独立评论》第171号,1935年10月。
[3] 朱经农:《结束训政的时间问题》,《独立评论》第7号,1932年7月。

是有二三十年确确实实有计划的努力,是很难望成功的。"[1]

"训政论"是孙中山政治理论中的一个重要环节,基于其对中国社会现状的某种判断和应对。孙中山认为:"不经训政时代,则大多数之人民久经束缚,虽骤被解放,初不了知其活动之方式,非墨守其放弃责任之故习,即为人利用陷于反革命而不自知。"[2]正是出于这种考虑,孙中山才设想出了这一理论。"训政"充满争议,这是非常正常的。但如果是少数独裁者以此为借口,从而剥压人民的自由民主的权力,则又另当别论。

正如论者所说,"孙中山提出的'军政、训政、宪政'三阶段思想,是实践'三民主义'和'五权分立'理论以实现近代中国资本主义宪政民主的根本方略,也是针对近代中国国情提出的一个渐进式(量变)与激进式(质变)相结合的宪政建设模式,为今天的社会主义民主政治建设提供了重要启示:必须以宪政民主为目标,必须有切实可行的路径模式,必须将世界潮流与中国国情结合起来。这样才能让那些患了宪政民主'饥渴症'的人增多一些理性认识和稳健意识,让那些借口国情而在宪政民主方面患了'麻痹症'的人增多一些进取精神和忧患意识"[3]。这是"训政论"发生争议对今天的最大启示。

1929年,国民党三届二中全会通过了《训政时期之规定案》,明确规定"训政时期规定为六年,至民国二十四年完成"。但在"九一八"事变之后,中国民主宪政运动进一步高涨,要求结束训政、还政于民的呼声非常强烈。这些声音既来自国民党外部,也来自国民党的内部。在这种强大的压力之下,1936年5月5日,国民政府公布《中华民国宪法草案》,简称"五五宪草"。

"五五宪草"的出台,也受到来自各方的批评。应该说,从《训政大纲》

---

[1] 许持平:《宪政可以开始了吗?》,《独立评论》第176号,1935年11月。
[2] 《国民政府建国大纲及宣言》,孙中山起草,1924年1月23日经国民党第一次全国代表大会审议通过。
[3] 转引自彭先兵:《让历史告诉未来:孙中山的"军政、训政、宪政"三阶段方略及启示》,《吉首大学学报(社会科学版)》,2013年第4期。

到"五五宪草"是国民党根据孙中山先生民主理论所进行的民主实践,但其中也蕴含着专制主义的内容。而"结束训政,还政于民"以及对"五五宪草"的批评,这是专制独裁与民主自由之间的一场斗争。不过,这是中国民主思想的一次理论探索和政治实践。

此后,还发生了关于"专制"与"独裁"的大讨论,探讨中国未来的政治道路是民主还是专制、独裁,这是此次"宪政运动"的延续和深入,其积极方面的意义和作用与此类同。

第四节 "新年的梦想":庞杂的思想中透射自由、民主之时代吁求

"新年的梦想"征文活动是20世纪30年代初的一个重要事件,它展示了中国知识分子们的思想情绪和"时代之梦"。1932年11月1日,为了在1933年的新年让大家都来做一回好梦,《东方杂志》主编胡愈之策划了一次大规模的征求"新年的梦想"活动,给全国各界的400位知识分子发出了一份征文通知,参与者需回答两个主要问题:(一)先生梦想中的未来中国是怎样(请描写一个轮廓或叙述未来中国的一方面)?(二)先生个人生活中有什么梦想(这梦想当然不一定是能实现的)?征文共收到160份答卷,其中142份符合征文要求且不过于冗长的答卷被杂志选登。据统计分析,这些应征者以中等阶级的自由职业者为最多,约占了全数的百分之九十。自由职业者中尤以大学教授、编辑员、著作家及新闻记者、教育家为最多……合计约占总数百分之七十五。这些应征者基本上属于自由职业的知识分子,均受过"五四"新文化运动思想洗礼。这些作者的名字有很多大家都耳熟能详:柳亚子、郑振铎、巴金、郁达夫、林语堂、邹韬奋、周作人、马相伯、金仲华、张君劢、周谷城、俞平伯、章乃器、茅盾、顾颉刚、周作人、杨杏佛、施蛰存、傅东华、叶圣陶、谢冰莹、夏丏尊、徐悲鸿、张申府、老舍、洪深、钱君匋、楼适夷、周予同、孙伏园、冯自由……他们的梦想不仅指涉当下现实,涉

了中国近代特别是"五四"新文化运动以来的民生主义、爱国主义或民族主义、马克思主义、现代启蒙主义等各种思想,而且也展示了中国知识分子面对残酷现实时的复杂和矛盾心态。

一、民生主义

民生主义不仅是"三民主义"的主要内容之一,也是必须直面的中国现实,特别是在30年代那个战争频仍、灾害不断、土匪丛生、政府横征暴敛的混乱时代。其时,担任《中学生》杂志编辑的叶圣陶先生表达了自己的梦想:"梦想中的未来的中国,描写起来只须简单的几条线条:个个人有饭吃,个个人有工作做;凡所吃的饭绝不是什么人的膏血,凡所做的工作绝不为充塞一个两个人的大肚皮。岂只是未来的中国,未来的世界不应该这样么?中国地方什么时候会涌现这一幅图画呢?恐怕很遥远吧,遥远到不能'梦想'吧。"新世纪函授学社社长章衣萍的梦想不约而同:"这个中国是太老,太旧,太腐败了。中国恐怕还该有长期的混乱。怎么好?要做梦也很难。我理想中的中国,最低的限度,要大家有饭吃,有衣服穿,有房子住,有路可走。我们不要像甘肃一带人民一样,吃草皮树根,十六七岁的大姑娘还没有裤子穿便好——这个简单的梦,也不知哪一年可以实现。"读者张竞波希望中国人"都能很自由,很平均地各做其事,各吃其饭;没有野心家垄断着饭碗,把面包堆起来不给人吃;没有神经病患者作无意义的战争和一切无意义的人的枷锁"。开明书店编辑顾均正的梦想也许更为直接和现实:"东方杂志每年至少有四千万份销路,排字工人每天只要做四小时的工作。"教育部的戴应观梦想则是孙中山先生"民生主义"思想的翻版:"几十年后的中国,完成孙中山先生的建国方略,铁路、公路、航海、航空、教育、科学都有巨大的发展。"还有更多的人,都表达了这个同样的梦想。

二、爱国主义或民族主义

"九一八"事变以后,日本帝国主义加紧了对中国的侵略,民族危亡仍是具有爱国主义传统和接受了民族主义思想启蒙的中国知识分子最大的心灵疼痛。因此,希望结束"攘外必先安内"的国策,结束内争,一致抗日,并在此基础上建立一个独立、统一、民主、法治、富强的现代化国家,人民安居乐业,没有外族侵略,便成了另一个梦想。例如,外交部长罗文干希望"政府能统一全国","内争的勇敢毅力转用来对外","土匪绝迹,外患消除,四民安居乐业,世界共享太平"。社会科学研究所主任陈翰笙希望"中国完全能独立"。东方杂志社妇女与家庭栏编辑金仲华希望"中国已不在侵略它和毁坏它者的掌下。每个人可不必愁虑生活的问题……从东南的海岸到西北的边疆,全部的中国将成为一整体"。著作家李青崖梦想"未来的中国知识阶级,重实验,重理智,以为创造新的局面的根基"。苏州振华女学的王季玉梦想未来的中国:"国家有地位,我不侵人,人也不敢侵我。"暨南大学教授张相时梦想是五十年之后的中国蓝图,有着唯美主义的色彩:"到1983年,中国民族在内忧外患重重压迫下苦战恶斗了50年而建立了一个理想的——真正平等的、和平的新国家。2032年,完成了伟大的清水工程,全国大小江河的水都清了。应征人时年138岁,住在喜马拉雅山附近的长江源头,应友人之邀,出山观光,驾小艇顺江而下,沿途所见,果然水天一色,清漪可爱。"中央大学教授凌梦痕梦见:"在日、俄、英、法、美从四面向中国进攻之时,中国国民党终于奋起,以抗外敌,中国共产党脱离第三国际,将红军全部交付政府,集中候命开往前线。终于收复失地,各地民众团体表示愿以全民力量赞助中国国民党作民族复兴运动。"法政学院教授钱啸秋梦见:"在海口不见外国兵舰和水兵,外国银行改成中国银行,洋商的工厂收回自办,扬子江上的轮船是本国制造,宜昌上游是世界第一的水电站,农村用最新的洋机器耕种,如此等等。"新加坡南华女子学校的姚楚英梦想中的未来中国:"是光明的,进步的,科学化的,美的新中国,先要经过一番苦难危险，然后好像旭日的初升，照耀在太平洋岸，执东方的牛耳。海内外同胞，都得享受平等的幸福，同时替世界弱小民族求解放。"

浙江省立图书馆的冯次行梦虽然有些悲观和无助，但反映了国际列强背景之下中国的困境。他梦见了一个日本人，他说中国"不是被国际共管，就是被列强瓜分"；梦见了一个美国人，他"希望中国能够成为一个资本主义的新国家"；梦见一个苏俄人，他说，"同志！全世界迟早要进展到社会主义路上去的，中国那能例外"；梦见了一个意大利人，他说，"中国要建造一个统一国家，最好采用国家资本主义和法西斯蒂主义"。这几个洋鬼子争闹不休，做梦人在彷徨踌躇中惊醒了。这个梦想很具有时代性的象征意义。

三、现代启蒙主义或自由主义

这也是最为主要的一个组成部分，渴望民主、科学和自由，批判"训政"和实际上的专制独裁。冯自由主张："于最短期间结束训政，实行宪政。"俞平伯："绝对的开明专制的阶段是必需的。中国历史上当得起这个名字而无愧色的只有秦政。然而他是失败了。以中国之大，真的专制之治本不容易，加以近代思想之庞杂，国际关系之错综，更不容易。况且，我们的英雄又不知在何处？所以，假使我有了梦，也还只是大大小小的恶梦。"时事新报记者潘公弼说："中国终究是一个有名无实的共和国家。有了强暴的领袖，他掠夺政权；有了贤明的领袖，人民奉让政权。所谓掠夺与奉让，并不拘于一种形态；所谓政权，是一部或全部。人民却安居乐业于低度的保障之下。国际地位的增进，有待国内产生若干世界的科学家与哲学家；当然，政治相当的昌明，国防相当的充实，亦是必要条件。"光华大学教授诸青对未来社会制度的梦想是："（国民）不论属于何种阶级，信奉任何主义，均有参政权。各党和平竞争，绝对不用武力。"穆藕初主张"政治上必须实行法治"。这是知识分子希望结束用武力方式进行的党派战争。上海银行的张水淇梦想是"凡是人对于国家所当负的义务，所当享的权利一律平等"，"政治之设施决之于国民的公意"。暨南大学教授卫聚贤主张："国家应如建筑塔的形势,最上一层的中央政府权最小,最下一层的人民权最大。"开明书店编辑索非说:"未来的中国,必然的走上'无治'之路:在人的意义上一律平等,真正的自由,由是建立,由衷的博爱,由是产生。"北大教授李宗武希望中国的司法能真正独立,"中国民众能监督政府,使政府不为少数军阀所私有",而能成为"民众全体的政府"。《人民晚报》编辑宓汝卓梦想政治方面"货真价实的廉洁","准许言论绝对自由"。《东方杂志》文艺栏编辑徐调孚梦想继承了"五四"新文化运动反封建主义的思想:"未来中国没有国学、国医、国术……国耻、国难等名辞。"应征者对未来自由和民主的政治制度充满了渴望和梦想。94岁的老人马相伯的梦想是:"未来的中国,既非苏俄式的一党专政,也非美国式的两党更替,乃民治的国家,法治的国家……根本大法,保障人民应有的天赋人权:即身体自由权,财产所有权,居住权,营业权,言论出版集会权,并信仰'无邪术害人'的宗教等权。"

在上述愿意做梦的人当中,作为一个自言"我不做梦"的做梦者,林语堂的梦最有代表性,也最为全面。这既是对社会现实的有力揭示,也是美好梦想或理想的深情表达:

我不梦见周公,也很久了。

我现在不做大梦,不希望有全国太平的天下,只希望国中有小小一片的不打仗,无苛税,换门牌不要钱,人民不必跑入租界而可以安居乐业的干净土。

我不做梦,希望国中有数座百万基金堪称学府的大学,我只希望有一个中国人自办的成样的大学,子弟不进洋鬼学校而有地方念书。

我不做梦,希望民治实现,人民可以执行选举,复决,罢免之权,只希望人民之财产生命,不致随时被剥夺。

我不做梦,希望全国有代议制度,如国民会议,省议会等,只希望全国中能找到一个能服从多数,不分党派,守纪律,不捣乱的学生会。

……

我不做梦,希望全国禁种鸦片,只希望鸦片勒捐不名为"懒捐",运鸦片不用军舰,抽鸦片者非禁烟局长。

我不做梦,希望中国有第一流政治领袖出现,只希望有一位英国第十流的政客生于中国,并希望此领袖出现时,不会被枪毙。

我不做梦,希望监察院行使职权,弹劾大吏,只希望人民可以如封建时代在县衙门击鼓,或是拦舆喊冤。

……

我不做梦,希望贪官污吏断绝,做官的人不染指,不中饱,只希望染指中饱之余,仍做出一点事绩。

我不做梦,希望中国政治人才辈出,只希望有一位差强人意,说话靠得住的官僚。

我不做梦,希望中国有许多文学天才出现,只希望大学毕业生能写一篇文理通顺的信。

我不做梦,希望政府保护百姓,只希望不乱拆民房,及向农民加息勒还账款。

我不做梦,希望建设全国道路,只希望我能坐帆船回去我18年不曾回去的家乡。

四、另类的思想呈现:悲观主义者、拒绝做梦者和批判者

另类的做梦者,大部分都是比较敏感的作家和艺术家,他们对中国的前途往往比较悲观,做的梦不仅低调,有的甚至做的是可怕的噩梦。

作家茅盾对未来最为悲观,他认为做梦是危险的:"对于中国的将来,我从来不作梦想;我只在努力认识现实。梦想是危险的。在这年头儿,存着如何如何梦想的人,若非是冷静到没有气,便难免要自杀。"小说家巴金则直言自己做的是噩梦:"在现在的这种环境中……只能够使我做噩

梦……那一切所谓中国的古旧文化遮住了我的眼睛,使我看不见中国的未来,有一个时期使我甚至相信中国是没有未来的。"小说家老舍说:"我对中国将来的希望不大,在梦里也不常见着玫瑰色的国家。"暨南大学教授区克宣说:"准照中国目前的情状,实不是一只什么睡狮或醒狮,而倒像一只可怜的骆驼,不管什么合理与不合理的负担,都一天天的加重在它身上,而它将来也只有忍受着那样的重负,一天一天地在无边际的沙漠中前进!"这种绝望甚至变成了诅咒,戏剧家洪深即是:"在这一年中,那些妨碍社会改革和进步的人……会多死去几个。"[1]

批判者主要是鲁迅等人。鲁迅没有参加此次征文,但在看了这一期《东方杂志》新年特大号中的"新年的梦想"之后,写了一篇《听说"梦"》的杂文。鲁迅体会到编者的苦心是"以为言论不自由,不如来说梦,而且与其说所谓真话之假,不如来谈梦话之真"。但他认为编者"却大大的失败了",因为他遇见过一个应征人,"说他的答案已被资本家删改了,他所说的梦并不如此"。所以鲁迅说,"做梦,是自由的,说梦,就不自由。做梦,是做真梦的,说梦,就难免说谎"。鲁迅还指出:"许多人梦想着将来的好社会,'各尽所能'呀,'大同世界'呀,很有些'越轨'气息了。"但他接着说:"而很少有人梦见建设这样社会以前的阶级斗争,白色恐怖,轰炸,虐杀,鼻子里灌辣椒水,电刑……倘不梦见这些,好社会是不会来的。"鲁迅推崇的是要实现这"梦"境的人们,"他们不是说,而是做,梦着将来,而致力于达到这样一种将来的现在"。[2] 最后,鲁迅讽刺了梦想做隐士的铁道部次长曾仲鸣(此人抗战时做了汉奸)、梦想做渔樵的中国银行副总裁俞寰澄,这说明鲁迅还是推崇那些勇于改变现实和肩起"黑暗的闸门"的人们。

这些梦想让我们想起何其芳写于 30 年代的散文集《画梦录》,那是一个在恶劣现实下,大家所做的美梦和噩梦。在那个恶劣的时代,做梦是有

---

[1] 以上关于应征者的"新年梦想"引文均出自《新年的梦想》,《东方杂志》第 30 卷第 1 号,1933 年 1 月。
[2] 鲁迅:《听说"梦"》,《鲁迅全集》(第四卷),第 467 - 471 页,北京:人民文学出版社,2005 年。

风险的。1931年,日本侵占东三省。1932年初,日军又进攻上海。当时的中国,是如下现状:外敌入侵,军阀割据,内战连年,独裁专制,贪污腐败,贫穷落后,民不聊生。在"一·二八"上海保卫战失败之后,国民党政府继续推行不抵抗政策,加紧对思想文化的围剿,整个中国万马齐喑。在那个禁锢言论的禁地里,做梦是一种策略,但做梦仍然是有风险的。这些"梦"不仅直接批评了现实的黑暗,而且做"梦"本身也触犯统治者的禁忌。安徽大学教授周予同就清醒地认识到:梦想虽是所有人的神圣权利,但在这昏黑的年头里,假如你关起门、蒙着被做孤独的梦或者没有什么危险,如果你不识相,认为自己的梦太有趣了,而向大家公开,那么极有可能掉脑袋。所以他虽爱做白日梦,却拒绝了杂志说梦的要求。胡适与商务印书馆经理王五云是好朋友,因为王五云不喜欢这次关于"梦想"的征文创意,所以在这个"梦想中国"的行列里也就不见胡适的身影。正如编者所说:虽然是梦,但有梦就有希望,如果想到梦是代表未来,这多少可以鼓舞在黑暗中踯躅前行的人。显然,这些梦想背负了太过沉重的寄托和辛酸的希望。

《东方杂志》在"五四"新文化运动时期因大量刊载具有文化保守主义倾向的文章而著名,现代启蒙主义者与"东方文化派"的论争,即以此得名。1931年,商务印书馆拨给一定的编辑费用,让资深出版人胡愈之采用承包方法承办老牌的《东方杂志》。在复刊的卷首语中,胡愈之写道:"创造本刊的新生,创造民族的新生,这是本志复刊的一点小小的——也许是过分夸大的——愿望。以文字作分析现实指导现实的工具,以文字作民族斗争社会斗争的利器,我们将以此求本刊的新生,更以此求中国知识者的新生。"

在胡愈之主持下,杂志面目一新,积极鼓吹抗日救亡,宣传进步思想。这次"新年梦想",即是在黑暗年代里用"做梦"的方式规避新闻检查、批判社会黑暗、向往美好未来的一次了不起的策划和创意。其间,多有甘苦和曲折。

胡愈之回忆这一期《东方杂志》出版的前后经过时写道:

1932年8月,商务印书馆又复业了……王云五要我仍回商务主编《东方杂志》。我表示同意。但我和他约定,采取承包的办法,由商务拨给一定的编辑费用,我自己来找房子,请编辑,定内容,这一切商务都不得干涉。王云五同意了……1933年1月,《东方杂志》新年号出版,我在这一期组织了一个"新年的梦想"专栏,这些文章没有骂国民党的,只是对国民党有些讽刺。清样已经打好,王云五却来找我说,"有的文章最好不要用,或是改一改。"我说:"你不是包给我办的吗?"他马上就说:"那就不包吧!"就是这样他逼我离开了《东方杂志》。他把《东方杂志》交给了汪精卫的亲信李圣五和陈恭协,由他们当正副主编……《东方杂志》是一个很有影响的刊物,失去这样一个阵地是很可惜的,后来鲁迅先生也说没有必要搞这样一个"梦"的专栏。今天回过头来看,当时我们如果做得更策略一些,保持这块阵地,对革命文化工作的发展更有利。[1]

商务印书馆在中国恶劣的社会政治环境下,可谓历经风雨,深晓其中的利害。在"新年的梦想"专号清样刚出来的时候,经理王云五就找到胡愈之说:"你这些东西不得了呀,商务印书馆要封门的呀!你能不能少发这样的东西?"胡愈之当即顶了回去,坚持要求按原样发出来。两人谈不拢,一拍两散。1933年3月,编完《东方杂志》第30卷第4号,胡愈之被迫离开了商务印书馆。他因"梦想"而丢失了这块很有影响力的言论和思想阵地。

第五节 "全盘西化"论的提出及其引发的论争

除了在后期"五四"时期走向"革命"的"左""右"翼之外,前期"五四"时

---

[1] 胡愈之:《我的回忆》,第23页,南京:江苏人民出版社,1990年。

期的"右翼"也即现代启蒙主义者们在这个特殊的历史阶段为新思想和新文化启蒙做出了一份较为精彩而出色的答卷。他们是发起"宪政运动"的主体,反抗专制和独裁,高呼"结束训政,还政于民";他们坚持"五四"启蒙理想,与中国的"文化本位主义者"发生了激烈的论战。现代启蒙主义者们对"五四"启蒙理想及其阵地的坚守,就像中国共产党人为民族的复兴和未来浴血奋战一样,可歌可泣。

如果说关于"训政""独裁"等的论争,是围绕政治现实及其选择而展开的话,"新年梦想"则是来自民间尤其是知识界对自由与民主的渴求,那么,从思想文化角度来展开论述和论争的,则主要是在"中国文化本位主义"甚嚣尘上的背景之下,关于"全盘西化"理论的提出。这既是对"中国文化本位主义"的一次反击,同时也是对西方文化的一次全面反思。

"全盘西化"论在中国现代思想文化史上具有独特的审视价值,特别是与"中国文化本位主义"相互对照时,更显出彼此的思想立场,其现实选择的路径、方向和基本方法均大相径庭。

"全盘西化"一词的最初提出者是胡适。这也是此后胡适为人诟病的原因之所在,但这种诟病却是源于作者的语焉不详或某种望文生义式的误解。如果联系胡适在"五四"新文化运动中的激进姿势,如1917年发表《文学改良刍议》、1918年发表《建设的文学革命论》等不无偏激的文章,似乎也在情理之中。胡适坚决反对在中国新思想文化史上颇有影响的"调和论":

> 为什么要反对调和呢?因为评判的态度只认得一个是与不是,一个好与不好,一个适与不适,——不认得什么古今中外的调和。调和是社会的一种天然趋势。人类社会有一种守旧的惰性,少数人只管趋向极端的革新,大多数人至多只能跟你走半程路。这就是调和。调和是人类懒病的天然趋势,用不着我们来提倡。我们走了一百里路,大多数人也许勉强走三四十里。我们若先讲调和,只走五十里,他们就一步都不走了。所以革新家的责任只

第二章 "五四"新文化运动在革命年代的分化及多重呈现(1927—1936)

是认定"是"的一个方向走去,不要回头讲调和。社会上自然有无数懒人懦夫出来调和。[1]

这些观点及其表述更易让人把胡适当作一位"全盘西化"论者。不过,胡适在1935年对此概念的提出做了一个解释说明:"那一年(一九二九)《中国基督教年鉴》(Christian Year-book)请我做一篇文字,我的题目是《中国今日的文化冲突》,我指出中国人对于这个问题,曾有三派的主张:一是抵抗西洋文化,二是选择折衷,三是充分西化。"[2]胡适无疑是持第三种论点的人,但他就在这篇用英文写成的文章中第一次使用了"全盘西化"(Wholesaie Westernization)这个词。同时,他在此文中还使用了另一个词"充分的现代化"(Wholehearted Modernization)。在年鉴出版之后,潘光旦在《中国评论周报》写了一篇英文书评,表示赞同后一种提法,而反对前一种观点。这就是"全盘西化"一词的最初出笼。

1919年正是"五四"新文化运动的高潮时期,同时也是发生重大转折的历史阶段。"思想启蒙"向"革命"或"救亡"发生转向和位移,现代启蒙主义向马克思主义发生靠拢。胡适除写了那篇著名的《多解决一些问题,少谈些"主义"!》之外,还发表《新思潮的意义》一文,该文的副标题罗列出这篇文章的主题词:"研究问题,输入学理,整理国故,再造文明。"在这篇文章中,他在继续高举"五四"新文化运动大旗的同时,开始思辨新旧文化的关系。他提倡用"评判的态度"来分析中西文化:"我们对于旧有的学术思想有三种态度。第一,反对盲从;第二,反对调和;第三,主张整理国故。"他认为,研究问题、输入学理是手段,但通过整理国故,即梳理、研究、评判旧有的学术思想,才能达到再造文明的目的。他把"整理国故"分为四步:第一步,"是条理系统的整理",也即是要用历史的眼光来研究中国古代的学术和思想,厘清前因与后果;第二步,"是要寻出每种学术思想怎样发生,发生

---

[1] 胡适:《新思潮的意义》,《新青年》第7卷第1号,1919年12月。
[2] 胡适:《充分世界化与全盘西化》,《胡适文集》(3),第542页,北京:人民文学出版社,1998年。

之后有什么影响效果";第三步"是要用科学的方法,作精确的考证,把古人的意义弄得明白清楚";第四步"是综合前三步的研究,各家都还他一个本来真面目,各家都还他一个真价值"。由此他做出论断,"这叫做'整理国故'",这是与"输入学理"相一致的。[1] 在"打倒孔家店"等激烈反传统文化的声浪之中,胡适的这个观点确实有点惊世骇俗。但细读全文,即可明晓胡适的良苦用心,他一方面是在提醒"西学派":

> 文明不是笼统造成的,是一点一滴的造成。进化不是一晚上笼统进化的,是一点一滴的进化的。现今的人爱谈"解放与改造",须知解放不是笼统解放,改造也不是笼统改造。[2]

同时,也是在批判所谓"国粹派":

> 现在有许多人自己不懂得国粹是什么东西,却偏要高谈"保存国粹"。林琴南先生做文章论古文之不当废,他说,"吾知其理而不能言其所以然!"现在许多国粹党,有几个不是这样糊涂懵懂？这种人如何配谈国粹？若要知道什么是国粹,什么是国渣,先须要用评判的态度,科学的精神,去做一番整理国故的工夫。[3]

这样做的根本或最终目的,即在于"再造文明"。这与其后的"打鬼论"思想,也是高度一致的:

> 我披肝沥胆地奉告人们:只为了我十分相信"烂纸堆"里有无数无数的老鬼,能吃人,能迷人,害人的厉害胜过柏斯德(Pasteur)

---

[1] 胡适:《新思潮的意义》,《新青年》第7卷第1号,1919年12月。
[2] 胡适:《新思潮的意义》,《新青年》第7卷第1号,1919年12月。
[3] 胡适:《新思潮的意义》,《新青年》第7卷第1号,1919年12月。

发见的种种病菌。只为了我自己自信,虽然不能杀菌,却颇能"捉妖""打鬼"。[1]

但这恰恰反映了胡适对于西方文化引进和传统文化保存之间的客观、科学、辩证的态度。这足以证明,"五四"先贤们反传统的激烈姿势,并非是全面否定中国传统思想文化。既然要重估中国传统文化,那么,"全盘西化"的提法也就变成了一个不攻自破的矛盾概念了。

1935年,在《充分世界化与全盘西化》一文中,胡适对他的"全盘西化"提法做出了解释,即他所说的"全盘西化"即是潘光旦所认可的"充分的现代化"。他承认,"全盘西化"这个名词"的确不免有一点语病。这点语病是因为严格说来,'全盘'含有百分之一百的意义,而百分之九十九还算不得'全盘'"。因此,"我现在很诚恳地向各位文化讨论者提议:为免除许多无谓的文字上或名词上的争论起见,与其说'全盘西化',不如说'充分世界化'。'充分'在数量上即是'尽量'的意思,在精神上即是'用全力'的意思"。[2]他在《答陈序经先生》一文中,对此又做了进一步的解读:"我当日提议用'充分世界化'来替代'全盘西化',正是因为'充分','尽量'等字稍有伸缩力,而'全盘'一字太呆板了,反容易引起无谓的纷争。"[3]

但这并不意味着胡适选择了折衷和妥协。1935年3月17日,胡适在《独立评论》第142号的《编辑后记》,最可以说明这一点:

> 我是主张全盘西化的。但我同时指出,文化自有一种"惰性",全盘西化的结果自然会有一种折衷的倾向……现在的人说"折衷",说"中国本位",都是空谈。此时没有别的路可走,只有努力全

---

[1] 胡适:《整理国故与"打鬼"——给浩徐先生信》,《现代评论》第5卷第119期,1927年3月。
[2] 胡适:《充分世界化与全盘西化》,《胡适文集》(3),第543页,北京:人民文学出版社,1998年。
[3] 胡适:《答陈序经先生》,《胡适文集》(3),第546页,北京:人民文学出版社,1998年。

盘接受这个新世界的新文明。全盘接受了,旧文化的"惰性"自然会使他成为一个折衷调和的中国本位新文化。若我们自命作领袖的人也空谈折衷选择,结果只有抱残守阙而已……我们不妨拼命走极端,文化的惰性自然会把我们拖向折衷调和上去的。[1]

由此可见,胡适的思想是前后一致的。

中国真正持"全盘西化"思想的人是陈序经,他在相当程度上并不同意胡适的观点,认为他不是一个纯粹的"西化论者"。陈序经(1903—1967),字怀民,广东文昌县(现属海南省)人,著名的历史学家、社会学家、民族学家和教育家。毕业于复旦大学,曾担任岭南大学校长、中山大学副校长、暨南大学校长、南开大学副校长。著有《中国文化史略》《文化学概观》《南洋与中国》《中国文化的出路》《东西文化观》《现代主权论》《走出东方》《陈序经文集》等。

1933年12月29日晚,陈序经在中山大学礼堂做了题为《中国文化之出路》的演讲,公开提出了"全盘西化"的概念,这成为20世纪30年代中西文化论争的起源。其实,这篇演讲是陈序经《中国文化的出路》一书的缩简版。在这篇演讲中,他开门见山地指出:"中国的问题,根本就是整个文化的问题。想着把中国的政治、经济、教育等等改革,根本要从文化着手。"这是对"五四"新文化运动"思想启蒙"的继承。他把中国思想文化的主张分为三派,即复古派、折衷派和西洋派。而他的主张是:"兄弟是特别主张第三派的,就是要中国文化彻底全盘的西化。"而他立论的主要依据,则是"西方文化"即是"现代文化","西洋文化是世界文化的趋势。质言之,西洋文化在今日就是世界文化。"[2] 这是他给中国文化开出的"药方"。

在《东西文化观》一文中,他对"西洋文化即是现代文化"的观点做了进一步的阐述:"所谓西洋文化,可以叫做现代文化,或是世界文化。她是世

---

[1] 胡适:《编辑后记》,《独立评论》第142号,1935年3月。
[2] 陈序经:《中国文化的出路》,《民国日报》(广州),1934年1月15、16日。

界文化,因为世界任何一国都是采纳这种文化。她是现代文化,因为世界任何一国,都是朝向这种文化。简单地说,西洋的文化,是现代世界的文化。"[1]这种认知,是他坚持"全盘西化"论的思想基础。

该演讲最初刊登在 1934 年 1 月 11 日的《中山大学学报》上,随后于 1 月 15、16 日两天连载在广州《民国日报》的"现代青年"栏目,引起了强烈的社会反响,一时赞同者有之,批评者有之。

这种反响最初主要发生在广东思想文化界,最后蔓延至全国。最早对陈序经的演讲做出评论的是陈序经在岭南大学的同事谢扶雅。他在 1934 年 1 月 22 日于《民国日报》发表《为中国文化问题进一解》,对陈序经的"全盘西化"观点提出批评,主张"对于整块的西洋文化,应先施以大规模的解剖与分析,审查与研讨,而不必遽加赞美或遽唱全盘西化"。他还指出"全盘西化"是一种极端"媚外"思想:

> 媚外的程度日甚一日,自蔑的程度亦日甚一日,其结果是:无论什么事凡西洋的统统是好的,凡中国的统统是不好的……自然更有人主张中国文化整个地要不得,非全盘换过不可,于是顺理成章的,自然会有人起来主张中国非把西洋的一切文化统统模仿过来,除此以外更无第二条出路。[2]

广州另一高校的教授张磐对陈序经"全盘西化"论提出的批评最为严厉。他连续发表《中国文化的死路》《为中国文化问题再进一解》《在文化运动战线上答陈序经博士》等文章,全面批驳"全盘西化"论。他批评"全盘西化"论者"不言手段、只标目的笼统的宣传,必至一般青年们盲目的崇拜西化,以至穿西装是西化、吃西菜是西化、住洋楼是西化……"同时,张磐提出一个重要的观点,即西方文化本身也是多元的和不统一的,"全盘西化"势

---
[1] 陈序经:《东西文化观》,第 166 页,台北:牧童出版社,1976 年。
[2] 谢扶雅:《为中国文化问题进一解》,《民国日报》(广州),1934 年 1 月 22 日。

必陷入巨大的矛盾旋涡之中,无法自拔。比如,西方文化左翼是社会主义文化,右翼则是法西斯文化。在这种西方社会现实下提倡所谓"全盘西化",最终将导致青年们"目眩心迷,应接不暇。全盘接受,无异吞了矛盾的炸弹。年来中国文化界的混沌、紊乱,就是如此"[1]。应该说,这样的观点是中肯而切实的,击中了"全盘西化"论者的软肋。

陈安仁则提出了较为折衷的观点。在《中国文化的生路与死路》一文中,他认为要保存中国固有的优良文化:"中国的文化有所长,也有所短,其长的要保存,其短的要放弃。"陈安仁供职于国立中山大学,受政府控制较为严密,在广东"尊孔读经"运动中,起了相当重要的支持作用;同时,陈安仁还曾担任"中央检定大学党义教师",具有某种官方背景。因此,他的观点与后来十教授的"中国文化本位主义"基本一致,尽管他本人一直否认自己属于政府所提倡的意识形态的"正统守旧派"。

除上述代表人物之外,还有王峰、林潮、王衍孔、何汝津等人,也纷纷著文对"全盘西化"论观点提出质疑和非难。比如,何汝津重申胡适的"整理国故"的主张,并提出"中国文化特色说":

> 假使中国民族是不会灭亡的话,那么中国未来的新文化,一定不是欧美资本主义的文化,也不是苏俄社会主义的文化,是有她的独特的文化的;而这种独特的文化,也不能不包含着旧文化的原(元)素,这就是要一部分人努力去整理国故的理由。[2]

而支持陈序经"全盘西化"论者也有一个不小的群体,如吕学海、冯恩荣等人。吕学海写有《读〈在文化运动战线上答陈序经博士〉后》《评中西文化讨论的折衷派》《读张君劢先生〈学术界之方向和学者之责任〉后》《读〈西

---

[1] 转引自夏和顺:《全盘西化台前幕后——陈序经传》,第66页,广州:广东人民出版社,2010年。
[2] 转引自夏和顺:《全盘西化台前幕后——陈序经传》,第67页,广州:广东人民出版社,2010年。

方化的讨论〉后》《为"全盘西化"论答客难》等文章,对陈安仁、王衍孔、何汝津、张君劢、何永佶等人反对"全盘西化"的观点进行逐一批驳。冯恩荣则有《对于一般怀疑"全盘和彻底的西化"的批评》《关于全盘西化论的比较方法》等文,主要是对王峰、林潮、穆超、家驹等人的观点进行批判。吕学海、冯恩荣均是岭南大学的学生,而岭南大学系教会学校,在思想上深受西方文化的影响,教师和学生的思想均比较激进,因而成为"全盘西化"论的主要阵地。正如赵立杉在对"全盘西化"论的论争进行评述时所说:"1934年广州文化论战中的全盘西化派,其阵线比较清晰,主要是以陈序经为代表的部分岭南大学知识群体,既有教师,也有学生。陈序经在其间的作用十分明显。而作为与全盘西化派对立的另一方,成分则十分复杂,所反映的思想背景各不相同,阵线不易分清。"[1]为了扩大"全盘西化"论的影响,在陈序经北上南开任教前后,他的支持者吕学海编辑了《全盘西化言论集》,冯恩荣编辑了《全盘西化言论续集》,麦颖编辑了《全盘西化言论三集》等。

除来自广东思想界和学界的批评之外,吴景超、张佛泉、张熙若、梁实秋等人也对"全盘西化"论进行了论争。吴景超不赞同陈序经关于"全盘西化"的必须性理由之一,即西方文化是一个整体,"文化本身分开不得"的观点。他打了两个比喻,火车头、车厢与轨道固然无法分开,但西洋的电话与西洋的跳舞却是可以分开的。因此,"文化的各部分,有的分不开,有的是分得开。别国的文化,有的我们很易采纳,有的是无从采纳"[2]。而对于西方文化的多元性问题,吴景超持与张磐相类似的观点:"(西方文化)包含许多互相冲突、互不两立的文化集团。独裁制度是西化,民主政治也是西化;资本主义是西化,共产主义也是西化;个人主义是西化,集团主义也是西化;自由贸易是西化,保护政策也是西化。"[3]针对陈序经西方文化比中国先进,中国什么也不如西方的观点,张熙若认为这种判断过于武断,西方的东西并不

---

[1] 转引自夏和顺:《全盘西化台前幕后——陈序经传》,第69页,广州:广东人民出版社,2010年。
[2] 吴景超:《建设问题与东西文化》,《独立评论》第139号,1935年2月。
[3] 吴景超:《建设问题与东西文化》,《独立评论》第139号,1935年2月。

都是好的,中国也有自己的好东西。梁实秋则认为:"'全盘西化'是一个不幸的笼统名词,因为似是认定中国文化毫无保留价值,这显然是不公平的。"[1]

对于来自各个方面的批评和反对声音,陈序经写作《关于中国文化之出路答张磬先生》一文,为自己进行辩护。但此文寄给广州《民国日报》后,该报以版面改组为理由,拒绝发表。其后,他又写作了《对于一般怀疑全盘西化者的一个浅说》,对论战中反对派的观点逐一做出应答。他主要回答了五个主要问题:一、关于"全盘西化"与"皮毛西化"问题;二、关于"西化"与享用"西货"问题;三、关于"全盘西化"与"笼统西化"问题;四、关于"全盘西化"与"中国国情"关系问题;五、关于"全盘西化"与"民族意识"问题。[2] 1934年,陈序经在商务印书馆出版了《中国文化的出路》一书,主要批判文化复古派以及折衷派的观点,重申和阐述"全盘西化"的主张及其主要理由。1935年,又写作了《全盘西化论》,进一步阐述他的"全盘西化"论观点,但因诸多原因当时未能刊行。一直到2004年,在余定邦、牛凯军选编的《陈序经文集》里,才被选编其中。在《全盘西化论》这篇著述中,陈序经认为中国不仅在物质层面不如西方,在精神层面也非常落后。"衣、食、住、行方面,我们固不如西洋,农工矿商方面,我们也不如人家。""我们若再从政治,法律,宗教,道德来看,我们也很落后。""岂止是落后,而且十分虚伪和反动。"这是他对"中国文化本位主义"者所自夸和倡导的中国传统道德以及对社会现实黑暗的酣畅淋漓的批判。

最使我们痛心疾首的是:号称"以德治国","以德服人"的国家,道德也不讲求。周公是我们的道德典型,然而他忘记了先齐家而后治国的信条,所以才有杀弟放弟的悲剧;这是不仁。孔子是我们的道德师表,然而他不尊一息尚存的周室,而在管叔所嫌

---

[1] 梁实秋:《自信力与自大狂》,《大公报》(天津),1935年6月9日。
[2] 转引自夏和顺:《全盘西化台前幕后——陈序经传》,第68页,广州:广东人民出版社,2010年。

疑的周公之后的鲁国。而且行为上,又近于朝秦暮楚;这是不忠。最先尊孔的汉高皇帝,能食太公一杯羹。称为张超义友的洪藏,能杀爱妾以飨将士。这是吃人的道德。明明是冤枉而死,还要"臣罪当诛","臣族当灭"。男人能有三妻四妾,女人要守"饿死事小,失节事大"的信条。"生男则相贺,生女则杀死",这是野蛮的道德。没有反抗他人的勇气,便说酷爱和平。口说周孔,身住洋楼,这是欺人的道德。以妻妇出赁,把妾媵去送礼,这是非人的道德。北至为千年来文化荟萃的北平附近,南至被韩文公指导开化的潮汕田野,还有人裸体工作,还有人一丝不挂,却没有人去管,然而男女同校,以至男女同行,却有人起而反对,谓为伤风化、坏风俗,这是什么道德呢?其实我们不但现在的道德不如人,就是过去的道德,也不如人;我们不但公德不如人,就是私德,也不如人。[1]

这几乎可以说是一篇有着伸张"五四"精神的檄文。不过,陈序经并不反对研究和保存中国传统文化,在《全盘西化论》结尾处,他说:"我虽主张全盘西化,我并不反对人家研究固有的文化,也不反对人家保存固有的古物。""研究与应用是有不同的主张。全盘西化的人,不但不会焚《论语》,而且表同情于大学里有些人研究《论语》。"[2]

不过,在"全盘西化"问题上,胡适与陈序经的观点其实不尽相同。胡适认为"全盘西化"的提法是有一定语病的,对它的最好理解是"充分世界化":

> 我当日提议用"充分世界化"来替代"全盘西化",正是因为"充分","尽量"等字稍有伸缩力,而"全盘"一字太呆板了,反容易引起无谓的纷争。如今陈序经先生说:"在所谓百分之九十九或九十五

---

[1] 转引自夏和顺:《全盘西化台前幕后——陈序经传》,第90-91页,广州:广东人民出版社,2010年。
[2] 转引自夏和顺:《全盘西化台前幕后——陈序经传》,第91页,广州:广东人民出版社,2010年。

的情形之下,还可以叫做全盘"。那就是他也承认"全盘"一字可作活用,也可以稍有伸缩余地了。但我的愚见以为"全盘"是个硬性字,还是让它保存本来的硬性为妙;如果把它弹性化,不如改用"充分","全力"等字。至于有人滥用"充分","尽量"等字,来遮盖他们的复古倾向,那是不可避免的,我们尽可以不必介意。[1]

这说明胡适与陈序经对于"全盘西化"一词的使用及其解读,观点和主张是不尽相同的。另外,对于胡适在《独立评论》第142号(1935年3月17日)的"编辑后记"所说的"文化惰性"问题,陈序经有不同见解,于是他在同年4月21日的《独立评论》发表的《再谈全盘西化》,对胡适提出了质疑和批评:

> 我并不否认文化是有惰性的。然而正是因为这种惰性成为西化的窒碍物,所以主张全盘西化。全盘西化论,在积极方面,是要使中国的文化能和西洋各国的文化,立于平等的地位,而"继续在世上生存";消极方面,就要除去中国文化的惰性。所以若能全盘西化,则惰性自然会消灭。[2]

这说明,在自由主义思想内部,也是存在着不同的意见。关于"全盘西化"论的论争,除了"中国文化本位主义"论者和折衷派之外,更多来自"西化论"者的内部。其实,中国知识阶层和思想界的这种分化,从"新年梦想"中各人的梦中,即可见一斑。

知识分子的分化:一部分人走向了革命,一部分人仍然保持着"五四"新文化运动的启蒙立场。在"五四"新文化运动由"启蒙"向"革命"转化的过程中,鲁迅、朱自清、周作人等人在"左翼"和"右翼"的两条歧路之间,选

---

[1] 胡适:《答陈序经先生》,《胡适文集》(3),第546页,北京:人民文学出版社,1998年。
[2] 陈序经:《再谈全盘西化》,《独立评论》第147号,1935年4月。

择了继续坚持"文学革命"这条中间道路;在经历了"五四"退潮期的"彷徨"之后,他们发生了分化。鲁迅等人选择了向"左"转,加入了"左联",但仍然坚持独立、自由的思想理念。而"五四"时期重要的文化启蒙者周作人等则选择了"向后转",如信仰佛教,开始写与世无争的"小品文"等。从某种程度上说,这未尝不是追求个人自由和心灵自由的某种方式。因此,不能简单地以"逃避现实""消极革命"来加以批判,应该看到其中的积极意义。这也是"五四"启蒙精神的一个组成部分。

而所谓的"自由人"的表现,则是另一种自由主义的立场,他们自称置身于国、共等政治派别之外,独树"个人自由"的旗帜。"自由人"或"第三种人"梁实秋发出了这样的时代吁求:"我们反对思想统一!我们要求思想自由!我们主张自由教育!"[1]林语堂在谈到言论自由时说:"凡一人声明要言论自由畅所欲言时,旁人必捏一把冷汗。假使那人果然将他心里的感想或是对亲友邻舍的意见和盘托出,必为社会所不容。社会之存在,都是靠多少言论的虚饰,扯谎。我们所求的不过是有随时虚饰及说老实话的自由而已。"[2]

陈序经"全盘西化"论的出炉,有着深刻的历史和现实背景。他在1928年11月,即在《民国日报》著文《再开张的孔家店》,批评孔祥熙保护孔林、孔庙的复古建议。30年代以来,在国民党政府的提倡和鼓励之下,"尊孔读经"的"复古主义"思潮甚嚣尘上,而广东在此问题上更是"急先锋"。陈济棠、陈焕章等人均为"复古主义"的积极倡导者,在学校恢复"尊孔读经"。因此,陈序经的"全盘西化"论虽然不无偏激,却是与文化复古主义的战斗,也是对"五四"新文化运动启蒙思想的坚守。在十教授的《中国本位的文化建设宣言》发表之后,他与之也进行了激烈的论争。作为自由主义思想的代表人物之一,陈序经功不可没。

关于"全盘西化"的论争,不仅是"五四"前后东西方文化论争的延续,

---

[1] 梁实秋:《论思想统一》,《新月》第2卷第3期,1931年5月。
[2] 林语堂:《谈言论自由》,《论语》第13期,1933年3月。

且有了长足的进步和发展。郑大华把它的进步总结成三个方面:一是在对文化之民族性和时代的认识上,"五四"对此缺乏全面、正确的认识,而在此次论争中则得到了初步的讨论。二是对中国文化和西方文化的认识上,"五四"时期的论战双方大多持一种僵硬的、形而上学的文化观,要么全面肯定,要么全面否定,而在此次论战中,多数人能够在不同程度上采取分析的态度,对西方文化的了解和理解也更为深入。三是对西化和现代化的认识上,"五四"时期没有人使用过"现代化"和"近代化"的概念,而此次论争则对"现代化"和"西化"做出了初步的界定和区分。同时,此次论争还讨论了"五四"时期诸多未经讨论的问题,如文化能否选择、有无选择标准、文化的模式与创造、文化与民族意识等问题。[1]

应该说,这次大论争不仅成为"五四"运动以来东西方文化之争的一次延续和发展,也很好地重申和宣传了"五四"运动文化启蒙的主张和思想。它发生在"五四"新文化运动的"复调"主题发生"变调"的特殊历史时期,其时"革命"不仅压过了"启蒙",而且"革命"自身也发生了分裂和扭曲,其文化启蒙的意义和价值也就显得更为重大。

第六节 "中国文化本位主义"出台的时代背景及相关论争

"尊孔读经"是袁世凯以及北洋军阀政府的老戏文,以蒋介石为首的国民政府也仅是旧戏新唱而已,并无多少新的内容。应该说,这种文化保守主义思潮的沉渣泛起,也正是政治上走向专制、独裁的取向在文化上的表现。马克思曾有一个著名的论断:历史总有惊人的相似之处。袁世凯的"尊孔读经"是为了恢复帝制所做的"文化搭台"工作;而蒋介石所提倡的"新生活运动",则无疑是配合他的"训政"理论及其实践,其实质是维护国

---

[1] 郑大华:《民国思想史论》,第388-391页,北京:社会科学文献出版社,2006年。

民党的专制、独裁统治。

1933年3月,蒋介石在中央政治学校的演讲中说:

> 现在国家到了这样危急的情况,我们用什么方法可以把它挽救过来,完成我们的革命,使中华民族复兴起来呢? 我很简单忠实的说,只有大家相信三民主义,而且要实行三民主义,就可挽救危亡……三民主义是怎样发生出来的? 它的思想之渊源以及它的根本精神是在什么地方? 简单的讲一句,它的思想渊源,就是继承中国从古以来——尧、舜、禹、汤、文、武、周公、孔子一脉相承所流传焉的道统,它的根本精神,就是要用中华民族固有的精神来领导革命,复兴民族……我们要常常去研究四书、五经,尤其是非读《大学》《中庸》不可。[1]

蒋氏的此段讲话,主题已经非常突出和鲜明了。这段讲话里有一个重要的表述,即孙中山先生所倡导的"三民主义"的精神源头即是中国传统文化,也即是说"三民主义"与"道统"是一脉相承的。但是,蒋氏片面强调了"三民主义"与中国传统文化的勾连关系,却有意忽略了"三民主义"另一重要精神源头,即以民主、自由等为旨归的现代西方思想文化。而后者,恰恰是"三民主义"的主体和精髓所在。这也掩盖了中国国民革命的根本性质,这不是一场"儒学复兴运动",而是一场资产阶级革命。

1934年5月,根据蒋介石、汪精卫、戴季陶等的建议,国民党中常委通过决议,确定每年的8月27日为孔子诞辰纪念日,在全国恢复祭孔。是年,在孔子的故里曲阜以及南京、上海、北平、天津等主要城市均举行了声势浩大的祭孔活动。

与此同时,国民党发动的一场国民教育运动——"新生活运动",以儒

---

[1] 蒋介石:《总统蒋公思想言论总集》(卷11),第9-12页,秦孝仪主编,台北:国民党"中央党史委员会"出版,1984年。

家的"礼义廉耻"(四维)为中心思想,在全国展开。该运动于1934年正式发动,1949年因国民党在大陆战场的失利而"暂停办理",1960年在台湾得以再续。"新生活运动"不仅是表面上的市容清洁、谨守秩序,它还有"三化",即生活艺术化,生活生产化,生活军事化。特别是"生活军事化",蒋介石举日本人民之能"洗冷水脸""吃冷饭"的例子,说明日本"早已军事化了,所以他们的兵能够强",从而提出这对于中国人民解决民族危机(抗日)的重要性。蒋介石反复强调:"我们的一切思想行动、态度、习惯,无论在什么时候,统统要以'礼义廉耻'为准绳。"[1]同时,"新生活运动"还被提高到"要改革社会,要复兴一个国家和民族"的高度,"国家""民族"这两个词也正是民族主义的核心所在,因此有学者把这次运动称为"民族复兴运动"。

"尊孔读经""新生活运动"不仅是"训政时期"以及民族危机条件下的文化主张,也是文化保守主义与现实政治的某种结合。从某种程度上来说,它也是在军事战场上"剿灭"中国工农红军和共产党人之外,另外开辟出来的文化战场。它在本质上是试图用以儒家为代表的中国传统文化,来对抗来自西方的马克思主义或社会主义思想文化。这样的政治企图不仅是显而易见,而且是被公开言说的。

随着国民党的统一全国,"戴季陶主义"得以进一步地落实。

所谓"戴季陶主义",即是国民党理论家戴季陶所提出的思想体系。1925年,他先后发表了《孙文主义之哲学基础》(1945年更名为《三民主义之哲学基础》)《国民革命与中国国民党》两本小册子,标志着"戴季陶主义"的正式形成。"戴季陶主义"对孙中山先生的"三民主义"进行了阐释、发挥和发展,提出要确立纯正的"三民主义"为国民党的最高原则,反对阶级斗争造成的社会阶层撕裂;在民族国家内进行各阶级联合的革命;建立一个纯粹或单纯的国民党,整肃党内的意志涣散、因循苟且的恶劣风气。更为重要的,戴季陶把孙中山的"三民主义"思想与中国传统儒家文化相对接,

---

[1] 蒋介石:《总统蒋公思想言论总集》(卷11),第463页,秦孝仪主编,台北:国民党"中央党史委员会"出版,1984年。

并认为孙中山"实在是孔子之后中国道德文化上继往开来的大圣"。比如对于孙中山的"民生"主义,戴季陶发挥了自己的观点,认为"三民主义"即是"民生哲学","民生为宇宙大德之表现,仁爱即民生哲学之基础"。其实,这不仅源于戴季陶的个人发挥,在孙中山包括蒋介石的个人思想观点里,确实存在着对中国传统文化特别是儒家文化的认同意识。这种向中国传统儒家文化靠拢的文化选择,成为此后国民党政府的主要方针和政策,也就不足为怪。

也就是在此大背景之下,1935年1月10日,王新命、何炳松、武堉干、孙寒冰、黄文山、陶希圣、章益、陈高傭、樊仲云、萨孟武十位教授联合在《文化建设月刊》上发表《中国本位的文化建设宣言》。《文化建设月刊》隶属于"中国文化建设学会",后者是国民党为加强思想控制而成立的,C.C.派首领陈立夫是董事长。

《宣言》首先提出中国和中国文化的根本危机:

> 中国在文化的领域中是消失了;中国政治的形态、社会的组织、和思想的内容与形式,已经失去它的特征。由这没有特征的政治、社会和思想所化育的人民,也渐渐的不能算得中国人。所以我们可以肯定的说:从文化的领域去展望,现代世界里面固然已经没有了中国,中国的领土里面也几乎已经没有了中国人。[1]

按这种论调来理解,可谓国将不国,人民也不成其为人民。其次,肯定了国民党在政治、经济方面的治理业已展开,文化建设应该提上议事日程。"这时的当前问题在建设国家。政治经济等方面的建设既已开始,文化建设亦当着手,而且更为迫切。但将如何建设中国的文化,确是一个急待讨论的问题。"[2]

---

[1] 王新命等:《中国本位的文化建设宣言》,《文化建设月刊》第1卷第4期,1935年1月。
[2] 王新命等:《中国本位的文化建设宣言》,《文化建设月刊》第1卷第4期,1935年1月。

在此立论的基础之上，他们提出了"中国本位的文化建设"的主张。这种"中国文化本位的建设"，既不是中国古代的模式，也不是欧美自由主义或苏俄社会主义模式，当然，也不是德意的法西斯模式。他们提出了"不守旧，不盲从"的文化建设法则：

> 根据中国本位，采取批评态度，应用科学方法来检讨过去，把握现在，创造未来……不守旧，是淘汰旧文化，去其渣滓，存其精英，努力开拓出新的道路。不盲从，是取长舍短，择善而从，在从善如流之中，仍不昧其自我的认识。根据中国本位，采取批判态度，应用科学方法来检讨过去，把握现在，创造未来，是要清算从前的错误，供给目前的需要，确定将来的方针，用文化的手段产生有光有热的中国，使中国在文化的领域中能恢复过去的光荣，重新占着重要的位置，成为促进世界大同的一枝最劲最强的生力军。[1]

这种"中国文化本位论"的抛出，是对国民党政权文化保守主义论调的积极回应和配合。其隐含的一个主题即是试图阻止马克思主义在中国的传播和发展，属于对中国共产党进行"文化围剿"的一个重要组成部分。对此接招并应战的主要是属于"西化派"的自由主义知识分子。因为，十教授的"中国文化本位建设"的论调，也是对"五四"新文化运动的否定。因此，这场大论争无疑成为"五四"新文化运动中"东西文化大论战"的发展和延续，也是30年代关于"全盘西化论"论争的进一步展开。"西化派""中国文化本位派""折衷派"在此大论争中，纷纷登台亮相，发表了各自的见解和观点。

中国自由主义的主要代表人物胡适不仅批判国民党的文化复古主义论调，并在其主编的《独立评论》上发文《论评所谓"中国本位的文化建设"》，对"十教授"提出了严厉的批评；其后，陈序经、张佛泉、梁实秋、常燕

---

[1] 王新命等：《中国本位的文化建设宣言》，《文化建设月刊》第1卷第4期，1935年1月。

生、张熙若、李麦麦、熊梦飞等人相继著文对"中国文化本位论"进行批判。面对批评,"十教授"们纷纷撰文作答,并发表了《我们的总答复》一文,进行全面反击。论争的主要方面有:对中国社会具体情况的分析,对中西文化的认识,对中西文化的选择等方面。

在《写在孔子诞辰纪念之后》一文中,胡适用"做戏无法,出个菩萨"的民间俗语,讽刺了国民政府的祭孔大典,"想寻求一条救国的捷径,想用最简易的方法做到一种复兴的灵迹"。并指出"现代政府的责任在于充分运用现代科学的正确智识,消极地防患除弊,积极的兴利惠民。这都是一点一滴的工作,一尺一步的旅程,这里面绝对没有一条捷径可以偷度"[1]。

胡适旗帜鲜明地指出,"尊孔读经"是开历史的倒车。在《我们今日还不配读经》一文中,则更是直截了当地指出:"在今日妄谈读经,或提倡中小学读经,都是无知之谈,不值得通人的一笑。"[2]

在《试评所谓"中国本位的文化建设"》中,胡适指出十教授的所谓"取长舍短,择善而从"的主张,是"最时髦的折衷论调"。他们的"'中国本位的文化建设'正是'中学为体西学为用'的最新式的化装而已"。[3] 他首先论述了"中国文化本位"地位稳固,而且太过强大,根本无须担忧:

> 戊戌的维新,辛亥的革命,"五四"时期的潮流,民十五六的革命,都不曾动摇那个攀不倒的中国本位。在今日有先见远识的领袖们,不应该焦虑那个中国本位的动摇,而应该焦虑那固有文化的惰性之太大。今日的大患并不在十教授们所痛心的"中国政治的形态,社会的组织和思想的内容与形式,已经失去它的特征"。我们的观察,恰恰和他们相反。中国今日最可令人焦虑的,是政治的形态,社会的组织,和思想的内容与形式,处处都保持中国旧有种种罪孽的特征,太多了,太深了,所以无论是什么良法美意,到了中

---

[1] 胡适:《写在孔子诞辰纪念之后》,《独立评论》第117号,1934年9月。
[2] 胡适:《我们今日还不配读经》,《独立评论》第146号,1935年4月。
[3] 胡适:《试评所谓"中国本位的文化建设"》,《大公报》(天津),1935年3月31日。

国都成了逾淮之橘,失去了原有的良法美意。政治形态,从娘子关到五羊城,从东海之滨到峨嵋山脚,何处不是中国旧有的把戏?社会的组织,从破败的农村,到簇新的政党组织,何处不具有"中国的特征"?思想的内容与形式,从读经祀孔,国术国医,到满街的性史,满墙的春药,满纸的洋八股,何处不是"中国的特征"?

继而,胡适论述了中国的文化惰性才是可怕,真正的"中国本位文化"是在文化冲突和融合之后留下的"结晶品"。

"全盘西化"论者陈序经在当年3月8日写作《评中国本位的文化建设宣言》,向十教授猛烈开火,指出其表面上是文化"折衷派"的立场,本质却是复古和守旧。

陈序经对"中国文化本位主义"者们的批驳可谓是一针见血。而陶希圣的《对于尊孔的意见》一文,也有较为本质的揭示:

> 总之,拜孔教没有应当复活的理由。但是拜孔教正是在那儿复活,这正可以表现少数大都市里学术界的力量之小,努力之不足,任务之未了。最后,拜孔教与孔子本人及其学说不能看做一件事情。原来发展孔子学说的并不与孔子有同一的思想。孔子早就管不了孟轲董仲舒周敦颐的事了。他又有什么方法管到于今的民族主义的思潮。[1]

国民党政府的"尊孔读经"以及十教授的"中国本位的文化建设"等主张,还受到了其他进步知识分子的质疑和批评,如鲁迅、老舍、叶圣陶、郑振铎、陈望道、郁达夫等人。由艾思奇、李公朴、郑振铎、老舍、叶圣陶、郑振铎、陈望道、郁达夫等148位著名文化界人士联名发表的《我们对于文化运动的意见》,极其犀利地揭示了这场"复古闹剧"的本质及其虚妄:

---

[1] 陶希圣:《对于尊孔的意见》,《清华周刊》第42卷第3、4期合刊,1934年11月。

第二章 "五四"新文化运动在革命年代的分化及多重呈现(1927—1936)

我们相信复古运动是不会有前途的。假如读经可以救国,那末,"戊戌维新""辛亥革命"全是多事了。假如"中学为体西学为用"的主张可以救国,那末,李鸿章和张之洞早已成了大功了。时势已推移到这个地步,而突然有这种反动现象发生,我们虽然明白其原因并不简单,但不能不对这种庸妄的呼号,指出问题的症结所在而促其反省。[1]

张熙若在《全盘西化与中国本位》一文中,对"西化"与"现代化"的分别则很有见地,其论述代表了中国现代思想的某种进步,即把笼统的"西化"目标具体为"现代化"的旨归。这与近代及"五四"新文化运动以来所提出的"西化"概念相比,更为触及本质问题之所在,且具有文化建设的价值。他认为不管是西方文化还是中国文化都要从现实出发,思考它的合理性和适用性。

"中国文化本位主义"的提出在本质上是对"五四"新文化运动的反动,"打倒孔家店"的主张也许不免偏颇和极端,但"尊孔读经"无疑是历史的倒退,这一切又是蒋氏实行政治独裁的文化铺垫。20世纪30年代,在"尊孔读经"与政治独裁之间的勾连,一望便知。而"尊孔读经"与民族主义之间,却有着极其复杂的纠合关系,似乎不能找到必然的对应关系。这恰恰是国内"阶级斗争"的体现或反映,是政治、经济斗争战场之外的文化战场,是革命走向歧路之后的文化斗争上的手段和方法。

"尊孔读经"无疑是一种复辟和倒退,"中国文化本位主义"也是早年"中体西用"的翻版,这都代表了文化保守主义立场,它们从根本上反对和否定"五四"新文化运动。"西化派"(包括"全盘西化"论者)与中国文化本位主义之争,是两种思想的对垒。如果说"十教授"等中国传统文化的维护者代表的是"中国文化本位主义",那么,胡适等人所代表的"充分地西化",则是一种"西方文化本位主义","全盘西化"无疑是"西方文化本位主义"的

---

[1] 艾思奇、李公朴等:《我们对于文化运动的意见》,《文学》第5卷第1号,1935年7月。

某种极端形式。中国社会"文化失落"的真正根源是什么？对"五四"新文化运动的态度到底是应该肯定，还是否定？中国文化的根本出路，到底是中国文化本位，还是西方文化本位？这些问题是摆在当时中国人面前的一个课题。即使在21世纪的今天，仍然有着独特的价值，并令人深思。这些中国思想文化发展的基本问题，在今天似乎仍然没有获得有效的解决。

从总体上来说，这个时代以"革命和自由"为主线，不仅上承"五四"新文化运动，而且开启了1937—1949年这个以"民族与民主"为特征的重要历史阶段。

第三章
"民族主义"主旋律下的民主建构及文化再造(1937—1949)

1937年至1949年,中国经历了现代历史上两个重要历史阶段,在史书上它们被称为:抗日战争时期和解放战争时期。在《毛泽东选集》中,"解放战争"还有一个政治性的规范名称:第三次国内革命战争。

在这个特殊的历史年代,新思想文化也有着自己的特别呈现。由于身处强寇入侵、国土沦丧、民族危亡的特殊历史境遇,"五四"运动以来,以"反帝""爱国"为主题的民族主义在抗日战争这个民族危亡的紧要关头得以进一步高涨,并成为时代和文化的主旋律。

"五四"新文化运动的"再现"与"重构",预示着启蒙主义精神的继承和发展。发生在20世纪30年代中期的"新启蒙运动",正是这种"再现"与"重构"的隐喻或象征。然而,一切远不止于此。无论是从政治或革命角度所言说的"五四"运动的"反帝""反封建"主题,还是从文化或现代启蒙角度所说的"民主""科学"和"个性解放"的现代吁求,在此阶段皆有不同以往且不同寻常的呈现和展开,也即与现实的民主抗争更为紧密地相互结合。"五四"现代启蒙主义或自由主义思想并未在民族战争和解放战争的炮火声中就此"蛰伏",而是有着自己顽强和不同寻常的表现。

与此同时,与"中国文化本位主义"紧密勾连的"现代新儒学"思想,在民族主义的旗帜下取得了长足的发展,它探求中国传统儒学与西方思想文化之间的关联并加以融合,走向一个新的认知高度。

"阶级意识"的觉醒以及两个阶级之间的大决战(解放战争),它们共同规范和制约了民主构建以及文化再造等"五四"目标的实施和展开,同时在思想文化建设上也有着自己的特殊表现。蒋介石在开展"新生活运动"的同时,又出版发行了《中国之命运》一书,详细阐述"三民主义"思想,支持中国文化为本位的文化"复古主义"趋向,并以此对抗马克思主义及现代启蒙主义。作为"五四"新文化运动的另一重要成果,马克思主义思想文化在此阶段得到更为广泛的传播,其原因有二:一是解放区的不断扩大以及人民军队的不断走向强大,为思想的传播奠定了经济和军事基础。二是马克思主义的普遍真理在与中国革命的实际相结合的过程中,逐步走向"中国化"和"本土化",并在相当程度上疏离以列宁主义、斯大林主义为特征的俄化马克思主义范式。"毛泽东思想"渐趋形成并走向成熟,取得了马克思主义"中国化"的丰硕成果。

在此阶段,马克思主义"中国化"的努力以及"现代新儒学"将中国传统儒家思想进行"现代化"转换的诉求,均有着特别重要的意义。它们是外来思想文化落地生根、本土文化更为开放包容的具体象征,马克思主义"中国化"构建了"毛泽东思想"的大厦,中国传统儒学的"现代化"转换铸就了"现代新儒学"的理论高地,这是本阶段思想文化领域最大的两项成就。

第一节 "新启蒙运动":"五四"的超越向度和马克思主义"中国化"的最初尝试

"新启蒙运动",又被称作"新'五四'运动""第二次新文化运动",发生在1934年,1936—1937年达到某种"高潮",由于"抗日战争"的全面爆发而最终"流产",或者说"戛然而止"。在中国现代思想文化史上,它亮起"继承

'五四',超越'五四'"的旗号,意图继承和重构"五四",并融通马克思主义、现代启蒙主义、中国传统文化,因而在现代思想史上有着独特的地位和作用。但一直以来,对"新启蒙运动"的研究仍然较为薄弱,在认识上也存在着诸多褊狭和不足。

长期以来,学界对"新启蒙运动"的主流认识可以表述如下:"(新启蒙运动)是由进步文化人士在20世纪30年代中后期发起的、以鲜明的爱国主义和民主主义为特色的思想文化运动。它以'继承"五四",超越"五四"'相号召,试图突破'五四'启蒙的历史局限,促成中华民族的新觉醒。"[1]这段话基本概括了"新启蒙运动"的所追求目标、基本特征和性质,但如果作为一个定义,又显得过于简单和粗疏。

在现代思想文化史上,"新启蒙运动"是一场历经时间不长、影响不大,但却具有复杂内涵和重大历史意义的思想文化运动。它仓促之间"举旗",又在匆忙之中收尾,难免成了现代思想史上的一个"烂尾工程"。因此,"新启蒙运动"难免在思想文化史的研究中被忽略、轻视或误读。这个后于"五四"新文化运动二十年并亮出了"继承'五四',超越'五四'"旗号的思想运动,与轰轰烈烈、影响深远的"五四"新文化运动相比,显得分量不足,影响范围不大。但其在文化标高、思想境界和认识意义上,却有着不逊于"五四"新文化运动的特殊价值。同时,长期以来思想界对"新启蒙运动"的评价存在某种偏仄或误区,即只看到"新启蒙运动"是"五四"新文化运动的继承与发展,却没有看到这是中国共产党人试图将马克思主义思想与现代启蒙主义、中国传统文化进行嫁接和融合的某种尝试。这是马克思主义"中国化"进程中的一个重要阶段和代表性事件。而从另一个角度来说,这种对"五四"新文化运动的超越意向,也即是将马克思主义、中国传统文化与"五四"启蒙精神相结合。

综观新思想文化史,我们至少应该从以下五个层面来观照、理解和研究"新启蒙运动"。

---

[1] 庞虎:《二十世纪三十年代新启蒙运动夭折的原因分析》,《光明日报》,2009年3月3日。

一、这是一场主要由中国共产党和相关进步人士领导并参与的思想文化运动，高度体现了中共以"五四"新文化运动的继承者和开拓者自居的前卫姿态

1934年，"五四"新文化运动的老将之一张申府，也是中共最早发起者之一，在其主编的《世界思潮》杂志上发表文章，重提"五四"精神，并发出了"新启蒙"的时代吁求。1936年秋，刘少奇改组中共中央北方局，有意识地开始酝酿新启蒙运动的开展。1936年9月10日，中共中央北方局宣传部长陈伯达在《读书生活》上发表了《哲学的国防动员——新哲学者的自我批判和关于新启蒙运动的建议》一文，这算是新启蒙运动的正式启动。张申府、何干之、胡绳、艾思奇等中共文化人积极回应，他们发表文章、召开座谈会，对"新启蒙运动"的背景、目标、性质、方向、方法和路径进行系统的阐述和论证。1937年5月，北京师范大学教授吴承仕与张申府、程希孟、黄松龄等人在"星期天文学会"的基础上，发起成立了新启蒙学会。从这里不仅可以看出新启蒙运动的中共背景，也充分说明此时的中共是以"五四"新文化运动的继承者自居的。

二、20世纪30年代的"新启蒙运动"亮出了"继承'五四'，超越'五四'"的旗号

"继承'五四'，超越'五四'"的旗号充分体现了这场思想文化运动是"五四"新文化运动在新的历史条件下的继续，同时，也体现了后者对前者的深入反思以及某种程度上的超越意向。

这种反思和超越是建立在对"五四"启蒙主义精神的充分肯定基础之上的，但同时又指出其不足之处：

> 今日的新启蒙运动，显然是对历来的一些启蒙运动而言。对

第三章 "民族主义"主旋律下的民主建构及文化再造(1937—1949)

于以前的一些启蒙运动,也显然有所不同。比如,就拿"五四"时代的启蒙运动来看,那时有两个颇似新颖的口号,是"打倒孔家店","德赛二先生"。我觉得这两个口号不但不够,亦且不妥……至少就我个人而论,我以为对这两口号至少都应下一转语。就是:"打倒孔家店","救出孔夫子";"科学与民主","第一要自主"。

"五四"时代的启蒙运动,实在不够深入,不够广泛,不够批判。[1]

新启蒙者将"五四"新文化运动定位于是一场思想启蒙运动,这是准确和深刻的。"新启蒙运动"继承和发扬了"五四"新文化运动的民主、自由、科学以及批判、怀疑等理性精神的重要内核,并与欧洲18世纪的启蒙运动进行了有效的接续。在《启蒙运动的过去与现在》一文中,张申府论述了"新启蒙运动"与欧洲启蒙运动的精神承接关系,并在《什么是新启蒙运动》一书的引子《新启蒙运动的当前使命》中,对"新启蒙运动"进行了定位:

新启蒙运动是文化上的救亡运动。
新启蒙运动是民族主义的自由民主的思想文化运动。
新启蒙运动要求思想的自由与自由的思想。
新启蒙运动号召文化的民主和民主的文化。
新启蒙运动要进一步地批判旧的与外来的思想文化的传统。
新启蒙运动有种种反,特别是反迷信,反盲从,反独断,反"礼教",反封建。[2]

---

[1] 张申府:《新启蒙运动的当前使命》,《什么是新启蒙运动》,第3-4页,北京:生活·读书·新知三联书店,2012年。
[2] 张申府:《新启蒙运动的当前使命》,《什么是新启蒙运动》,第1-2页,北京:生活·读书·新知三联书店,2012年。

何干之则对"五四"新文化运动的基本内涵进行了梳理,这也是"新启蒙运动"展开的重要基础工作:

> 灌输民主和科学;提倡个人主义,培养怀疑和评判的精神;反对伦常纲纪,反对旧礼教;主张文学革命,提倡新文学。这些都是资本主义文化的主要内容。民主政治是资本主义社会的政体,科学是资本主义社会的灵魂。个人主义,怀疑和评判的精神,是人的解放的基本条件,也是自由竞争在文化上的反映。反对旧伦理,就是反对封建思想。提倡文学改革,是以最适合于口头语的文字来做灌输新思想或评判旧思想的利器。[1]

这一总结和概括基本准确和到位。民主、科学、个性解放、反封建礼教、提倡怀疑和批判精神,这正是"五四"新文化运动的基本诉求和本质精神所在。

"新启蒙运动"积极倡导理性主义和科学精神。这正是欧洲启蒙运动的核心内容。张申府还提出理想目标,即"新启蒙运动要达到'实','理性',以及'新科学'的积极理想,必须作一番廓清,厘清,把一切弄清楚的工夫"。他对这个新科学的解释是:"社会科学化,科学社会化,把科学与社会密切结合在一起;一方面主张中国科学化,科学中国化。"[2]其实,这是对"五四"科学主义精神的延伸和具体化。

同时,新启蒙者反对"奴化",提倡个性解放。何干之进一步概括出社会与个人的关系模式:"理想的社会,不是奴才所构成,良善社会,必须有自立的个人","健全的社会,必产生健全的个人,而健全的个人,又可推动社会的向前发展"。同时,这种"奴化"不仅包括封建式的人身依附关系,还包

---

[1] 何干之:《近代中国启蒙运动史》,《何干之文集》(第二卷),第55-56页,北京:北京出版社,1993年。
[2] 张申府:《论中国化》,《什么是新启蒙运动》,第162页,北京:生活·读书·新知三联书店,2012年。

括另一个层面上的内容,即反对思想文化上的奴化,"反对奴化不但反对作自己古人的奴隶,传统权威的奴隶,实在更反对作外来的东西的奴隶"。[1]这样的主张,比"五四"新文化运动所提倡的个性解放不仅更为具体,而且具有现实针对性。

同时,新启蒙者还提出另一些具有建设性的主张。如民族主义和反封建,这里的"民族主义"则是包括反抗日本帝国主义侵略在内的"反帝"内容,同时还特别提出了"反封建"。这个"反帝""反封建"的定位,也正是后来中国共产党人对"五四"新文化运动的定义。这也许正是所谓的"超越"所在,即强调了后期"五四"对前期"五四"(1915—1918)时期的继承关系和超越意向,新启蒙者在此正式确认了后者。

因此,新启蒙运动既是对"五四"新文化运动精神本质的坚持,同时也提出了超越的企图及其意向。

三、新启蒙运动试图将马克思主义与自由主义这两大潮流进行融合,同时,还试图弥合"启蒙"与"革命"之间的巨大缝隙。这也是新启蒙运动对"五四"新文化运动的另一超越向度

现代启蒙主义与马克思主义,属于从西方"舶来"的思想,都是中国文化的异质性因素。它们在清朝末年,特别是在"五四"新文化运动时期在中国得以迅速传播,构成了新的思想文化思潮。

马克思主义与现代启蒙主义(包括启蒙与革命),也正是前期"五四"和后期"五四"各自的主要内容,也是重要区别和转型前后思想倾向。同时,又是"五四"的"歧义"或复调性的呈现。这导致了此后的研究者,在对"五四"新文化运动的性质进行定义时出现了分歧,一种观点是把"五四"新文化运动定位于以现代启蒙主义精神为主导的一场思想启蒙运动,另一种观

---

[1] 张申府:《论中国化》,《什么是新启蒙运动》,第162页,北京:生活·读书·新知三联书店,2012年。

点则是把它定位成"反帝、反封建"的爱国群众运动。

新启蒙者无疑看出了其中的缝裂,并试图加以融合,也即使启蒙与革命(救亡)相一致,确立马克思主义思想的地位以及与启蒙的融合。这些努力不管其可能性如何,都具有极大的思想意义和价值。

> 20世纪30年代中期兴起的新启蒙运动是一场反奴役、反礼教、反复古、反迷信的民族救亡与自救的新思想文化运动,与"五四"运动相比,它提出把马克思主义和理性主义、民主主义、自由主义和爱国主义相结合的新理性主义;提了对文化采取辩证和理性态度,以中国和西方、传统与现代、国际性与民族性的文化综合为建构新文化的方针;提出以大众启蒙替代市民启蒙,通过新思想新文化的普及而达到民族的自觉和思想的解放。[1]

这段对20世纪30年代"新启蒙运动"的评价和定位应该说是比较中肯的。它传达了一个重要的信息,也即是说在"新启蒙运动"中,马克思主义成为其中的一个重要内容。作为中共独立领导的一场新思想运动,这似乎是其必然。在"五四"新文化运动的后期,"马克思主义"思想和理论已经进入全面输入阶段,这也是该时期的重要特征。马克思主义不仅是西方现代思想的重要发展和组成部分,同时也是"五四"新文化运动的重要思想内容。这一点,在本书《绪论》以及第一章中已有较为详细的论述。

新启蒙主义者试图融通现代启蒙主义、马克思主义和中国传统文化的思想,具有文化超拔的积极意向。

---

[1] 陈志波、余海岗:《对20世纪30年代新启蒙运动的思考》,《桂林师范高等专科学校学报》,2011年第2期。

四、新启蒙运动的"民族主义"价值取向,并试图融通中国传统文化,这既是对全民抗战现实的关注,也是对"五四"以来的民族主义精神的进一步宣扬。这是新启蒙运动试图超越"五四"新文化运动的另一重要企图

民族主义的盛行及其高扬,是20世纪30年代的一大特色。这是抗战这个特殊的历史大背景决定的。"新启蒙运动"除了弥合现代启蒙主义与马克思主义之间的缝隙,还试图拉近马克思主义与中国传统文化之间的距离。

新启蒙运动的民族主义立场,包括对传统文化的重新认知和接纳,纠正了"五四"新文化运动与中国传统文化的对立关系:

> 在文化上,这个新启蒙运动应该是综合的。如果说"'五四'运动"引起一个新文化运动,则这个新启蒙运动应该是一个真正新的文化运动。所要造的文化不应该只是毁弃中国传统文化,而接受外来西洋文化;当然更不应该是固守中国文化,而拒斥西洋文化;乃应该是各种现有文化的一种辩证的或有机的综合……但为适应今日的需要,这个新启蒙运动的文化运动却应该不只是大众的,还应该带些民族性。[1]
>
> ……
>
> 新启蒙运动很可以说就是民族主义的科学民主的思想文化运动。对于自己传统的东西是要扬弃的。所谓扬弃的意思,乃有的部分要抛弃,有的部分则要保存而发扬之,提高到一个更高的阶段。"五·四时期"的启蒙运动有的地方不免太孩气了。因此为矫

---

[1] 张申府:《"五四"纪念与新启蒙运动》,《什么是新启蒙运动》,第21页,北京:生活·读书·新知三联书店,2012年。

正"打倒孔家店"的口号,我曾提出"打倒孔家店,救出孔夫子"。[1]

马克思主义哲学家艾思奇的观点更为大胆和激进。他主张在民族得以生存的前提下,与"封建势力携手"也是一个可选择项,这与"五四"新文化运动强烈反传统的主张可谓大相径庭。他说:"只要是于民族的生存有利的话,就是与部分封建势力携手,也是在所不惜的。"[2]陈伯达、张申府等人支持艾思奇的这个主张,并进一步提出了现代启蒙和马克思主义"中国化"的概念。同时,张申府对"新生活运动"的正面肯定,也是同一思想主张的体现。"蒋先生倡导的新生活运动与新启蒙运动,在根本上不但是相通的,而且是相同的……有一点很显然的,就是新生活运动重实,重科学。这正合了新启蒙运动的根本要求。"[3]不仅肯定"新生活运动",甚至将其和新启蒙运动等同。

这不仅是文化上的某种"融合"企图,也是与现实的结合,也即救亡图存。这与"五四"运动的目标是一致的,均是现实产物下的文化自救手段。反帝救亡,这其实也是后期"五四"的主题之一。只是在30年代,这个主题由于日本帝国主义的全面入侵而变得更加突显。在民族主义的大旗下,新启蒙主义者做出了这样的大胆尝试。

但是,新启蒙运动还是引起了右翼文人的极力反对,他们站在国民政府"尊孔读经"以及"新生活运动"的政治立场上,极力对新启蒙运动进行各种非难。杨立奎、陶希圣等人连续发表文章攻击新启蒙运动,用词极其激烈:"北平文化教育界败类黄松龄……等组织启蒙学会,反对礼教,诋毁忠孝节义、五伦八德为陈腐毒素,蛊惑青年,自行绝灭,狂悖荒谬,亘古无

---

[1] 张申府:《新启蒙运动的当前使命》,《什么是新启蒙运动》,第161页,北京:生活·读书·新知三联书店,2012年。

[2] 转引自[美]苏衡哲:《中国启蒙运动——知识分子与"五四"遗产》,第277页,北京:新星出版社,2007年。

[3] 张申府:《新启蒙运动与新生活运动》,《什么是新启蒙运动》,第44页,上海:生活书店,1939年。

伦。"[1]由此，可以看出两大背景：一是"五四"文化启蒙思想与中国传统文化思想的对立。但是，这种"对立"在新启蒙运动中虽然已有很大改观，对于中国传统文化的认识已较"五四"时期有了相当大的改变，但"反封建"仍然是新启蒙主义者的重要主张。二是国共两党的政治、军事之争，进一步扩展到思想文化领域，由此引发思想文化上的纷争也是势所必然。

不过，面对右翼文人的这些无端指责，新启蒙运动的发起者们做出了理性的回答和解释。也许，出于此后国共合作以及抗日统一战线的政治需要，张申府对此做出几乎毫无原则的妥协，他试图把新启蒙运动与国民党政府所提倡的"新生活运动"相对接："二者可以说同是文化运动，同是要以文化方面救国家与民族的，只是新启蒙运动比较偏于思想方面，新生活运动比较偏于生活方面。"[2]这样的说辞不仅牵强，而且无力及苍白，已经全无"五四"新文化倡导者的锐利锋芒。

同时，为了弥合1927年以来"革命"的左右翼之间的分化，张申府还提出了"一个革命说"：

> 我十余年来越来越相信"一个革命说"，意思就是：彻底解决中国问题只需要一个革命。这一个革命既是政治革命，又是社会革命。既不是有产阶级的革命，也不是无产阶级的革命，而乃是国民革命，而乃是民族革命，而乃是全国革命。在这一个革命过程中遂由三民主义的彻底实行，平坦顺遂地发展到大同社会：即所谓"以进大同"，而把三民主义的理想圆满实现。本来划分不清的阶级，便直进而消灭之，以成无阶级的社会。中山先生在三十四年前已经昭示："诚可举政治革命，社会革命，毕其功于一役。"[3]

---

[1] 杨立奎：《斥灭伦丧德的新启蒙运动》，《华北日报》(北平)，1937年5月25日。
[2] 张申府：《启蒙运动与青年运动》，《什么是新启蒙运动》，第40页，上海：生活书店，1939年。
[3] 张申府：《论中国化》，《什么是新启蒙运动》，第165页，上海：生活书店，1939年。

这个"一个革命说",固然是出于抗战以及国共合作的时代需要,同时也是毛泽东新民主主义思想的一个发端。这里虽无证据表明毛泽东的《新民主主义论》所提出的思想受到了张申府的启发,但至少说明这种思想的产生并非是一个个案,而是思想上的某种共同认知。

五、新启蒙运动在"超越'五四'"的同时,也放大和强化了"五四"的两歧性。这是中国现代思想文化内部深层的根本矛盾之一,也是思想文化引进过程中不可避免的"后发劣势"的重要表现

"五四"的"复调性"或内在冲突,表现得更为突出(包括前后两个"五四")。何干之等新启蒙者的思想矛盾,也正是"五四"复调性的表现,并将"五四"的复调性或内在矛盾放大得更为清晰。这在"五四"时期,是没有被认识到的。这是矛盾中的一致,也是一致中的矛盾。

在新启蒙运动这种融合的企图之下,"五四"新文化运动以来,三大主要思想体系之间的矛盾和张力,得到了更大的扩张和放大。这里,既有西方思想文化(包括马克思主义)与中国传统文化思想之间的矛盾对立,又有西方自由主义思想与马克思主义思想之间的张力。比如,何干之概括出社会与个人之间的理想关系模式,即"理想的社会,不是奴才所结成,良善社会,必须有自立的个人","健全的社会,必产生健全的个人,而健全的个人,又可推动社会的向前发展"。[1] 这样的思想其实鲁迅早就有过相关论述,似乎并不新鲜。但这与马克思主义所强调的集体主义精神却构成了某种悖论。除了"群己关系"之间的矛盾与迷失,新启蒙运动的诸多缺失,比如:① 得到下层民众的肯定,却忽略了真正的启蒙者,这种思想在建国后愈发明显。② 启蒙与革命之间的关系,存在矛盾和判断失误。③ 抗战与个人

---

[1] 何干之:《近代中国启蒙运动史》,《何干之文集》(第二卷),第80页,北京:北京出版社,1994年。

自由,有所偏仄,"抗敌第一的思想"普及。④"新生活运动"与新启蒙运动的一致观点,不仅是"悖论",更似水火难容。新启蒙运动的这些内歧性和矛盾性,也正是启蒙在中国近百年以来的矛盾总集合,暗示了中国现实下启蒙运动的历史宿命。

从本质上来说,新启蒙运动是在民族危机的特殊历史阶段,在民族主义精神取向的指引之下,对现代启蒙主义、马克思主义进一步"中国化"的伟大尝试。因此,新启蒙主义者试图融通三种思想文化源流:西方现代启蒙主义、马克思主义(西方现代思想发展的产物之一,但恰恰是其叛逆者)、中国传统思想文化。这种企图正是将现代启蒙主义、马克思主义重新进行思想熔铸,也正是对"五四"新文化运动的超越意向,更是马克思主义"中国化"的重要尝试。虽然这是并不能完全重合的三个圆圈,但这种努力和尝试的伟大及其不可能性,正是新启蒙者的全部价值所在。

由于日本全面侵华战争的爆发,大片国土沦丧,"新启蒙者纷纷离开北平、上海等文化中心,有的调往延安,有的前往重庆,有的流亡外地,新启蒙学会名存实亡,新启蒙运动也难以为继"[1]。新启蒙运动终为抗日民族战争所阻隔,救亡、反帝或民族危亡再次压倒了启蒙,思想文化"启蒙"最终让位于"革命"和"民族战争",这几乎是"五四"新文化运动命运的重演。

第二节 "毛泽东思想"的形成:马克思主义中国化的伟大成果

马克思主义或社会主义思想文化在清朝末年即已传入中国,康有为、孙中山等对马克思主义均有所关注和论述。早期的中国马克思主义思想主要通过日本传入中国,但随着1917年俄国十月革命的爆发,马克思主义在中国得到迅猛的发展,而且此时的马克思主义打上了俄国革命的特殊烙

---

[1] 庞虎:《二十世纪三十年代新启蒙运动夭折的原因分析》,《光明日报》,2009年3月3日。

印,即列宁主义的理论特色。它不仅更多发挥了马克思主义理论中的阶级斗争、暴力革命、无产阶级专政等部分,而且,独创了社会主义可以在一国或数国(也即资本主义的薄弱环节)首先取得成功的理论,并通过城市工人暴动成功地建立了第一个苏维埃国家。俄国革命的胜利不仅丰富和发展了马克思主义理论,而且是马克思主义在实践中取得成功的范例。这极大地鼓舞了中国早期的马克思主义者,"以俄为师"成为其时大多数革命者的共识。

马克思主义不是终极真理,更不是理论教条。因此,马克思主义的普遍真理如何与各国革命的具体实践相结合,就成为一个重要的课题。无论是经典的马克思主义,还是作为马克思主义重要发展的列宁主义,均是如此。这成为一个长期而痛苦的理论探索和不断实践的伟大过程。一个众所周知的历史事实是,在国际共产主义运动中和中国共产党内,马克思主义教条化、共产国际决议和苏联经验神圣化等错误倾向曾一度盛行,并被标榜为真正的马克思主义,中国革命也曾因此陷于某种困境。马克思主义的"中国化"实为理论之必需,现实之需要。

毛泽东思想不仅是马克思主义"中国化"的产物,同时也是在同马克思主义教条化等错误倾向作斗争过程中逐步形成和发展起来的。按照中国党史的研究和总结,它经历了如下几个时期:① 毛泽东思想的萌芽(1921—1927):党的创立和大革命时期。其思想成果标志,即初步形成了关于新民主主义革命的基本思想。如反帝反封建的民主革命纲领,无产阶级在民主革命中的领导权问题和农民同盟军等问题,中国革命的对象、动力和前途等问题,通过对中国历史现状以及现实的调研和分析,提出了农民是革命的主要依靠力量。此时的思想尚不成体系。其主要代表作为毛泽东的《中国社会各阶级的分析》(1925年12月)、《湖南农民运动考察报告》(1927年3月)等。② 毛泽东思想的初步形成(1927—1935):土地革命战争前中期。其思想成果标志,即"农村包围城市,武装夺取政权"等民主革命道路理论的形成。如"工农武装割据"思想,农村包围城市,武装夺取政权理论,并初步阐述了作为毛泽东思想的活的灵魂的实事求是、群众路线、独立自主的基本思想。此间,发动了八一南昌起义等,创建了井冈山革命根据地,也是第一个农村割据政权,提出一些切合实际的军事斗争思想和策略。由此,中国革命走出俄式革命的阴影,即依靠工人并进行城市暴动的革命路径,形成了自己的独立和独特的选择。主要代表作有:《中国的红色政权为什么能够存在》(1928年10月)、《井冈山的斗争》(1928年11月)、《星星之火,可以燎原》(1930年1月)、《反对本本主义》(1930年5月)等。③ 毛泽东思想的成熟(1935—1945):1935年遵义会议后到抗日战争时期。其主要标志性成果,即形成了新民主主义革命的完整理论体系,包括新民主主义革命的统一战线理论、中国革命战争的战略思想和战术原则、党的建设的力量等,总结出了党领导新民主主义革命的三大法宝,实现了毛泽东哲学思想体系的构建。主要代表作有:《〈共产党人〉发刊词》(1939年10月)、《中国革命和中国共产党》(1939年12月)、《新民主主义论》(1940年1月)等。1945年中共七大确立毛泽东思想为党的指导思想,是毛泽东思想发展史上的一个里程碑。此阶段,标志着毛泽东思想的成熟。④ 毛泽东思想的继续发展(1945—1976):解放战争时期和中华人民共和国成立以后。其主要思想成果,包括民主联合政府的组成方式及设想,社会主义建设的诸多理论,新民主主义革命理论的丰富和发展,社会主义革命和社会主义建设的正确的理论原则和经验总结。主要代表作有:《论联合政府》《论人民民主专政》(1949年6月)、《论十大关系》(1956年4月)、《关于正确处理人民内部矛盾的问题》(1957年2月)等。

在此阶段,也正是马克思主义"中国化"即毛泽东思想走向成熟的时期。《新民主主义论》、《论联合政府》(1945年4月24日,中共第七次全国代表大会上的政治报告)等重要文章,是毛泽东思想理论体系最终形成并走向成熟的标志,此是集大成式的纲领和宣言。

一、中国共产党是"五四"新文化运动的继承者

毛泽东思想的一个重要内容,也即是"五四"新文化运动,为中国共产

党的成立做了思想上和组织上的准备。毛泽东虽然以"五四"的继承者自居,但其对"五四"的定位却是:"二十年前的五四运动,表现中国反帝反封建的资产阶级民主革命已经发展到了一个新阶段。五四运动的成为文化革新运动,不过是中国反帝反封建的资产阶级民主革命的一种表现形式。"[1]这是一场反帝、反封建的思想文化运动,但是属于资产阶级民主革命的范畴。而毛泽东所说的这个"五四"运动,还是属于那个狭义的"五四"运动。

二、中国社会的性质:半封建,半殖民地

这回答和总结了此前关于"中国社会性质"问题的那场论争:

> 自周秦以来,中国是一个封建社会,其政治是封建的政治,其经济是封建的经济。而为这种政治和经济之反映的占统治地位的文化,则是封建的文化。
>
> 自外国资本主义侵略中国,中国社会又逐渐地生长了资本主义因素以来,中国已逐渐地变成了一个殖民地、半殖民地、半封建的社会。[2]

三、中国革命是世界革命的组成部分,以及"两次革命"的划分(旧民主主义革命和新民主主义革命)

从第一次世界大战爆发到俄国十月革命建立了第一个社会主义国家,中国革命的性质发生着改变。

---

[1] 毛泽东:《五四运动》,《毛泽东选集》(第二卷),第522页,北京:人民出版社,1968年。
[2] 毛泽东:《新民主主义论》,《毛泽东选集》(第二卷),第625页,北京:人民出版社,1968年。

第三章 "民族主义"主旋律下的民主建构及文化再造(1937—1949)

> 在这以前,中国资产阶级民主主义革命,是属于旧的世界资产阶级民主主义革命的范畴之内的,是属于旧的世界资产阶级民主主义革命的一部分。
>
> 在这以后,中国资产阶级民主主义革命,却改变为属于新的资产阶级民主主义革命的范畴,而在革命的阵线上说来,则属于世界无产阶级社会主义革命的一部分了……它就不再是旧的资产阶级和资本主义的世界革命的一部分,而是新的世界革命的一部分,即无产阶级社会主义世界革命的一部分了。[1]

同时,把中国革命分为两个步骤,驳斥"左"和"右"的观点,比较新旧三民主义的异同:

> 中国革命的历史进程,必须分为两步,其第一步是民主主义的革命,其第二步是社会主义的革命,这是性质不同的两个革命过程。而所谓民主主义,现在已不是旧范畴的民主主义,已不是旧民主主义,而是新范畴的民主主义,而是新民主主义。
>
> 由此可以断言,所谓中华民族的新政治,就是新民主主义的政治;所谓中华民族的新经济,就是新民主主义的经济;所谓中华民族的新文化,就是新民主主义的文化。[2]

驳斥国民党右派的"一次革命论":"有些恶意的宣传家,故意混淆这两个不同的革命阶段,提倡所谓'一次革命论',用以证明什么革命都包举在三民主义里面了,共产主义就失去了存在的理由……'一次革命论'者,不

---

[1] 毛泽东:《新民主主义论》,《毛泽东选集》(第二卷),第 628-629 页,北京:人民出版社,1968 年。
[2] 毛泽东:《新民主主义论》,《毛泽东选集》(第二卷),第 626 页,北京:人民出版社,1968 年。

要革命论也,这就是问题的本质。"[1]同时,新民主主义论中的革命的两个阶段理论,也与当年陈独秀的"二次革命论"有着根本区别,其间的关键所在是无产阶级的领导权问题:

> 虽然按其社会性质,基本上依然还是资产阶级民主主义的,它的客观要求,是为资本主义的发展扫清道路;然而这种革命,已经不是旧的、被资产阶级领导的、以建立资本主义的社会和资产阶级专政的国家为目的的革命,而是新的、被无产阶级领导的、以在第一阶段上建立新民主主义的社会和建立各个革命阶级联合专政的国家为目的的革命。因此,这种革命又恰是为社会主义的发展扫清更广大的道路。[2]

这就确立了新民主主义革命的领导权问题及其最后的发展方向,也即社会主义革命。

同时,以此为基础,还对旧三民主义和新三民主义进行了论定。毛泽东以孙中山在《中国国民党第一次全国代表大会宣言》中重新解释的三民主义为分水岭,对新、旧三民主义进行了界定:

> 在这以前,三民主义是旧范畴的三民主义,是旧的半殖民地资产阶级民主革命的三民主义,是旧民主主义的三民主义,是旧三民主义。
>
> 在这以后,三民主义是新范畴的三民主义,是新的半殖民地资产阶级民主革命的三民主义,是新民主主义的三民主义,是新三民主义。只有这种三民主义,才是新时期的革命的三民主义。

---

[1] 毛泽东:《新民主主义论》,《毛泽东选集》(第二卷),第644页,北京:人民出版社,1968年。
[2] 毛泽东:《新民主主义论》,《毛泽东选集》(第二卷),第629页,北京:人民出版社,1968年。

第三章 "民族主义"主旋律下的民主建构及文化再造(1937—1949)

> 这种新时期的革命的三民主义,新三民主义或真三民主义,是联俄、联共、扶助农工三大政策的三民主义。没有三大政策,或三大政策缺一,在新时期中,就都是伪三民主义,或半三民主义。[1]

可谓旗帜鲜明,立论有据,义正词严。

四、关于中国政治的未来选择及走向问题,为中国社会和革命的前途指明了道路

> 这种新民主主义共和国,一方面和旧形式的、欧美式的、资产阶级专政的、资本主义的共和国相区别,那是旧民主主义的共和国,那种共和国已经过时了;另一方面,也和苏联式的、无产阶级专政的、社会主义的共和国相区别……因此,一切殖民地半殖民地国家的革命,在一定历史时期中所采取的国家形式,只能是第三种形式,这就是所谓新民主主义共和国。这是一定历史时期的形式,因而是过渡的形式,但是不可移易的必要的形式。[2]

> 国体——各革命阶级联合专政。政体——民主集中制。这就是新民主主义的政治,这就是新民主主义的共和国,这就是抗日统一战线的共和国,这就是三大政策的新三民主义的共和国,这就是名副其实的中华民国。[3]

对于新民主主义国家和无产阶级的社会主义国家的区别,毛泽东有此阐述和释疑:

---

[1] 毛泽东:《新民主主义论》,《毛泽东选集》(第二卷),第650页,北京:人民出版社,1968年。
[2] 毛泽东:《新民主主义论》,《毛泽东选集》(第二卷),第636页,北京:人民出版社,1968年。
[3] 毛泽东:《新民主主义论》,《毛泽东选集》(第二卷),第638页,北京:人民出版社,1968年。

>有些人怀疑共产党得势之后,是否会学俄国那样,来一个无产阶级专政和一党制度。我们的答复是:几个民主阶级联盟的新民主主义国家,和无产阶级专政的社会主义国家,是有原则上的不同的……中国现阶段的历史将形成中国现阶段的制度,在一个长时期中,将产生一个对于我们是完全必要和完全合理同时又区别于俄国制度的特殊形态,即几个民主阶级联盟的新民主主义的国家形态和政权形态。[1]

民主集中制的原则,也在此提出。"新民主主义的政权组织,应该采取民主集中制,由各级人民代表大会决定大政方针,选举政府。它是民主的,又是集中的,就是说,在民主基础上的集中,在集中指导下的民主。"[2]

五、关于中国经济发展问题的论述。这是新民主主义经济的总原则和根本方向

>大银行、大工业、大商业,归这个共和国的国家所有……在无产阶级领导下的新民主主义共和国的国营经济是社会主义的性质,是整个国民经济的领导力量,但这个共和国并不没收其他资本主义的私有财产,并不禁止"不能操纵国民生计"的资本主义生产的发展,这是因为中国经济还十分落后的缘故。[3]

农业问题主要是土地制度的改革问题,即是要实现"耕者有其田"。"为着消灭日本侵略者和建设新中国,必须实行土地制度的改革,解放农

---

[1] 毛泽东:《论联合政府》,《毛泽东选集》(第三卷),第962-963页,北京:人民出版社,1968年。
[2] 毛泽东:《论联合政府》,《毛泽东选集》(第三卷),第958页,北京:人民出版社,1968年。
[3] 毛泽东:《新民主主义论》,《毛泽东选集》(第二卷),第638-639页,北京:人民出版社,1968年。

第三章 "民族主义"主旋律下的民主建构及文化再造(1937—1949)

民。孙中山先生的'耕者有其田'的主张,是目前资产阶级民主主义性质的革命时代的正确的主张……'耕者有其田'的主张,是一种资产阶级民主主义性质的主张,并不是无产阶级社会主义性质的主张,是一切革命民主派的主张,并不单是我们共产党人的主张。"[1]其主要方法即是:"没收地主的土地,分配给无地和少地的农民,实行中山先生'耕者有其田'的口号,扫除农村中的封建关系,把土地变为农民的私产。农村的富农经济,也是容许其存在的。这就是'平均地权'的方针。"[2]

但这种改革,仍然保留了土地的"私有制",甚至包括富农经济。对于一个农业国家,工业的重要性被提高到一个新的高度:

> 为着打败日本侵略者和建设新中国,必须发展工业……就整个来说,没有一个独立、自由、民主和统一的中国,不可能发展工业……没有工业,便没有巩固的国防,便没有人民的福利,便没有国家的富强……在新民主主义的国家制度下,将采取调节劳资间利害关系的政策。一方面,保护工人利益,根据情况的不同,实行八小时到十小时的工作制以及适当的失业救济和社会保险,保障工会的权利;另一方面,保证国家企业、私人企业和合作社企业在合理经营下的正当的赢利;使公私、劳资双方共同为发展工业生产而努力。[3]

这是工业方面在国家企业之外,仍保持部分"私有制"企业和合作社,并有效协调公私、劳资的关系。

---

[1] 毛泽东:《论联合政府》,《毛泽东选集》(第三卷),第 975 页,北京:人民出版社,1968 年。
[2] 毛泽东:《新民主主义论》,《毛泽东选集》(第二卷),第 639 页,北京:人民出版社,1968 年。
[3] 毛泽东:《论联合政府》,《毛泽东选集》(第三卷),第 981-983 页,北京:人民出版社,1968 年。

有些人不了解共产党人为什么不但不怕资本主义,反而在一定的条件下提倡它的发展。我们的回答是这样简单:拿资本主义的某种发展去代替外国帝国主义和本国封建主义的压迫,不但是一个进步,而且是一个不可避免的过程。它不但有利于资产阶级,同时也有利于无产阶级,或者说更有利于无产阶级。现在的中国是多了一个外国的帝国主义和一个本国的封建主义,而不是多了一个本国的资本主义,相反地,我们的资本主义是太少了。[1]

对于新民主主义的国家来说,反帝、反封建依然是核心和主题,而"本国的资本主义"的存在,也正是这一主题的现实需要和历史过程。同时,这也是对30年代以来"以农立国,还是以工立国"争论以及乡村建设问题的某种应答。

六、关于军事方面的重要论述

一方面是针对抗日民族战争的,有《论持久战》等一系列重要文章;一方面是关于成立"民主联合政府"的构想,在军事方面主要涉及军队国家化的问题,批判了国民党内的一种主张,即"你交出军队,我给你自由"。

"军队是国家的",非常之正确,世界上没有一个军队不是属于国家的。但是什么国家呢?大地主、大银行家、大买办的封建法西斯独裁的国家,还是人民大众的新民主主义的国家?中国只应该建立新民主主义的国家,并在这个基础之上建立新民主主义的联合政府;中国的一切军队都应该属于这个国家的这个政府,借以保障人民的自由,有效地反对外国侵略者。什么时候中国有一个新民主主义的联合政府出现了,中国解放区的军队将立即交

---

[1] 毛泽东:《论联合政府》,《毛泽东选集》(第三卷),第961页,北京:人民出版社,1968年。

给它。但是一切国民党的军队也必须同时交给它。[1]

七、党建和外交

在党建方面，主要提出了"三大法宝"重要理论构建。1939年10月，毛泽东在撰写《〈共产党人〉发刊词》并论述新民主主义理论时指出：统一战线，武装斗争，党的建设，是我们党在中国革命中的三个基本问题。正确地理解了这三个问题及其相互关系，就等于正确地领导了全部中国革命。"十八年的经验，已使我们懂得：统一战线，武装斗争，党的建设，是中国共产党在中国革命中战胜敌人的三个法宝，三个主要的法宝。这是中国共产党的伟大成绩，也是中国革命的伟大成绩。"[2]中国共产党要成为新民主主义的领导者，必须强化党的建设工作。

在外交方面，充分肯定了苏联的示范价值和重要作用。苏联作为全世界第一个社会主义国家，其革命和实践的经验和教训均值得我们学习、借鉴和记取。这与马克思主义"中国化"的努力及取向并不矛盾。

> 我们认为国民党政府必须停止对于苏联的仇视态度，迅速地改善中苏邦交。苏联是第一个废除不平等条约并和中国订立平等新约的国家。在一九二四年孙中山先生召集的国民党第一次全国代表大会时和在其后进行北伐战争时，苏联是当时唯一援助中国解放战争的国家。在一九三七年抗日战争开始以后，苏联又是第一个援助中国反对日本侵略者的国家……我们认为太平洋问题的最后的彻底的解决，没有苏联参加是不可能的。[3]

---

[1] 毛泽东：《论联合政府》，《毛泽东选集》(第三卷)，第974页，北京：人民出版社，1968年。
[2] 毛泽东：《〈共产党人〉发刊词》，《毛泽东选集》(第二卷)，第569页，北京：人民出版社，1968年。
[3] 毛泽东：《论联合政府》，《毛泽东选集》(第三卷)，第986页，北京：人民出版社，1968年。

在外交政策上的"亲苏",这不仅是出于政治方向上的一致性,还有着国家利益上的重要原因。这是建国后出现"一边倒"外交政策的来源和基础。

关于新民主主义文化的重要论述。毛泽东论证了新民主主义文化的三个特点,即民族的、科学的、大众的。这是毛泽东思想的一个重要组成部分,此前有纪念"五四"运动的系列文章,后有《在延安文艺座谈会上的讲话》,因而形成了一个相对独立的思想体系。

> 所谓新民主主义的文化,就是人民大众反帝反封建的文化;在今日,就是抗日统一战线的文化。这种文化,只能由无产阶级的文化思想即共产主义思想去领导,任何别的阶级的文化思想都是不能领导了的。所谓新民主主义的文化,一句话,就是无产阶级领导的人民大众的反帝反封建的文化。[1]
>
> ……
>
> 这种新民主主义的文化是民族的。它是反对帝国主义压迫,主张中华民族的尊严和独立的。它是我们这个民族的,带有我们民族的特性……这种新民主主义的文化是科学的。它是反对一切封建思想和迷信思想,主张实事求是,主张客观真理,主张理论和实践一致的……这种新民主主义的文化是大众的,因而即是民主的。它应为全民族中百分之九十以上的工农劳苦民众服务,并逐渐成为他们的文化……民族的科学的大众的文化,就是人民大众反帝反封建的文化,就是新民主主义的文化,就是中华民族的新文化。[2]
>
> 新民主主义的文化,同样应该是"为一般平民所共有"的,即

---

[1] 毛泽东:《新民主主义论》,《毛泽东选集》(第二卷),第659页,北京:人民出版社,1968年。

[2] 毛泽东:《新民主主义论》,《毛泽东选集》(第二卷),第666-669页,北京:人民出版社,1968年。

第三章 "民族主义"主旋律下的民主建构及文化再造(1937—1949)

是说,民族的、科学的、大众的文化,决不应该是"少数人所得而私"的文化。[1]

由此,这种民族的、民主的、科学的文化,也与"五四"新文化运动一脉相承。

> 对于外国文化,排外主义的方针是错误的,应当尽量吸收进步的外国文化,以为发展中国新文化的借镜;盲目搬用的方针也是错误的,应当以中国人民的实际需要为基础,批判地吸收外国文化。苏联所创造的新文化,应当成为我们建设人民文化的范例。对于中国古代文化,同样,既不是一概排斥,也不是盲目搬用,而是批判地接收它,以利于推进中国的新文化。[2]

这里,再次谈到对外国文化和古代文化的借鉴态度,这与此前六中全会的报告中的观点以及建国后对中外文化的态度是一致的。但这里特别提到了苏联"新文化",并提出要以此为"范例"来建设中国的新文化。这种对"苏联经验"的倚重,也是日后"一边倒"外交政策和全面学习苏联的肇始。同时,还对西方文化和中国传统文化在创造新文化中的作用进行了详细分析,并用民族主义的价值取向,批判了"全盘西化论";以科学精神为旨归,确立了中国传统文化的继承原则:

> 中国应该大量吸收外国的进步文化,作为自己文化食粮的原料,这种工作过去还做得很不够。这不但是当前的社会主义文化和新民主主义文化,还有外国的古代文化,例如各资本主义国家启蒙时代的文化,凡属我们今天用得着的东西,都应该吸收……

---

[1] 毛泽东:《论联合政府》,《毛泽东选集》(第三卷),第959页,北京:人民出版社,1968年。
[2] 毛泽东:《论联合政府》,《毛泽东选集》(第三卷),第984页,北京:人民出版社,1968年。

> 排泄其糟粕,吸收其精华……所谓"全盘西化"的主张,乃是一种错误的观点。
>
> ……
>
> 中国的长期封建社会中,创造了灿烂的古代文化。清理古代文化的发展过程,剔除其封建性的糟粕,吸收其民主性的精华,是发展民族新文化提高民族自信心的必要条件,但是决不能无批判地兼收并蓄。[1]

这样的思想文化观点,正是中国共产党人站在马克思主义的立场上回应"全盘西化论"以及"中国文化本位主义"的复古论调。

这种思想,其实早已提出。1938年10月12日,毛泽东代表中共中央政治局在六中全会做政治报告,提出了对中国历史思想文化遗产的态度以及马克思主义中国化的重大命题:

> 学习我们的历史遗产,用马克思主义的方法给以批判的总结,是我们学习的另一任务。我们这个大民族数千年的历史,有它的发展法则,有它的民族特点,有它的许多珍贵品。对于这个,我们还是小学生。今天的中国是历史的中国之一发展。我们是马克思主义的历史主义者,我们不应该割断历史。从孔夫子到孙中山,我们应该给以总结,我们要承继这一份珍贵的遗产。[2]

在这里,中国传统文化遗产不仅包括孔夫子,也包括孙中山。这样的观点,与新启蒙运动是一致的,但对"五四"新文化运动却是一种超越。

从思想文化领域来说,新启蒙运动是马克思主义"中国化"的初始或第

---

[1] 毛泽东:《新民主主义论》,《毛泽东选集》(第二卷),第667、668页,北京:人民出版社,1968年。

[2] 毛泽东:《抗日民族战争与抗日民族统一战线发展的新阶段》,转引自张申府:《论中国化》《什么是新启蒙运动》,第161页,北京:生活·读书·新知三联书店,2012年。

一阶段,毛泽东思想的渐趋形成和成熟则是其第二阶段。而毛泽东思想的形成,确实在最初的时候受到了新启蒙运动的启发:

> 陈伯达关于在中国开展中国化运动(即不带有那么强烈反传统精神的一种新"五四"运动)的观点,传入了毛泽东的耳朵里。毛泽东这时已取得了共产党的最高职位,迫切希望把他的经验,提升为民族主义政治理论。他发现中国化的概念十分有用,使他能够把自己共产主义思想适用于中国的实践经验,提升为普遍性的原则。[1]

这个包括马克思主义在内的西方思想的"中国化"或"本土化"运动,自20世纪30年代中期的"新启蒙运动"始。它是中国现代思想不断发展的产物,也是民族主义语境之下的客观要求;同时,它又是中国思想界逐步走向自主和成熟的某种标志和象征。

"新启蒙运动"虽然最终归于消弭或失败,但马克思主义"中国化"的脚步却从来没有停止。这是现实的需要,也是历史的必然。最终,它以"毛泽东思想"的方式得以成型。它不仅形成了理论体系,指导了中国革命的伟大实践,并最终取得了政治和军事上的全面胜利,建立了社会主义的国家,从而确立了马克思主义、毛泽东思想在中国的领导地位。

马克思主义"中国化"的重要成果——毛泽东思想具有丰富的内容,包括政治、经济、军事、文化等领域,其主要内容包括"星星之火,可以燎原""枪杆子里出政权""农村包围城市""游击战十六字方针""群众路线""团结一切可以团结的人""文艺为无产阶级政治服务""三个世界的划分""继续革命理论",等等。这些军事思想、政治思想、文化思想,均有中国化的特色。它不是"原教旨"或经典的马克思主义,也不是"苏联式"的马克思主义,它们

---

[1] [美]舒衡哲:《中国的启蒙运动——知识分子与"五四"遗产》,第277页,刘京建译,北京:新星出版社,2007年。

首先是从军事开始的。这主要是思想理论,尚可争论,军事斗争则没有选择,只以胜败论英雄。除了新民主主义论等关系于国家、政制、经济、文化的设置之外,《实践论》《矛盾论》等著作是毛泽东的哲学体系之一,这也是马克思主义的中国化成果之一。至于1949年之后,包括经济建设和国家治理等方面全面学习苏联,则是后话。但作为一种思想文化,我们将重点论述其马克思主义"中国化"的进程及其成果。

马克思主义"中国化"的正式提出,是在1938年的中共六中全会上。在题为《抗日民族战争与抗日民族统一战线发展的新阶段》的政治报告中,毛泽东提出要加强党的思想建设,强调全党要普遍和深入地学习和研究马克思列宁主义同中国的具体特点相结合,坚决反对教条主义和本本主义:

> 共产党员是国际主义的马克思主义者,但马克思主义必须通过民族形式才能实现。没有抽象的马克思主义,只有具体的马克思主义。所谓具体的马克思主义,就是通过民族形式的马克思主义,就是把马克思主义应用到中国具体环境的具体斗争中去,而不是抽象地应用它。成为伟大中华民族之一部分而与这个民族血肉相联的共产党员,离开中国特点来谈马克思主义,只是抽象的空洞的马克思主义。因此,马克思主义的中国化,使之在其每一表现中带着中国的特性,即是说,按照中国的特点去应用它,成为全党亟待了解并亟须解决的问题。洋八股必须废止,空洞抽象的调头必须少唱,教条主义必须休息,而代替之以新鲜活泼的,为中国老百姓所喜闻乐见的中国作风与中国气派。[1]

这可能是毛泽东第一次谈到"马克思主义的中国化"问题,这固然有清

---

[1] 毛泽东:《抗日民族战争与抗日民族统一战线发展的新阶段》,转引自张申府:《论中国化》,《什么是新启蒙运动》,第142-143页,北京:生活·读书·新知三联书店,2012年。

算王明路线即"洋八股"的意图隐含其中,但确实是一个伟大的思想认识。同时,这也是毛泽东思想的一个重要发展和飞跃。在这一段论述中,毛泽东旗帜鲜明地提出了马克思主义"中国化"的重大命题。

毛泽东思想是马克思列宁主义的基本理论与中国革命具体实践相结合的产物。作为一个政治名词,远远晚于马克思主义"中国化"这一概念的提出。

"毛泽东思想"这一科学概念的凝练和最终形成,经历了一个较为漫长的历史过程。1941年3月,中共理论工作者张如新在《论布尔什维克的教育家》一文中第一次使用了"毛泽东同志的思想"这一提法。1943年7月5日,王稼祥在《解放日报》上发表《中国共产党与中国民族解放的道路》一文,第一次提出了"毛泽东思想"这一概念,并指出"毛泽东思想就是中国的马克思列宁主义"[1]。1943年12月,邓小平在北方局党校整风动员会上的讲话中,不仅使用了毛泽东思想的概念,而且明确指出毛泽东思想对党和革命的指导作用。而对"毛泽东思想"的提出和确立贡献最大的则是刘少奇。1943年7月5日,刘少奇在《清算党内的孟什维克思想》一文中,不仅使用了"毛泽东同志的思想"和"毛泽东同志的思想体系"两个概念,并号召全党"用毛泽东的思想来武装自己"[2]。1945年4月,刘少奇在七大《关于修改党章的报告》中再次深入而系统地论述了毛泽东和毛泽东思想,在此次会议上,毛泽东思想被写进党章之中。党章中规定:中国共产党以马克思列宁主义的理论与中国革命的实践之统一的思想——毛泽东思想,作为自己一切工作的指导方针,反对任何教条主义的或经验主义的偏向。同时还指出:毛泽东思想,就是马克思列宁主义的理论与中国革命的实践之统一的思想,就是中国的共产主义,中国的马克思主义。

"毛泽东思想"作为马克思主义的重要发展,不仅是毛泽东个人的思想,也是全党智慧的结晶;它不是偶然的产物,而是中国革命及其实践的最

---

[1] 王稼祥:《中国共产党与中国民族解放的道路》,《解放日报》(延安),1943年7月5日。
[2] 刘少奇:《清算党内的孟什维克思想》,《解放日报》(延安),1943年7月5日。

终产物。它是对中国革命实践经验的最好凝练和总结,并指导着中国革命从胜利走向胜利。

第三节　中国的民主建设工程:现代启蒙主义精神的承继与发展

"民主"是"五四"新文化运动的三大旗号之一,也是"反封建"的重要利器。民主不只是一种思想形式,更是实践性的内容。在"抗日战争"这个特殊历史时期中,民族主义以及阶级意识笼罩下的中国民主建设有其特殊性。这也是现代启蒙主义处于低潮的时期,在民主思想的研究和探索方面也显得较为薄弱。新启蒙运动者虽然亮出"继承'五四',超越'五四'"的口号,但其落脚点则是对"五四"新文化运动的反思和超越。这种反思和超越的主要向度即所谓"中国化",它既包括现代启蒙主义的"中国化",也包括马克思主义的"中国化"。而后者的成就最大,其主要标志则是"毛泽东思想"的形成和走向成熟。它以马克思主义为主干,并融合了现代启蒙主义、中国传统文化的部分思想内容,使其成为指导中国革命和中国现代化进程的重要思想体系。

不可否认的是,在抗战这个特殊的历史时期,"民主"问题仍然是全国民众特别是知识分子关注的话题。在日渐勃兴的"民族主义"以及阶级意识的笼罩之下,与"五四"新文化运动时期相比,"民主"有了远为复杂的呈现方式。除了现代启蒙主义的坚守和理论上的某些思辨、论争之外,在宪法制定等民主体制建构方面,不仅做出了不少实际的努力,亦取得一定的进步。

这主要表现在民主的现实层面,即建设、探索与抗争。毕竟,民主不只是一种理想或者思想,民主更是实践和行动。

第三章 "民族主义"主旋律下的民主建构及文化再造(1937—1949)

一、"民主"现场之一：现实层面的专制、独裁与民主抗争

以抗战为理由，以蒋介石为代表的国民党政府不仅站在文化保守主义的立场倡导儒家传统文化，在政治上还以凝聚抗战力量为借口，继续实施"一个主义，一个政党，一个领袖"的专制、独裁式统治。

不过，由于受到来自中国共产党、民主党派、自由主义者、进步人士以及学生运动的巨大压力，国民政府还是做了一些表面文章，在民主、宪政方面向民众有所表示。

1929年，国民党三届二中全会通过了《训政时期之规定案》，明确规定"训政时期规定为六年，至民国二十四年完成"。但在"九一八"事变之后，中国民主宪政运动进一步高涨，要求结束训政、还政于民的呼声非常强烈。这些声音既来自国民党外部，也来自国民党内部。在这种强大的社会压力之下，1936年5月5日，国民政府公布《中华民国宪法草案》，简称"五五宪草"。

1946年12月25日，国民党单方召开国民大会，通过了《中华民国宪法》。在这部宪法起草和讨论过程中，由于受到中国共产党、民主党派、自由派人士等的压力，比"五五宪草"还是有不少进步。比如，具有自由主义倾向的宪法起草者张君劢将原"五五宪草"中的"中华民国为三民主义共和国"，改为"中华民国基于三民主义，为民有、民治、民享之民主共和国"。如此，也就否决了国民党"一党独裁"的合法性。再比如，对人民自由权利的规定形式，也由原来的"法律限制主义"变成了"宪法保障主义"，并不附条件。另外，在对总统权力的限定、中央与地方关系的权限划分等方面，均有一定进步。不过，"正如张君劢在《中华民国未来民主宪法十讲》中指出的，有了一部带有民主性质或色彩的宪法，并不一定就有了民主政治，关键是要看统治者是否有实行宪法的诚意"[1]。斯言最终得到证实，直至国民党

---

[1] 郑大华：《民国思想史论》，第454页，北京：社会科学文献出版社，2006年。

在1949年失去大陆政权,这部宪法也没有给人民带来任何民生上的实际好处。国民党政府自始至终都是一个专制、独裁政权。

除了通过宪法制定所进行的体制内各种形式的合法斗争,还有表达民主、自由这些基本诉求的各种社会抗争和运动。中共在延安等解放区的民主实践、国统区历次的学生运动以及民主党派的抗争,均在一定程度上推动了中国民主进程,并对人民进行了最初的民主启蒙。比如,1946年12月的"沈崇事件",引发了北平和全国各大学的大罢课;1947年5月,由中央大学学生率先发起的"5·20"抗议运动,史称"5·20"惨案或"5·20"事件。这表面来看,是国统区的人民反对美军暴行、反饥饿、反压迫、反迫害的斗争,但在本质上都是要求基本生存权以及民主、自由的现实抗争和斗争。

同时,中国民主同盟的成立标志着国民党统治区爱国民主力量的集聚。它主要由中上层知识分子组成,内部的政治倾向也较为复杂,并自认为是一个中间派别的政治团体,是处于国民党与共产党之间的一个政治组织。他们对国民党抱有幻想,希望通过合法手段和和平方式推动中国的民主政治建设,但在后期则进一步倾向于中国共产党。1945年11月11日至16日,中国民主同盟召开临时全国代表大会,这也是其后来被追认的第一次全国代表大会。在大会的政治报告中,他们表明了自己的政治主张以及民主理想:

> 中国民主同盟在中国所要建立的民主制度,绝对不是,并且绝对不能,把英美或苏联式的民主全盘抄袭……我们没有所谓偏左偏右的成见。我们亦没有资本主义民主、社会主义民主这些成见……拿苏联的经济民主来充实英美的政治民主,拿各种民主生活中最优良的传统及其可能发展的趋势,来创造一种中国型的民主,这就是中国目前需要的一种民主制度。[1]

---

[1] 中国民主同盟中央委员会编:《中国民主同盟历史文献(1941—1949)》,第75-77页,北京:中国社会科学出版社,2012年。

这里的"中国型民主"以及以合法、和平手段来争取民主,是其民主特色,也是其政治宣言。但蒋介石在本质上就不想实现什么民主政治,1945年,他在《中国之命运》一书中即有非常直白的表述。在该书中,蒋介石继续着力渲染"一个主义""一个党""一个领袖"的思想,把三民主义说成是"国民革命不变之最高原则""民族复兴唯一正确之路线"。据此,国民党既反对自由主义,也反对共产主义的思想主张。这也是导致国共内战和民主同盟倾向于共产党的根本原因。

1947年7月11日和15日在云南昆明发生的"李闻惨案",也暴露了蒋介石的真正野心,并促使了中国民主同盟的进一步清醒。李公朴是民盟中央执行委员兼民主教育运动委员会副主席,闻一多是民盟中央执行委员兼云南省支部常委、宣传部主任。在纪念被暗杀的李公朴会议上,闻一多发表了著名的《最后一次演讲》:

> 这几天,大家晓得,在昆明出现了历史上最卑劣、最无耻的事情!李先生究竟犯了什么罪?竟遭此毒手。他只不过用笔写写文章,用嘴说说话,而他所写的,所说的,都无非是一个没有失掉良心的中国人的话!……我们不怕死,我们有牺牲的精神,我们随时像李先生一样,前脚跨出大门,后脚就不准备跨进大门。[1]

一语成谶,闻一多先生随后也被特务暗杀。李、闻都是知识分子,手无寸铁,除了言论之外,并无反对政府的实际行动。他们先后被国民党特务所暗杀,激起了全国的巨大反响和愤慨。梁漱溟在记者招待会上发表书面谈话时愤激地说:"特务们!你们有第三颗子弹吗?我在这里等着它。"

其后,民盟受到国民党的进一步迫害,并于1945年10月27日被国民

---

[1] 闻一多:《最后一次演讲》,《拍案颂》,第126-127页,北京:北京图书馆出版社,2007年。

政府内政部宣布为非法团体。民盟中央党委兼西北总支部主任委员杜斌丞被杀害,民盟东北总支部执委、作家骆宾基被捕,民盟主要领导人张澜、罗隆基等在上海被软禁。"中国型民主"的实行,通过中间道路、和平方式、合法手段已无可能。

二、"民主"现场之二:中国共产党人在延安时期的民主建设以及反封建主义的努力

当时的"革命圣地"延安以及其抗日军政大学,成为中国进步青年心中的向往之地,他们纷纷跋山涉水前来投身革命。这就像当年的"大革命"时期,广州和黄埔军校成为中国具有理想主义精神的青年们施展政治和人生抱负的所在一样。

在抗战期间,陕甘宁边区的"三三制"民主实践、减租减息、提倡自由恋爱、反对包办婚姻等革命措施,均是对"五四"新文化运动启蒙理想的实践。这也是中国共产党人在解放战争中摧毁国民党专制、独裁政权的重要政治、经济和文化基础。

民众素质一直是独裁者的借口,延安的实践却得出了完全不同的结论:

> 有些人说:老百姓没有知识,不能实行民主政治。这是不对的。在抗战中间,老百姓进步甚快,加上有领导,有方针,一定可以实行民主政治。例如在华北,已经实行了民主政治。在那里,区长、乡长、保甲长,多是民选的。县长,有些也是民选的了,许多先进的人物和有为的青年,被选出来当县长了。[1]

---

[1] 毛泽东:《和中央社、扫荡报、新民报三记者的谈话》,《毛泽东选集》(第二卷),第551-552页,北京:人民出版社,1968年。

但是,在"延安整风运动"中发生的"野百合花"事件,令人深思。此为建国后用政治手段解决思想文化问题开了先例,深刻的教训值得每个中国共产党人记取和警醒,这也是党内极左思想的最初萌芽和反映。王实味成为党内自由主义者的第一个"献祭者"。

三、民主的体制建构与理论研究

应该说,从戊戌变法开始,康有为、梁启超等维新党人就开始进行民主的体制性建构。到了辛亥革命成功,成立了民主共和性质的中华民国,颁布了宪法,这种民主的体制架构成为中国人民梦想已久的现实。然而,由于袁世凯以及北洋军阀、政客们等的抵制和破坏,中国人民的民主梦最终化为"泡影"。正是基于对此现实的痛切反思,才催生了"五四"新文化运动,试图以思想文化启蒙的方式来改造民众和中国文化,以期奠定民主共和的思想基础和文化底蕴。然而,"思想启蒙"迅速转向"激进革命",而革命"右翼"的国民党人与革命"左翼"的中国共产党人的"反帝""反封建"联盟最终走向破裂,中国陷入了内战。以蒋介石为首的中国国民党建立了"一党专政"的独裁政权,对于中国人民来说,民主、共和仍是一个遥远而美丽的梦。

在抗战期间,中华民族面临亡国灭种的深刻危机。如果说在民族主义的现实语境之中,以马克思主义"中国化"的成果"毛泽东思想",中国文化本位主义以及现代新儒学,是此阶段中国思想文化的主体部分,但民主和自由并未因此蛰伏或销声匿迹。中国共产党人、民主联盟以及自由主义知识分子都在积极推进民主体制的建立,并进行民主理论上的研究和探讨。在现实的民主实践和抗争之外,关于民主的理论建构及思考也是他们未曾忽略的一个重要方面。

国民党、共产党、自由主义者呈现出三种不同的民主向度。国民党仍是宣扬"训政论",共产党持新民主主义论并主张组建民主联合政府,自由主义者渴望西方式的民主。后两者最终形成同盟关系,国民党政府的腐败和推进民主进程的强烈渴求是关系形成的主因。

国民党仍然坚持三民主义立场以及"军政、训政、宪政"民主建制"三步走"的方略,强调抗战和民族主义,用以抵制或拖延民主进程。这在上一章节中已有论述。

共产党除了领导、发动了以"继承'五四',超越'五四'"为旨归的新启蒙运动之外,对中国的民主、自由问题也有着自己独立的思考。他们直面现实,忠于民族,并为民族解放战争而流血牺牲,成为民主、自由事业实践上的积极推进者和理论上的建设者。

中国共产党的领袖毛泽东,则在延安时期写出了《新民主主义论》《论联合政府》等重要文章。这些文章探讨了中国社会的性质,以及最终实行民主共和的方式和方法。在《新民主主义论》中,他指出中国革命分为两个历史阶段,现在所处的阶段是"新民主主义革命",那么,政治、经济、文化则都是新民主主义性质的。而"所谓新民主主义文化,就是人民大众反帝反封建的文化;在今日,就是抗日民族统一战线的文化……一句话,就是无产阶级领导的人民大众的反帝反封建的文化"[1]。而在《论联合政府》一文中,则提出了"废止国民党一党专政,建立民主的联合政府"[2]的民主政治构想。这都是对中国民主进程的有力推进,具有实践和理论的双重价值。

对于社会主义与民主建设之间的关系,"五四"新文化运动的主将、中共最早的领导者陈独秀也有着自己的独特思考。"五四"新文化运动由自由主义向社会主义之转向,在当时的历史语境里,应是某种自然而然之事。虽然,这是陈独秀二十年之后的反思,但不减其理论价值。

在这个历史阶段,不仅有以"继承'五四',超越'五四'"为旨归,以中共以及进步人士为主体的思想群体发动的"新启蒙运动",还有一以贯之的中国自由主义者们。中国自由主义者们则本着对"五四"启蒙的忠实和继承,

---

[1] 毛泽东:《新民主主义论》,《毛泽东选集》(第三卷),第659页,北京:人民出版社,1968年。
[2] 毛泽东:《论联合政府》,《毛泽东选集》(第三卷),第967页,北京:人民出版社,1968年。

在这个时期仍然做着极大的努力。面对国民党所提倡的"一个政党,一个政府,一个领袖"的专制独裁主张,中国的自由主义者并未放弃战斗,而是把它与抗战的胜利结合在了一起。此时,自由主义像马克思主义思想一样,并不占主导或主流地位,但其对于自由、民主的努力和影响力却不可否认。

> 这种思想启蒙传统一直香火不断。如果说,"五四"时期这个传统主要由陈独秀、李大钊、蔡元培、鲁迅等激进的民主革命者开辟,那么在"五四"以后革命的疾风暴雨时代,这个传统主要是由《现代评论》《新月》、西南联大和储安平主编的《观察》所组成的自由主义知识分子一脉相承的。而胡适则是中国自由知识分子的领袖人物。[1]

这大致描述了在民族革命战争和国内革命战争年代,"五四"自由主义知识分子的选择和现状。他们中除了胡适之外,还有张君劢、傅斯年、陈序经、储安平以及民主同盟的诸君子。具有现代新儒学和自由主义双重倾向的著名人士张君劢在《中华民国宪法》的起草过程中,做出了很大的努力,并对民主宪政进行了十分有益的理论研究。

"如果说胡适是中国现代史上第一代自由主义知识分子的领袖,储安平则是第二代自由主义知识分子的代表。"[2] 储安平在1940年代创办了《观察》《客观》等杂志,宣传自由主义思想。在《观察》的创刊宗旨中,储安平有如下明确的表述:

> 我们这个刊物第一个企图,要对国事发表意见。意见在性质上无论是消极的批评或积极的建议,其动机则无不出于至诚。这个刊物确是一个发表政论的刊物,然而决不是一个政

---

[1] 祁志祥:《中国现当代人学史》,第85页,上海:学林出版社,2006年。
[2] 祁志祥:《中国现当代人学史》,第90页,上海:学林出版社,2006年。

治斗争的刊物。我们除大体上代表着一般自由思想分子,并替善良的广大人民说话以外,我们背后另(别)无任何组织……我们所感觉兴趣的"政治",只是众人之事——国家的进步和民生的改善,而非一己的权势。同时,我们对于政治感觉兴趣的方式,只是公开的陈述和公开的批评,而非权谋或煽动。政治上的看法,见仁见智,容各不同,但我们的态度是诚恳的,公平的。我们希望各方面都能在民主的原则和宽容的精神下,力求彼此的了解。[1]

1948年,《观察》杂志被国民党查封。但在它存续的三年左右时间里,第二代自由主义知识分子就自由主义、国共内战、中国的出路、学生运动等问题发表了自己的独立见解,宣传了自由主义的主张和思想。

其实,除了胡适、储安平,自由主义知识分子陈序经等人也为现代启蒙运动做出了自己的独特贡献。

陈序经等人曾提出"全盘西化"论,这受到胡适等自由主义知识分子的充分肯定。胡适说自己"完全赞成陈序经先生的全盘西化"[2];但陈、胡二人的观点却受到文化保守主义者的强力攻击,认为他们这是"数典忘宗",是极端主义。其实,胡适对所谓"全盘西化"有自己的解释:

文化自有一种"惰性",全盘西化的结果自然会有一种折衷的倾向……现在所说的折衷,说"中国本位"都是空谈。此时没有别的路可走,只有努力全盘接受新世界的新文明。全盘接受了,旧文化的"惰性"自然会使它成为一个折衷调和的中国本位新文化。[3]

---

[1] 储安平:《我们的志趣和态度》,《储安平文集》(下),张新颖编,第51-52页,上海:东方出版中心,1998年。
[2] 胡适:《编辑后记》,《独立评论》第142号,1935年3月。
[3] 胡适:《编辑后记》,《独立评论》第142号,1935年3月。

第三章 "民族主义"主旋律下的民主建构及文化再造(1937—1949)

这段话的主旨,与陈独秀在"五四"新文化运动时期提出来的"矫枉必须过正"的思想同出一辙。

胡适对于中国的自由主义运动,不仅富有激情和坚韧的斗争精神,还有着极为深刻的反思和警醒。他的《自由主义》,极有表述价值,代表着此阶段自由、民主思想的新标高。1948年,他又发表《自由主义是什么?》一文,且明确指出:"东方的自由主义运动始终没有抓住政治自由的特殊重要性,所以始终没有走上建设民主政治的路子。"[1]

傅斯年的《罗斯福与新自由主义》一文,引述了罗斯福所说的"四大自由",即言论自由、宗教自由、经济自由、人身自由和安全。这是当时对民主的最好理解和阐述,也是现代启蒙主义或自由主义的思想内核和社会理想。

> ……在我们祈求的未来日子,我们望见一个建设在四种基本人类自由的世界。
>
> 第一是,言论及表达的自由——世界的一切地方。
>
> 第二是,每人各如其式崇拜其上帝之自由——世界的一切地方。
>
> 第三是,免于匮乏(的自由)——把这话说到世界上,就等于说,每个民族间,为他的人民获得一个健康的太平生活,需要相互的经济了解——世界的一切地方。
>
> 第四是,免于恐惧(的自由)——把这话说到世界上,就等于说,全世界的解除武装,到一种程度,使每一国均无力对其邻人施行侵略——世界的任何地方。这不是一个千年的远景,这是可以在我们这一世造成的世界之基础。这个世界,恰是与独裁者所欲造成的暴力的新秩序完全反的。[2]

---

[1] 胡适:《自由主义是什么?》,《胡适之先生年谱长编初稿》(六),胡颂平编,第2044页,台北:台湾联经出版公司,1984年。

[2] 傅斯年:《罗斯福与新自由主义》,《大公报》(重庆),1945年4月29日。

他又分析了自由主义的利弊及其使命：

> 人类的要求是自由与平等,而促成这两事者是物质的和精神的进步。百多年来,自由主义虽为人们造成了法律的平等,却帮助资本主义更形成了经济的不平等,这是极可恨的。没有经济的平等,其他的平等是假的,自由也每不是真的。但是,如果只问平等,不管自由,那种平等久而久之也要演出新型的不平等来,而且没有自由的生活是值不得生活的,因为没有自由便没有进步了,所以自由与平等不可偏废,不可偏重,不可以一时的方便取一舍一。利用物质的进步（即科学与经济）和精神的进步（即人之相爱之心而非相恨心）,以促成人类之自由平等,这是新自由主义的使命。[1]

自由主义思想者,没有太多理论上的创新,也没什么洋洋巨著,大概因为西方自由主义从思想到实践均已较为完备和成形,只需"拿来"即可吧。他们的最大冲突和矛盾,主要在于他们所追求的自由和民主理想与专制、独裁的黑暗社会现实之间的巨大反差。因此,他们所做的努力更多是对现实的抗争。而试图融合中西思想文化的"现代新儒学",则没有了这份简单和轻松。

第四节 民族主义的另一文化呈现："现代新儒学"思潮的兴起

中国"民族主义"的特殊历史形态及其巨大的文化牵引力,在抗日战争和民族救亡的声浪之下成为时代的主旋律,但其后则被解放战争中两个阶

---

[1] 傅斯年:《罗斯福与新自由主义》,《大公报》(重庆),1945年4月29日。

级大决战的隆隆炮声所打断。而"现代新儒学"的崛起,不仅是对时代的某种文化感应,也是"民族主义"及阶级意识背景之下的"文化再造"工程。如果说新启蒙运动者在20世纪30年代发出了现代启蒙主义、马克思主义"中国化"的时代诉求,那么,中国传统思想文化的坚守者们也把儒学"现代化"的事宜提上了日程,这就是影响巨大的"现代新儒学"运动。

如果检讨一下中国"民族主义"的传统思想资源,最早大概可以追溯到"夷夏之防"说,这大概是中国最早的民族主义话语。孔子在《春秋》中将其表述为:"内诸夏,而外夷狄。"其历史延伸概念也仅止于"尊夏攘夷""以夏变夷"而已。此后,每逢发生异族入侵、改朝换代的民族危机时,"夷夏之防"说的思想往往会被民族主义者祭起,用以凝聚国族人心,抵抗或反抗异族侵略和统治。但是,中国的民族主义观念和思想却无多大发展和深入。

应该说,中国的民族主义意识以及民族主义的思想资源是非常薄弱的。张君劢也持这种观点。他认为,与欧美国家相比,中国国民的民族主义思想意识是极其淡薄的。中国人头脑中主要是"天下"观念,而非"民族"意识[1]。这种民族观念的涣散和淡漠,至少从民族心理和文化的角度来说,导致了近、现代以来中国任人宰割、被动挨打的局面。

当然,除了民族心理文化原因之外,在长期皇权专制政体之下形成的爱国观念缺失,则是最为主要的原因。皇权专制之下,没有真正意义上的现代国家,只有帝王的家天下;皇权专制之下,亦无人民,只有群氓和奴隶,刁民或者顺民。那个靠武力和暴政成为最高统治者的所谓皇帝,它是否为异族或来自他国,对于皇权之下的庶民来说并不重要。

因此,中国式的民族主义,主要是文化意义上的民族主义,不是国家、国土、人民、民族概念之上的现代民族主义,有时则等同于"爱国主义",是缺少理性支撑,更多来源于情绪和情感的某种激情。那些入侵的外族,如元、清等,一旦接受了中国传统文化,人们则在心理上和文化上接受了异族,甚至以"文化上的优胜"而沾沾自喜。武力上的被征服和统治,似乎变

---

[1] 张君劢:《中华民族复兴之精神的基础》,《再生》第2卷6、7期合刊,1934年4月。

得不是那么无法忍受。清末以来对西方的抵制，则从更多层面上来说，也主要是来自文化上的冲突和抵制。

不过，也正是近、现代以来民族危机的惨痛现实，以及西方现代民族主义思想资源的传入，不断强化了中国人的民族主义和爱国主义意识。清末以来，由于"瓜分豆剖"的列强入侵，民族意识渐次觉醒。这固然是现实处境促成的，而西方民族主义（主要是民族、国家观念）的传入则给中华民族带来了最初的启蒙，这不能不说是最为重要的原因。对于辛亥革命党人来说，其具有"排满"和抵制西方入侵的双重意义。但是，在特殊的政治、经济和文化背景之下，由于各种复杂历史原因的纠合，近代以来也孕育和产生出了极端民族主义或民粹主义，如1900年的"义和团运动"即是一例。

随着抗日战争的全面爆发，中华民族面临前所未有的"亡国灭种"的危机。正如国歌中所唱："中华民族到了最危险的时候！"帝国主义（主要是日本帝国主义）已经是从"瓜分豆剖"式的不断蚕食，发展成欲"一口吞下"中国。而中国人民也经历了一系列的民族危机，从中日甲午海战、一次大战后因为青岛问题与日本帝国主义发生的冲突、东北三省的沦陷以及伪满洲国的成立，到"七七"卢沟桥事变后全面抗战爆发，民族主义由此而全面高涨。清末和"五四"新文化运动以来，那个"反帝"的民族主义主题，再次以民族危亡的紧迫方式，摆在全中国人民的面前。而日本帝国主义所提出的"大东亚共荣圈"，则不仅是地区民族主义的体现，更是从文化民族心理的角度诱使中国产生一种对所谓"东方文化"的认同，并以此作为抵抗西方侵略并统治中国的一种文化说辞和政治欺骗。但此时的中国已然觉醒，西方民族主义的观念和意识已经日渐深入人心，反抗民族侵略的决心和意识已经空前高涨，且无可逆转。

有两点需要加以辨析：一是"反帝"与"民族主义"的异同，"反帝"固然是中国"民族主义"的重要内容和任务，但二者不可等同视之。前者是民族危亡处境里的现实目标和任务，后者乃属精神、思想之锻造和凝练。二是1937—1949年这个阶段的"反帝"包括了两个阶段，前期其实主要是反日，英、美等成为反法西斯战争的同盟者；后期，日本投降，美国因支持蒋介石发动内战,则重新成为"反帝"的主要目标。

中国近现代的民族主义有着巨大的政治影响力,还有着强烈的文化牵引力,直接影响了民族文化的建构和选择。比如,影响到了"五四"以来的"反封建"的主题;影响了政治和政策的设置和安排,如在抗日民族统一战线的阵营下,支持抗日的"开明绅士"成为被团结的对象,而不是此前他们成为革命或被打倒的目标;影响到了"民主"进程的推进,国民党的"一个主义,一个政党,一个领袖"的理论,即是在抗战的大形势下提出的,以此作为领导全民族抗战和民族复兴的前提条件,最终达到一党专政、个人独裁的目的。再比如,以梁漱溟等为代表的现代新儒学,作为一种文化保守主义的思想流派,在"五四"时期初步形成,其后即逐渐冷落;但在抗战时期,由于民族文化复兴的需要,作为文化保守主义的新儒学竟然再度繁荣,形成了一个高潮期,由此产生了熊十力、金岳霖、冯友兰、张君劢等一批现代新儒学大家。不过,这种带有文化保守主义取向且旨在复兴中华民族的"民族主义"的全部激情和努力,终被解放战争中两个阶级大决战的隆隆炮声所打断。

应该说,现代新儒学发端于"五四"新文化运动时期,但却在全民抗战这个特殊历史时期"乘势而起",并成为中国民族本位主义的最好诠释和代表,这也是题中应有之义。它们是中国传统文化与西方文化接轨或"现代化"的特殊努力,也是对建立中国现代思想文化体系的某种尝试和探索。

在抗日战争这个特殊的历史时期,民族主义和民族文化本位主义的形成,有利于全民族团结抗战。当然,这是"民族主义"与"反帝"主题在某些程度下勾连而成。"我们的文化将随我民族复兴的战争和建设而复兴"[1],"中国当前的时代,是一个民族复兴的时代。民族复兴不仅是抗日战争的胜利,不仅是争中华民族在国际政治的自由、独立和平等,民族复兴

---

[1] 胡秋原:《中国文化复兴论》,《中国现代思想史资料简编》(第4卷),蔡尚志主编,第158页,杭州:浙江人民出版社,1982年。

本质上应该是民族文化的复兴"[1]。在民族危机的特殊历史时代,这是现代新儒学寻求民族自信的需要和建设民族文化的根本所在。

梁漱溟在"五四"新文化运动时期的《东西文化及其哲学》等论著的基础之上,写有《中国文化问题》《理性与理智之分别》等重要文章。这仅是某种起点,更多的现代新儒学的大师级人物由此崛起,著书立说。熊十力的《读经示要》《新唯识论》,冯友兰的《新理学》《新事论》等"贞元六书",金岳霖的《论道》(1940年),钱穆的《国史大纲》《中国近三百年学术史》《中国文化史导论》,张君劢的《民族复兴之学术基础》《明日之中国文化》《立国之道》《胡适思想路线批判》),贺麟的《文化与人生》《儒家思想的新开展》,马一浮的《宜山泰和会语》等著述,均是这一时期现代新儒学的代表性作品。这些论著全面超越了"五四"时期的新儒学思想,并形成了以熊十力的"新唯识论"、冯友兰的"新理学"、贺麟的"新心学"等为代表的新儒学哲学思想体系。新儒学的代表者们批判和审视民族文化虚无主义,对中国文化的特殊性进行了自己独到的阐释,并积极探索中国文化复兴的道路。

熊十力(1885—1968),原名继智,又名升恒,字子真,湖北省黄冈县人。其在青年时代曾参加反清革命,中年时期转入学术研究。1920年秋,他经梁漱溟推介入支那内学院研究佛学;1922年冬,他应蔡元培之邀任教于北京大学,并讲授佛教和唯识学。主要著作有《佛家名相解释》《新唯识论》《体用论》《明心篇》《乾坤衍》等。他创立了"新唯识学",这是现代新儒学的第一个哲学理论体系,因此被公认为现代新儒学的"思想泰斗",并成为联系第一代新儒学与第二代新儒学的中坚人物。

他在北京大学任教期间,讲授唯识论的同时,于1922年印刷了《唯识学讲义》,主要还是体现了佛学思想。1923年,他开始创建以儒家精神为主体的"新唯识论"。1932年,出版《新唯识论》文言版本。1940—1944年,完成了《新唯识论》的语体文本,并由商务印书馆正式出版。这标志着他的"新唯识论"哲学体系得以正式确立。

---

[1] 贺麟:《儒家思想的新开展》,《思想与时代》第1期,1941年8月。

熊十力作为"现代新儒学"的大师级人物,提出了著名的"新唯识论"思想体系,其理论上的架构如下:

一是"体用不二"。这可以说是熊十力"新唯识论"思想之"纲",或者说中心思想。

> 须知,体用可分,而不可分。可分者,体无差别,用乃万殊。于万殊中,而指出其无差别之体,故洪建皇极,而万化皆由真宰,万理皆有统宗。本无差别之体,百显现为万殊之用。虚而不屈者,仁之藏也。以而愈出者,仁之显也。是故繁然妙有,而毕竟不可得者,假说名用。寂然至无,无为而无不为者,则是用之本体。用依体现,体待用存。所以,体用不得不分疏。然而,一言乎用,则是其本体全成为用,而不可于用外觅体。一言乎体,则是无穷妙用,法尔皆备,岂其顽空死物,而可忽然成用?如说空华成实,终无是理。王阳明先生有言:"即体而言,用在体。即用而言,体在用。"这话确是见道语。非是自家体认到此,则亦无法了解阳明的话。[1]

由此,他还批判了道家、大乘空宗和有宗在"体用不二"问题上的迷失和谬误。比如,他批评老庄道家思想的三"大谬":

> 老庄言道,犹未有真见。略举其谬:老言混成,归本虚无。其大谬一也。老庄皆以为道是超越乎万物之上。倘真知体用不二,则道即是万物之自身,何至有太一、真宰在万物之上乎?此其大谬二也。道家偏向虚静中去领会道。此与大易从刚健与变动的功用上指点,令人于此悟实体者,便极端相反。故老氏以柔弱为用,虽忿嫉统治阶层,而不敢为天下先,不肯革命。此其大谬三也。道家

---

[1] 熊十力:《新唯识论》(语体文本),第384-385页,北京:中华书局,1985年。

之宇宙论,于体用确未彻了。庄子散见之精微语殊不少,而其持论之大体确未妥。庄子才大,于道犹不无少许隔在。[1]

他批判大乘空宗和有宗,则主要是指出他们把法性和法相分隔、割裂和对立开来:

> 相者,即是性之生生、流动、诈现相状,余故说为功用。譬犹大海水变成众沤(众沤,比喻法相。大海水,比喻法性……)性者,即是万法的自身(万法,乃法相之别一名称。)譬如大海水即是众沤的自身。余故说体用不二。[2]

"体"和"用"是中国传统哲学中的两个重要概念,熊十力对其关系的理解是十分辩证和深刻的。

二是提出"翕辟成变"的观点,这是其"体用不二"思想主旨的逻辑推衍:

> 翕辟云何?实体变成大用,决不单纯。定有翕辟两方面,以相反而成变。翕,动而凝也,辟,动而升也。凝者,为质为物。升者,为精为神。盖实体变成功用。即此功用之内部,已有两端相反之几,遂起翕辟两方面之显著分化。万变自此不竭也。[3]

又说:

> 收凝的势用,名为翕,翕即成物(翕便诈现一种迹象,即名为物)。所以,物之名依翕而立……所谓辟者,亦名为宇宙的心。我

---

[1] 熊十力:《体用论》,第3页,上海:龙门联合书局,1958年。
[2] 熊十力:《体用论》,第40页,上海:龙门联合书局,1958年。
[3] 熊十力:《体用论》,第124-125页,上海:龙门联合书局,1958年。

们又不妨把辟名为宇宙精神。[1]

这种翕变思想,也正是其宇宙论的重要组成部分。

三是其对中国传统的"理学"和"心学"思想的分辨,这是其"体用不二"思想的延伸。

> 关于理的问题,有两派的争论。一、宋代程伊川和朱元晦等,主张理是在物的。二、明代王阳明始反对程、朱,而说心即理(这里即字的意义,明示心与理是一非二。如云孔丘即孔仲尼)。二派之论,虽若水火,实则心和境本不可截分为二(此中境字,即用为物的别名。他处凡言境者皆仿此。),则所谓理者本无内外……我们不可舍心而言理。二派皆不能无失,余故说理无内外。说理即心,亦应说理即物,庶无边执之过。[2]

对于中国哲学思想史上"理学派"和"心学派"之间的巨大分歧和对立,熊十力试图加以融通和统一,但其根本旨归还是在"心学"方面。

四是对"性智"和"量智"的界定。如果说"体用不二"与本体论相关联,这就是属于方法论的范畴了。在这里,"量知"是指以客观事物认知和实践为基础的理性思维方法,"性智"则是指常说的顿悟或直觉思维。

五是"成己成物"的思想。这里的"成己"即是一个道德修养,有似于儒家所说的"修身"或"内圣";"成物"则是指一个人在现实世界的自我实现,有似于儒家所说的"仁里齐家治国平天下"或"外王"的思想。"成己"与"成物"是内在统一的,正如"内圣"与"外王"一样。这是其价值论的组成部分,也是对儒家思想的重述和彰显。

冯友兰(1895—1990),字芝生,河南唐河县人,毕业于北京大学,美国哥

---

[1] 熊十力:《新唯识论》(语体文本),第328页,北京:中华书局,1985年。
[2] 熊十力:《新唯识论》(语体文本),第272-273页,北京:中华书局,1985年。

伦比亚大学哲学博士。曾担任河南中州大学文科主任、教授，广州大学哲学系主任、教授，燕京大学哲学系教授，清华大学哲学系教授、系主任、校秘书长、文学院院长、代理校务会议主席、校务委员会主席，西南联合大学文学院院长，北京大学哲学系教授，中国科学院哲学社会科学部常务学部委员，中国科学院哲学研究所研究员等职。著有《中国哲学史》（两卷本）《中国哲学史新编》以及完成于抗战期间的著名的"贞元六书"，即《新理学》（1939年）、《新事论》（1940年）、《新世训》（1940年）、《新原人》（1943年）、《新原道》（1944年）、《新知言》（1946年）。以上著述后均收入《三松堂全集》。

像熊十力一样，他也建构了自己的哲学体系，即"新理学"思想。这是他对现代新儒学思想，也是中国哲学思想的一大贡献。在《新理学》的开篇中，他即标明题义，此书"是'接着'宋明以来底理学讲底，而不是'照着'宋明以来底理学讲底"[1]。"接着讲"与"照着讲"也正是中国现代哲学史上的一个重要命题，科学地阐明了传统与现代、继承和创造之间的逻辑链接和辩证关系。而冯氏的哲学研究，也正是从逻辑学起步的。"用古人的话说，就是从逻辑学'悟入'；用今人的话说，就是从逻辑学'打开一个缺口'。"[2]这是冯氏的夫子自道。那么，"接着讲"和"照着讲"的真正分别是什么呢？冯氏从逻辑的角度对此做了清晰的区分：

> 新的现代化的中国哲学，只能用近代逻辑学的成就，分析中国传统哲学中的概念，使那些似乎是含混不清的概念明确起来，这就是"接着讲"与"照着讲"的分别。[3]

他的《中国哲学史》（两卷本）《中国哲学史新编》是"照着讲"的代表，而"贞元六书"（又名"贞元之际所著书"）则是"接着讲"的典范之作。

---

[1] 冯友兰：《新理学·序论》，《三松堂全集》（第四卷），第5页，郑州：河南人民出版社，2012年。
[2] 冯友兰：《中国现代哲学史》，第200页，广州：广东人民出版社，1999年。
[3] 冯友兰：《中国现代哲学史》，第185页，北京：生活·读书·新知三联书店，2009年。

对于"贞元"或"贞元之际",冯友兰也有着自己的解释:

> 所谓"贞元之际",就是说,抗战时期是中华民族复兴的时期:当时我想,日本帝国主义侵略了中国大部分领土,把当时的中国政府和文化机关都赶到西南角上。历史上有过晋、宋、明三朝的南渡。南渡的人都没有能活着回来的。可是这次抗日战争,中国一定要胜利,中华民族一定要复兴。这次"南渡"的人一定要活着回来。这就叫"贞下起元"。这个时期就叫"贞元之际"。[1]

这一段话,既表明了当时的抗战背景,又表明了其民族主义的立场。这也是新儒学诸人试图通过复兴中国传统文化,以期实现抵御外敌并达到文化自立的初衷,这有着集体宣言的意味。

也就是在这套"接着讲"的"贞元六书"中,冯友兰采用新实在论的逻辑分析方法,创造了自己完整而庞大的新儒学哲学体系,克服了中国传统哲学太过笼统、直观、缺少严密的逻辑体系的毛病。同时,又不完全摒弃中国传统哲学的直觉方法,也即所谓"负的方法"。这种"负的方法"也正是梁漱溟、熊十力所力倡的"冥悟证会"的证悟、直觉方法。

> 真正形而上学的方法有两种:一种是正底方法;一种是负底方法。正底方法是以逻辑分析法讲形上学。负的方法是讲形上学不能讲,讲形上学不能讲,亦是一种讲形上学的方法。[2]

这是对哲学思想研究的另一大贡献,也即方法论意义上的创见。这种

---

[1] 冯友兰:《三松堂·自序》,《三松堂全集》(第一卷),第259页,郑州:河南人民出版社,2000年。
[2] 冯友兰:《新知言》,《三松堂全集》(第五卷),第149-150页,郑州:河南人民出版社,2000年。

中西方法论的"合璧",也正是新儒学融会中西、自我创见的企图之一。他们不仅是新儒学理论的倡导者和创造者,也是其实践者和力行者。这也印证和践行了王阳明所说中国儒者"知行合一"的品格。

贺麟(1902—1992),四川省金堂县人,中国著名的哲学家、哲学史家、黑格尔研究专家、教育家、翻译家。他曾留学美国和德国,是一位新黑格尔主义的哲学家。在中国哲学方面也有极高造诣,他曾求教于梁漱溟,并就学于吴宓,与张荫麟(1905—1942)、陈铨(1905—1969)被称为"吴门三杰",可谓学贯中西。20世纪40年代,贺麟融中西哲学于一体并创立了"新心学"思想体系,成为中国现代新儒家的代表人物之一。他长期任教于北京大学哲学系,并在清华大学兼课。1955年后,历任中国科学院哲学所西方哲学史研究室主任、哲学研究所学术委员会副主任,中华全国外国哲学史学会名誉会长,中国民主同盟北京市委委员和中央委员,第三届、第五届全国政协委员。"文革"中曾受到冲击和批判。1982年,以81岁高龄加入中国共产党。

如果说冯友兰是现代新儒学"新理学"理论体系的创立者,那么,贺麟则是"新心学"的开山鼻祖。冯友兰从程朱理学"接着说",贺麟则从陆王心学"接着说"。他的主要思想脉络大致可以概括如下:① 贺麟的"新心学"是新黑格尔主义与陆王心学相结合的哲学思想产物。正如他的夫子自道:"我是从新黑格尔主义观点来讲黑格尔,而且往往参证了程朱陆王理学的理学心学。"[1]② 在中西哲学思想框架下,重新阐释"心即理"的哲学主张,并把"心"分为"逻辑之心"和"心理之心"。"心有二义,一、心理意义的心;二、逻辑意义的心。"③ 而所谓"逻辑意义的心"即是"理",因而推导出"心即理"的主张。但贺麟的这个"理"已非宋明理学中所讲的那个"存天理,灭人欲"中的所谓"天理",而是属于一个具有丰富和复杂内涵的哲学范畴。他如此论述"理"的概念:"理是一个很概括的名词,包含有共相、原则、法则、

---

[1] 贺麟:《康德黑格尔哲学东渐记》,《中国哲学》(第2辑),第376页,北京:生活·读书·新知三联书店,1980年。

范型、标准、尺度以及其他许多意义。就理之为普遍性的概念言,曰共相。就理之解释经验中的事物之根本概念言,曰原理。其实理即是原理,理而不原始不根本,即不能谓之理。就理之为规定经验中事物的有必然性的秩序言,曰法则。就理之为理想的模型或规范言,曰范型或形式。就理之为经验中事物所必须遵循的有效准则言,曰标准。就理之确定不易但又为规定衡量经验中变易无常的事物的准则言,曰尽度。"[1]④ 对于"心""物""理"之间的关系,其主张"心"是"物"的主宰者,"物"则是被主宰者,而"理"则是"心"之本质、本体所在。由此可见,"新心学"具有唯心主义的思想倾向。⑤ "知行合一"是王阳明心学思想体系的一个重要组成部分,贺麟的"新心学"也无法回避。他主张知行合一,知主行从。也即知和行是相伴而生的,没有先后之分,它们之间是平行的关系,各自构成自己的组织系统。而从心是主宰,物是从被主宰的理念出发,也就自然推出了作为"心"的"知",与作为"物"的"行"之间的主从地位,即知主行从。同时,"知"和"行"也表现为"体""用"关系,即"知是行的本质(体),行是知的表现(用)。行若不以知作主宰,为本质,不能表示知的意义,则行为失其所以为人的行为的本质,而成为纯物理的运动。因为物理的运动就是不表现任何思想方面、知识方面的意义的"。因此,"知是体,行是用"。[2]⑥ 从知行合一、内圣外王等中国传统儒学思想出发,贺麟重新定义何谓"儒者",反映了现代新儒学面向社会、积极进取的哲学观和人生观。"何谓'儒者'? 何谓'儒者气象'? 须识者自己去体会,殊难确切下一定义,其实也不必呆板说定。最概括简单地说,凡有学问技能而又具有道德修养的人,即是儒者。儒者就是品学兼优的人。我们说,在工业化的社会里,须有多数的儒商、儒工以作柱石,就是希望今后新社会中的工人、商人,皆成为品学兼优之士。亦希望品学兼优之士,参加工商业的建设,使商人和工人的道德水准和知识水平皆

---

[1] 贺麟:《哲学与哲学史论文集》,第 147 页,重庆:重庆独立出版社,1943 年。
[2] 贺麟:《知行合一论》,《儒家思想的新开展:贺麟新儒学论著辑要》,第 281 页,北京:中国广播电视出版社,1995 年。

大加提高,庶可进而造成现代化、工业化的新文明社会。"[1]现代新儒学具有强大的学术阵容。除了熊十力、冯友兰、贺麟之外,现代新儒学的代表人物还有金岳霖、钱穆、马一浮、徐复观、唐君毅、牟宗三、张君劢等人,他们对现代新儒学运动或思潮的兴起均有建设性的贡献。

钱穆(1895—1990),字宾四,笔名公沙、梁隐等。江苏无锡人。中国现代著名历史学家、思想家、教育家、故宫博物院特聘研究员。中国学术界尊之为"一代宗师",更有学者谓其为中国最后一位士大夫、国学宗师,与吕思勉、陈垣、陈寅恪并称为"史学四大家"。先后任教于燕京大学、北京大学、北平师范大学、西南联大、齐鲁大学、华西大学、四川大学、云南大学、江南大学。1949年南赴香港,创办新亚书院(香港中文大学前身)。1967年迁居台北,任中国文化学院(今中国文化大学)史学教授。钱穆著述甚丰,专著多达80种以上。代表作有《先秦诸子系年》《中国近三百年学术史》《国史大纲》《中国文化史导论》《文化学大义》《中国历代政治得失》《中国历史精神》《中国思想史》《宋明理学概述》《中国学术通义》等。他毕生弘扬中国传统文化,高举现代新儒家的旗帜,在大陆、香港、台湾都产生了巨大的影响。他对中国传统文化怀有深切的"温情和敬意",这是他长期著书立说、宣传新儒学思想的重要动因。

金岳霖(1895—1984),字龙荪,湖南长沙人。毕业于清华大学,后就读于哥伦比亚大学并获博士学位。曾先后担任清华大学文学院院长、中国科学院哲学社会科学部学部委员、哲学研究所研究员兼副所长、中国社会科学院研究员。其代表性论著有《逻辑学》《论道》《知识论》等。其现代新儒学的代表性作品为《论道》,出版于1940年,这是一本用逻辑学写成的书,结构十分独特。"西方近代哲学家斯宾诺沙的《伦理学》,为了表示谨严,是用几何学的形式写的;中国近代谭嗣同的《仁学》,为了表示谨严,是用代数学的形式写的;金岳霖的《论道》,是用逻辑学的形式写的。"[2]在这部论著

---

[1] 贺麟:《文化与人生》,第11-12页,北京:商务印书馆,1988年。
[2] 冯友兰:《中国现代哲学史》,第175页,广州:广东人民出版社,1999年。

中,他主要论述了"道""式""能",共相与殊相,一般与特殊,性与尽性,理与命,无极与太极等哲学命题。他的论著融现代化与民族化于一体,冯友兰不仅在《中国现代哲学史》中将他列为现代新儒学的"三大家"加以论述,并对该作有极高的评价:"现代化与民族化融合为一,论道的体系确切是'中国哲学',并不是'哲学在中国'。"[1]

马一浮(1883—1967),幼名福田,字一佛,后字一浮,号湛翁。浙江会稽(今浙江绍兴)人,中国现代思想家、诗人和书法家。他对于古代哲学、文学、佛学造诣精深,又精于书法。曾先后在浙江大学、北京大学任教。新中国成立后,任浙江文史研究馆馆长、中央文史研究馆副馆长,是第二、第三届全国政协委员会特邀代表。所著被后人辑为《马一浮集》。他是引进马克思《资本论》的中华第一人,与梁漱溟、熊十力合称为"现代三圣"或"新儒家三圣",现代新儒家的早期代表人物之一。在哲学方面,他主要提出了"义理名相论"等哲学概念。

张君劢(1887—1968)则是现代思想文化史上的一个特殊人物,他既是现代新儒学的提倡者,也是中国自由主义思想的奠基人之一。

现代新儒学不断扩大自己的宣传阵地并积极创办书院。比如,1941年8月,《思想与时代杂志》由浙江大学的张其昀、谢幼伟等人创办,经常发表新儒学诸人的文章。1945年,《理想与文化》《中国文化》杂志由熊十力的学生唐君毅、周辅成创办于四川璧山。1945年,《学原》杂志由徐复观创办于南京,并成为宣传新儒学的主要阵地之一。1946年,《理想历史文化》杂志由熊十力的学生程兆熊创办于江西铅山鹅湖。1947年,《历史与文化》杂志由熊十力的学生牟宗三和钱穆的学生姚汉源创办于南京。同时,他们还积极创办书院以培养人才。比如,1939年,马一浮在四川乐山乌龙寺创办复兴书院;1940年,梁漱溟在重庆北碚金刚碑创办勉仁书院;1940年10月,张君劢在云南大理创办民族文化书院;1948年,程兆熊在江西铅山鹅湖创办鹅湖书院等等。这些书院融合古代书院的办学形式和现代大学制度的

---

[1] 冯友兰:《中国现代哲学史》,第198页,广州:广东人民出版社,1999年。

培养方法,培养了一大批现代新儒学的研究人才。新儒学迅速扩大并产生影响,这与其积极创办杂志和书院,重视人才的培养和思想的宣传、传播密不可分。

作为中国传统思想文化"现代化转型"在抗战时期的"范本",我们对于现代新儒学的认识与评价必须与现代启蒙主义(自由主义)、马克思主义(毛泽东思想)甚至国民党的"三民主义"主张相联系,然后进行综合的考量和思辨。中国现代思想史上的三大思潮或思想取向,即现代启蒙主义、马克思主义、中国传统思想文化之间有着复杂的纠合关系,它们之间既有竞争和斗争,又有相互之间的借鉴和融合,呈现出一种错综复杂的状貌和态势,它既带来了思想文化形成发展的"后发劣势",也带来了思想文化再造、重塑的机遇和可能。这种状态,从近代和"五四"新文化运动时期即已开始。

在民族主义情绪及思想日趋高涨的抗战背景之下,中国文化的重建以及文化自信的确立,均离不开对中国传统文化中精华部分的继承和发扬,并在西方文化强势输入的语境之下进行融合与创造。在激烈而喧嚣的现代思想论争中,现代新儒学是真正对中国传统文化进行系统的理论研究、融会西方文化并进行文化再造工程的一群人。代表"毛泽东思想"走向成熟的《新民主主义论》《矛盾论》《实践论》等文章,无疑也是马克思主义"民族化""本土化"和"中国化"的杰出成果。而"五四"新文化运动以来的现代启蒙主义或自由主义思想,由于固有理论体系之完整和成熟,反而并无太多理论上的发展、创造和新见。但在民族战争这个炮火连天的年代,能以生命去反抗黑暗现实,不断为民主、自由而抗争、呼号,并用现代启蒙思想之光去照亮污秽、凶险、残酷的世界,不仅难能可贵,而且与用血肉之躯去再造中国的共产党人和通过中国传统思想与现代西方思想相融合从而重塑文明的现代新儒学者一样,现代启蒙主义者和自由主义者亦堪称"民族脊梁"和时代英雄。

第四章
在"理想主义"与"斗争哲学"的导引下，极左主义思潮的生成、蔓延及肆虐（1950—1977）

在解放战争或曰第三次国内革命战争的隆隆炮声之中，蒋介石的专制、独裁政权迅速土崩瓦解，美国的各种军事、经济援助完全无济于事。这似乎印证了毛泽东曾经的一句谶语般自信而豪迈的断言："一切反动派都是纸老虎！"[1]

1949年6月11日至15日，新政治协商会议在北平中南海举行，"成立联合政府"成为主要任务之一。1949年9月21日，中国人民政治协商会议第一届全体会议在中南海怀仁堂开幕，会议通过了《中国人民政治协商会议共同纲领》等三个历史性文件，确立"新民主主义即人民民主主义"是即将成立的中华人民共和国的"政治基础"[2]，但正如毛泽东所说，这是中国革命在一定的历史时期所采取的"过渡的国家形式"[3]。1949年10月1

---

[1] 毛泽东:《和美国记者安娜·路易斯·斯特朗的谈话》,《毛泽东选集》(第四卷),第1091页,北京：人民出版社,1968年。
[2] 中共中央党史研究室:《中国共产党历史》(第二卷上册,1949—1978),第5页,北京：中共党史出版社,2011年。
[3] 中共中央党史研究室:《中国共产党历史》(第二卷上册,1949—1978),第5页,北京：中共党史出版社,2011年。

日,毛泽东在天安门城楼上庄严宣布:"中国人民站起来了!"[1]

经历一百多年来的深重苦难和折磨,中国人民终于迎来了历史上最好的一个时期。它结束了一个黑暗的旧时代,开始了一个光明的新时代。"中国人民革命的胜利和中华人民共和国的建立,揭开了中国历史的新篇章。"[2]"民族独立,人民解放,国家统一,是三个要点。一九四九年以后的中国历史,就是在这个和以往不同的全新基点上起步的。"[3]不过,新中国在政治及国际关系上,选择向同为社会主义国家的苏联"一边倒"的外交政策。这似乎印证了毛泽东在《论人民民主专政》里提出的"一边倒"主张:"一边倒,是孙中山的四十年经验和共产党二十八年经验教给我们的,深知欲达到胜利和巩固胜利,必须一边倒。积四十年和二十八年的经验,中国人不是倒向帝国主义一边,就是倒向社会主义一边,绝无例外。骑墙是不行的,第三条道路是没有的。"[4]同时,在朝鲜战场上与美国兵戎相见;在经济上,仅用三年左右时间就完成了国民经济的恢复工作,随即"正式提出逐步实现国家的社会主义工业化,逐步实现国家对农业、手工业和资本主义工商业的社会主义改造的过渡时期总路线"[5]。紧随其后的即是人民公社、大跃进等带有激进和理想色彩的经济政策和措施;在思想文化上,则开始确立马克思主义作为意识形态的主导地位,对知识分子进行思想改造与思想批判。

"五四"新文化运动以来的革命"左翼"——中国共产党在取得全国政权以后,迅速沿着自身"理想"的路径,向着社会主义以至共产主义阔步前进。在波澜起伏的建国"十七年"时期,中国的政治迅速向"左"转。其间,

---

[1] 毛泽东:《中国人民站起来了》,《毛泽东选集》(第五卷),第3页,北京:人民出版社,1977年。
[2] 中共中央党史研究室:《中国共产党历史》(第二卷上册,1949—1978),第4页,北京:中共党史出版社,2011年。
[3] 金冲及:《二十世纪中国史纲》(下),第694页,北京:社会科学文献出版社,2009年。
[4] 毛泽东:《论人民民主专政——纪念中国共产党二十八周年》,《毛泽东选集》(第四卷),第1362页,北京:人民出版社,1968年。
[5] 中共中央党史研究室:《中国共产党历史》(第二卷上册,1949—1978),第182页,北京:中共党史出版社,2011年。

第四章　在"理想主义"与"斗争哲学"的导引下,极左主义思潮的生成、蔓延及肆虐(1950—1977)

提出以"阶级斗争为纲"、"无产阶级专政下的继续革命"等纲领和学说,一切在"文革"十年中达到高潮。应该说,"理想主义+阶级斗争"成为这一时期(1949—1978)政治的主色调。

在思想文化上也必然出现新的转向。新民主主义时期的目标是"反帝"和"反封建"。在新民主主义时期,"反帝"主要是反对帝国主义的政治、经济上的侵略,在进入社会主义之后,则增加了反对资本主义文化的新内容,自由主义思想自然也在其列;"反封建"主要是反对儒家文化里的消极因素,其实,即使是"五四"时期的"全盘西化"论者,也没有否定中国传统儒家文化中的有益部分,但在进入社会主义时期特别是在"文革"中,对中国传统儒家文化是全盘否定和批判的。但对传统法家文化却是一个例外,采取了肯定和支持的态度,这在"文革"后期的"评法批儒"运动中得到了彰显。显然,仅仅用"取其精华,去其糟粕"的理论,并不能对此做出理性的解释。马克思主义思想及其文化成为唯一、合法的正宗,这种政治和思想文化选择就像政治和外交上的"一边倒"政策一样,似乎有其内在的逻辑和必然。

但是,我们必须清醒认识到的是,马克思主义是西方现代文化的内生性和发展性的产物,也是"五四"运动以来的新思想文化的重要组成部分,它与西方现代文化有着本质的、内在的、整体的也是必然的联系,如果有意割裂了其间的联系,屏蔽了那些具体的历史和现实环境,那么真理也会走向谬误。其实,在新中国成立后的一些时间,特别是"文化大革命"时期,我们所说的马克思主义,在本质上并非真正的马克思主义。在相当多的时候,它只是打上引号的马克思主义,是伪马克思主义,属于极左思潮的一个组成部分。但它却披上了马克思主义"中国化"的绚丽外衣,其本质上是毛泽东思想里错误和偏执的部分,这在1978年《关于建国以来若干历史问题的决议》中得到了反思和清理。

第一节 "十七年"时期:对资产阶级及中国传统思想文化的清算和批判

中华人民共和国成立初期,在马克思主义和社会主义的理想、激情和斗争哲学的导引之下,第一轮对知识分子和思想文化的整肃、改造运动渐次展开。作为知识分子改造运动的一个组成部分,历次批判和整肃的主旨,在反封建主义的同时,展开对资本主义思想的清算,自由主义思想被纳入其框架之中。这也正是社会主义思想,也即马克思主义为主导的意识形态地位的确立时期。

一、对中国传统文化或所谓封建主义的清算和批判运动

1951年5月,电影《武训传》成为建国后首个思想文化批判的罹难对象,受到了粗暴和激烈的批判。该电影由孙瑜编导、赵丹主演,根据清末教育家武训"行乞兴学"等生平事迹创作而成。它于1948年夏天开拍,1950年10月拍摄完成,同年12月开始公演,可以说是跨越了新旧两个时代。影片上映之后,受到各地报刊的广泛赞誉。1951年3月,中共中央发出通知要求在全国范围内开展对电影《武训传》的讨论。于是,报刊上开始出现了一些批评文章,如《文艺报》于当年4月重新刊载了鲁迅写于30年代的杂文《难答的问题》,该文嘲讽了武训及其鼓吹者;同期,该报还刊登了贾霁的《不足为训的武训》和江华的《建议教育界讨论〈武训传〉》等文章。5月16日,《人民日报》刊登了杨耳的文章《陶行知先生表扬"武训精神"有积极作用吗?》。从总体上来说,相关批判文章的数量并不多,火药味也不是特别浓,并没有突破一般文艺批评的框架和范围。

为了推动讨论的进一步深入,毛泽东亲自撰写了《应当重视电影〈武训

第四章 在"理想主义"与"斗争哲学"的导引下,极左主义思潮的生成、蔓延及肆虐(1950—1977)

传〉的讨论》一文,并以《人民日报》社论的名义于 1952 年 5 月 20 日予以公开发表:

> 《武训传》所提出的问题带有根本的性质。像武训那样的人,处在清朝末年中国人民反对外国侵略者和反对国内的反动封建统治者的伟大斗争的时代,根本不去触动封建经济基础及其上层建筑的一根毫毛,反而狂热地宣传封建文化,并为了取得自己所没有的宣传封建文化的地位,就对反动的封建统治者竭尽奴颜婢膝的能事,这种丑恶的行为,难道是我们所应当歌颂的吗?向着人民群众歌颂这种丑恶的行为,甚至打出"为人民服务"的革命旗号来歌颂,甚至用革命的农民斗争的失败作为反衬来歌颂,这难道是我们所能够容忍的吗?承认或者容忍这种歌颂,就是承认或者容忍污蔑农民革命斗争,污蔑中国历史,污蔑中国民族的反动宣传,就是把反动宣传认为正当的宣传。[1]

这篇浓郁火药味和战斗气息的文章,对该影片进行了政治定性,并立即掀起了批判电影《武训传》的高潮。周扬、郭沫若等纷纷撰文批判《武训传》的反动倾向,即站在维护旧事物的立场上,宣扬了向反动的封建统治者靠拢的投降主义、改良主义的思想,并否定了被压迫人民的阶级斗争,等等。同时,该影片的编导演人员均受到不同程度的批判和冲击。

梁漱溟是现代新儒学的代表人物之一。早年,曾参加同盟会,积极投身于辛亥革命。在"五四"新文化运动时期,他撰写了《东西文化及其哲学》一书,将世界文化分成三类,即西方文化、中国文化、印度文化,它们分别以科学、玄学和宗教而得以彰显。他认为西方文化已经走到尽头,印度文化则又过于高妙,唯有中国文化最为切实,将会在全世界得以传播。他曾勉力进行"新村"实验,并在抗战期间积极协调国共关系,以期共同抗战。1950 年,他

---

[1] 毛泽东:《应当重视电影〈武训传〉的讨论》,《人民日报》,1951 年 5 月 20 日。

应邀出席了全国政协一届三次会议,并在会议上做了《信从中国共产党的领导并改造自己》为题的发言,对自己过往的政治主张及倾向进行了深刻检讨。1951年,他又先后撰写了《两年来我有哪些转变》、《何以我终于落归改良主义》等文章,对自己的中国社会"伦理本位""中国没有阶级"以及反对武装斗争的思想观点做了反思。1951年6月14日,张凌在《光明日报》发表了《梁漱溟先生著〈中国文化要义〉商榷》一文,率先对其思想进行批判。

1955年,对现代新儒学的代表人物梁漱溟所进行的批判逐步升级。与批判电影《武训传》以及对所谓资产阶级唯心主义代表人物胡适的大批判有着异曲同工之妙。梁氏的所有观点,包括其对中共农村政策的批评,均都被无限上纲上线。

也许出于某种无奈或不得已的原因,著名思想家冯友兰不仅加入了这个批判队伍中来,而且第一个走上"战阵"。1955年5月11日,他于《人民日报》发表了《批判梁漱溟先生的文化观和"村治"理论》一文,并称梁氏的文化观以及"村治"思想是"典型的封建复古主义思想"[1]。而在他的《中国现代哲学史》中,他虽然把梁漱溟划为新文化运动的"右翼",但对他的评价则更为客观和公允,"梁漱溟也充分认识到新文化运动的必要性和进步性"[2]。不过,在这本书里冯友兰没有提及梁漱溟的"村治"问题,也许,这只是一个社会实践问题,与哲学没有太多直接的关联吧。其后,艾思奇、贺麟、汤用彤、任继愈、徐宗勉、千家驹、潘梓年、金克木、王若水等也分别走上"战阵",著文批判梁漱溟的唯心主义世界观以及非阶级化的观点。这个"战阵"里,既有马克思主义的理论家,也有现代新儒学的倡导者,可以说是一个庞大的"统一战线"。

作为"五四"新文化运动以来现代新儒学的早期代表人物之一,也是著名的"新村"主义者,梁氏的被批判,具有某种思想风向标的意义。他不只是在不恰当的时候,讲了几句"错话",从而触犯了最高领袖;他更是某种思想门派的代表和象征,或者说"封建主义思想"的体现者,就像胡适代表了资产

---

[1] 冯友兰:《批判梁漱溟先生的文化观和"村治"理论》,《人民日报》,1955年5月11日。
[2] 冯友兰:《中国现代哲学史》,第80页,广州:广东人民出版社,1999年。

第四章 在"理想主义"与"斗争哲学"的导引下,极左主义思潮的生成、蔓延及肆虐(1950—1977)

阶级思想一样,这才是最为根本的原因。他更适合作为思想斗争的标靶。

不过,梁漱溟并没有选择向"左"倾政治屈服。1973年,"批林批孔"运动开始时,他却表示"有不同意见,要保留"。该年12月14日,在民主人士的一次学习会上,他发言说:"对于时下流行的批孔意见不能同意,但我不愿公开表示,妨碍当前运动。假如统战部领导方面想知道我的不同意见是什么,我可以写出评价孔子一文,送请阅看。"[1]1974年2月22日至25日,梁漱溟在中国人民政协直属组做了题为《今天我们应当如何评价孔子》的长篇发言。

> 我现在所认识到的孔子,有功和过两个方面。在没有新的认识之前,我没有别的办法,只能表里如一。我的文章,我的观点,确实是对时下流行的批孔意见不同意的……中国历史上的任何一个古人都不能与孔子相比。他生活在前两千五百年和后两千五百年之间,他本人是承前启后的。中国社会之发展,民族之扩大,历史之悠久,与中国文化是分不开的。中国的民族是受着自己的文化陶冶、培养出来的!中国文化有种种优长之处,这正是中国民族勤劳、善良、智慧、有强大凝聚力,以至发展到今天这么大的多民族国家,所不可短缺的。[2]

他公开为孔子和中国传统文化进行辩护,并因此再次受到批判。"梁漱溟挺身而出与极'左'意识形态抗争,护卫中国的文化传统,除了勇气之外,更重要的是坚定的文化信念……他在批林批孔运动中所展示的思想和人格则无疑体现着中国知识分子的独立思考精神和社会良知作用。这种精神和作用是中国文化在极左政治重压下能够绵延的生命力所在。"[3]梁

---

[1] 梁漱溟:《梁漱溟全集》(第七卷),第317页,济南:山东人民出版社,1993年。
[2] 转引自杨凤城:《20世纪的中国——走向现代化的历程(1949—2000)》,第303-304页,北京:人民出版社,2010年。
[3] 杨凤城:《20世纪的中国——走向现代化的历程(1949—2000)》,第304页,北京:人民出版社,2010年。

漱溟确实是具有中国儒家"富贵不能淫,威武不能屈"人格特征的一位了不起的儒者。

二、对资产阶级唯心论思想的批判和清算

作为一部伟大的中国古典小说,《红楼梦》成为建国以来被讨论最多的文学著作。1921年,胡适发表了《红楼梦考证》,标志着"新红学"研究派别的诞生。他批判了"旧红学派"索隐方法的片面性,并使用实用主义的哲学方法展开红学研究。著名学者俞平伯的著作《红楼梦辨》则进一步巩固了"新红学"的理论地位,而作者本人也成为"新红学"的主要代表人物之一。1952年,俞平伯增删和修改了《红楼梦辨》一书,并更名为《红楼梦研究》后正式出版。其后的1953年10月至1954年7月间,俞平伯又发表了《〈红楼梦〉的著作年代》《红楼梦简论》《读红楼梦随笔》等系列"新红学"论文。

1954年,对俞平伯《红楼梦》的"资产阶级唯心论"研究观点的批判,最初是由青年学者李希凡和蓝翎所引发,他们主要是批评俞平伯"离开现实主义的批评原则,离开了明确的阶级观点,从抽象的艺术观点出发……"以及否定或降低了《红楼梦》的"反封建的现实意义"[1]。毛泽东对此高度重视,在1954年10月16日致信刘少奇、周恩来等人时,做出如下批示:

> 这是三十多年以来向所谓《红楼梦》研究权威作家的错误观点的第一次认真的开火……看样子,这个反对在古典文学领域毒害青年三十余年的胡适派资产阶级唯心论的斗争,也许可以开展起来了……俞平伯这一类资产阶级知识分子,当然是应当对他们采取团结态度的,但应当批判他们的毒害青年的错误思想,不应当对他们投降。[2]

---

[1] 李希凡、蓝翎:《关于〈红楼梦简论〉及其他》,《文史哲》,1954年第9期。
[2] 毛泽东:《毛泽东文集》(第六卷),第352-353页,北京:人民出版社,1999年。

第四章　在"理想主义"与"斗争哲学"的导引下,极左主义思潮的生成、蔓延及肆虐(1950—1977)

这个批示其实给这场批判运动定了性,即"胡适派资产阶级唯心论"。"虽然运动的一个目标是要利用《红楼梦》向人们灌输马克思主义的历史观点,但它的最大目标是要把学术上的政治观点强加给中国知识分子。"[1]这个观点虽有偏颇,但也说出了当时的某些实情。

1954年,在毛泽东的号召和发动之下,借批判俞平伯《红楼梦研究》的契机,胡适资产阶级唯心论遭到全面的批判。中国文联和作家协会主席团从1954年10月31日起即联合召开了八次扩大会议,对俞平伯研究的批判其实是对胡适的资产阶级唯心论思想进行深刻批评,规模空前。郭沫若、周扬、何其芳、艾思奇分别发表讲话和文章,如郭沫若的题为《三点建议》的讲话,周扬题为《我们必须战斗》的发言,何其芳的文章《没有批评就不能前进》。作为一名哲学家,艾思奇则发表了《胡适实用主义哲学的反革命性和反科学性》,从哲学思想角度展开批判。批判者称其文学见解"不但是资产阶级的,而且是封建的","引导读者逃避革命的政治"[2]。

俞平伯最终做了题为《坚决与反动的胡适思想划清界限》的检讨,表示愿意修正自己的错误观点。这也充分反映,此次关于红学问题的大讨论,"项庄舞剑,意在沛公",这个"沛公"不是"新红学",更不是俞平伯本人,而是胡适及其所代表的实用主义、自由主义等资产阶级唯心论思想。自"五四"新文化运动以来,胡适一直是中国自由主义最重要的代表人物,他的被清算,意味着这场思想改造运动的进一步深入和扩大。应该说,这不是简单的文艺理论批评或学术讨论,而是思想文化界对异端的清除行动。

三、"胡风反革命集团案":对党内具有自由主义倾向的异见知识分子的一场整肃运动

胡风是一位具有才华和独立文学见解的作家和评论家,他既接受了西

---

[1] [美]R.麦克法夸尔、费正清:《剑桥中华人民共和国史:革命的中国的兴起(1949—1965)》,第250页,北京:中国社会科学出版社,1990年。
[2] 张啸虎:《俞平伯研究红楼梦的错误的又一根源》,《人民日报》,1954年12月8日。

方现代主义文学思潮的浸染,又积极参加左翼文艺运动,深受鲁迅的影响,并接受马克思主义文艺理论。他的文艺思想影响了一大批现代作家,并形成了一个以他为首的文学流派。

1952年5月25日,《长江日报》发表了胡风派成员舒芜的一篇文章《从头学习〈在延安文艺座谈会上的讲话〉》,检讨自己的文艺观念。6月8日,《人民日报》转载了舒芜该文并加编者按,剑锋直指胡风的文艺思想,称其"是一种实质上属于资产阶级小资产阶级的个人主义的文艺思想"。其后,文艺界举行过几次座谈会,对胡风进行"帮助"。胡风也做了一定的检讨,但在核心问题上仍然坚持自己的观点。1953年,《文艺报》先后刊发了林默涵的《胡风的反马克思主义的文艺思想》以及何其芳的《现实主义的路,还是反现实主义的路》两文。文章无限上纲上线,尖锐地批判胡风的文艺思想是反马克思主义和反现实主义的。1954年7月,胡风写了《关于解放以来的文艺实践情况的报告》(俗称"三十万言书")上报中共中央,反驳了林默涵和何其芳的观点,并为自己进行辩护。1955年1月,中国作家协会主席团决定将报告中的二、四部分辑为《胡风对文艺问题的意见》并印成手册,随当期《文艺报》发行,以便讨论。同年2月,中国作协举行扩大会议,决定对胡风的文艺思想展开全面的批判。于是,包括郭沫若在内的许多作家纷纷对胡风的"主观战斗精神"说、"精神奴役的创伤"说等文艺思想展开激烈批判。5月13日至6月10日,《人民日报》先后公布了三批《关于胡风反革命集团的材料》。然后,又汇编成书,并配发了由毛泽东亲自撰写的"序言"和"按语",公开出版。毛泽东在"按语"中明确指出:

胡风及其追随者是"钻进了政治、军事、经济、文化、教育各个部门"的特务、托派、反动军官、叛徒、反革命。他们组成"一个地下的独立王国"[1],企图推翻中华人民共和国,恢复帝国主义国民党的统治。这就使胡风问题的性质由人民内部矛盾变成了敌我矛盾,对胡风文艺思想的批判迅速升级为"肃清胡风反革命集团"的斗争。

---

[1] 毛泽东:《按语》,《关于胡风反革命集团的材料》,第82-83页,北京:人民出版社,1955年。

第四章 在"理想主义"与"斗争哲学"的导引下,极左主义思潮的生成、蔓延及肆虐(1950—1977)

胡风被逮捕判刑14年,受株连者2100多人,逮捕92人,隔离审查62人,停职反省73人。"……强大的宣传机器的触角所及,甚至使最边远地区最微贱的农民也都知道胡风其人,以便保证任何可能的'胡风主义'——即独立的思想和行为——都会被清除掉。"[1]胡风是左翼文艺的战士,不仅曾是革命的同路人,也是中共党员。这标志着对于资产阶级思想的批判扩大到了党内具有自由主义倾向的作家,且手段不断升级,最终定性为"反革命集团"。这一建国初期文化界的冤案,直到1980年才初获平反,1988年胡风去世之后才获得彻底平反。

中国自由主义的基本品格和精神,均已成为"革命"所认定的"毒瘤",意在彻底切割或根除。在这里,被批判者不是被指认为封建主义,就是被指为资产阶级。"五四"新文化运动以来的自由主义者,已不是"革命"的同盟军,而是"革命"的凶恶敌人。"五四"以来所提倡的自由和独立精神,已经成为中国式"马克思主义"和"革命"的敌人,极左主义的观点已进一步显示出其蔓延之势。

四、反右斗争的展开及其扩大化——全面的知识分子改造和批判运动

以上还是新中国成立初期"思想改造和批判"运动的"序幕"。经过1956年短暂的以"百花齐放,百家争鸣"为特征的"双百"方针时期,紧接着就是更为猛烈的1957年6月开始的"反右派"斗争,一大批知识分子一夜之间成为反党、反社会主义的"人民公敌"。这确实如《人民日报》的社论所说,是一个"不平常的春天"[2]。

1957年4月27日,中共中央发出《关于整风运动的指示》。这个指示中说:"几年以来,在我们党内,脱离群众和脱离实际的官僚主义、宗派主

---

[1] [美]R.麦克法夸尔、费正清:《剑桥中华人民共和国史:革命的中国的兴起(1949—1965)》,第254页,北京:中国社会科学出版社,1990年。
[2] 《不平常的春天》,《人民日报》,1957年6月22日。

义和主观主义,有了新的滋长。因此,中央认为有必要……在全党重新进行一次普遍的、深入的反官僚主义、反宗派主义、反主观主义的整风运动,提高全党的马克思主义的思想水平,改进作风,以适应社会主义改造和社会主义建设的需要。"党外人士也被发动起来,帮助"整风",提出了很多很尖锐的意见,甚至还有少量偏激和错误的反对共产党和社会主义的言论。于是,这场运动马上改变了"性质",从中国共产党的"整风",变成了反击"右派分子向党的猖狂进攻"。毛泽东写了《事情正在起变化》一文,并提出了"引蛇出洞"、"诱敌深入,聚而歼之"的斗争策略。其后,则是毫无悬念的反"右派"斗争的伟大胜利,"右派"们被"聚而歼之",全国55万人被划为右派分子。

但是,"反右"犯了扩大化的错误,这一点已为《关于建国以来若干历史问题的决议》所认定:

> 这一年在全党开展整风运动,发动群众向党提出批评建议,是发扬社会主义民主的正常步骤。在整风过程中,极少数资产阶级右派分子乘机鼓吹所谓"大鸣大放",向党和新生的社会主义制度放肆地发动进攻,妄图取代共产党的领导,对这种进攻进行坚决的反击是完全正确和必要的。但是反右派斗争被严重地扩大化了,把一批知识分子、爱国人士和党内干部错划为"右派分子",造成了不幸的后果。[1]

历史学家们的研究表明:

> 反右派斗争严重扩大造成的更严重的后果,是毛泽东和中共中央由此对国内形势作出错误的估计、国内主要矛盾的基本判断发生重大变化……以后,以"阶级斗争为纲"的"左"的错误,就以

---

[1]《关于建国以来党的若干历史问题的决议》,第18页,北京:人民出版社,1981年。

第四章 在"理想主义"与"斗争哲学"的导引下,极左主义思潮的生成、蔓延及肆虐(1950—1977)

此为起点一步一步地形成。[1]

这个向"左"转的过程,不仅方向已定,而且前进速度十分惊人。其后,"1958年的中国弥漫着想象和浪漫、狂热与奇迹,好似一个看上去确实热火朝天的年代"。[2] 在这样的思想氛围内,经济、文化上的"大跃进"随之发生;而紧随其后的则是所谓的"三年自然灾害"带来了巨大的灾难性后果,"饿殍遍地",已经不是一个文学性的词语,而是忠实于历史和现实的客观描述。1961年,伴随着国民经济调整和纠"左"工作的开展,思想文化领域也进入了纠"左"阶段。思想、文化的明媚"春天"似乎又将到来,但好景不长,1963—1964年,"阶级斗争为纲"的理论再次占据主导地位,"四清"运动也剑走偏锋;"文化大革命"的发生,也就是"箭在弦上"了。

其实,在这一场场的思想改造和批判运动中,无论是以现代新儒学为代表的"中国文化本位主义",还是以自由主义知识分子为代表的西化的现代启蒙思想,均已溃不成军。或是被批判和打倒,或是主动缴械投降,自觉地承认思想错误,并自愿接受革命的改造,重新确立自己的马克思主义思想立场,并以之作为方法进行自己的学术研究。这固然与执掌权力者的强大与蛮横、疾风暴雨式的批判运动的不可抵挡以及知识分子的软弱性有关,但这也来自于知识分子内在的"软肋"——也就是知识分子的"原罪"感,这其间有着某种深刻的关联。

这里录下后来的"国学大师"季羡林的一段独白:

> 当中华民族的优秀儿女把脑袋挂在裤腰带上,浴血奋战,壮烈牺牲的时候,我却躲在万里之外的异邦,在追求自己的名山事业。天下可耻事宁有过于此者乎?我觉得无比地羞耻。连我那一点所谓学问——如果真正有的话——也是极端可耻的。

---

[1] 金冲及:《二十世纪中国史纲》(下),第864页,北京:社会科学文献出版社,2009年。
[2] 杨凤城:《20世纪的中国——走向现代化的历程(1949—2000)》,第124页,北京:人民出版社,2010年。

……

　　我左思右想，沉痛内疚，觉得自己有罪，觉得知识分子真是不干净。我仿佛变成了一个基督教徒，深信"原罪"的说法。在好多好多年，这种"原罪"感深深地印在我的灵魂中。

……

　　就这样，我背着沉重的"原罪"的十字架，随时准备深挖自己的思想，改造自己的资产阶级思想，真正树立无产阶级思想……脱胎换骨，重新做人。[1]

　　这一段独白揭示出一个非常重要的内在事实，那就是很多知识分子是自认为有罪的，他们中的相当一部分人对这种"改造"是自觉接受，且毫无反抗的。"原罪"是一个很好的词，它代表当时知识分子的内在感受和自我认同。在国民党专制、独裁时期，许多知识分子奋起反抗，但同样是这些知识分子，却在一些毫无理性的大批判的声浪之下束手就擒，这不能不令人深思其中的内在原因。而知识分子之间的相互揭发和批判，也就不能仅从人性的自私和胆怯方面来解释，还应该来自他们某些真诚的因素，比如，在上文中提到的冯友兰对梁漱溟的批判等。

　　在被批判时的退让和不抵抗是普遍现象，认罪服法是最合时宜的选择。像胡风这样为自己辩解的人，确是极少数，因此受到的打击也就更大。也许，他认为自己是党内人士，不仅是爱党的，而且也有为自己进行申辩的民主权利吧。

　　于是，发展到"文革"时，对知识分子进行思想批判和肉体的蹂躏，便成了寻常之事。除了用自杀的方式逃避或作为最后的抗辩，这些知识分子几乎无还手之力。

　　通过历次的批判运动，三大思想体系最终定于一尊。毛泽东思想取得伟大和全面的胜利，中国现代思想史被政治的如椽大笔所彻底改写。而无

---

[1] 季羡林：《我与中国20世纪》，第238-239页，郑州：河南人民出版社，1994年。

第四章 在"理想主义"与"斗争哲学"的导引下,极左主义思潮的生成、蔓延及肆虐(1950—1977)

产阶级"文化大革命",又将把最后的"污泥浊水"和"残枝败叶"也荡涤得干干净净。

第二节　极左思潮的肆虐

社会主义教育运动的开展,"以阶级斗争为纲"的重提,"无产阶级专政下继续革命"理论的确立,都成为"文化大革命"发生前的"前奏曲",一切可谓是"山雨欲来风满楼"。

"文化大革命"发生的当年,正是第三个"五年计划"的第一年,经济状况已略有好转。为什么会在这个时候发动这场运动,确实让人颇费思量。国际形势的紧张固然是重要的外因,中国与苏联、美国以及周边国家的关系均十分紧张,甚至有了随时准备打仗的准备,只是打大仗、中仗、小仗的问题。而国内的形势则是主要原因,毛泽东十分担心中国会背离社会主义的路线,走上资本主义的道路,在农村工作中"包产到户"得到不少领导人的支持,加深了他的这种担心。干部中出现的一些脱离群众的官僚主义倾向,更是让他十分忧虑。而更主要的是他对中国思想文化领域的基本判断。他认为,封建主义、资本主义占了主导地位。因此,他把这一切都看作阶级斗争的新动向,并深信"阶级斗争,一抓就灵",由此还形成了"无产阶级专政下继续革命"的错误理论。而且,其时的个人崇拜已达到了狂热的程度,党内的民主集中制原则也基本被破坏,党内权力过分集中,这都为这场运动的发生创造了条件。

1965年11月,《文汇报》发表了姚文元的一篇文章《评新编历史剧〈海瑞罢官〉》,成为"文化大革命"的导火索。这篇文章是在江青的主持下写的,并得到毛泽东的授意。这是一个切入口,从批判北京市副市长吴晗入手,进而批判"三家村"(邓拓、吴晗、廖沫沙),从而剑指以彭真为代表的北京市委。1966年5月,中央政治局扩大会议通过了《中国共产党中央委员会通知》(后来被简称为"五一六通知"),对彭真起草的"二月提纲"进行了全面批判。"1966年5月召开的中共中央政治局扩大会议是'文化大革命'正式发动的标志。这次会议通过的'五一六通知',成为'文化大革命'的纲领性文件。"[1]此后的红卫兵事件、"破四旧"活动、文攻武卫、造反派全面夺权,一大批中央和地方的干部以及知识分子被打倒和批判,均成了题中应有之义。即使时任国家主席的刘少奇亦不能幸免。而中国的经济也处于几近全面崩溃的边缘。

关于"文化大革命"的文化目标或宗旨,林彪可谓一语中的:"文化大革命,实际上是思想革命,就是打破一切旧思想,树立毛泽东思想。""要大搞无产阶级文化革命,用无产阶级思想代替孔孟之道,代替资产阶级思想,代替一切旧思想。"[2]这种野心和荒谬,让我们想起苏联历史上曾经出现的"无产阶级文化派",狂妄地试图在人类文化的历史废墟上建立起纯正的无产阶级文化,这仅是历史极其相似的一幕而已。"将人类几乎所有的文化成果全部加以否定:中国传统文化是封建文化,近代的则是资产阶级文化,外来的西方文化则是资本主义文化或者帝国主义文化。1949年以后的也不能幸免,文化教育均为资产阶级思想统治的产物,反映剥削阶级的意识形态,文艺上的'黑线专政'、教育上的'资产阶级知识分子统治'和'修正主义教育路线',等等,所有人类文化结晶和成果……一概在批判之列。只有一个例外,这就是极左集团所认可的'马克思主义''毛泽东思想'。"[3]当然,所谓"无产阶级文化大革命"不仅是一场思想文化意义上的革命,它更是一场政治上的、意识形态上的革命。

在中共中央《关于建国以来党的若干历史问题的决议》中,对"文化大革命"的性质和造成的巨大破坏性影响已有定评:

"文化大革命"名义上是直接依靠群众,实际上既脱离了党的

---

[1] 中共中央党史研究室:《中国共产党历史》(第二卷上册,1949—1978),第762页,北京:中共党史出版社,2011年。
[2] 林彪:《在中央工作会议上的讲话》,《"文化大革命"研究资料》(上册),第82-83页,王年一选编,国防大学党史党建政工研究室内部出版,1988年。
[3] 刘晓:《意识形态与"文化大革命"》,第330页,台湾:洪叶文化事业有限公司,2000年。

第四章　在"理想主义"与"斗争哲学"的导引下,极左主义思潮的生成、蔓延及肆虐(1950—1977)

组织,又脱离了广大群众。运动开始后,党的各级组织普遍受到冲击并陷于瘫痪、半瘫痪状态,党的各级领导干部普遍受到批评和斗争,广大党员被停止了组织生活,党长期依靠的许多积极分子和基本群众受到排斥。"文化大革命"初期被卷入运动的大多数人,是出于对毛泽东同志和党的信赖,但是除了极少数极端分子以外,他们也不赞成对党的各级领导干部进行残酷斗争。后来,他们经过不同的曲折道路而提高觉悟之后,逐步对"文化大革命"采取怀疑观望以至抵制反对的态度,许多人因此也遭到了程度不同的打击。以上这些情况,不可避免地给一些投机分子、野心分子、阴谋分子以可乘之机……历史已经判明,"文化大革命"是一场由领导者错误发动,被反革命集团利用,给党、国家和各族人民带来严重灾难的内乱。[1]

而在《中国共产党历史》中,则指出其错误和反动的思想实质:"'文化大革命'是一种'左'的和极左的思想理论的产物,它同时又在一种极端的状态中暴露了这种思想理论的荒谬性。"[2]有学者把"文革"的特点概括如下:① "造反有理"与"斗争哲学";② "破旧立新"的历史虚无主义与反智主义;③ "打倒一切,冲击一切"的无政府主义;④ "残酷斗争,无情打击"的暴力潮;⑤ 个人崇拜狂潮。[3]

在这场"伟大的无产阶级文化大革命"中,有几个特别值得注意和思考的"悖论"现象。

一是"民主"悖论。"文化大革命"有"大民主"的特征,并以所谓"四大"即"大鸣、大放、大字报、大辩论"来实现这种"大民主"。而究其实,这种没有法制观念和法律约束的所谓"大民主",在本质上是无政府主义和暴民政治。

---

[1] 《关于建国以来党的若干历史问题的决议》,第 24-25 页,北京:人民出版社,1981 年。
[2] 中共中央党史研究室:《中国共产党历史》(第二卷下册,1949—1978),第 981-982 页,北京:中共党史出版社,2011 年。
[3] 杨凤城:《20 世纪的中国——走向现代化的历程(1949—2000)》,第 188-226 页,北京:人民出版社,2010 年。

"五四"前后的所谓无政府主义思潮,在现实中以空前的规模得以实现。这是一个史无前例的荒谬的政治玩笑。

二是"自由"悖论。在"文化大革命"中,为所欲为,冲击一切,这是不是就是所谓的"自由"呢?它与"五四"新文化运动中所提倡的个人自由与个性解放有一致之处吗?其实,它与个性解放和个性自由没有任何联系,在本质上是文化专制主义和蒙昧主义,它无视人权,藐视人性,以革命的名义,行打砸抢之实。

三是"法家"悖论。这是一个非常有趣的悖论,"无产阶级文化大革命"荡涤一切封建主义、资本主义思想意识和行为方式的"污泥浊水",但有一种中国传统文化思想却得到了褒扬,并被抬高到某种政治和思想的高度,那就是法家的思想。在"评法批儒"运动中,中国历史上的法家成为唯一的正面形象和典型。既然是反封建,大反孔孟之道,为什么却要肯定法家?秦晖等学者揭开了这个秘密,中国传统社会的内在特征即是"儒表法里"。顾准在《评韩非》一文中说:"韩非的利害学说,是专制君主立场上的利害学说,这是他的特点。""他在中国史上没有起一点积极作用,而他本人在道义上也毫无可取之处。"[1]因此,批判儒家、抬高法家这种做法,正是充分暴露了这场运动的封建主义和专制主义特征。这正如否定全部西方文化,而独取马克思主义,也正是为我所需,如果用辩证唯物主义的哲学术语,也即是所谓"扬弃",而所暴露的恰恰是庸俗的实用主义思维方式。其实,它所提倡的所谓"马克思主义",在本质上是具有专制、独裁倾向的"斯大林主义";所谓的"马克思主义"中国化,则是斯大林主义与法家思想的混合物,在专制主义的本质上它们是两个同质的东西。

在清朝末年以及"五四"新文化运动时期,法家基本未被文化反思和批判所触及。新文化运动的主将们,批儒家,批道家和释家,但就是没有触及法家。这个属于内里的、隐身的或者骨子里的"法家",这个隐身于社会结

---

[1] 顾准:《评韩非》,《顾准文集》,第401页,贵阳:贵州人民出版社,1994年。

构的内部以及人们血液里的"病毒"和"癌细胞",终于在"文革"时得以自由传播和扩散,"扬眉吐气"地走到了前台。那个作为表面现象的"儒家"则被彻底打倒,批烂批臭。历史的吊诡之处,在此再次显现。

第三节　现代启蒙主义思想的"薪火相传者"以及中国传统文化的"护卫者"

随着新中国成立以来包括反右在内的各种批判运动和知识分子思想改造运动的展开,现代启蒙主义思想受到了极左主义思潮前所未有的冲击。最终,文化成为极左政治的奴婢和仆从,已经不成其为所谓的"文化"。虽然,现代启蒙思想是中国现代思想的宝贵财富,也是马克思主义思想的重要组成部分,但极左主义割裂了马克思主义,导致了理论上的残缺和错误。

但是,现代启蒙主义思想并未完全根绝,而是以潜流的方式继续存在。即使在"文化大革命"的文化、思想沙漠之中,也还有一丝绿意,这就是"地下文化"现象以及顾准、遇罗克等思想者的存在。而这些现象和思想者的存在,不仅是广大人民群众的正当欲求和文化饥渴的反映,也是"五四"新文化运动以来的现代启蒙主义和理性主义思想的最后一点血脉。

这包括以"手抄本"的方式,在地下流行的诗歌和小说等。如著名诗人食指,本名郭路生,写有《这里是零点四十八分的北京》《疯狗》等诗作,诗人芒克等亦写有一些诗作,他们也成为后来著名的"朦胧诗派"先行者,导引了北岛、舒婷、顾城、江河、杨炼等一大批诗人诞生。这些诗作反映了一代青年的苦闷、彷徨、失望和希望,对理想的追求和向往,对现实的反抗和绝望。而小说则包括《归来》《波动》《逃亡》《九级浪》等,这些小说写出了一代青年的迷茫、幻灭和沉沦,以及不甘和挣扎。其中,《波动》是著名诗人北岛的小说处女作,是一部爱情悲剧小说。而《曼娜回忆录》《少女的心》看似是写性的小说,其实也反映了人性的本能追求,以及对那个扼杀和扭曲人性及人的正常欲求的黑暗时代的大胆批判。《梅花党》《绿色尸体》《绣花鞋》等反特、侦探小说,则反映了广大青年对通俗文化的需求,以及对以阶级斗争和理想教育为主体的文化的一种反动。

最为难得的则是,在那个极端"左"倾主义横行肆虐的时代,一些思想者并不因恐惧而放弃自己的独立思考,使得"五四"现代启蒙主义思想得以薪火相传,给这个黑暗、阴冷和苍白的时代以一星火光和亮色。

这其中最著名的就是思想家顾准。顾准(1915—1974),字哲云,上海人。中共党员。中国当代思想家、经济学家、会计学家、历史学家。他曾先后担任山东省财政厅厅长、上海市财政局局长兼税务局长等职务,后于1958年、1965年两次被打成右派。1956年,他进入经济研究所(现属中国社会科学院)任研究员,开始研究商品货币和价值规律在社会主义经济中的地位等问题,最早提出并论证了计划体制根本不可能完全消灭商品货币关系和价值规律,并写成《试论社会主义制度下商品生产和价值规律》,从而成为我国提出社会主义条件下市场经济理论的第一人。他的文集有《顾准文集》《顾准日记》《顾准自述》等。顾准对于中国现代思想史有着深远的影响。

1. 面对中国现实,研究民主问题

他在《希腊城邦制度》中,研究了希腊城邦民主的形成过程及其基本规律。希腊城邦民主是欧洲民主的摇篮,这种研究不能不说是一种追根溯源的方式,也显得意味深长。史家的情怀,学者的严谨,对现实的深切关注,皆融于一体。在《僭主政治与民主》《直接民主与"议会清谈馆"》等文章中,他探讨了民主精神、直接民主等不合时宜的话题,而这些在"文化大革命"中已为无政府式的"大民主"所替代。在《僭主政治与民主》一文中,顾准分析了欧洲民主的发源地古希腊的民主类型以及相互间的区别:

> 我们说西欧的民主渊源于希腊民主是对的,但是说希腊政治除了民主潮流而外没有别的潮流就不对了。希腊政治史和希腊政治思想史一样有两大潮流汹涌其间:雅典民主的传统,和斯巴达"民主集体主义,集体英雄主义……"的传统。雅典民主是从原

第四章 在"理想主义"与"斗争哲学"的导引下,极左主义思潮的生成、蔓延及肆虐(1950—1977)

始王政经过寡头政体、僭主政体而发展起来的,斯巴达传统则始终停留在寡头政体的水平上。

如果说雅典民主引起了世世代代民主主义者的仰慕,那么,必须承认,斯巴达精神也是后代人仰慕的对象。它的尚武精神,它的平等人公社,它的看来是"共产主义"的平等主义生活方式……我对斯巴达体系怀有复杂的矛盾的情感。平等主义、斗争精神、民主集体主义,我亲身经历过这样的生活,我深深体会,这是艰难环境下打倒压迫者的革命运动所不可缺少的。但是,斯巴达本身的历史表明,借寡头政体、严酷纪律来长期维持的这种平等主义、尚武精神和集体主义,其结果必然是形式主义和伪善,是堂皇的外观和腐败的内容,是金玉其外而败絮其中;相反,还因为它必定要"砍掉长得过高的谷穗",必定要使一片田地的谷子长得一般齐。[1]

对斯巴达寡头政体的反思,完成了对现实的最好观照和对革命的反思,从中不难读出时代的况味和难言之隐,这同时也是顾准的勇气、胆识和智慧所在。《直接民主与"议会清谈馆"》则探讨了直接民主与代议制民主的问题,直接民主即是所谓的人民当家做主,而实际上这仅可成为一个口号,在现实中却无法实现。

> 我们实际上不可能做到人民当家作主,那一定是无政府。我们要的是不许一个政治集团在其执政期间变成皇帝及其宫廷。怎么办呢?不许一个政治集团把持政权,有别的政治集团和它对峙,谁上台,以取得票的多少为准。[2]
> ……
> 不要奢求人民当家作主,而来考虑怎样才能使人民对于作为

---

[1] 顾准:《僭主政治与民主》,《顾准文集》,第256-257页,贵阳:贵州人民出版社,1994年。
[2] 顾准:《直接民主与"议会清谈馆"》,《顾准文集》,第364-365页,贵阳:贵州人民出版社,1994年。

经济集中表现的政治的影响力量发展到最可能充分的程度。既然权威是不可少的,行政权是必要的,问题在于防止行政权发展成为皇权……能够做到当前掌握行政权的人不发展成为皇帝及其朝廷,已经很不容易了。奢望什么人民当家作主,要不是空洞的理想,就会沦入借民主之名实行独裁的人的拥护者之列。[1]

顾准的反思是极其深刻和沉重的,他认为"直接民主"行不通,"历史上直接民主只存在于'城邦'中。现在没有城邦国家,都是民族国家,而且,国家还在超越民族的界限,变得愈来愈大了"[2]。又说:"列宁说什么直接民主。不错,我们见到过初期的工厂苏维埃。可是,这个社会是分工的社会,搞政治终究不免是一种专门的行业,直接民主,不久就会被假民主所代替。没有两党制,散在于不以政治为专业的群众中的各种意见,会被'拥护'的高声呼喊所淹没。"[3]然而,一些极端"左"倾主义者正是借人民和民主的名义,行独裁之实的,他们取消了民主的基础即学术自由和思想自由。他还谈到政治家的"贵族精神"问题,认为这与科学精神也是相悖的。这些都是十分独到的见解。

2. 探究民主与科学之间的辩证关系

除了民主之外,顾准的思考还涉及了科学精神和多元主义等哲学命题。他认为:"学术自由和思想自由是民主的基础,而不是依赖于民主才能存在的东西。因为,说到底,民主不过是方法,根本的前提是进步。唯有看到权威主义会扼杀进步,权威主义是与科学精神水火不相容的,民主才是必须采用的方法。唯有科学精神才足以保证人类的进步,也唯有科学精神才足以打破权威主义和权威主义恩赐下的民主。"[4]由此,他打通"五四"新文化运动以来民主与科学两大主题之间的关系,进而分析了什么是科学

---

[1] 顾准:《直接民主与"议会清谈馆"》,《顾准文集》,第368页,贵阳:贵州人民出版社,1994年。
[2] 顾准:《直接民主与"议会清谈馆"》,《顾准文集》,第367页,贵阳:贵州人民出版社,1994年。
[3] 顾准:《民主与"终极目的"》,《顾准文集》,第370—371页,贵阳:贵州人民出版社,1994年。
[4] 顾准:《科学与民主》,《顾准文集》,第344—345页,贵阳:贵州人民出版社,1994年。

第四章　在"理想主义"与"斗争哲学"的导引下,极左主义思潮的生成、蔓延及肆虐(1950—1977)

和科学精神:"所谓科学精神,不过是哲学上多元主义的另一种说法而已。哲学上的多元主义,就是否认绝对真理的存在,否认有什么事物的第一原因和宇宙、人类的什么终极目的……哲学上的多元主义,贯彻到政治上也是多元主义。"[1]在强调一元化领导、思想上的一元化的时代,顾准的这一段话可谓石破天惊。

3. 对两种"革命"的反思

在《民主与"终极目的"》一文中,他认为"17世纪以来,有两股革命潮流,一是英国革命和美国革命,这两次革命导向典型的资本主义。一是1789年和1870年的法国革命,它在法国本身,导致了两个帝国和五个共和国"[2]。但是,1789年的法国大革命、1870年法国巴黎公社的成立与1917年的俄国"十月革命"均设立了一个革命的"终极目的":

> 在地上建立天国——建立一个没有异化的、没有矛盾的社会。我对这个问题琢磨了很久,我的结论是,地上不可能建立天国,天国是彻底的幻想;矛盾永远存在。所以,没有什么终极目的,有的,只是进步……民主是与不断进步相联结着的,而不是和某个目的相联结着的。[3]
>
> ……
>
> 革命家本身最初都是民主主义者。可是,如果革命家树立了一个终极目的,而且内心里相信这个终极目的,那么,他就不惜为了达到这个目的而牺牲民主,实行专政。斯大林是残暴的,不过,也许他之残暴,并不100%为了个人权力,而是相信这是为了大众福利、终极目的而不得不如此办。内心为善而实际上做了恶行,这是可悲的。
>
> 反之,如果不承认有什么终极目的,相信相互激荡的力量都

---

[1] 顾准:《科学与民主》,《顾准文集》,第345页,贵阳:贵州人民出版社,1994年。
[2] 顾准:《民主与终极目的》,《顾准文集》,第371页,贵阳:贵州人民出版社,1994年。
[3] 顾准:《民主与终极目的》,《顾准文集》,第370页,贵阳:贵州人民出版社,1994年。

在促进进步,这在哲学上就是多元主义;他就会相信,无论"民主政治"会伴随许多必不可少的祸害,因为它本身和许多激荡的力量的合法存在是相一致的,那么,它显然也是允许这些力量合法存在的唯一可行的制度了。我说过的关于民主和进步、民主与科学的关系的许多话,上面也算是又一种解释吧。[1]

4. 反思"理想主义",提出由"理想主义"向"经验主义""多元主义"的转化

理想主义是建国以来的重要思想基础和动力之一,顾准对此做出了自己的反思,从而提出了从"理想主义"向"经验主义"转变:

> 唯理主义者,尤其是革命家们,是革命的理想主义者。他们唯有坚持"理想"是唯物的,有根据的,同时又是绝对正确的(或者谦虚一些,是组成绝对真理的某个重要成分),他们才心有所安。他们唯有坚持真就是善,才能理论与实践一致地勇往直前。这是一种道德哲学的原因,本来应该为之肃然起敬的。
>
> 我自己也是这样相信过来的。然而,今天当人们以烈士的名义,把革命的理想主义转变成保守的反动的专制主义的时候,我坚决走向彻底经验主义、多元主义的立场,要为反对这种专制主义而奋斗到底![2]

5. 对包括"史官文化"在内的中国传统文化的批判

1973—1974年,顾准写下了的《从理想主义到经验主义》的笔记,对希腊—基督教文明和中国史官文化做出比较研究,对中国传统"史官文化"进行理性分析。作为一个"五四"启蒙主义者,顾准对中国传统文化是持批判和怀疑态度的,并认为其无法产生现代科学和民主:

---

[1] 顾准:《民主与终极目的》,《顾准文集》,第375页,贵阳:贵州人民出版社,1994年。
[2] 顾准:《辩证法与神学》,《顾准文集》,第424页,贵阳:贵州人民出版社,1994年。

第四章 在"理想主义"与"斗争哲学"的导引下,极左主义思潮的生成、蔓延及肆虐(1950—1977)

> 科学与民主,是舶来品。中国的传统思想,没有产生出科学与民主。如果探索一下中国文化的渊源与根据,也可以断定,中国产生不出科学与民主来。不仅如此,直到现在,中国的传统思想还是中国人身上的历史重担。现在人们提倡读点历史,似乎更着重读中国史。而且古代文物成为悠久文明的证据和夸耀,无论自觉还是不自觉,这种"读史",其意图在于仰仗我们祖先的光荣历史来窒息科学与民主。所以,批判中国传统思想,是发展科学与民主所十分必须的。[1]

他进一步思索了中国传统文化的弊病所在:

> 中国思想只有道德训条。中国没有逻辑学,没有哲学。有《周髀算经》,然而登不上台盘。犹如中国有许多好工艺,却发展不到精密科学一样。中国没有唯理主义。范文澜痛诋宗教,他不知道,与基督教伴生在一起的有唯理主义,这是宗教精神。固然窒息科学,也培育了科学。中国有不成系统的经验主义,一种知其然不知其所以然的技艺传统,这成不了"主义",只成了传统的因袭。中国有原始的辩证法,然而中国人太聪明,懒得穷根究底,所以发展不出什么有系统的辩证法来——何况,辩证法还必需要有真正的宗教精神才发展得出来,黑格尔可以为证。
>
> 也许没有宗教精神确也有好处,因为科学和民主更易被接受。然而,政治权威的平民化,却不比驱逐宗教精神更容易。[2]

这种比"宗教精神"更为伤害科学与民主的"政治权威",就是顾准所要批判的"史官文化"。在《从理想主义到经验主义》中,他对希腊—基督教文

---

[1] 顾准:《要确立科学与民主,必须彻底批判中国的传统思想》,《顾准文集》,第348页,贵阳:贵州人民出版社,1994年。
[2] 顾准:《要确立科学与民主,必须彻底批判中国的传统思想》,《顾准文集》,第352-353页,贵阳:贵州人民出版社,1994年。

明与中国传统的史官文化进行了比较研究：

> 所谓史官文化者,以政治权威为无上权威,使文化从属于政治权威,绝对不得涉及超过政治权威的宇宙与其他问题的这种文化之谓也。[1]
>
> ……
>
> "史官文化"固然杜绝了宗教的发展道路,可是也同时杜绝了无关于"礼法"的一切学问的发展的道路。倡导史官文化的人,只看到宗教是迷信,他们不知道基督教的上帝是哲学化了的上帝,是真的化身。不知道正因为中国史官文化占统治,所以中国没有数学,没有逻辑学。[2]

顾准无疑是"五四"新文化运动的继承者,也是其在"文革"时期的最后一点"血脉"。他谈到"五四"时说:"'五四'的事业要有志之士来继承。民主,不能靠恩赐,民主是争来的。要有笔杆子,要有用鲜血做墨水的笔杆子。"[3]王元化在《从理想主义到经验主义》的"序"中,把他比作忍辱负重的屈原和司马迁,并说:"在造神运动席卷全国的时候,他是最早冲破教条主义的人。仅就这一点来说,他就比我以及和我一样的人,整整超前了10年。在那时代,谁也没有像他那样对马克思主义著作读得那样认真,思考得那样深。谁也没有像他那样无拘无束地反省自己的信念,提出大胆的质疑。"[4]王元化盛赞顾准真正做到了"有学术的思想,有思想的学术"。确实,顾准不仅是一名具有"五四"现代启蒙主义精神的人,更是一个真正的马克思主义者。只不过,他把马克思主义看作一门科学,而非终极真理,更

---

[1] 顾准:《希腊思想、基督教和中国的史官文化》,《顾准文集》,第344页,贵阳:贵州人民出版社,1994年。

[2] 顾准:《希腊思想、基督教和中国的史官文化》,《顾准文集》,第346页,贵阳:贵州人民出版社,1994年。

[3] 顾准:《直接民主与"议会清谈馆"》,《顾准文集》,第367页,贵阳:贵州人民出版社,1994年。

[4] 王元化:《王元化序》,《顾准文集》,第226页,贵阳:贵州人民出版社,1994年。

第四章 在"理想主义"与"斗争哲学"的导引下,极左主义思潮的生成、蔓延及肆虐(1950—1977)

不是"左"倾教条主义。

> 既然是科学,不论是马克思主义思想体系中所涉及或未涉及的所有客观存在的问题,都应当是科学研究的对象,不应当设立任何界限或限制,这是马克思主义能否继续前进和发展的至关重要的前提。当然,研究所有这些问题的态度和方法也应当是科学的——实事求是的、严肃的、诚实的。[1]

这是顾准的弟弟陈敏之在《顾准文集》的"序"中写的一段话,同时也正是对顾准作为一名马克思主义者和学者的品格描述,他是反对极左主义思潮的真正斗士。

1976年10月,随着代表党内极左主义势力的"四人帮"反党集团的被粉碎,所谓"无产阶级文化大革命"也就落下了帷幕。然而,极左主义思想并未就此寿终正寝,"两个凡是"的阴影仍然困扰着我们正常的政治、经济和文化生活。

然而,在极左主义的冻土之下,思想解放的绿色根苗正在萌芽和生长;在厚重的乌云背后,惊雷、闪电正在孕育着一场暴风雨——在中华民族历史上,一场像"五四"新文化运动一样伟大的思想大解放运动正待发生。

---

[1] 陈敏之:《顾准文集·序》,第9页,贵阳:贵州人民出版社,1994年。

第五章
思想和文化的春天:"回到真正的马克思主义"与"五四"启蒙精神的复归(1978—1992)

1978年,对于处于传统与现代、保守与革新、革命与反动等力量激烈冲突中的中国来说,注定是极其不平凡的一年。这是一个伟大时代的开始,对于后来的思想史研究者来说,就像宿命一样。

而在此前,1976年10月,以粉碎"四人帮"为标志,持续十年的一场"文化大革命"终于走向终结。以此为起点,中国当代历史开始了一个所谓的"新时期"(1976—1989),同时,这也是思想文化的"春天"到来的标志。但是,这还仅是初春——春寒料峭,"两个凡是"的寒冰和阴影还无法完全消融或散去,"文革"遗风犹在。直到1978年5月,一篇名为《实践是检验真理的唯一标准》的文章在《光明日报》发表,从而引发一场轰轰烈烈的关于"真理标准问题"的全民大讨论。这不仅是哲学上"真理观"的一场讨论,也是"实践派"(其实是"改革派")与"凡是派"在政治上的一场大决战,更是思想大解放和现代思想启蒙运动得以继续的伟大先声。一个新的时代至此才真正拉开了帷幕,一场令人瞩目的历史壮剧也由此正式上演。

在这个时期,思想大解放的"春天"到来了,不仅真正的"马克思主义"得到了全新的阐释,"五四"启蒙精神也由此复归——彼此之间的巨大断裂和

第五章　思想和文化的春天:"回到真正的马克思主义"与"五四"启蒙精神的复归(1978—1992)

缝隙,开始得到弥补和缝合。而这两种思想,也正是"五四"启蒙运动的重要两支,久违的新思想文化的"复调"曲再次开始奏鸣。然而,在其后期则发生了一些抵牾的现象,主要是"资产阶级自由化"思潮的矛盾。这实在是一个伟大而艰巨的思想文化建设工程。

在这个时期,中国传统思想文化作为与马克思主义、现代启蒙主义并列的三大思想文化之一,其表现乏善可陈。除了传统戏曲的重新排练和上演,并无重要的或有影响力的表达。一直要到20世纪90年代,中国传统文化热才再度掀起。

第一节　纠"左"与"回到真正的马克思主义"

深入揭批"四人帮"和"拨乱反正",其实就是一枚硬币的正反两面。在本质上,就是纠正特别是"文革"以来的极端"左"倾主义错误,回到"真正的马克思主义去"。这是对长期以来被搞乱的主流意识形态及其思想体系进行"修复"的伟大工程。

马克思主义作为"五四"以来新思想文化的重要一支,在建国以后又成为社会主义中国的主流意识形态,在历经各种"左"倾思潮特别是"无产阶级文化大革命"的破坏之后,对其进行理论上的还原、修补以及正本清源,显得十分必要。

长期以来,由于各种"左"倾思想的干扰和破坏,"马克思主义"思想领域成为重灾区。作为主流意识形态的马克思主义思想体系被严重破坏,人们的思想也被彻底搞乱,各种真假马克思主义竞相登台,甚至是假马克思主义占据了主导地位。由此,一批有理想、有抱负、有民族责任感的学者,提出了"回到真正的马克思主义"的主张,并对部分被扭曲的思想概念进行反思、辨析和批判。

由于建国后马克思主义在文化建构中的"话语霸权"地位,特别是"文革"极左意识形态是在马克思主义外衣下大行其道的,因而许多人开始阅读马克思主义经典作家的著作,以期为他们的困惑寻找答案。正是在这种阅读中,他们体会并接近着真正的马克思主义。这为"文革"结束后的拨乱反正,为回归真正的马克思主义提供了一定的思想基础。[1]

因此,在当时的历史条件下,作为以马克思主义为指导思想的"社会主义"中国,这种修复工程显得必需而紧迫。

最早提出并论证"回到真正的马克思主义"口号的历史学家是黎澍。黎澍(1912—1988),湖南醴陵人,中国历史学家。曾就读于北平大学法商学院商学系。1936年加入中国共产党。曾任《中国社会科学》杂志总编辑,第六届全国政治协商会议委员,中国史学会常务理事,中国现代史学会会长,《中国大百科全书·中国历史》编辑委员会委员,中国社会科学院研究员、学术委员会委员,国务院学位委员会委员,中国史学会理事等职。

作为一名中国历史专家,他对"文化大革命"的历史教训有着深刻的体察和认知,认为这跟封建主义的复辟和回潮有着密切关联,这应该是切中肯綮的。"中国所面临的不但有无产阶级同资产阶级的矛盾,而且有社会主义同封建势力的矛盾,社会主义制度如果不能牢牢地站稳脚跟,就必定倒退到封建主义。"他联系马克思、恩格斯在《共产党宣言》中对"封建的社会主义""小资产阶级的社会主义""德国的或'真正的'社会主义"的批判,得出中国的历史教训就是要进行批判和肃清封建主义思想,从而实现真正的社会主义和现代化:

我国民主革命转变为社会主义革命是在较短时间内实现的,

---

[1] 杨凤城:《20世纪的中国——走向现代化的历程(1949—2000)》,第290页,北京:人民出版社,2010年。

这就势必有大量来不及清除的封建残余与社会主义先进事物并存。在全国还没有摆脱经济和文化落后的情况下,这种"并存"的局面也就不可能很快地从根本上得到改变……残余的封建势力则主要地依靠它的潜在的思想影响,依靠它对无产阶级专政的侵蚀和利用,依靠它在我们党和国家政权内部的代理人来进行复辟活动,形式较为隐蔽,不那么引人注目。因此,人们往往忽视了它的存在以及同它斗争的极端重要性。这就使封建残余得以潜滋暗长,直接妨碍和破坏社会主义制度的发展和巩固……然而无情的事实告诉我们,不重视有二千年历史的封建传统文化的批判,不坚决清除旧制度的残余,片面强调"批判资产阶级",特别是批判所谓"党内资产阶级",其结果必然是封建势力乘机在各方面以各种不同的形式死灰复燃,暗中取代社会主义,还要冒充是最最革命的……林彪和"四人帮"的反革命复辟,正是这样一个充满讽刺意味的事实。这个事实使我们清楚地省悟到,在无产阶级专政下彻底解放思想,完成五四运动时期开始的反封建思想革命,是实现现代化和社会主义制度在中国取得胜利的一个重要条件。[1]

这种通过对马克思主义原典的阅读,并与中国革命和社会主义建设的实际相结合的方法,正是"回到真正的马克思主义"的科学态度和方法的体现。黎澍还认为,中国的马克思主义往往来自苏联,"学的是俄国人介绍的马克思主义",其实往往是"列宁主义化"了的马克思主义,而非马克思主义的原典。再加上翻译上并非可靠之处,往往打了很多折扣。因此,需要"回到真正的马克思主义去",从而真正理解马克思主义。"讨论马克思主义理论问题首先应以马克思本人的著作为根据,至少是主要根据,这应是无可反对的原则。"[2]

---

[1] 黎澍:《消灭封建残余、影响是中国现代化的重要条件》,《历史研究》,1979年第1期。
[2] 黎澍:《历史创造者讨论中的几个问题》,《论历史的创造及其他》,第60页,长沙:湖南人民出版社,1988年。

这是狭义概念上的"回到真正的马克思主义"的伟大努力。而从整体上来看,这是一系列专门化问题的争鸣和讨论。这场通过质疑和辨析"流行的马克思主义"观念,从而回到"真正的马克思主义去"的运动,首先在人文社科的各个领域得以展开。如在历史学界,对五种生产方式理论的再认识、历史发展动力、农民战争的历史作用等问题,重新进行思考;再比如,在哲学领域,对"思维与存在的同一性""合二为一"理论,历史唯心主义哲学等问题,也进行新的厘清和界定。"学者们不约而同地举起了'回到真正的马克思主义去'的旗帜,不再满足于在经典著作中寻章摘句的教条主义方法,也不再满足于对马克思主义的所谓权威解释,而是试图以独立的学术精神研读马列著作,在原典中真正理解马克思主义,透过原典与马克思本人的对话,用自己的头脑自主地得出自己理解的'真正的马克思主义'。"[1]这是对当时这场运动的最好描述。如果再往前追溯,在粉碎"四人帮"的初期,史学界批判"影射史学"、呼吁回到翦伯赞,文艺界歌颂老干部、创作了反思"文革"的"伤痕文学"和反思"十七年"的反思文学,教育界批"两个估计"并恢复高考制度,也都是"回到真正的马克思主义"的某种努力。另外,下文将述及的关于"真理标准问题"的大讨论、人道主义之争等一系列的思想争鸣,中共中央在粉碎"四人帮"之后包括十一届三中全会在内的数次重要会议,其实都是"回到真正的马克思主义"思潮的重要组成部分。

  这种反思是有价值的,它们不仅有力地冲击了"文革"中流行的极左主义思潮以及此后的"两个凡是"的"左"倾主义在新时期的某种延续,而且有助于让马克思主义回到其本源和本质。这应该也是"文化大革命"一点"好处"吧,正如邓小平所说:

    过去的成功是我们的财富,过去的错误也是我们的财富。我们根本否定"文化大革命",但应该说"文化大革命"也有一"功",

---

[1] 杨凤城:《20世纪的中国——走向现代化的历程(1949—2000)》,第359页,北京:人民出版社,2010年。

第五章　思想和文化的春天:"回到真正的马克思主义"与"五四"启蒙精神的复归(1978—1992)

它提供了反面教训。没有"文化大革命"的教训,就不可能制定十一届三中全会以来的思想、政治、组织路线和一系列政策。[1]

1. "真理标准"问题大讨论、对"两个凡是"的批判与第二次思想解放运动

1977年2月7日,《人民日报》《解放军报》《红旗》杂志等"两报一刊"发表《学好文件抓好纲》的社论。社论指出:"凡是毛主席作出的决策,我们都要坚决维护,凡是毛主席的指示,我们都始终不渝地遵循。"是为"两个凡是"。

华国锋强调"抓纲治国",并提出"两个凡是"的方针,从表面上来看是为了维护毛泽东晚年的思想以及"文化大革命",其实质则是为了阻挠邓小平等老一辈革命家出来工作,维护自身的权力和地位。这不仅干扰和阻挠了各项"拨乱反正"工作的开展,也阻碍了对"文化大革命"的全面反思和批判。同年8月召开的党的十一大上,华国锋在大会的政治报告中,仍然充分肯定"文革"的伟大功绩,并强调"坚持以阶级斗争为纲","坚持无产阶级专政下继续革命"的理论。

关于"两个凡是"的最初反思和批判,也是"真理标准"讨论的先声,是邓小平在1977年3月复出后的讲话。在这个讲话中,他提及对毛泽东思想的正确理解和把握,即"群众路线"和"实事求是"是关键:

> 要对毛泽东思想有一个完整的准确的认识,要善于学习、掌握和运用毛泽东思想的体系来指导我们各项工作。只有这样,才不至于割裂、歪曲毛泽东思想,损害毛泽东思想……毛泽东同志倡导的作风,群众路线和实事求是这两条是最根本的东西……对我们党的现状来说,我个人觉得,群众路线和实事求是特别重要。[2]

---

[1] 邓小平:《总结历史是为了开辟未来》,《邓小平文选》(第三卷),第272页,北京:人民出版社,1993年。

[2] 邓小平:《完整地准确地理解毛泽东思想》,《邓小平文选》(第二卷),第42-45页,北京:人民出版社,1983年。

1977年8月12日至18日,召开了党的第十一次全国代表大会。这次大会并没有彻底纠正"文化大革命"的错误,包括"以阶级斗争为纲""无产阶级专政下继续革命"等错误理论和方针,均未得到批判。但邓小平在闭幕词中,则再次提出要恢复和发扬毛主席为我们党树立的群众路线、实事求是、批评和自我批评、谦虚谨慎、戒骄戒躁、艰苦奋斗和民主集中制的优良传统和作风。这是有利于纠"左"和思想的进一步解放的。

除了对党的"实事求是""群众路线"的强调,邓小平还多次谈到关于"百花齐放,百家争鸣"思想的论述,这也是对"两个凡是"的旁敲侧击:1977年8月,在《关于科学和教育工作的几点意见》;1978年3月,《在全国科学大会开幕式上的讲话》;1979年10月,《在中国文学艺术工作者第四次代表大会上的祝辞》。

除了邓小平以外,其他党和国家领导人以及党报、党刊也多次提出恢复党的"实事求是"优良作风的重要性和必要性。如聂荣臻在《红旗》杂志1977年第9期著文《恢复和发扬党的优良作风》,提出"实事求是是毛主席留给我们党的最宝贵的理论遗产"。1977年8月,中央党校的《理论动态》在第9期上发表《理论工作必须恢复和发扬实事求是的作风》的编辑部文章。这都是"真理标准问题"大讨论的先声,说明这不是一个"突发事件",而是经过了长时间的酝酿和思想准备的。

1977年的夏天,南京大学哲学系讲师胡福明在医院的长椅上写出了《实践是检验真理的标准》一文。胡福明(1935—   ),江苏无锡人。1955年9月起,先后就读于北京大学新闻专业和中国人民大学哲学研究班,1962年毕业后,到南京大学政治系(后更名哲学系)任教。曾任系党总支副书记、副系主任、副教授、教授。1982年11月调至江苏省委工作,历任江苏省委宣传部副部长、部长、省委常委、省委党校校长、江苏省政协副主席等职。2001年退休。这篇文章是他长期痛苦反思"文革"和思考中国的前途和命运的结晶,他在寻找思想理论和实践方面发生重大偏差的原因,即"真理观"扭曲和变形,离开了实践的检验。文章写好后,交给谁来发表呢?他想起在南京举行的一次揭批"四人帮"的会议上,结识了当时《光明日报》

第五章 思想和文化的春天:"回到真正的马克思主义"与"五四"启蒙精神的复归(1978—1992)

"理论版"编辑王强华。于是,他决定把这篇文章交给《光明日报》。收到文章后,王强华敏感地觉察到这篇文章的分量和价值,决定在"理论版"予以发表,并向当时《光明日报》总编辑杨西光做了汇报。杨西光是一位老革命,"文革"中被打倒,复出后任职于《光明日报》。他觉得这篇文章如果发表在"理论版"有些可惜了,但能否在更重要的版面和位置发表这样一篇"敏感"文章,他也有些拿不准。于是,杨西光向当时任中组部部长、中央党校常务副校长的胡耀邦做了请示。胡耀邦告知杨西光,中央党校的吴江等人也正在写作类似观点的文章,让他们进行合作,对这篇文章进行修改、打磨后再发表。于是,《光明日报》邀请胡福明赴京,与中央党校一起讨论和修改这篇文章。最终,十易其稿,定名《实践是检验真理的唯一标准》,加了"唯一"二字,文章的观点也就更为鲜明和肯定。1978年5月10日,该文首先在中央党校《理论动态》上发表,并在篇末注明该文的作者系胡福明。第二天,《光明日报》以"本报评论员"的名义刊登此文。据当事人王强华回忆,为什么要以"本报评论员"的名义发表,是为了加重这篇文章的分量,以期扩大它的影响。新华社当天全文转发该文。5月12日,《人民日报》《解放军报》予以全文转载。由此在全国范围内引发了一场关于"真理标准问题"的大讨论,矛头直指"两个凡是"。这场大讨论因此也被称为"五四"新文化运动之后的第二次思想解放运动。

文章发表后,在中央高层引起了两种不同的态度。华国锋、汪东兴等人坚持"两个凡是",认为这篇文章在理论上是荒谬的、思想上是反动的,把矛头指向了毛泽东思想。而邓小平、叶剑英、李先念、陈云、胡耀邦等人,则充分肯定这篇文章,并积极支持和引导在媒体上和理论界进行一场有关于"真理标准问题"的大讨论。特别是邓小平同志的表态,对真理标准的大讨论起到了至关重要的作用。

《人民日报》《解放军报》均发文支持这篇文章。7月5日,中国科学院理论组和中国自然科学研究会召开了理论研讨会,旗帜鲜明地支持《实践是检验真理的唯一标准》一文。7月17日至24日,中国社会科学哲学研究所和《哲学研究》编辑部以及各省市党校、高校和理论研究机关也进行了专题讨论,并达成了共识。据不完全统计,从该文发表到1978年底,各级报刊共发表相关文章650多篇。全国各省自治区市、各大军区的负责人也先后对此表态,支持"实践是检验真理的唯一标准"的思想观点。一场学术讨论,实际上变成了一场政治原则上的斗争和分野。最终,1978年12月召开的中央工作会议上,坚持"两个凡是"的华国锋等人做了自我批评,承认了自己的错误,这为十一届三中全会彻底否定和清算"文革"扫除了前进道路上的障碍。

"'真理标准问题的讨论'既是一场始于学术争鸣的思想解放运动,又是一场始于以学术讨论为手段的意识形态方面的政治斗争。"[1]在本质上,这既是一场轰轰烈烈的思想解放运动,也是以邓小平、胡耀邦等为代表的"实践派"("改革派")与华国锋、汪东兴等为代表的"凡是派"之间的一场激烈的政治斗争。

正如邓小平在1978年12月13日召开的中央工作会议的闭幕词中所说:

> 目前进行的关于实践是检验真理的唯一标准的讨论,实际上也是要不要解放思想的争论……一个党,一个国家,一个民族,如果一切从本本出发,思想僵化,迷信盛行,那它就不能前进,它的生机就停止了,就要亡党亡国。这是毛泽东同志在整风运动中反复讲过的。只有解放思想,坚持实事求是,一切从实际出发,理论联系实际,我们的社会主义现代化建设才能顺利进行,我们党的马列主义、毛泽东思想也才能顺利发展。从这个意义上说,关于真理标准问题的讨论,的确是个思想路线问题,是个政治问题,是个关系到党和国家的前途和命运的问题。[2]

---

[1] 杨凤城:《20世纪的中国——走向现代化的历程(1949—2000)》,第326页,北京:人民出版社,2010年。

[2] 邓小平:《解放思想,实事求是,团结一致向前看》,《邓小平文选》(第二卷),第143页,北京:人民出版社,1983年。

第五章　思想和文化的春天:"回到真正的马克思主义"与"五四"启蒙精神的复归(1978—1992)

真理标准问题的大讨论,成了中国政治、思想解放和改革开放的先声。

2. 对"西方马克思主义"的注目和研究:一个全新的马克思主义的思想分支及参照体系的被引入

中国的马克思主义理论的各种思想和理念,最初来自日本,后来则来自苏联。在这种翻译和转译的过程中,其思想的真实性和可靠度往往受到各种无意或人为的损耗。特别是由于斯大林主义的影响,马克思主义的基本思想原理被歪曲和异化的可能性更是加大。自从在第三国际时,列宁主义与伯恩斯坦主义发生分流之后,我们对"伯恩斯坦主义"一直是站在苏联的政治和理论立场上,直接以"修正主义"视之。因此,对此仅有简单的否定和批判,却没有理性的考察和深入的思考。

这一次对西方马克思主义的研究趋向及其冲动,不仅是对"回到真正的马克思主义去"的有效补充和丰富,也有利于建立新的价值坐标和参照体系。"据不完全统计,从1978年到1984年间,《哲学译丛》、《国外社会科学》、《马克思主义研究参考资料》等国内重要理论刊物,几乎每期都有西方马克思主义的评价文章,总数不会少于500篇。"[1]由此可见,这股研究热潮在当时的空前盛况。同时也可看出,思想理论界在长期的极左思想文化专制下形成的"理论饥渴"的严重性。

应该说,西方马克思主义即使不能算是经典马克思主义的组成部分,至少也是马克思主义思想发展和演进的产物,这就像马克思主义的"中国化"产物——毛泽东思想一样。任何一种理论都不可能一成不变,否则,那就变成了"绝对真理",变成了"宗教"。其实,即使是宗教本身,其相关的理念和理论也是不断变化、发展,从而"与时俱进"的,更何况是作为科学世界观的马克思主义呢!

这是"西方马克思主义热"留给我们的有益思考。而与其在理论和实践上的重要价值相比,这点思考又显得如此微不足道。

---

[1] 王炯华:《五十年中国哲学风云》,第463页,武汉:湖北人民出版社,1999年。

同时，对于"西方马克思主义"的翻译、研究和思考，不仅是新的参照和借鉴系统的建立，也是"回到真正的马克思主义"运动的某种努力。

3. "社会主义初级阶段"理论、"中国特色社会主义"理论、改革开放与"邓小平理论"的形成

应该说，新时期以来的马克思主义、毛泽东思想的继承和发展者是邓小平。邓小平(1904—1997)，四川广安县人，伟大的无产阶级革命家、政治家、军事家、外交家，中华人民共和国开国元勋之一，中国共产党第二代领导核心，马克思主义者，同时也是中国人民解放军、中华人民共和国的主要领导人之一。他不仅是改革开放的"总设计师"，也是马克思主义思想文化与中国实际相结合的思想创造者。他所倡导的"改革开放"及"一国两制"等政策理念，改变了20世纪后期的中国，也影响了世界，因此在1978年和1985年，曾两次当选《时代》周刊"年度风云人物"，被称为中国改革开放和现代化建设的"总设计师"。

这些理论和思想创造，体现在一系列重要会议的决议以及讲话之中。

1978年12月，党的十一届三中全会召开。应该说，党的十一届三中全会是彻底纠"左"的一次盛会，关键词就是"拨乱反正"。在这次会议上，肯定了建国以来取得的伟大成就，但也指出了在这个阶段所犯的极左主义错误。会议彻底否定了所谓的"无产阶级文化大革命"，而且在肯定毛泽东对中国革命和建设的贡献的前提下，对毛泽东所犯错误提出了公正而客观的批评。这在上篇之中已经提及，不再赘述。

这次会议还提出了"在社会主义改造基本完成以后，我国所要解决的主要矛盾，是人民日益增长的物质文化需要同落后的社会生产力之间的矛盾"的科学论断，确定了"以经济建设为中心"。同时，废止了"阶级斗争"的错误做法，从根本上改变了此前阶级斗争的基本观念和做法，既反对"阶级斗争扩大化"，也反对"阶级斗争熄灭论"。

1982年9月1日至11日，中国共产党第十二次全国代表大会在北京召开。会议提出"建设有中国特色的社会主义"的口号，确立了"改革开放"的基本大政方针。在会议的开幕词中，邓小平说："无论是革命还是建设，

第五章 思想和文化的春天:"回到真正的马克思主义"与"五四"启蒙精神的复归(1978—1992)

都要注意学习和借鉴外国经验。但是,照抄照搬别国经验、别国模式,从来不能得到成功。这方面我们有过不少教训。把马克思主义的普遍真理同我国的具体实际结合起来,走自己的道路,建设有中国特色的社会主义,这就是我们总结长期历史经验得出的基本结论。"[1]

这标志着"中国特色社会主义"概念的提出。它有两层意思:一是我们建设的是社会主义,不是资本主义或其他什么主义,也即是邓小平所说的"我们大陆坚持社会主义,不走资本主义的邪路。社会主义与资本主义不同的特点就是共同富裕,不搞两极分化"[2]。二是必须按照中国的具体国情来办事,不照抄照搬西方国家和包括苏联在内的其他社会主义国家的发展模式或具体做法。

"十二大"之后,"改革开放"渐趋成为时代的主旋律。首先,农村的经济改革取得了初步成功,"联产承包责任制"得到了推广,广大农民得到了实惠和好处。"人民公社制度"成了过去时。同时,乡镇企业也得到了迅猛发展,出现了著名的"广东模式""苏南模式""温州模式"等,广大农民的积极性和创造性得到了极大发挥。农民"洗脚上田",最终,把乡镇经济的"田螺"变成了"大象"(苏南著名乡镇企业家周耀庭语)。其次,在1984年召开的十二届三中全会上,通过了《中共中央关于经济体制改革的决定》,提出进行经济体制改革,并要运用价值规律发展社会主义商品经济,这是一个全新的提法。这标志着在农村改革取得成功之后,以城市为中心的改革得以开展。

> 我国建国三十五年来所发生的深刻变化,已经初步显示出社会主义制度的优越性。但是必须指出,这种优越性还没有得到应有的发挥……一个重要的原因,就是在经济体制上形成了一种同社会生产力发展要求不相适应的僵化的模式……

---

[1] 邓小平:《中国共产党第十二次全国代表大会开幕词》,《邓小平文选》(第三卷),第2-3页,北京:人民出版社,1983年。
[2] 邓小平:《中国共产党第十二次全国代表大会开幕词》,《邓小平文选》(第三卷),第2-3页,北京:人民出版社,1983年。

改革计划体制,首先要突破把计划经济同商品经济对立起来的传统观念,明确认识社会主义计划经济必须自觉依据和运用价值规律,是在公有制基础上的有计划的商品经济。商品经济的充分发展,是社会经济的不可逾越的阶段,是实现我国经济现代化的必要条件。[1]

最后,"对外开放"也得以有步骤、有节奏地展开。这首先体现在以深圳、珠海等为代表的特区建设上,它们虽然最初引起了一些非议,但其迅速取得的成就证明了"对外开放"政策的正确性。"特区是个窗口,是技术的窗口,管理的窗口,知识的窗口,也是对外政策的窗口。从特区可以引进技术,获得知识,学到管理,管理也是知识。特区成为开放的基地,不仅在经济方面、培养人才方面使我们得到好处,而且会扩大我国的国际影响。"[2] 邓小平的充分肯定,不仅使得特区建设更上层楼,不断扩大范围,更是推动了"对外开放"的尺度和范围。对外贸易体制的改革、引进外资等"对外开放"的措施,都得到了有力推进。

1987年10月25日至11月1日,中国共产党第十三次代表大会在北京召开。该次会议提出并系统论述了"社会主义初级阶段"理论,确立了"一个中心,两个基本点"(即以经济建设为中心,坚持四项基本原则,坚持改革开放)的基本路线,这是对中国社会性质和主要矛盾的正确判断和决策。

中共十三大上发表了题为"沿着有中国特色的社会主义道路前进"的政治工作报告。报告明确指出,我国正处于社会主义初级阶段,并提出了"初级阶段"的基本路线:"在社会主义初级阶段,我们党的建设有中国特色的社会主义的基本路线是:领导和团结全国各族人民,以经济建设为中心,坚持四项基本原则,坚持改革开放,自力更生,艰苦奋斗,为把我国建设成

---

[1]《中共中央关于经济体制改革的决定》,《十二大以来重要文献选编》(中),第561-569页,北京:人民出版社,1986年。

[2] 邓小平:《办好经济特区,增加对外开放城市》,《邓小平文选》(第三卷),第51-52页,北京:人民出版社,1983年。

第五章　思想和文化的春天:"回到真正的马克思主义"与"五四"启蒙精神的复归(1978—1992)

为富强、民主、文明的社会主义现代化国家而奋斗。"

"社会主义初级阶段"理论以及"一个中心,两个基本点"的基本路线的提出者是有中国改革开放"总设计师"之称的邓小平。"我们党的十三大要阐述中国社会主义是处在一个什么阶段,就是处在初级阶段,是初级阶段的社会主义。社会主义本身是共产主义的初级阶段,而我们中国又处在社会主义的初级阶段,就是不发展的阶段。"[1]"搞社会主义现代化建设是基本路线。要搞现代化建设使中国兴旺发达起来,第一,必须实行改革、开放政策;第二,必须坚持四项基本原则,主要是坚持党的领导,坚持社会主义道路,反对资产阶级自由化,反对走资本主义道路。这两个基本点是相互依存的。"[2]这为中共十三大的政治报告定下了基调、原则和方向。由此,也奠定了"三步走"的伟大战略和"全面建设小康社会"的目标。

列宁作为一名马克思主义者,在社会主义思想发展史上最早提到社会主义发展阶段问题。"十月革命"胜利后,列宁清醒地认识到,在经济十分落后的俄国,只能建成"初级形式的社会主义",不能立即建成"发达的社会主义",这也是后来"新经济政策"的理论源头。但列宁对此并未做出更为深入的阐述。

在党的十二大之前,1981年党的十一届六中全会通过的《关于建国以来党的若干历史问题的决议》以及1986年9月召开的中共第十二届中央委员会第六次全体会议通过的《关于社会主义精神文明建设指导方针的决议》中,均提到"初级阶段"和这一特殊历史阶段的精神文明建设问题。但是,并未做出系统阐述,并未把它作为我党的基本路线从而提升到全局性的高度。

应该说,社会主义初级阶段理论是对世界社会主义国家的发展历史的总结,更是中国社会主义建设在曲折中发展的全部历史经验和教训的基础

---

[1] 邓小平:《一切从社会主义初级阶段的实际出发》,《邓小平文选》(第三卷),第252页,北京:人民出版社,1983年。
[2] 邓小平:《我们干的事业是全新的事业》,《邓小平文选》(第三卷),第253页,北京:人民出版社,1983年。

之上逐步形成和提炼出来的。"社会主义初级阶段"这一具有特定内涵的理论概念,不仅在马克思主义发展史上是第一次,更是马克思主义的一次重大发展和飞跃。

另外,"社会主义初级阶段"理论正是"新民主主义论"的某种继承和发展,同时又是马克思主义"中国化"或毛泽东思想的重要发展和理论创新。这是社会主义理论或马克思主义中国化的新发展、新阶段,但并不是"新民主主义理论"的翻版或重复。它们的主要区别首先在于社会性质和发展阶段不同。前者是从半殖民地半封建社会向社会主义过渡的社会发展阶段,而后者是社会主义社会中的一个发展阶段,这两个社会发展阶段有着根本的不同。其次,二者在阶级构成、政党制度、人民民主专政的含义、经济构成方式、生产社会化程度等方面均有着根本的区别。同时,这一理论还特别提及了社会主义民主的问题,并进行了深刻的反思。

> 必须发展社会主义民主,加强社会主义法制,而不能实行"大民主"和"造反有理"。"文化大革命"以沉痛的教训告诉我们:中国要实现四个现代化,必须发展社会主义民主,健全社会主义法制,维护安定团结的政治局面……"文化大革命"的内乱表明:没有民主就没有社会主义,就没有社会主义的现代化。作为执政党,必须加强民主政治建设,使民主制度化、法律化。[1]

作为对"个人崇拜"和破坏党的民主集中制的"家长制"作风的反思,这应该是沉重和深刻的。

这些理论的提出和阐述,不是表面看来的一些会议决议、领导人讲话,更不只是一些政策和方针,这是马克思主义"中国化"的产物,是毛泽东思想的继续发展,富有文化的内涵和思想的光辉。在中共党史上,它被概括

---

[1] 中共中央党史研究室:《"文化大革命"的内乱和林彪、江青两个反革命集团的覆灭》,《中国共产党历史》(第二卷下册,1949—1978),第980页,北京:中共党史出版社,2011年。

为"邓小平理论",它是全党的智慧结晶,也是邓小平的理论创造,指导着中国改革开放的伟大进程。因此,"邓小平理论"是我们现代思想文化的重要组成部分,也是一笔宝贵的财富。

第二节 "重回'五四'起跑线":现代启蒙主义的复归和"新启蒙主义"思潮的兴起

"五四"与"四五"是两个颇有意味的数字。1919年的"五四"爱国群众运动,标志着"五四"新文化运动的转折和新的标高;1976年的"四五"群众运动,标志着一个旧时代的陷落和崩塌以及一个新的时代的开始。前者,以"巴黎和约"的青岛问题为契机,抗议帝国主义的侵略以及北洋政府的妥协、投降;后者,以周恩来的去世悼念活动为切入方式,抗议极端"左"倾主义的肆虐和横行。

其实,在上述"回到真正的马克思主义"的运动中,"五四"现代启蒙主义思想也随之获得某种肯定和确认。毕竟,马克思主义是西方现代思想发展和扬弃的产物,本身就包含了现代启蒙主义的相关思想内容。因此,"回到真正的马克思主义"思潮,与"五四"现代启蒙主义思想的复归是相伴而生的一个过程。

与此同时,在批判反思"文革"、纠"左"的良好政治空气和相对自由的学术氛围之下,"五四"现代启蒙主义思想也以独立运作的方式"魂兮归来"。"新启蒙主义"思潮的再次兴起,有着特别重要的意义。关于"新启蒙主义"思潮,一些学人赋予"新启蒙主义"思潮更多的内容和含义,包括把李泽厚的"主体性"哲学、"三论"、"文化热"等均纳入其中[1],这是有道理的。

作为一个现代史上的重大事件,"五四"新文化运动早就成为某种十分

---

[1] 杨凤城:《20世纪的中国——走向现代化的历程(1949—2000)》,第382-409页,北京:人民出版社,2010年。

重要的历史资源。而出于不同的目的和需要，对这一重大历史事件进行解读和评价，从而为"我"所用，从历史资源中获取更多的历史正义性，就成为各种政治和文化力量的目标和手段所在。国民党、共产党以及文化本位主义者、全盘西化派等，对"五四"新文化运动均有着自己的理解和阐释。在某种程度上，"五四"新文化运动不仅成为绕不过去的历史，而且已经成为现代"经典"，甚至成为"神话"或者"传说"。

著名学者舒衡哲在《中国启蒙运动——知识分子与"五四"遗产》中，早就看到了国、共两党在"五四"资源问题上的不同态度和纠结心理，孙中山、蒋介石作为"民族本位主义者"更强调中国传统文化的价值和作用，对以批判中国传统儒家文化以及以"全盘西化"为目标的"五四"新文化运动，怀有深刻的矛盾性，故此只肯定和评论"学生爱国运动"的意义。而"在共产党方面，毛泽东不像蒋介石那样害怕启蒙运动。事实上自从1919年当他在北大担任图书馆管理员助理时，就以'五四'传统的追随者自命"[1]。在《新民主主义论》中，毛泽东"断言'五四'是以1917年俄国革命为代表的'无产阶级世界革命'不可分割的一部分"[2]，并把1919年"五四"运动的发生当作"新民主革命"和"旧民主革命"的分水岭。[3]

正如《中国共产党历史》中所说："('五四'运动)为适合中国社会需要的新思潮，特别是马克思主义在中国的传播，创造了有利的条件。"[4]"'五四'运动后马克思主义在中国迅速而广泛的传播，为中国无产阶级正常的

---

[1] [美]舒衡哲：《中国启蒙运动——知识分子与"五四"遗产》，第295页，北京：新星出版社，2008年。
[2] [美]舒衡哲：《中国启蒙运动——知识分子与"五四"遗产》，第296页，北京：新星出版社，2008年。
[3] 毛泽东：《新民主主义论》，《毛泽东选集》（第二卷），第623页，北京：人民出版社，1968年。
[4] 中共中央党史研究室：《中国共产党历史》（第一卷上册，1949—1978），第33页，北京：中共党史出版社，2011年。

第五章　思想和文化的春天:"回到真正的马克思主义"与"五四"启蒙精神的复归(1978—1992)

创建准备了思想条件。"[1]"为中国无产阶级正常的创建准备了干部条件。"[2]基于"五四"这个被主流意识形态一直确认的重要历史资源,知识分子们重提"民主""科学""个性解放"等"五四"新文化运动的口号和主题,并提出自己的新的阐释和见解,这是20世纪80年代"新启蒙运动"思潮发生的重要的外在原因。

从内在原因或文化根本上来说,20世纪80年代的思想解放运动不仅需要追溯"五四"新文化运动的历史思想资源,而且它们本身就具有这种思想上的承继性。因此,80年代"新启蒙运动"的发生,是一种内在的、必然的选择。"新启蒙主义"思潮的勃兴,标志着"五四"现代启蒙主义思想在更深层面上的复归。

一、"人道主义"之争给我们的深刻启示,像寓言或隐喻一般,太过意味深长

人的解放或个性解放是"五四"新文化运动的重要主题之一,它是从封建枷锁之下解放"人"的身体和精神的呼求与呼声,也是时代的最强音。

20世纪80年代,发生了关于"人道主义"问题的争论。这不仅是对20世纪50年代关于人性和人道主义问题讨论的某种延续,也是对"文化大革命"以及历次政治批判运动过程中,受到贬损、伤害并最终失落的人的尊严、人的权利、人的价值的某种深情而迫切的呼唤。同时,也是"五四"新文化运动中"人的解放"主题的继承和延续。最初,何其芳在《毛泽东之歌》中讨论毛泽东关于"共同美"的谈话,由此引发了与此相关的人性、人情和人道主义这个久已沉寂的问题。1979年3月,著名美学家朱光潜先生的重要论文《关于人性、人道主义、人情味和共同美问题》发表,由此引发了一场关

---

[1] 中共中央党史研究室:《中国共产党历史》(第一卷上册,1949—1978),第49页,北京:中共党史出版社,2011年。
[2] 中共中央党史研究室:《中国共产党历史》(第一卷上册,1949—1978),第51页,北京:中共党史出版社,2011年。

于什么是人性、人性与阶级性的关系、共同人性以及人道主义等问题的大讨论。与此相关的还有毛星的论文《关于文学的阶级性》，都是最早关于此问题的重要文章。这是继"真理标准"大讨论之后的一场思想领域的大论争，在本质上，也属于整个思想解放运动的重要组成部分。

关于人道主义和写人性的问题，早在20世纪50年代即有过争鸣。1957年1月，作家巴人（王任叔）在《新港》杂志发表了《论人情》一文，随后即引起了一场关于人性、人情、人道主义问题的大讨论。这次大讨论，主要辩论了如下主要问题：① 什么是人性和人情？② 人类是否具有共通的人性和人情？③ 人性与阶级性有无冲突和联系？④ 文学创作与人性、人情是什么关系？

这场大讨论的核心，是对马克思主义与人道主义的关系问题的讨论。王若水、周扬、张奎良等著名学者发表了《人是马克思主义的出发点》《为人道主义辩护》《再谈人在唯物史观中的地位》等系列文章，论证了"人是马克思主义的出发点"，"人道主义是马克思主义不可缺少的因素"以及马克思主义是以"人的自由和全面发展"为旨归等论题。"什么是人道主义？它有一个共同的原则，简单地说就是人的价值""（人道主义）泛指一切以人、人的价值、人的尊严、人的利益或幸福、人的发展或自由为主旨的观念和哲学思想"。[1]但是在把马克思主义纳入人道主义体系，还是把人道主义体系融入马克思主义的问题上双方略有分歧。而邢贲思、李泽厚等学者对此有不同意见。李泽厚认为："强调马克思主义具有人道主义性质是不错的，但把马克思主义解说为人道主义，或以人道主义来解释马克思主义，却不符合马克思当年的原意。因为马克思主义主要是一种历史观，即唯物史观，它既有科学的内容，也具有意识形态的作用。马克思主义的世界也就是这种历史观，或者说是建立在这种历史观的基础上的。人道主义不可能是历史观，用人道主义来解释历史，来说明人的存在或本质，必然

---

[1] 王若水：《为人道主义辩护》，《文汇报》，1983年1月17日。

第五章　思想和文化的春天:"回到真正的马克思主义"与"五四"启蒙精神的复归(1978—1992)

带有空泛、抽象或回到文艺复兴、启蒙主义的理论上去。"[1]此乃精辟、深刻之论。

由此向前推进,则是对"社会主义异化问题"的讨论。周扬、王若水、王元化、顾骧等持社会主义"异化"存在论。"'异化'是客观存在原现象,我们用不着对这个名词大惊小怪……十一届三中全会提出解放思想,就是克服思想上的异化。现在进行经济体制和政治体制改革,以及不久将进行的整党,就是为了克服经济上和政治上的异化。"[2]而否定者不同意社会主义存在"异化",认为这样"会带来三个不良后果,一是抹杀社会主义和资本主义两种经济形态的根本区别;二是为资产阶级自由化提供理论根据;三是使人们动摇以致丧失共产主义必胜的信心"[3]。

所有的讨论终结于1984年1月胡乔木在中央党校所做的题为《关于人道主义和异化问题》的讲话。在这个讲话中,胡乔木对人道主义与异化问题做了否定性和批判性的结论。他认为作为世界观和历史观的人道主义,同马克思主义的历史唯物主义是根本对立的。"从异化的抽象公式出发,把社会主义社会中的种种消极现象统统纳入异化公式之中,势必把这些都看成是规律性的和对抗性的,是由社会主义社会中主体自己的活动造成的。这……只能对这些问题的解决以至对社会主义制度本身带来破坏性的影响。"[4]在胡乔木的这个"结论性"的讲话之后,"主张马克思主义的人道主义和社会主义异化论的观点几近销声匿迹,报纸杂志刊登的都是与讲话精神相一致的文章"[5]。

人道主义是西方文艺复兴和启蒙运动中所提出的问题,也是其主旨之

---

[1] 李泽厚:《试谈马克思主义在中国》,《中国现代思想史论》,第200页,北京:东方出版社,1987年。
[2] 转引自杨凤城:《20世纪的中国——走向现代化的历程(1949—2000)》,第372页,北京:人民出版社,2010年。
[3] 转引自杨凤城:《20世纪的中国——走向现代化的历程(1949—2000)》,第373页,北京:人民出版社,2010年。
[4] 胡乔木:《关于人道主义和异化问题》,《理论月刊》,1984年第2期。
[5] 杨凤城:《20世纪的中国——走向现代化的历程(1949—2000)》,第373页,北京:人民出版社,2010年。

所归。但是,这些在文艺复兴和启蒙运动中已经解决的问题,在当代中国不仅仍是一个问题,而且在理论也不能得到确认。可见,"左"祸的肃清绝非一朝一夕之事。

事实上,马克思主义是西方现代思想的内生性产物,其与文艺复兴、启蒙运动等(包括人道主义在内的自由主义思想)的联系是内在的和必然的。对马克思主义的研究,应该运用历史的、现实的、具体的研究,而不是断章取义、为我所需。如此,这就首先必须打通马克思主义与文艺复兴、启蒙运动之间的联系通道,寻找其承继和发展之处。如果人为割裂马克思主义与西方文艺复兴、启蒙运动中自由主义思想之间的联系和承继关系,不仅会歪曲真正的马克思主义,而且会导致封建主义和皇权专制思想的产生、蔓延及其理论上的合理化。

这场大讨论是对马克思主义与现代启蒙主义的再次厘定。虽然最终因胡乔木的定调而使得这场讨论归于沉寂,但从本质上来说,这场关于"人道主义"的论争,不仅是"五四"人的解放主题的承续,也是属于"回到真正的马克思主义"这个重要理论的组成部分。

二、"人的主体性"哲学的提出和争鸣以及其在文学艺术领域的有效延伸

伴随着国家在政治层面上的拨乱反正和反思、批判以"文革"为代表的极端"左"倾主义错误,"回到真正的马克思主义"的思潮和运动进一步深入,而"五四"以来的现代启蒙主义思想也渐次"回归",并在新的层面上得以展开。这既是对"五四"现代启蒙主义思想的继承,也是超越和提升。

其中,最为核心的内容就是人的觉醒。如果说"五四"启蒙运动提出的"个性解放"的口号,是反抗封建主义的利器,那么这一次人的觉醒则是在对带有封建主义色彩的"文革"进行沉重反思之后出现的。人的权利,人的价值,人的尊严,这些最为基本的权利,均在"文革"中被破坏殆尽。它首先表现在文学作品之中,继而在思想文化领域出现了"人道主义之争",提出

第五章　思想和文化的春天:"回到真正的马克思主义"与"五四"启蒙精神的复归(1978—1992)

人性、人情、人道主义以及人的异化等诸多具有现代价值的问题。

与"人道主义之争"这一思潮相对应,李泽厚提出了人的主体性这个哲学命题,寻找久已失落的人的历史主体地位。从哲学角度提出这个问题,并进行辨析和深思,这应该说是"人道主义"之争的"升级版",也是"五四"启蒙运动以来人的主题的理论化表述。

早在 20 世纪 50 年代,李泽厚即以有独立的学术品格而著称,并因此受到当时"左"倾政治打击,被下放农村多年。20 世纪 70 年代末,李泽厚以康德的"主体性实践哲学"为主要依据,发展马克思主义的实践论,提出了主体性实践哲学,继而为建立尊重人的社会伦理观提供了哲学上的基石。20 世纪 80 年代,李泽厚继续阐释这一理论,引起了极大的关注并产生了较大的影响力。他以黑格尔的"历史总体的辩证法"为切入点,以此重构马克思主义的唯物史观,从而确立人的主体地位。黑格尔辩证法哲学是马克思主义的三大来源之一,他认为"历史总体的辩证法是黑格尔所长,个体、感性被淹没在其中则是黑格尔所短……个体日益被看成或作为总体理性的工具,并明确地企图从人类历史发展的总体来把握、规定和理解人和人的伦理和道德……人成了认识历史的历史行程或逻辑机器中不无足道的被动一环,人的存在及其创造历史的主体性质被掩盖和阉割掉了"[1]。李泽厚从马克思主义的理论渊源上来寻找人的主体性失落的根本原因,这是极具理论见识的表现。而康德哲学则相反,"康德哲学的功绩在于,他超越了也优越了此前的一切唯物论和唯心论者,第一次全面地提出了这个主体性,康德哲学的价值和意义不在他的'物自体'有多少唯物论的成分和内容,而在于他的这套先验体系,因为正是这套体系把人性(也就是把人类的主体性)非常突出地提出来了"[2]。由此,李泽厚发出了"人是目的本身"的时代呐喊,"回到人本身吧,回到人的个体、感性和偶然吧,从而,也就回到现实的日常生活(every day life)中来吧! 不再受任何形而上观念的控制

---

[1] 李泽厚:《批判哲学的批判》,第 434 页,北京:人民出版社,1984 年。
[2] 李泽厚:《批判哲学的批判》,第 424 页,北京:人民出版社,1984 年。

支配","人不能是工具、手段,人是目的本身"[1]。这是康德"道德律令"第二、"人是目的"的翻版,但在经历"文革"政治和人道劫难之后的中国,却成为那个时代呼唤人的觉醒和人性归来的最强音。

但是,李泽厚的主体性哲学并不完全否定为马克思所继承的黑格尔的"历史总体论",而只是试图通过重视和确认人的感性以及主体性,从而矫正"历史总体性"的某种思想偏仄,即对人的主体性的抹杀或淹没。因此,他认为"只有认识到人类社会发展的客观规律和总体进程而主动选择和决定自己的命运,以符合这一总的行程,推动、促进这一行程,才是历史具体的真正的个性自由"[2],进而认为:"在自由王国——共产主义到达之前,作为族类的人(整体)的发展与个体的发展,有时候处于尖锐对抗之中,并经常要牺牲后者而向前迈进。"[3]也即是说,人的感性和主体性最终还要服从于那个"历史总体性","人的主体性"是悬置于"历史总体性"之下的附属品或从属物,直到那个"自由王国——共产主义"的到来。这就导致了李泽厚在"人道主义之争"的思潮中,虽然承认其反思和批判"文革"的某种积极意义,但并不完全肯定这场争论的历史价值,并反对人道主义的历史观。"作为历史观的人道主义,其理论极为肤浅和贫乏,它不能历史具体地去深入分析现象,不能真正科学地说明任何历史事实,不可能揭示出历史发展的真相,从而经常流为一堆美丽的词藻、迷人的空谈、情绪的发泄。"[4]同时,这也构成了李泽厚"主体性哲学"的内在矛盾,提倡人的主体性,但为了那个所谓的"历史总体性",又不得不要求前者屈从于后者,最终人成为"历史总体性"的附庸和奴仆,从而回到了这个批判性理论建构的原点。李泽厚在"人的主体性"与"历史的总体性"或者说人的感性与理性之间的矛盾认知,最终导致了那场著名的"刘李之争",即刘晓波打着"感性解放"的旗

---

[1] 李泽厚:《美学四讲》,第250页,北京:华夏出版社,1990年。
[2] 李泽厚:《批判哲学的批判》,第351页,北京:人民出版社,1984年。
[3] 李泽厚:《批判哲学的批判》,第350页,北京:人民出版社,1984年。
[4] 李泽厚:《夜读偶录》,《瞭望》,1984年第11期。转引自《中国现代思想史论》,第201页,北京:东方出版社,1987年。

第五章　思想和文化的春天："回到真正的马克思主义"与"五四"启蒙精神的复归(1978—1992)

号,对李泽厚的"理性"哲学进行了批判和争鸣。

李泽厚"人的主体性"理论的提出,是试图重构和创造性地发展马克思主义,也即在其理论框架中留出"人"的位置,而不是彻底否定和颠覆以"历史的总体性"为特征的马克思主义理论体系。正如他自己所说:

> 马克思主义在中国的确到了一个关键时刻,正像中国社会到了一个如何前进的关键时刻一样。马克思主义之需要创造性的发展和这种发展的重要意义,没有任何时候像今天在中国这样突出。从五六十年代东欧、苏联到七八十年代中国的人道主义潮流,共同展示了马克思主义理论传统本身由于强调社会忽视个体所带来的巨大缺陷。[1]

李泽厚这种女娲式的"炼石补天"精神,不仅是对马克思主义的某种修补,也是对"五四"新文化运动以来理性精神的继承和发展,可以归入"新启蒙主义"的范畴。因此,它的思想文化上的建设性意义和历史价值,是毋庸置疑的。正如刘再复对他的评价所说:"李泽厚在这个时代的价值主要体现在他的理性人文思索,包括理性的政治思索,理性的哲学思索,理性的伦理思索,理性的大文化思索。他最宝贵的价值是他的思想完全扬弃情绪,极为理性。在中国,几乎找不到另一个人可以和他相比。"[2]

作为一名美学家,李泽厚也将自己提出的"人的主体性"哲学推向美学和文学领域。首先,他提出了美学上的"积淀说"和"情本体说"。李泽厚在《批判哲学的批判——康德述评》中提出:

> 通过漫长历史的社会实践,自然人化了,人的目的对象化了。自然为人类所控制改造、征服和利用,成为顺从人的自然……自然

---

[1] 李泽厚:《试谈马克思主义在中国》,《中国现代思想史论》,第203页,北京:东方出版社,1987年。
[2] 刘再复:《李泽厚没有过时,他的价值尚未被充分认识》,凤凰网,2015年7月22日。

与人、真与善、感性与理性、规律与目的、必然与自由,在这里才具有真正的矛盾统一。真与善、合规律性与合目的性在这里才有了真正的渗透、交融与一致。理性才能积淀在感性中、内容才能积淀在形式中,自然的形式才能成为自由的形式,这也就是美。[1]

这就是著名的"积淀说"。其次,李泽厚还发起了文学艺术创作中的注重"形象思维"的美学热潮,主持翻译了大量的西方美学著作。关于"形象思维"的问题在20世纪50年代曾经有过讨论,但在"文革"中受到批判,被扣上了"反马克思主义的认识论体系""现代修正主义文艺思潮的一个认识论基础"的大帽子。粉碎"四人帮"之后,《人民日报》发表了《毛主席给陈毅同志谈诗的一封信》,信中毛泽东提到诗歌的形象思维问题:"诗要用形象思维,不能如散文那样直说,所以比、兴两法是不能不用的。"(毛泽东:《毛主席给陈毅同志谈诗的一封信》,《人民日报》,1977年12月31日)由此生发出了关于形象思维的一场大讨论。对文化艺术创作中形象思维因素的强调,是对"总体性"政治的有意疏离和对具有个体性、感性的文学审美性的回归。从本质上来说,这也即是对"人的主体性"的再次注目。

李泽厚是从马克思主义哲学的角度介入"主体论"哲学的。但这并不能否定"人的主体性"不是现代启蒙主义精神的体现,因为,马克思主义也是现代启蒙主义的组成部分和创造性延伸,二者并不对立。

除了率先提出并论证"人的主体性"理论,李泽厚也是较早反思建国以来若干历史问题及现象的哲学家。在1988年4月2日人大小组会上,李泽厚发言认为,中国革命是依靠新民主主义理论取得胜利的,新中国成立不久,由于学习苏联斯大林模式的社会主义,因而过早地抛弃和否定了新民主主义理论,这是中国的一大损失。"社会主义初级阶段"理论吸取了数十年的历史经验教训,是新时期以来对新民主主义理论的恢复和发展。这个

---

[1] 李泽厚:《美学四讲》,第123页,北京:生活·读书·新知三联书店,1989年。

第五章　思想和文化的春天:"回到真正的马克思主义"与"五四"启蒙精神的复归(1978—1992)

发言在当时应该说是比较大胆和激进的,当时在会议上很多人不敢吱声,但反响却较为强烈。4月7日《人民日报》摘登部分代表发言,其中包括李泽厚的这段讲话。这说明国家对此还是认可的,后来,"社会主义初级阶段理论"得到了进一步的确认和强化,这是改革开放的理论基础。

"主体性"哲学的自然延伸并在具体艺术门类中得以应用,这是新时期以来"新启蒙主义"思潮的重要组成部分。刘再复首先把"主体性哲学"应用于文学理论领域,使得这一理论得以发扬光大,并由此确认了"文学是人学"的命题。

刘再复(1941—　),福建泉州南安人,中国当代著名人文学者、文学家、红学家。1963年毕业于厦门大学中文系,曾任中国社会科学院中国文学研究所所长、《文学评论》主编,中国作家协会理事,现为香港城市大学中国文化中心荣誉教授。1989年出国后,先后在美国芝加哥大学、科罗拉多大学,瑞典斯德哥尔摩大学,加拿大卑诗大学,香港城市大学,台湾"中央大学"、东海大学等院校担任过客座教授、讲座教授、名誉教授与访问学者。著有《性格组合论》、《鲁迅美学思想论稿》、《文学的反思》、《论中国文学》、《放逐诸神》、《传统与中国人》、《罪与文学》(与林岗合著)、《现代文学诸子论》、《高行健论》、《告别革命》(与李泽厚合著)、《共鉴"五四"》、《红楼四书》、《莫言了不起》等近八十余部学术论著和散文集,作品已被译为英、韩、日、法、德等多种文字出版。

刘再复在出版《性格组合论》并系统地提出和论述"人物性格二重组合原理"之前,已经发表了与此相关的系列文章。1984年,刘再复在《文学评论》发表《论人物性格的两重组合原理》;1985年,刘再复出任中国社会科学院文学所所长与《文学评论》主编,他在该刊分两次发表了《论文学的主体性》一文;1985年7月8日,他在《文汇报》发表《文学研究应以人为思维中心》。这些文章均以"人"和"人的主体性"为核心而展开自己的论述。特别是《论文学的主体性》一文发表之后,反响强烈,引起了学界的广泛争议,进而迅速在全国掀起了一场关于"文学主体性"的大讨论。该文主要观点是:由于庸俗社会学的影响和干扰,人作为文学的主体已经不同程度地失落了,应该恢复人的主体性地位。文学创作中人的主体性包括两个层面:一是把人放在历史运动的实践主体的地位之上;二是特别注重人的精神主体性。他在充分肯定"文学是人学"的观点之外,强调文学所指向的这个"人学"并不是一般意义上的"人学",而是指涉人的灵魂学、性格学和精神主体学。而这个精神主体学又以个性为基础,具有表层和深层的双重结构。刘再复继而论述了对象主体、创作主体和接受主体之间的辩证关系以及表现和实现路径。1986年,刘再复的代表作《性格组合论》出版,成为当代中国美学史上一部具有里程碑意义的著述,这本书重新定义了文学作品中"人物性格"这一核心要素,理清了人与文学的真正关系,对文学中"人的主体性"进行了更为系统和深入的阐述。这本书也获得了当年的全国"金钥匙图书奖"。刘再复关于"人的主体性"的系列论文及其著述,引起了广泛的争议和反响,被称为"刘再复现象"。

三、新的思想方法引进:以"三论"为代表的、具有科学主义倾向的"方法论热"与"文化热"的蓬勃和蔓延

20世纪80年代,以"信息论""控制论""系统论"等"三论"为核心的科学主义或"方法论热",以及译介和传播西方最新学术成就的"文化热"的产生,有着远为深刻的背景和远大的理想。这是知识界或思想界试图绕开或越过人文、社科方面的意识形态屏障的某种努力和尝试。科学以及科学方法论的引进,是"五四"启蒙主义的重要内容:对"科学"精神的提倡和呼求。

1980年,历史系专业学生永昶的文章《试论中国封建社会长期延续的原因》,用现代自然科学方法来加以分析;其后,金观涛、刘青峰的《中国历史上封建社会的结构:一个超稳定系统》,运用系统论和控制论的方法对中国封建社会的"停滞性"和"周期性"进行解读。由此,"信息论""系统论""控制论"等"三论"成为社会的时髦和热门话题。钱学森有一段话:"现在的理论界都在谈'三论',我们的各级领导人也在谈'三论'。'三论'已经被

第五章 思想和文化的春天:"回到真正的马克思主义"与"五四"启蒙精神的复归(1978—1992)

普遍接受了。"[1]

有学者更早看到"三论"的科学主义本质以及它与"五四"启蒙运动中"科学"口号的内在联系:"'三论'被整个学术界接受,很大程度上与系统论所依托的'科学'这面旗帜密切相关。从'五四'新文化运动高举'科学'与'民主'两面旗帜,把'科学'和'民主'作为追求强国富民的有效手段开始,经过百年的洗礼,已经积淀为一种全民族共同的价值。"[2]

除了"三论"的盛行之外,"文化热"也在80年代成为引人注目的一个重要文化现象。西方诸多学术思想文化的引进和译介成为"文化热"主要表现之一,这也就是以"当代学术""西方学术""现代文化"等名义命名的丛书和译丛,它们包括哲学、社会学、政治学、法学、心理学、伦理学、文学等各个领域。关于"文化"的参与以及推动,有三支起着主要作用的力量不能不提,即:《走向未来》丛书编辑委员会、《文化:中国与世界》编辑委员会以及中国文化书院。它们翻译、出版了《第三次浪潮》《大趋势》等大量图书。

关于这场"文化热"的正义性和必然性,《文化:中国与世界》杂志在开卷语中说得非常明确:

> 中国要走向世界,理所当然地要使中国的文化也走向世界;中国要实现现代化,理所当然地必须实现"中国文化的现代化"——这是八十年代每一位有识之士的共同信念,这是当代中国伟大历史腾飞的逻辑必然。[3]

其实,这种"述而不论"式的文化引进和介绍,也像带有科学主义倾向

---

[1] 钱学森:《关于马克思主义哲学和文艺美学方法论的几个问题》,《文艺研究》,1986年第1期。
[2] 杨凤城:《20世纪的中国——走向现代化的历程(1949—2000)》,第354页,北京:人民出版社,2010年。
[3] 杨凤城:《20世纪的中国——走向现代化的历程(1949—2000)》,第401页,北京:人民出版社,2010年。

的"三论"一样,是对意识形态障碍的一种"战略性"和"战术性"的有效规避。

这正如《20世纪的中国——走向现代化的历程》一书中所说:

> 1984年之后,官方对"人道主义"的定性,使"托古改制式"的体制内意识形态改革努力受挫;"回到真正的马克思主义去"的思潮,力图通过对马克思主义的当代阐释来重建适应新时期的意识形态的努力也遇到了理论上和体制上的限制。"三论"为特征的科学主义思潮开始利用外来的思想资源进行意识形态重建的尝试。此后,获得相对独立地位和言说权利的知识分子,绕开意识形态忌讳,在"文化"的旗帜下,利用西方的思想资源,进行体制外的现代性方案的设计工作。[1]

这种评述和总结是极其准确、到位和深刻的。

如果说方法论的引进是"科学"的体现,那么,"文化热"的核心则是以文化去政治化,不再做政治的附庸和奴仆。这是思想解放和人的解放的重要组成部分。

与此同时,西方人本主义哲学热也一时兴起,悲观主义哲学家叔本华、"超人哲学"的提倡者尼采、心理分析主义大师弗洛伊德、生命哲学家柏格森、存在主义哲学家萨特先后被引入中国,且热度不减。这些思潮对于消解极左政治、彰显人的价值均具有积极意义,冲决了禁欲主义、政治工具论的堤坝,但也产生了虚无主义、悲观主义和极端个人主义的负面影响。从某种意义上来说,西方人本主义哲学热也是人道主义、"人的主体性"哲学的某种延展。

---

[1] 杨凤城:《20世纪的中国——走向现代化的历程(1949—2000)》,第403页,北京:人民出版社,2010年。

第五章 思想和文化的春天:"回到真正的马克思主义"与"五四"启蒙精神的复归(1978—1992)

第三节 资产阶级自由化现象及其批判

在以批判"四人帮"和极左主义的"拨乱反正"以及反思和批判"文革"的时代大背景之下,马克思主义"改革派"与现代启蒙主义("新启蒙主义")取得了某种联合并成为"同路人"。它们携手反对共同的敌人:封建主义以及极左主义。这是马克思主义与现代启蒙主义美丽的"蜜月"时期。

从理论体系上来说,马克思主义是对现代启蒙主义的继承和扬弃,本身就包含了现代启蒙主义的主要思想内容,如民主、自由、科学、人的解放等现代理念。而且,这里面的很多内容也是庄重地写进了《中华人民共和国宪法》里面的,应该是为执政党和国家所认可的基本价值理念。如果剔除了这些基本现代理念的马克思主义,就是假的马克思主义。就像马克思在《共产党宣言》中所批判的形形色色的假社会主义,如"封建式的社会主义"一样,它们打着社会主义的牌号,干着封建专制主义的勾当。"文革"的教训就是典型的案例。另外,20世纪70年代后期以及20世纪80年代是一个特殊的历史时期,极端"左"倾主义的狂风暴雨刚刚肆虐了中国大地,带来了惨不忍睹的严重后果;而且,它还有着根深蒂固的思想基础和现实土壤,"两个凡是"的出现就是明证。所以,要彻底清除"左"祸,殊非易事,并非一朝一夕。因此,在这样的时代大背景和严峻现实之下,马克思主义与现代启蒙主义的"携手"和"蜜月"应该是正常的、合理的、可解的,同时也是必需的和重要的。

然而,这种联合或携手并非亲密无间,更非完全的"志同道合"。它们之间既有联合,又有矛盾、冲突和斗争,龃龉和抵牾。这里虽有"左"倾思想的干扰,但是,这种矛盾冲突和斗争,并非马克思主义主流意识形态与现代启蒙主义之间的矛盾和冲突,在本质上是由部分具有资产阶级自由化倾向的人的错误观念和倾向所致,他们借现代启蒙主义和"新启蒙运动"的展开,试图将资产阶级的民主、自由等价值观念横向"嫁接"到中国,以此来反对或推翻社会主义制度和党的领导。他们将现代启蒙主义或"新启蒙主义"发展为反对社会主义和党的领导的错误思想,从而走上了歧路。这就触及了党和国家的底线,不仅危及了马克思主义作为意识形态主导的地位,而且危及社会主义制度。1979年3月,针对社会上出现的"要人权"的大字报以及小规模的游行示威,邓小平在中央理论务虚会上做了题为《坚持四项基本原则》的讲话,提出在批"左"的同时,也要着重批判从右的方面否定党的领导等"四项基本原则"。1981年,中宣部召开全国思想工作会议,研究和布置反对资产阶级自由化的斗争。1983年,邓小平在中共十二届二中全会上提出"思想战线不能搞精神污染",并指出"精神污染"的实质是"散布形形色色的资产阶级和其他剥削阶级腐朽没落的思想,散布对于社会主义、共产主义事业和对于共产党领导的不信任情绪……在人民中混淆是非界线,造成消极涣散、离心离德的情绪,腐蚀人们的灵魂和意志,助长五金的个人主义思想泛滥,助长一部分人怀疑否定社会主义和党的领导的思潮"。由此,理论界和文艺界在此次会议之后,即展开了一场以"清除精神污染"为目标的运动,部分揭露"文革"中反人性的文学作品以及关于人道主义和异化问题的讨论,被定性为"精神污染"并受到批判。甚至披肩发、穿新潮流行服装、跳迪斯科,也被定性为"精神污染"。"清除精神污染"运动的扩大化和泛化,使得中共中央十分警醒,同年12月14日,胡耀邦召集人民日报社、新华社等媒体领导座谈,并做了重要指示:"清除精神污染还是要搞下去,但要防止两种干扰。一种是'左'的思想干扰,一种是封建思想的干扰,这两种思想容易使清除精神污染扩大化。"1986年9月,中共十二届六中全会在《中共中央关于社会主义精神文明建设指导方针的决议》中对"资产阶级自由化"做出了明确定义,即否定社会主义制度,主张资本主义制度。这就为"反资产阶级自由化"建立了明确的标准,不致产生"扩大化"的后果,从而阻碍改革开放的进行。1986年底,一场学潮波及全国部分城市,邓小平发表《旗帜鲜明地反对资产阶级自由化》的讲话。1987年1月,根据邓小平的讲话精神,中共中央发布了《关于当前反对资产阶级自由化若干问题的通知》,要求各级党的组织要充分认识到反对资产阶级

第五章 思想和文化的春天:"回到真正的马克思主义"与"五四"启蒙精神的复归(1978—1992)

自由化的长期性和重要性。

邓小平旗帜鲜明地要求坚持"四项基本原则",坚决反对"资产阶级自由化",反对走资本主义的道路。"资产阶级自由化的核心就是反对党的领导,而没有党的领导也不会有社会主义制度。对待这些问题,我们不能再走老路,不能再搞什么政治运动,但一定要掌握好批评的武器。"[1]这是邓小平首次使用"资产阶级自由化"这个词,指出改革开放后出现的错误倾向。

> 反对资产阶级自由化,我讲得最多,而且我最坚持。为什么?第一,现在在群众中,在年轻人中,有一种思潮,这种思潮就是自由化。第二,还有在那里敲边鼓的,如一些香港的议论,台湾的议论,都是反对我们的四项基本原则,主张我们把资本主义一套制度都拿过来,似乎这样才算真正搞现代化了。自由化是一种什么东西?实际上就是要把我们中国现行的政策引导到走资本主义道路。[2]

但由于当时的中央领导人对"资产阶级自由化"的危害认识不足,不断妥协、退让,最终不仅造成了思想上的混乱,而且酿成了严重的"政治后果"。

随着"新启蒙主义"思潮的兴起和跌宕,"资产阶级自由化"确实呈现泛滥之势,这是自由主义的极端化表现。在思想文化领域,出现了一些具有"资产阶级自由化"思想的作品和言论,其中最有代表性的是电视专题片《河殇》,它披着文化反思的外衣的自由主义"政治宣言",借"黄色文明"与"蓝色文明"的文化反思,其实是把社会主义与封建专制主义的"黄色文明"等量齐观,并主张实现资产阶级的"蓝色文明"。而20世纪80年代以来,少数"自由主义"激进派和部分具有"资产阶级自由"思想的学者,不断鼓吹资产阶级自由化思想,甚至煽动学潮,导致了严重的政治后果和社会混乱。

---

[1] 邓小平:《关于思想战线上的问题的谈话》,《邓小平文选》(第二卷),第391页,北京:人民出版社,1983年。
[2] 邓小平:《在党的十二届六中全会上的讲话》,《邓小平文选》(第三卷),第181-182页,北京:人民出版社,1983年。

他们提出了政治多元化、私有经济、思想自由化的主张,其实就是否定社会主义制度和党的领导,并触及马克思主义作为主流意识形态的根本地位,从而演变成一次政治事件。

另外,从现代启蒙主义或"新启蒙主义"到"资产阶级自由化",从"资产阶级自由化"到"政治动乱",这里隐藏着中国现代思想史上的一个严峻的历史问题,那就是"启蒙"与"革命"之间一直存在着的某种纠结和对立问题。这不仅是中国的"五四"新文化运动,法国大革命也是如此。应该说,中国启蒙运动与法国大革命,"五四"新文化运动前期(1915—1918)的文化启蒙与1919年发生的以学生为主体的"五四"爱国群众运动,从20世纪70年代末期开始到20世纪80年代末结束的思潮之间的内在联系何在?这是一个敏感的话题,但对于中国现代思想史来说,却是一个值得思考和无法回避的思想文化领域的重大问题。

这种解读一直在学术界进行着。比如,关于法国启蒙运动与法国大革命的关系问题,就有几种不同的观点。有论者认为,它们存在着必然的联系,而且是原因和结果的关系;也有论者认为,它们之间并无必然联系,只是后来的革命者为了寻找到革命的"正当性"和"合法性",而从思想启蒙运动那里寻找思想资源。后一种思想的主要代表即是罗杰·夏蒂埃,他在《法国大革命的文化起源》一书中质疑了莫尔内《法国大革命的思想起源:1715—1787》这部经典之作中的革命起源于文化启蒙的观点,认为其造成了一种"起源的幻象",并大胆假设罗伯斯庇尔等革命者们"回溯性地将启蒙运动作为它的正当性起源",并试图说明"启蒙运动毕竟只是一个外因,它远没有宗教和王权自身的历史沦陷重要"[1]。这种研究和设想,对后两个问题的解决有着一定的启示作用。

对于一些绕不开的现实和思想问题,我们必须面对,必须给出正确而公正的答案。但我坚信,在理性和宽容精神的烛照之下,它一定能够得到科学而合理的阐释和论证。

---

[1] 俞耕耘:《启蒙的虚幻:重构法国大革命的历史想象》,《经济观察报》,2015年9月28日。

第六章
回到"五四",超越"五四":当代思想在"复调"基础之上,以多元化和多重性的方式或姿势展开(1992—　)

与20世纪80年代相比,90年代颇受人们的批评和贬损。这无疑是出于某种误解,在思想界和学术界也是如此。二十世纪七八十年代的思想大解放,给人们留下了太过深刻的印象,带来了太多的激动和欣喜;而1990年以来的社会、政治、经济和文化的"转型",带来了物质化、欲望化等现象,再加上思想多元化之后产生的精神迷茫和困惑,这些成为人们诟病90年代的主要理由。

其实,这是历史上最好的时期之一,从思想、文化角度来说,也是如此。20世纪80年代,在"思想大解放"、拨乱反正、万物复苏的同时,仍然有些政治干预。而90年代以来,对于思想、文化领域来说,几乎没有什么大的政治介入了。如果说80年代还是"初春",乍暖还寒,而90年代,则已经进入了"初夏"。虽然,也还说不上是思想史上的"金色秋天"。这个时期,甚至让我们回想起那遥远的"五四"。

1992年,邓小平的"南方谈话"以及随后召开的中共十四大,打破了改革停滞不前的僵局,"使1978年以来一直在中国大地上寻罅抵隙、曲折绕行的改革开放潮流,荡通壅塞,冲决堵截,形成大河辽阔、急流澎湃的市场经济大潮"[1]。市场经济与计划经济之间的藩篱得以破除,社会主义市场经济体制由此确立。因此,马立诚、凌志军在《交锋——当代中国三次思想解放实录》中,把1992年破除"姓'社'姓'资'"、1997年冲破"姓'公'姓'私'"与1978年战胜"两个凡是",看作中国当代史上的三次思想解放。[2]

"转型"以及"多元化",构成了90年代以来中国社会的两个主要的关键词。90年代以来,中国社会处在由单一、固化的传统社会,向复合的、立体的、动态的现代社会快速转型的过程之中。这是一个艰难、痛苦而又伟大的进程。包括经济转型、政治转型、文化转型等在内的中国社会大变革,以及政治、经济、文化的多元化趋向,使得1990年以来的中国社会成为一个庞大而纷乱的大舞台:

> 如果说,用一句话来概括或描述90年代的总体时代特征,那将是十分困难的。这是一个特殊的年代,这是一个世纪的结束语,也是一个新的时代的开篇。这是一个多元化和全球化的时代,是一本多声部的乐章。这也是一个社会发生剧烈变革和重大转型的年代。一方面激流喷涌,一方面残冰未化;一方面充满了革命性的变化和变数,一方面又弥漫着保守和反动的迷雾。它充满着喧哗与骚动,痛苦与迷惘,选择与无奈,坚守与放弃,旧死与新生,批判与继承,保守与激进,革命与反动,变化与恒常。[3]

另外,由于政治和经济上"不争论"原则的确立,90年代以来,官方主流意识形态很少直接介入和干涉各种思想论争,这带来了思想、文化上更大

---

[1] 杨凤城:《20世纪的中国——走向现代化的历程(1949—2000)》,第417页,北京:人民出版社,2010年。
[2] 马立诚、凌志军:《交锋——当代中国三次思想解放实录》,北京:今日中国出版社,1998年。
[3] 海马:《激流与残冰——启蒙视域中的1990年代中国大陆戏剧》,第3页,南京:南京大学出版社,2012年。

第六章　回到"五四",超越"五四":当代思想在"复调"基础之上,以多元化和多重性的方式或姿势展开(1992—)

的活跃和解放。在这个时期,各种思想流派基本能充分表达自己的主张,发动相关争鸣,主流意识形态常取宽容和沉默的态度,只要不触犯最后的"底线"。一个思想多元化的时代到来了,从某种程度上来说,这是中国思想史上包括春秋战国、民国前期在内,最好的三个时期之一。

如果说,"五四"新文化运动在启蒙与革命、"全盘西化"与中国文化本位主义、革命的"左"翼与右翼之间呈现出某种思想上的"复调"性的话,那么,1990年以来的中国思想文化界则呈现出了"多元化"的趋向。当然,这种"多元化"仍然是在"复调"的基础之上展开的,只是这种展开是"多重性"的,呈现出一种更为复杂的立体态势。这也就是说,与"五四"新文化运动的思想光谱相对单纯和简单相比,1990年以来的中国思想文化呈现出了更为复杂的光谱和色调,可谓是光怪陆离,色彩斑斓。

这种多元化、多重性的思想派别"复调"包括:马克思主义"改革派"(又名"反思派"或"右派")与马克思主义传统"左"派(又名老"左"派或"毛派")、自由主义与新"左"派、新权威主义与新保守主义、自由主义与现代新儒学、激进主义与保守主义、现代主义与后现代主义、世界主义与民族主义(后殖民主义)、世俗化启蒙与新理性主义,等等。它们在改革开放、市场经济、全球化、民族主义等问题上,均有不同的表达和思考,并产生了不同形式的思想抵牾和争鸣。

值得一提的是:在这个时期,建国以来长期保持沉默、以现代新儒学为代表的中国传统思想文化开始展露和表述自己,并加入到中国思想文化建设的行列之中。他们以中国本土文化的特殊身份,争夺属于自己的话语地位。

多元化思想之间不仅存在着分歧、冲突和争鸣,也存在着分化与融合。特别是马克思主义与现代启蒙主义这两大思想体系,其分化与融合则最具代表性。因此,在这个特殊历史年代,其思想谱系之复杂、多元、立体,以及彼此之间交叉和互生、融合与对立,呈现出一幅色彩斑斓的思想画卷。这在以思想多元化为理想的20世纪80年代,可以说是一件不可思议的事情。

第一节　改革开放和中国特色社会主义的坚守者

从"五四"新文化运动以来,马克思主义即是新思想文化的一个重要组成部分。在20世纪40年代,马克思主义在不断"中国化"的进程中,形成了全党思想和智慧的结晶"毛泽东思想"。这是"把马克思主义的普遍真理与中国革命的实际结合起来"的重要产物,并指导中国革命从胜利走向胜利。在以马克思主义作为意识形态选择的中国共产党成为执政党之后,它的影响力、地位和作用更是举足轻重,直接关系到国家的前途、民族的未来和人民的命运。

建国以来的一些工作的失误和挫折,特别是"文革"这样的国家和民族的"大劫难",这不是马克思主义的错误,而是极左主义倾向产生的严重后果。它丝毫不损害马克思主义以及毛泽东思想的伟大和正确,毕竟,毛泽东思想作为全党思想结晶是指其正确的部分。马克思主义和毛泽东思想不仅具有自身的纠错机制,而且是不断发展的理论,并不是一成不变的"终极真理"或理论教条。因此,它在中国革命和建设的伟大实践过程中,出现一些问题和错误,以及不同思想认识上的争议,这都是正常的和不可避免的。这不仅无损于它的伟大,而且恰恰是它的先进之处。

"文革"结束以来,通过深入揭批"四人帮"、"回到真正的马克思主义"、"真理标准大讨论"以及批"两个凡是"等,不断确立了马克思主义的正确思想地位。直到党的十一届三中全会时,彻底否定"文革",确立了改革开放的思想路线,取得了一个又一个重要的胜利。在其后与"资产阶级自由化"倾向的斗争中,也保持了坚定的立场。

在这一系列的斗争中,由于认知和思想路径的不同,在思想文化领域逐步形成了两个主要的派别,也即马克思主义"改革派"又名"反思派",马克思主义传统"左"派又名老"左"派(与后来的新"左"派形成区分)或"毛派"。前者主张"以市场为取向、以经济建设为中心、以'三个有利于'为判断标准"进行改革开放和现代化建设,后者"对毛泽东晚年思想多有维护,对'文革'前的'左'倾错误不愿做过多批判,对计划经济体制肯定过多,遇到挑战性的问题总是习惯于到马列经典中找依据,习惯于运用阶级斗争、政治和意识形态斗争的方式解决问题"[1]。这两个派别自1978年以来,即如影随形,在许多关键的问题上形成不同的观点,如"两个中心""两种改革观"等。应该说,从党的十一届三中全会以来,马克思主义改革派的思想不仅占据主流或统治地位,而且成为国家主流意识形态的组成部分,地位稳固,且坚定不移地推动着改革开放和中国特色社会主义的建设事业。因此,从主流意识形态和中央政策的角度来看,目标、方向都是十分明确、坚定和确定无疑的。所谓"思想派别"的划分,只是从思想文化的角度来说明其改革开放的复杂性,存在不同的声音对于思想文化领域来说也是有益的。

在20世纪80年代和90年代之交,也正是国际和国内的各种危机和矛盾最多的时代。改革开放的内在困难及新矛盾的产生与激化;苏东剧变,全球背景下社会主义的危机与失败,导致了思想上的混乱以及"左"倾思想的回潮。"1989年政治风波之后,加之苏联解体、东欧剧变,在中国曾出现一种思潮,主张'以反和平演变为中心',质疑甚至批判改革开放以来的一些重要理论和方针、政策。"[2]一些质疑改革开放和市场经济的声音开始出现,并声势渐大。1990年2月22日,《人民日报》发表了《关于反对资产阶级自由化》一文,在反对资产阶级自由化的口号之下,开始质疑1978年以来由邓小平主导的市场化改革思想和政策。1991年12月,马克思主义传统"左"派的一篇《关于树立改革观的七个问题》的文章从七个方面对邓小平的改革进行质疑,并表述自身的"改革观",成为传统"左"派的经典文本之一。

---

[1] 杨凤城:《20世纪的中国——走向现代化的历程(1949—2000)》,第422页,北京:人民出版社,2010年。

[2] 杨凤城:《20世纪的中国——走向现代化的历程(1949—2000)》,第417页,北京:人民出版社,2010年。

不过,也正是因为"两种改革观"的尖锐对立,从另一个侧面推动了邓小平的"南方谈话"的发表以及相关理论思考。这是邓小平对马克思主义与毛泽东思想的重要发展,"世界形势日新月异,特别是现代科学技术发展很快。现在的一年抵得上过去古老社会几十年、上百年甚至更长时间。不以新的观点去继承、发展马克思主义,不是真正的马克思主义……真正的马克思列宁主义者必须根据现在的情况,认识、继承和发展马克思列宁主义"[1]。这是一个真正的马克思主义者的立场和态度,也是面对复杂环境时的清醒和智慧。

1992年1月18日至2月21日,邓小平先后途经武昌、深圳、珠海和上海,历时一个多月,在调查研究的同时,发表了一系列重要讲话,提出了很多重要的思想观点。其中最著名的论断包括:① 坚持基本社会主义初级阶段的基本路线。"要坚持党的十一届三中全会以来的路线方针政策,关键是坚持'一个中心、两个基本点'……基本路线要管一百年,动摇不得。"② 改革要大胆往前闯。"改革开放胆子要大一些,敢于试验,不能像小脚女人一样。看准了的,就大胆地试,大胆地闯。"③ 改革也是解放生产力。"革命是解放生产力,改革也是解放生产力,推翻帝国主义、封建主义、官僚资本主义的反动统治,使中国人民的生产力获得解放,这是革命,所以革命是解放生产力。社会主义基本制度确立以后,还要从根本上改变束缚生产力发展的经济体制,建立起充满生机和活力的社会主义经济体制,促进生产力的发展,这是改革,所以改革也是解放生产力。过去,只讲在社会主义条件下发展生产力,没有讲还要通过改革解放生产力,不完全。应该把解放生产力和发展生产力两个讲全了。"④ 不要纠缠于"姓资"还是"姓社"的问题讨论。"改革开放迈不开步子,不敢闯,说来说去就是怕资本主义的东西多了,走了资本主义道路。要害是姓'资'还是姓'社'的问题……特区姓'社'不姓'资'。"⑤ 关于"三个有利于"的思想。"判断的标准,应该主要看是否有利于发展社会主义社会的生产力,是否有利于增强社会主义国家的

---

[1] 邓小平:《结束过去,开辟未来》,《邓小平文选》(第三卷),第291-292页,北京:人民出版社,1983年。

第六章　回到"五四",超越"五四":当代思想在"复调"基础之上,以多元化和多重性的方式或姿势展开(1992—　)

综合国力,是否有利于提高人民的生活水平。"⑥ 社会主义市场经济理论的确立。"计划多一点还是市场多一点,不是社会主义与资本主义的本质区别。计划经济不等于社会主义,资本主义也有计划;市场经济不等于资本主义,社会主义也有市场。计划和市场都是经济手段。"⑦ 提出"不争论"的重要思想。"干多少是多少,这样慢慢就跟上来了。不搞争论,是我的一个发明。不争论,是为了争取时间干。一争论就复杂了,把时间都争掉了,什么也干不成,不争论,大胆地试,大胆地闯。农村改革是如此,城市改革也应如此。"⑧ 反"左"甚于防右。"现在,有右的东西影响我们,也有'左'的东西影响我们,但根深蒂固的还是'左'的东西……'左'带有革命的色彩,好像越'左'越革命……右可以葬送社会主义,'左'也可以葬送社会主义。中国要警惕右,但主要是防止'左'。"⑨ 发展才是硬道理。"对于我们这样发展中的大国来说,经济要发展得快一点,不可能总是那么平平静静、稳稳当当……发展才是硬道理。"⑩ 确立社会主义必胜的信念。"我坚信,世界上赞成马克思主义的人会多起来的,因为马克思主义是科学。它运用历史唯物主义揭示了人类社会发展的规律。封建社会代替奴隶社会,资本主义代替封建主义,社会主义经历一个长过程发展后必然代替资本主义。这是社会历史发展不可逆转的总趋势,但道路是曲折的。"[1]

这些重要讲话不仅澄清了思想界的一些错误认识和迷茫,在关键时刻推动了改革开放的继续,同时也标志着在毛泽东思想之后,马克思主义与中国实际相结合的第二次伟大历史性飞跃的思想结晶——邓小平理论的最终成熟和形成。自此,以"三个有利于"为代表的新的"思想大解放"的共识,成为20世纪90年代后中国社会主义市场经济发展的重要价值取向和标准,且闪烁着马克思主义与时俱进的创造性光辉。邓小平也成为当之无愧的中国改革开放的"总设计师",而"南方谈话"也被称之为新时期以来中国思想史上的"第二次思想解放"。

邓小平"南方谈话"的发表,引起了"左"倾势力的批评,也带来了全国上

---

[1] 邓小平:《邓小平文选》(第三卷),北京:人民出版社,1983年。

下支持改革者的欢欣鼓舞。作为中共中央总书记的江泽民坚决支持和落实"南方谈话"的精神,并在中央党校省部级干部进修班上的讲话中正式提出了"社会主义市场经济"的概念。"我想在党的十四大报告中,总得最后确定一种大多数同志都赞同的有关经济体制的比较科学的提法……我个人的看法,比较倾向于使用'社会主义市场经济体制'这个提法。"[1]邓小平充分肯定"社会主义市场经济"的提法,他在与江泽民谈话时说:"实际上我们是在这么做,深圳就是社会主义市场经济……在党校的讲话可以先发内部文件,反映好的话,就可以讲。这样党的十四大就有了一个主题了。"[2]陈云、李先念等老同志也同意这种提法。1992年10月12日至18日,中国共产党第十四次全国代表大会在北京召开,江泽民做了《加快改革开放和现代化建设的步伐,夺取有中国特色的社会主义事业的更大胜利》的讲话,正式提出中国经济体制改革的目标是建立社会主义市场经济体制。1993年11月11日至14日,中央十四届三中全会召开,审议并通过了《关于建立社会主义市场经济体制若干问题的决定》,进一步明确了社会主义市场经济体制的方法、目标和进程。1994年,以建立社会主义市场经济体制为目标的改革进入了整体推进和重点突破的关键阶段,在广度和深度上均以前所未有的步伐向前迈进。1995—1996年,又成功实施了经济的"软着陆",国有企业进行现代企业制度的改革也取得新进展。

社会主义的基本制度与市场经济相结合,这不仅是经济体制改革的一大突破,也是社会主义发展史上的一大创造,丰富了马克思主义的内容,是马克思主义的普遍真理与中国革命、建设的实际相结合的产物。这在相当程度上标志着"邓小平理论"的形成。这也是在改革开放遇到"左"倾主义思想的妨碍时,走出"险关隘口"的重要理论保障。从此,中国改革开放走上了"快车道",实现了中国经济"鲤鱼跳龙门"[3]。同时,邓小平"不争论"

---

[1] 江泽民:《江泽民文选》(第一卷),第202页,北京:人民出版社,2006年。
[2] 陈锦华:《国事忆述》,第228页,北京:中共党史出版社,2005年。
[3] 马立诚、凌志军:《交锋:当代中国三次思想解放实录》,199页,北京:今日中国出版社,1998年。

第六章 回到"五四",超越"五四":当代思想在"复调"基础之上,以多元化和多重性的方式或姿势展开(1992—)

的思想定调,也闪烁着政治的智慧,有利于摆脱无谓争论,集中精神搞改革,发展社会主义市场经济。

然而,社会主义市场经济理论等的提出,也受到了来自"左"倾思想方面的质疑和批判。早在1992年"南方谈话"之前,即出现了"九大争论":① 如何评价80年代?② 社会主义初级阶段基本路线的要点在哪里?③ 拿什么标准衡量改革开放?④ 市场经济是魔鬼还是天使?⑤ 私营经济是否动摇了社会主义?⑥ 国企改革"抓大放小"是不是私有化的步骤?⑦ 厂长负责制是否削弱了党的领导?⑧ 家庭联产承包责任制是不是"单干风"?⑨ 引进外资是不是扼杀了民族工业?[1] 在"南方谈话"之后,虽然邓小平说"不争论",围绕以上这些问题的争论并未真正平息,而且出现了代表"左"倾观点的四份"万言书"。第一份"万言书"大约写于1994年底至1995年初,题目是"影响我国国家安全的若干因素"。它从四个方面分析"1992年以后"中国的现状,即所有制的变动、阶级关系的变化、社会意识的变化、执政党的变化。作者站在"左"的思想角度对改革开放进行批评,指责1992年以来的改革走向严重威胁国家安全。该"万言书"虽未直接点明邓小平的"南方谈话"以及江泽民对邓小平理论的坚决执行,但其影射之意十分明显,因而被称为"左"派纲领或"宣战书"。第二份"万言书"大致出现在1995年夏秋之际,题目是"未来一二十年我国国家安全的内外形势及主要威胁的初步探讨",作者同样未署名。作者以苏联解体和苏东剧变之后的国际形势为背景,分析当今中国面临着四大国际和国内威胁:① 今后我国的生存和发展环境没有很宽松,加大了我们解决重大社会、经济问题的难度;② 经济发展不平衡,分配不公,中央调控能力和手段软化正在促使人民内部矛盾日趋紧张;③ 我国社会经济结构的变化,潜在存在着激化阶级矛盾的可能;④ 社会意识不健康的变化,正在逐步腐蚀着党和国家的精神支柱,瓦解着人民群众对党和社会主义的向心力,以及整个民族对内外

---

[1] 马立诚、凌志军:《交锋:当代中国三次思想解放实录》,233-235页,北京:今日中国出版社,1998年。

风险的抵御能力。该文还提出"阶级斗争有可能重新上升为我国社会的主要矛盾","'和平演变'和'反和平演变'已经成为国内外阶级斗争的主要形式","党内资产阶级化的利益集团联盟"等观点,让人不禁联想到"文革"的两句重要口号"以阶级斗争为纲""走资派还在走"。该文以苏联解体和苏东剧变作为威胁,希望中国重走"左倾主义"的"回头路"。第三份"万言书"的名字是"关于坚持公有制主体地位的若干理论和政策问题",该文以"本刊评论员"的名义在《当代思潮》1996年第4期公开发表。该文主要论及所有制问题,认为"当今中国,两种改革开放观的对立,焦点就在于坚持还是否定公有制的主体地位",并进而认为国有企业改革的"抓大放小"政策是私有化的错误主张。第四份"万言书"大约写于1997年初,题目是"1992年以来资产阶级自由化的动态和特点"。该文以反对资产阶级自由化为旗帜,点了一些具有改革倾向的报刊名字以及"走资派"的名录。除了四份"万言书"之外,1994年春再次出现了关于"特区"的争论,这是由经济学者胡鞍钢发动的。他在一份调研报告中认为:特区不能再"特"了,不能再无限制地享受各种优惠政策;特区政策还可以继续再"特",但主要"特"在技术创新与国际社会接轨等方面。1997年,则又出现了对深圳市委书记厉有为的批判,其主要观点针对厉在中央党校省部级干部学员研讨会上的一篇文章,认为"这份广泛散发的报告,决不是一份普通的'学习'体会和'思考',而是精心准备抛出的一份彻底改变我国社会主义改革方向的政治宣言和经济纲领。改革前沿的这位封疆大吏公然要求党的十五大按照他的'思考'从根本上修改党纲、党章,再清楚不过地表明,经过十八年的改革,一种得到很大发展的社会经济关系和政治力量,再也不甘屈服于社会主义经济成分的'补充'角色了。他们公开向党内党外申明,要由他们来改变和掌握中国今后社会演进的走向"[1]。这场"火药味"极浓的批判大有"文革"遗风,可谓杀气腾腾。以上表明,改革开放面临"左"倾主

---

[1] 马立诚、凌志军:《交锋:当代中国三次思想解放实录》,358页,北京:今日中国出版社,1998年。

第六章 回到"五四",超越"五四":当代思想在"复调"基础之上,以多元化和多重性的方式或姿势展开(1992—)

义思想的强力阻击。这些思想观点,也受到了邢贲思、吴敬琏、于光远等主张改革的学者们的批判。

1997年5月29日,江泽民在中央党校省部级干部进修班的毕业典礼上发表重要讲话,该讲话重申邓小平的社会主义初级阶段和中国特色社会主义理论,提出"经济体制改革要有新的突破,政治体制改革要继续推进,精神文明建设要切实加强,这三个方面围绕现代化经济建设这个中心,相互配合,相互促进"。并强调指出:"近20年改革开放和现代化建设取得成功的根本原因之一,就是一切从社会主义初级阶段的实际出发,克服了那些超越阶段的错误观念和政策,又拒绝了抛弃社会主义基本制度的错误主张。实践证明,我们这样做,没有离开社会主义,而是在脚踏实地建设社会主义,使社会主义在中国真正活跃和兴旺起来。"这个讲话虽然没有使用可能激化矛盾的概念和术语,但旨在克服"左"倾主义对改革开放的进程所构成的阻碍,甚至直接批评了"左"的思潮对改革开放的干扰,并引用了邓小平"警惕右,但主要是防止'左'"的重要论断。这个重要讲话被部分学者和媒体破译为,突破了姓"公"姓"私"的禁区以及其给人们的思想造成的困惑,并被称为当代的"第三次思想解放"。

从本质上来说,中国官方意识形态与马克思主义"改革派"的思想主张是一种同构关系。"社会主义"是一项伟大的实践或社会实验运动,走过弯路("十七年"及"文革"),也有国际上的低潮,但经济发展了。在思想上,也渐趋成熟。社会主义初级阶段理论,中国特色社会主义理论,改革开放理论,均是适合中国社会发展的理论。"社会主义核心价值观",集纳西方、中国传统的智慧,不仅具有兼容性,而且旗帜鲜明,即不仅反对极左,也反对自由主义的极端派。应该说,目前不仅方向和步伐坚定,而且越来越成熟,"四个自信"的提出即是最好的证明。

应该说,马克思主义传统"左"派也是中国马克思主义的一个重要方面,他们在批判"文革"极左思潮以及"两个凡是"的斗争中,与邓小平为代表的马克思主义"改革派"是站在同一条战线上的。他们在改革的路径、方式等方面与"改革派"形成的不同观点和见解,仍然属于马克思主义思想内部的分歧和差异。传统"左"派更多强调对马克思主义的继承和坚持,"改革派"则更多强调因时而变,对马克思主义进行创造性的发展。它们之间有相互补充的作用,从而确保马克思主义和中国的改革开放事业沿着更为正确的方向推进。同时,它们共同形成了体制内思想的某种"复调"性。

这并不意味着党内的某种"分裂"。经典马克思主义的继承和发展从共产国际的时候开始就不是铁板一块,更不是亘古不变的抽象教条。列宁或斯大林式的社会主义,与伯恩斯坦式的社会主义,这是"第三国际"之后马克思主义的两个重要分支。而此后的西方马克思主义("后马克思主义")在理论上,对经典马克思主义又做出了新的阐释和发展。因此,中国马克思主义内部的这种"复调"现象,完全是正常的和合理的,甚至也是必需的。

在1992年的"南方谈话"之后,社会主义市场经济改革的全面启动和深入,特别是党的十五大之后,全面确立了社会主义市场经济理论的地位,马克思主义传统"左"派虽未销声匿迹,但力量渐趋式微。但随着改革深入带来的新矛盾、新情况以及不同人群利益诉求差异性的存在,马克思主义传统"左"派的力量,在近年来仍然时有"露头"。但这些思想主要不是存在于思想理论界,更不在中央高层,而是民间的一些具有"左"倾思想的人群,如乌有之乡等网站。

应该说,马克思主义改革派因取得政治的主流地位,基本是沿着自身的逻辑而展开。而现代启蒙主义、新启蒙主义的后继者新自由主义,以及新儒学则有着另一种的呈现,也即在新的政治、经济格局和形势下,并在与主流意识形态的不断磨合中发生着分化。

特别是在反资产阶级自由化以及"八九风波"之后,新启蒙主义、新自由主义均发生着分化,与现实格局进行磨合,改变着自己的策略和主张。

第六章　回到"五四",超越"五四":当代思想在"复调"基础之上,以多元化和多重性的方式或姿势展开(1992—　)

第二节　新自由主义的分化及"世俗化"启蒙的确立:"五四"现代启蒙主义的两个向度

如果说在20世纪80年代"五四"启蒙主义主要以"新启蒙主义"的姿势再度出现,那么在20世纪90年代之后其则在两个主要方向或向度上展开。一个是新自由主义思想,一个是"世俗化"启蒙思想。不过,在20世纪80年代中后期即已产生的新自由主义,由于政治、经济形势的深刻变化,发生着分化;而"世俗化"启蒙,也往往以被批判的方式出现,即被污名化为物质化、身体化和道德滑坡等。

作为一个思想派别,新自由主义不仅是19世纪70年代英国思想政治派别的某种横向引进和移植,也是对"五四"新文化运动以来的自由主义精神的继承和推衍。新文化运动的主将之一胡适即是自由主义思想的主要代表人物,其主张即是民主、科学和个性解放,吁求打倒束缚人的解放的封建主义思想文化。同时,它不仅与20世纪80年代以来的新启蒙主义遥相呼应,而且具有内在的必然承继关系。在其初期,它与新启蒙主义一样,与马克思主义改革派形成思想同盟,共同反对极端"左"倾主义。但从本质上来说,它是新启蒙主义沿着"五四"启蒙主义的激进主义方向的有效延伸和拓展。因此,在反"资产阶级自由化"声浪以及"八九风波"之中,它受到重创和打击;在1992年邓小平的"南方谈话"之后,中国的政治、经济格局发生了根本性的变化,由此,新自由主义发生了分化,并与其他思想流派进行了组合,以新的面貌出现在了中国当代思想舞台之上。其主要分化为激进或浪漫自由主义、新权威主义、新保守主义、新"左"派、社会民主主义(谢韬等)等派别,并在不同思想的交锋之中确立自身的主张和价值,进行着自我表述,阐述自己的观点和主张。

而"世俗化"启蒙思想本来是"五四"启蒙主义思想的重要一支,却因各种原因一直处在潜隐的状态,并未得到真正意义上的伸张。在20世纪90

年代，"世俗化"启蒙思想随着市场经济的不断发展和开放，获得了自身存在的基础以及表述自我的条件。

一、中国"新自由主义"的国际大背景：不同于"五四"启蒙主义和 20 世纪 80 年代"新启蒙主义"的特色

西方的新自由主义（New Liberalism）起源于 19 世纪 70 年代的英国，是与古典主义相对的一个概念，由 T. H. 格林首先提出。最早的新自由主义者代表人物主要是牛津大学的教授、学者和研究人员。20 世纪初，新自由主义逐渐成为英国官方政策的重要基础，其影响遍及英伦三岛并扩展到西欧。第一和第二次世界大战阻碍了新自由主义在欧洲的传播，但其基本思想原则却在北美得到了充分体现。20 世纪 50 至 60 年代，"福利国家"政策在西方国家不断兴盛，新自由主义的影响力也得以不断扩大。

经过一百多年发展，新自由主义在经济理论、政治理论、国际战略和政策等方面形成了自身鲜明的特点和明确的理论主张：在经济理论方面，新自由主义继承了古典自由主义经济理论的自由经营、自由贸易等思想，并走向极端，大力宣扬"三化"，即自由化、私有化、市场化；认为个人自由是效率的前提，私有制是推动经济发展的基础，支持"看不见的手"的作用，反对任何形式的国家干预。在政治理论方面，新自由主义坚持三个"否定"，即否定公有制、否定社会主义、否定国家干预。在新自由主义者们看来，社会主义就是对自由的限制和否定，必然导致集权主义，因此，是一条"通往奴役之路"，而任何形式的国家干预都只能造成经济效率的损失。在战略和政策方面，新自由主义极力鼓吹以超级大国为主导的全球经济、政治、文化的一体化。

新自由主义是现代右翼的意识形态，是一个包括众多学派的思想和理论体系。狭义新自由主义主要是指以哈耶克为代表的新自由主义。广义新自由主义，除了以哈耶克为代表的伦敦学派外，还包括以弗里德曼为代表的货币学派，以卢卡斯为代表的理性预期学派，以布坎南为代表的公共

选择学派和以拉弗、费尔德斯坦为代表的供给学派,等等。其中,影响最大的是伦敦学派、现代货币学派和理性预期学派。

20世纪70年代中后期,资本主义国家发生由国家垄断向国际垄断的重要转型。随后,美国共和党总统里根以及英国保守党首相撒切尔夫人执掌政权,新自由主义成为美英两国的主流经济学。1989年,华盛顿共识(Washington Consensus)出台,新自由主义由经济学理论嬗变为美国的国家意识形态和主流价值观念,并对拉美、俄罗斯、东欧以及中国等正在进行市场化改革的国家进行各种渗透。"华盛顿共识"公开主张发展中国家经济需要通过实现自由市场经济的途径,来实现经济社会的快速发展。按照美国学者约瑟夫·斯蒂格利茨的概括,"华盛顿共识"的教条是"主张政府的角色最小化、快速私有化和自由化"。美国成为新自由主义的大本营。

中国的新自由主义即在此国际和国内大背景上得以展开。中国新自由主义在经济方面的主要表现是:"否定公有制和国有经济的作用,主张非公有化的混合经济;主张贸易自由化,金融自由化;推崇'效益优先,兼顾公平'的原则,把经济效率置于第一位;主张一切社会领域都要市场化,如医院市场化、教育市场化等等。"[1]他们强调个人欲求和经济效率,认为公平是乌托邦式的幻想,也是"通往奴役之路"(哈耶克语)。在政治上,中国的新自由主义则认为政治人权第一,主张通过"政治改革",实现"民主"的多元化制度。这些经济、政治和文化上的主张概括起来,即是1980年中后期的那些被称为"资产阶级自由化"的主张:经济市场化、政治民主化、思想多元化。当然,这些主张主要体现在激进自由主义者身上。随着新自由主义的分化,在新权威主义、保守主义、新"左"派等新自由主义的变种身上,这些表现会出现或多或少的差异性,其对主流意识形态的认同也有程度上的差别。

中国新自由主义有着中国历史的背景,即"五四"启蒙主义中的自由主

---

[1] 杨凤城:《20世纪的中国——走向现代化的历程(1949—2000)》,第452页,北京:人民出版社,2010年。

义传统。"五四"启蒙主义主张民主、科学和个性解放,这在中国新自由主义的主张中均得到体现。所不同的是其经济主张,这是"五四"启蒙主义所没有述及的。但作为一个资本主义的启蒙主张,经济的私有化和市场化应是题中应有之意。

而其现实基础,则是中国的改革开放政策以及1992年以来的社会主义市场经济体制的确立。如此,中国的新自由主义找到了自己存在的现实基础。

因此,中国新自由主义的出现不是偶然的。它是国际大背景、中国的"五四"启蒙主义传统以及改革现实共同作用下的产物。

二、中国新自由主义主体与马克思主义"改革派"话语的一致性

中国"五四"启蒙主义中的自由主义传统与同为新文化思想的马克思主义在中国民族复兴的道路和方式上形成了不同的见解和观点。以现代史上著名的"问题"与"主义"之争为标志,两种新文化思想从此走向殊途,但他们在"反帝""反封建"这一"五四"以来确定的现代化目标上却是一致的。因此,中国自由主义与马克思主义构成了新思想文化内部的"复调"关系,而非你死我活的对抗性的敌我矛盾。

新中国成立前,毛泽东在《新民主主义论》《论联合政府》等理论文章的表述中,虽然强调无产阶级及其马克思主义是领导力量,但资产阶级及其自由主义也作为革命的统一战线被纳入其中,而非排斥在外的。而事实上,作为新思想文化重要组成部分以及西方现代思想发展产物的马克思主义,本来就是包含有民主、自由、人道主义等自由主义的思想内涵的。从新中国成立初到"文革"时期,马克思主义意识形态处在确立过程中,自由主义受到一次次的批判和清算。但在"文革"结束、思想大解放开始之后,"五四"以来的自由主义者所秉持的"民主""科学""个性解放"等核心思想理念重新得到认识,"新启蒙(相对于'五四'启蒙运动)思潮由此勃然兴起,并

第六章　回到"五四",超越"五四":当代思想在"复调"基础之上,以多元化和多重性的方式或姿势展开(1992—　)

'逐步取得话语权,在整个 80 年代执掌知识界之牛耳'"[1]。此后,又历经数次分化。

随着马克思主义"改革派"的思想深入人心以及其地位的日益巩固,最终与处于主导性地位的官方意识形态构成某种同一关系。在 1980 年以来批判极左主义路线、反思计划经济体制等方面即与其形成同盟关系的中国新自由主义,也由此获得了自己的合法性地位。"在新启蒙主义阵营中,自由主义的尊奉者占据着多数。他们内心最向往的是西方特别是美国的'自由、民主和市场经济模式'。但是,面对中国的具体国情和改革开放过程中复杂的'中国问题',他们又基本认同官方意识形态的改革选择。"由此,"他们在理论和学术资源上为官方主导的改革意识形态提供理论和政策支持,成为官方主导的改革意识形态——'学习资本主义、建设社会主义'的实际上的主要同盟,成为当今中国的话语体系之一"。"它的主流话语地位在 1992 年前后还经历了一个从'没有合法性'到'被赋予合法性'的转变。"而不是此前,"不时被当做'资产阶级自由化'加以反对"。[2] 这一段描述应该说是客观而公正的。这说明了中国自由主义意识形态合法性地位得到确立和认同。

当然,这是一种总体上的描述。中国自由主义的极右翼则在追求西方民主和自由思想方面走得更远。"在新启蒙主义阵营中,还有一部分知识分子秉持浪漫主义的情怀,坚信'西方民主＋自由思想'是中国当下政治和文化改革的最佳选择。他们以 20 世纪的整个社会主义运动为反思和批判对象,视社会主义为建立在'农业社会主义'基础上的'极权制度'。他们要'离异'和突破的是整个社会主义制度和马克思主义理论。由此不但坚持与中国马克思主义传统'左'派的根本对立,而且也将'四项基本原

---

[1] 语冰:《知识界的分裂与整合(代前言)》,《思潮——中国"新左派"及其影响》,第 2 页,公羊主编,北京:中国社会科学出版社,2003 年。

[2] 杨凤城:《20 世纪的中国——走向现代化的历程(1949—2000)》,第 465-466 页,北京:人民出版社,2010 年。

则+改革开放'的中共官方意识形态视做自己的批判对象。"[1]他们对马克思主义、社会主义、四项基本原则、共产党领导等均存有"异见",从而与马克思主义"改革派"以及主流意识形态形成某种错位和疏离。但这并不构成其思想主流。

三、反思"五四",由激进而保守的情感选择:"新启蒙主义者"秉持理性主义精神,对自身进行深度的剖析

从总体上来说,中国的新启蒙主义、新自由主义与马克思主义改革派有着一致性的倾向。他们在反"左"倾主义、"否定'文革'"等重大政治行动中,结成了坚定的同盟关系,发挥了并肩作战的作用。因此,以马克思主义改革派思想为基调的中国主流意识形态对其主要采取了宽容和接受的态度。但在80年代中后期,一部分中国新自由主义以西方新自由主义为模本,出现反社会主义、马克思主义的"自由化"倾向,提出了经济市场化、政治民主化、思想多元化的极端政治、经济主张。于是,这些主张被主流意识形态定性为"资产阶级自由化"而受到批判。特别是在20世纪80年代末期,新自由主义因其资产阶级自由化的倾向,而受到主流意识形态的严厉禁止和打击。在严酷的现实面前,中国新自由主义的改革激情趋向冷静和理智,甚至是逐步趋向保守,并向保守主义发生分化。

持同样思想的学者还有陈来等人,他批评激进自由主义的代表作《河殇》,认为"激进主义的理论把中国的一切问题归结为孔子、儒家或黄土大陆,把现实问题变为传统问题,制度问题变成为文化问题,其结果与动机可能正好背道而驰"[2]。

这些批判激进主义和"告别革命"的论点引起了激烈的论争。但一个不

---

[1] 杨凤城:《20世纪的中国——走向现代化的历程(1949—2000)》,第466页,北京:人民出版社,2010年。
[2] 张岱年、敏泽编:《回读百年》(第五卷),第990页,郑州:大象出版社,2009年。

可逆转的事实是,"80年代的'革命话语'"终为"90年代的'保守话语'所取代"。[1]

四、新自由主义:"五四"启蒙主义与新启蒙主义在新的历史条件下的分化及全新呈现

中国新自由主义与老"左"派(马克思主义传统"左"派)的关系,由上文的论述即可推知。而新自由主义与马克思主义"改革派"在改革的目标和方向上基本取同一方向,形成了同盟关系;而马克思主义"左"派,与马克思主义"改革派"虽然同属中国马克思主义,但在改革的路径和方向上却大相径庭。如此,中国自由主义与马克思主义传统"左"派也即老"左"派的关系自然也就处于某种矛盾和对立状态。此问题不再赘述。

由反思而始,新自由主义在20世纪90年代走向进一步的分化。这正是其走向现实的重要阶段和步骤。新启蒙主义与主流意识形态的反"左"主题保持一致,获得了自身的合法地位。这种一致性,正是"反思"之外导致其分化的重要原因之一。这也即是与现实的结合,以期实现自身的目标和理想。于是,除激进自由主义仍然保持了"五四"启蒙主义的激进态势之外,新自由主义却发生了很多变种,如新权威主义、新"左"派等政治思想派别。

新权威主义是源于二十世纪五六十年代在新加坡、韩国、中国台湾等国家和地区崛起的东亚权威主义政体,它们一般拥有一个具有威权特征的领导人,在政府主导或干预之下发展市场经济,并在思想文化资源上借助儒家的思想影响力,用以增强国内的思想凝聚力。东亚权威主义在经济上取得了成功,推进了现代化的进程。这种为海外新儒学学者所称道的经济—政治—文化模式启迪了中国的部分新自由主义知识分子。他们认同

---

[1] 许纪霖、罗岗等:《启蒙的自我瓦解:1990年代以来中国思想文化界重大论争研究》,第43页,长春:吉林出版集团有限公司,2007年。

"改革开放＋四项基本原则"的官方意识形态,"在不拒斥共产党领导的前提下,进一步在中国执政者中寻找更贴近自由、民主诉求的具有强烈现代化导向的新权威领导人"[1]。

1989年1月,新自由主义者萧功秦在《文汇报》发表《新权威主义:痛苦的两难选择》一文,论述了新权威主义的合理性和可行性,认为简单照搬西方的自由市场模式和民主政治制度极可能导致社会动乱和危机,从而主张用渐进的方式逐步实现中国政治、经济和社会的蜕变与现代化转型。新权威主义者们开始寻求适应中国适合中国"市场经济"发展的特殊道路,在本质上则与邓小平的中国特色社会主义的主张相一致。新权威主义的提出所引起的争鸣,很快被"八九风波"的发生所打断,但其影响力却依然存在。

新"左"派也是新自由主义的分化之一,它与传统或经典、浪漫自由主义,既呈现对立姿势,又呈现更为复杂和纠缠的状态。"在利益分化和社会断裂的90年代,对改革之正当性的质疑、对中国问题的不同诊断,以及重建中国知识批判传统的不同路向,导致了新启蒙知识分子的思想分裂。坚持新启蒙立场的自由派从西方自由主义中寻求市场化和民主化的思想资源,继续深入地批判极'左'意识形态和权力结构,敦促推进中国宪政民主的政治体制改革。而从新启蒙阵营中分化出来的新左派则从西方左翼批判理论汲取灵感,尝试重新建构反对资本主义的新左翼批判传统。"[2]这表明了新"左"派的思想谱系与自由主义属于同一阵营,仅是属于"新启蒙"内部的某种思想路径的分化而已。"中国'新启蒙主义'思想不是一个统一的整体,就思想的体系性而言,它远不如马克思主义那样完整。事实上,中国'新启蒙主义'是一种广泛而庞杂的社会思潮,是由众多的各不相同的思想因素构成的。这些各不相同的思想因素只是在批判传统的社会主义和寻求作

---

[1] 杨凤城:《20世纪的中国——走向现代化的历程(1949—2000)》,第466页,北京:人民出版社,2010年。
[2] 许纪霖、罗岗等:《启蒙的自我瓦解:1990年代以来中国思想文化界重大论争研究》,第195页,长春:吉林出版集团有限责任公司,2007年。

第六章 回到"五四",超越"五四":当代思想在"复调"基础之上,以多元化和多重性的方式或姿势展开(1992—)

为目标的'改革'过程中才结为同盟。"[1]而新"左"派也即是"新启蒙主义"阵营里的一支,只是写出了与众不同的一份中国改革方案而已。

新"左"派与自由主义本来同属于新启蒙主义的同一阵营,却在20世纪90年代之后发生了严重分化,并发生了论争。论争大概分为两个重要阶段:一是90年代前期,以香港《二十一世纪》杂志为主要载体展开,主要是围绕海外学者崔之元、甘阳等人的文章和观点进行论争;二是90年代后,以海南的《天涯》杂志为平台展开,主要是围绕汪晖等人的文章和观点进行论争。其论争的主题涉及转型期中国社会的性质、市场经济与社会公正、自由与民主、宪政民主与激进民主、现代性批判与现代性呼求以及中国的现代化道路等重大社会改革问题。双方相互叫阵的主将,新"左"派这一方主要是崔之元、甘阳、汪晖等,激进自由主义一方则主要是徐友渔、李慎之、秦晖、许纪霖等人。

激进自由主义与老"左"派的争鸣,这个过程本身,也是思想不断解放以及思想启蒙的一个重要历程。"'新左派'和自由主义派的观点都含有一定的合理因素甚至深刻洞明之见,同时也有各自的不足。""更进一步讲,由'新左派'、自由派联系到同样在90年代形成的新保守主义思潮及其公开言说,确实为中国在21世纪的发展提供了广阔的思维空间和深刻启示,并且使我们能从中体会到中国确实正处一个思想上空前解放和生动活泼的历史时期。"[2]这一段评价应该说是比较公允和客观的。

因此,新"左"派和自由主义对于当代新思想文化的不同观点,均是统一在改革开放和现代化这个大背景之下的。它们之间的关系,也无疑属于当代新思想文化话语内部某种"复调"式的言说。

激进自由主义在"反对资产阶级自由化"以及"八九风波"之后,其实渐趋式微,一是失去了话语表达的权力,二是与中国的社会现实无法真正融

---

[1] 汪晖:《当代中国的思想状况与现代性问题》,《思潮——中国"新左派"及其影响》,公羊主编,第17页,北京:中国社会科学出版社,2003年。
[2] 杨凤城:《20世纪的中国——走向现代化的历程(1949—2000)》,第510-511页,北京:人民出版社,2010年。

合,陷于浪漫主义而无法落地。他们基本是通过与新自由主义分化而出的其他派别进行论证时,继续阐述自己的观点。此后,有两次回光返照式的重现,一是2008年由一批激进自由主义知识分子联合签名的"08宪章",虽是民间和网络的形式,但却产生了一定影响,但很快即被拍灭。二是关于"普世价值"的争论,则是其再次"借尸还魂"。此后,基本上没有强有力的声音出现。

5."世俗化"启蒙与新理性主义的分歧

"世俗化"启蒙,亦是随政治、经济形势的变化而发生。它是"五四"新文化运动的潜隐主题之一,进入新时期以来,它在两次思想争鸣之中身影重现。一是20世纪80年代中后期发生的"刘李之争",即刘晓波与李泽厚就理性与感性问题的一场美学或哲学论争,却在不经意间触碰了"世俗化"启蒙这个长期被遮蔽的"五四"启蒙主题。二是20世纪90年代初的"人文精神"大讨论,在与后现代主义的复杂纠合中,再次灵光重现。

如果说,马克思主义"改革派"作为一种强势和主导的思想存在,因与主导性的官方意识形态形成同一姿态和步调,从而形成了不容置疑的某种强势地位和显性的思想"主调"的话;那么,20世纪90年代以来另一个隐形的思想"主调"或"主题",则不仅同样不容忽视,而且更应该获得强化和关注。这就是勃兴于欧洲文艺复兴时期的"世俗化"启蒙理念及其运动。

在"五四"新文化运动时,启蒙先驱者们如陈独秀、周作人、鲁迅等"五四"先哲们认识到了"世俗化"启蒙的重要意义和作用,并给予了某种肯定。陈独秀讲:"执行意志、满足欲望(自食色以至道德的名誉,都是欲望),是个人生存的根本理由,始终不变的(此处可以说"天不变道亦不变")。"[1]周作人则在《人的文学》中,提出了"人的灵、肉二重的生活",大声地喊出"兽性与神性,合起来便只是人性"。[2]鲁迅在理论及其作品的实践中,也特

---

[1] 陈独秀:《人生真义》,《新青年》,第4卷第2号,1918年2月。
[2] 周作人:《人的文学》,《告别中世纪——五四文献选粹与解读》,袁伟时主编,第355页,广州:广东人民出版社,2004年。

第六章　回到"五四",超越"五四":当代思想在"复调"基础之上,以多元化和多重性的方式或姿势展开(1992—　)

别注重物质解放与人性解放(包括爱情自由、婚姻解放)的密切关系。由此,他在《娜拉走后怎样》一文中,谈到娜拉出走的命运时说,"但从事理上推想起来,娜拉或者也实在只有两条路:不是堕落,就是回来"[1]。因为,"自由固不是钱所能买到的,但能够为钱而卖掉"[2]。鲁迅对世俗化推进的困难,有着清醒的认识:"要求经济权固然是很平凡的事,然而也许比要求高尚的参政权以及博大的女子解放之类更烦难。"[3]他的作品《伤逝》《孤独者》《在酒楼上》《阿Q正传》等,均强调了物质的解放对个性解放的重要基础作用。没有物质的基础,个性的解放、民主、科学等启蒙要义,最终会走向必然的毁灭和失败的悲剧。但无奈18世纪欧洲启蒙运动对"五四"的影响更为深远,这就是"民主""科学""个性解放"成为"五四"旗号的重要原因。中国的启蒙运动在实际上跳过了欧洲文艺复兴时期"世俗化"启蒙这一重要阶段,最终,启蒙煮了"夹生饭"。这么多年来,我们仅仅认识到由于"革命"和"救亡"最终压倒了"启蒙",最终导致现代启蒙运动做成了一锅"夹生饭",却没有认识到在这锅"夹生饭"里,也有长期被忽略、漠视甚至是被批判的"世俗化"启蒙因子:

> 世俗化启蒙是启蒙的一个重要组成部分。在民主、科学、个人解放(或名"个性解放")等"五四"启蒙的诸多问题中,世俗化启蒙应该归入个人解放的范畴。物质和身体的解放是个人解放的基础和条件,也是重要组成部分。对于个人来说,先有了肉体和生存欲望的满足,然后才有了自我、自由等更高层面上的理念和要求。一个在物质和身体上均得不到满足、没有自由的人,也是无法真正获得真正意义上的精神自由和个性解放的……欧洲中世纪神学、中

---

[1] 鲁迅:《娜拉走后怎样》,《鲁迅全集》(第一卷),第166页,北京:人民文学出版社,2005年。
[2] 鲁迅:《娜拉走后怎样》,《鲁迅全集》(第一卷),第168页,北京:人民文学出版社,2005年。
[3] 鲁迅:《娜拉走后怎样》,《鲁迅全集》(第一卷),第168页,北京:人民文学出版社,2005年。

国的封建主义、"左"倾主义,它们反启蒙的本质,首先即在于,他们压抑、否定或蔑视人的肉身的食色需求,进而取消人的精神自由。因为,取消了生物意义上的人,才能从根本上取消人的基础;从而使人变成"非人",成为所谓的"神",成为"圣贤",成为"社会主义的新人",等等。一句话,把人变成了宗教神学、封建理学或者"左"倾主义的奴隶,而不是真正意义上的"人"。[1]

这是较早关于中国"世俗化"启蒙问题的论述之一,并给予了肯定性的评价和结论。其提出者是南京大学文学院博士生海马,他在由著名学者董健教授指导的博士论文《激流与残冰——启蒙视域中的1990年中国大陆戏剧》中率先提出了"世俗化"启蒙的概念,并以20世纪90年代的中国戏剧为例,对此进行了阐述和论证。

1992年邓小平"南方谈话"的发表,成为一个新的时间节点。此后,沿着80年代的改革开放路径,90年代的市场化进程迅速得以推进。90年代启蒙呈现了新的形态,即以人在物质和身体方面的世俗化解放为主要特征。在90年代,人的身体因素、物质性因素受到特别关注。人们对物质和财富的欲求、对身体解放的欲求空前高涨,甚至在某种程度上出现了为人们所诟病的"人欲横流"的社会现象。这一点,与欧洲文艺复兴时期的情形,有着非常惊人的相似之处。这也正是在1990年代以来,随着社会主义市场经济而得以勃兴的"世俗化启蒙"。

然而,对于这个"世俗化"启蒙时代的到来,我们理论界却缺少应有的认识。1993年的"人文精神"大讨论,其主要话题即与"世俗化"启蒙有关。这样的争鸣,在20世纪80年代末的"刘李之争"中已经触及,只是我们的学术理论界并未注意,也未认识到其中的重要意义。

在此基础上,则有了"新理性主义"的产生。其实,"新理性主义"正是

---

[1] 海马:《激流与残冰——启蒙视域中的1990年代中国大陆戏剧》,第10页,南京:南京大学出版社,2012年。

第六章 回到"五四",超越"五四":当代思想在"复调"基础之上,以多元化和多重性的方式或姿势展开(1992—)

"五四"新文化运动以来理性启蒙精神的重申和强调,但却以"世俗化"启蒙的解毒剂的方式出现。其目标即为了拯救失落的理性精神,消解"世俗化"启蒙所带来的物化现象。其中的主要代表人物有钱中文等人,他所撰写的《新理性精神文学论》一书中的立论依据即是:

> 对物的无尽的追求的内在规律是,造成了对人的挤压,物的阴影遮蔽了人。物欲的发展不断转化为对金钱权力的追逐,使自身成为了一种异化力量,使人变为物的奴隶……人有肉体生存的需要,要有安居的住所……同时他还有精神的需要,还要在其物质家园中营造精神安居的家园,还要有精神文化的建构与提高。[1]

这样的担忧和吁求,应该说是具有合理性和预见性的。这就像一辆汽车一样,既要有充足的动力系统、油门,还要有完整、有效的制动系统和刹车。因为,欧洲文艺复兴时期的"世俗化"启蒙,有传统宗教作为其制约和缓冲因素,因而不至于走向物化和异化的某种极端状态;而中国是一个没有完整宗教背景的国家,再加上长期以来对人的物质和身体欲望的压抑,作为"世俗化"启蒙的直接结果,极易走向"人欲横流"和"道德沦丧"的道路。钱中文们的担忧并非没有依据,更不是多余。新理性主义是对"五四"以来占主导地位的理性启蒙精神的继续,而"世俗化"启蒙则是处于弱势地位的"世俗化"启蒙精神在新的历史条件下的崛起。

出现以上情况的重要原因,是中国启蒙的现实及其"理论缺陷"。一个必须正视的现实是:在现实层面,由于"救亡"和"革命"的裹挟,以及"左"倾主义的长期干扰,中国的世俗化启蒙几乎没有得以实施的条件和环境,人的世俗化欲望并没有得到更大的满足,反而受到长期的压抑。而在理论层面,关于世俗化启蒙的相关问题,虽有"五四"先哲们片言只语的论述,在作品中亦有少量的表现,但世俗化启蒙并没有真正在理论上得到充分的研究,对其地

---

[1] 钱中文:《新理性精神文学论》,第5—9页,武汉:华中师范大学出版社,2000年。

位、意义和价值更是认识不足。即使在启蒙高涨的"五四"时期和80年代，也是以反封建和反"左"为中心任务，却很少直接顾及"世俗化启蒙"问题。

因此，部分知识分子或者说启蒙者，不仅无视世俗化和世俗化启蒙这个现实，而且把世俗化启蒙当作反启蒙来批判，把带来世俗化启蒙的市场经济当作罪魁祸首，把社会的人欲横流、道德沦丧现象归罪于市场经济和世俗化启蒙。他们无法厘定世俗化启蒙和放纵、堕落之间的界限，沦陷在"道德理想主义"的虚幻图景里，并认定那是启蒙的正宗，甚至是唯一的启蒙。他们对世俗化启蒙在90年代的重要性、正义性和革命性，几乎视而不见。当然，他们更不能辩证地认识到，90年代启蒙并不是到世俗化启蒙为止，世俗化启蒙只是启蒙的开始，是基础性的启蒙，不能因此忽略更高层次的启蒙，不能忽略人的精神追求。

但是，在世俗化启蒙与新理性主义这组思想"复调"中，新理性主义的力量尚嫌薄弱。如果借鉴和融汇现代新儒学甚至是宗教思想文化中的某些积极因素，再加上马克思主义思想教育体系的中坚力量，不仅会收到更好的效果，而且现代启蒙的大业也才会沿着正确的方向和道路不断前进和发展。

第三节　新的政治、经济格局以及"民族主义"背景下，中国传统文化的复兴

经过新中国成立以来列次批判运动，特别是"文革"中"破四旧"、"评法批儒"等的打击，以儒学为主体的中国传统文化，基本销声匿迹。中国传统文化在80年代也基本处于沉寂状态，即使有所作为也没有引起太大反响。进入90年代以来，由于马克思主义改革派、保守派以及现代启蒙主义的延续，新启蒙主义与新自由主义之间呈现斗争、分化以及激烈纠缠的态势，特别是关于"民族主义"和"后殖民主义"的论争，使得建立中国本土文化的呼声渐高。中国传统文化乘势而起，主张"传统的创造性转化"，并试图以自己的思想文化方案来解决中国的问题。

第六章 回到"五四",超越"五四":当代思想在"复调"基础之上,以多元化和多重性的方式或姿势展开(1992—)

在主流意识形态的支持下,以现代新儒学为代表的中国传统文化有"趋热"之势。央视的"百家讲坛""诗词大会",各种学术研讨会等如火如荼,中国传统文化呈现"烈火烹油"式的复兴。

现代新儒学可以追溯到清末"戊戌变法"运动中康有为等人的"托古改制",为了引进西方先进的政治、经济和文化,其对中国传统儒家思想进行新的或者说现代性的诠释。在"五四"新文化运动期间,梁漱溟以《东西文化及其哲学》等文章,成为现代新儒学的主要代表人物之一。在三四十年代全民抗战时期,现代新儒学在民族主义勃兴的社会大背景之下,再度获得振兴,涌现出了像冯友兰、熊十力、金岳霖等一批新儒学的大师级人物。在新中国成立后直到"文革",现代新儒学作为封建主义的思想意识处在被批判和排斥的状态;而在思想解放运动发生后,占据主流的仍然是自由主义思想,现代新儒学仍然处于被打压和贬抑的状态。90年代以来,由于思想多元化以及全球化、民族化问题再度提到全社会的面前,现代新儒学特别是海外现代新儒学受到人们的关注,其代表人物唐君毅、牟宗三、徐复观、余英时、刘述先、成中英、杜维明等的思想观点,开始呈现广泛流行之势。

学界把"现代新儒学"在中国及海外的主要发展历程分成四个阶段:① "五四"新文化运动前后,这是现当代新儒学思潮形成和发展的第一阶段,东西方文化问题论战和"科学与人生观"论战是其崭露头角的代表之作,梁启超、梁漱溟等是其代表人物。② 在抗战时期及抗战胜利后的中国大陆,这是现代新儒学得以快速发展的第二阶段,涌现出了熊十力、冯友兰、钱穆、贺麟、金岳霖、张君劢等一批新儒学的大师级人物,提出了"新唯识论""新理学""新心学"等理论。③ 第三阶段则主要发生在20世纪50年代至70年代的中国台湾和香港地区,主要代表人物有钱穆、唐君毅、牟宗三、徐复观、张君劢等人。④ 第四阶段思潮则发生在20世纪70年代至90年代的海外,主要代表人物有杜维明、余英时、林毓生等人。80年代中后期,借改革开放的契机,海外新儒学经由部分华人学者引入中国。

在20世纪80年代末90年代初,现代新儒学的重要分支海外新儒学借助激进主义与保守主义之争而引人注目。其主要代表人物是海外新儒学的代表人物林毓生、余英时等人。这次海外新儒学登陆中国大陆,可以说是现代新儒学的"出口转内销"。1986年底,林毓生的《中国意识的危机》一书经翻译在大陆出版。此书主要探讨"五四"新文化运动时期激进反传统主义的生成根源及其性质,并指出从"五四"到"文革"有着一脉相承的谱系关系。这种观点受到大陆学者激烈的抵制和批判。1989年9月,余英时在香港大学做了题为"中国近代思想史上的激进与保守"的演讲,继续反思"五四"以来的激进主义思潮,提出了保守主义和激进主义之间如何形成一个多元、宽容的理论及文化空间,从而保证两者之间的平衡和良性互动。

与此同时,大陆新权威主义学者萧功秦与之相呼应。1990年12月,萧功秦在《中国青年报》主办的题为"中国传统文化与社会主义现代化"的座谈会上,正式提出了"新保守主义"的新概念。其后,则又在海外发表了《历史拒绝浪漫:新保守主义改革思潮的崛起》《走向成熟》等文章,批判文化激进主义,倡导新权威主义。

由此,以香港《二十一世纪》杂志和北京的《东方》杂志为主要阵地,形成了一场关于保守与激进的大论争。保守主义的一方主要是余英时、李泽厚、王元化、陈来、萧功秦等,为激进主义辩护的则主要是袁伟时、秦晖、姜义华、何家栋、朱学勤等。姜义华和余英时在《二十一世纪》1992年第10期分别发表了《激进与保守:与余英时先生商榷》《再论中国现代思想中的激进与保守——答姜义华先生》,激进与保守之争在香港拉开大幕。在这场论争中,现代新儒学得到了有效传播。此后,中国大陆新儒学抓住90年代共产党倡导培育和弘扬中国传统文化、弘扬民族精神的契机,得到了长足发展。

进入21世纪以来,在官方意识形态的默许甚至是导引之下,现代新儒学得到了一定程度的提倡以及一部分人的拥戴。此时,出现了吴钧的《中国的自由传统》一书,从中国传统儒学中寻找和挖掘自由主义的思想资源。这是现代新儒学"传统的现代性转化"思路的另一版本或套路,即是从传统文化中挖掘现代思想资源。其实,这种思考并不新鲜,胡适早就做过从中国传统文化资源中寻找自由传统的尝试。同时,还出现了21世纪初的"甲申文化宣言"、中小学生的"读经运动"、天安门孔子雕塑等事件,标志着现

第六章 回到"五四",超越"五四":当代思想在"复调"基础之上,以多元化和多重性的方式或姿势展开(1992—)

代新儒学的全新进展,以及从理论进入了实践层面。

2004年,由许嘉璐、季羡林、任继愈、杨振宁、王蒙发起,由中华文化促进会主办的"2004文化高峰论坛"上,发表了著名的"甲申文化宣言"。宣言从文明的多样性和多元化的角度,提出中华文明的存在意义和价值:

> 文明多样性是人类文化存有的基本形态。不同国家和民族的起源、地域环境和历史过程各不相同,而色彩斑斓的人文图景,正是不同文明之间相互解读、辨识、竞争、对话和交融的动力。我们期待,经历过全球化的洗礼,原生状态的、相对独立的多样文明将获得更为广泛的参照,更为坚定的认同。文明既属于历史范畴,既已成为不同族群的恒久信仰、行为方式和习俗,则理应受到普遍的尊重。我们主张文明对话,以减少偏见、减少敌意,消弭隔阂,消弭误解。我们反对排斥异质文明的狭隘民族主义,更反对以优劣论文明,或者将不同文明之间的关系形容为不可调和的冲突,甚至认为这种冲突将导致灾难性的政治角力和战争。

由此,用以消除物质至上、价值失落等现象:

> 华夏56个民族共同创造的中华文化,至今仍是全体中国人和海外华人的精神家园、情感纽带和身份认同。应当认识,中华文化五千年生生不息、绵延不断的重要原因,在于她是发生于上古时代多个区域、多个民族、多种形态的文化综合体。她不但有自强的力量,而且有兼容的气度、灵变的智慧。当是时也,我们应当与时俱进,反思自己的传统文化,学习和吸收世界各国文化的优长,以发展中国的文化。我们接受自由、民主、公正、人权、法治、种族平等、国家主权等价值观。我们确信,中华文化注重人格、注重伦理、注重利他、注重和谐的东方品格和释放着和平信息的人文精神,对于思考和消解当今世界个人至上、物欲至上、恶性

竞争、掠夺性开发以及种种令人忧虑的现象,对于追求人类的安宁与幸福,必将提供重要的思想启示。[1]

这个宣言,不禁让我们联想到1930年由十教授发表的《中国文化本位主义宣言》,但后者站在全球化和民族化的双重高度之上,因而在理论架构和境界上更加完整和具有高度。

与此同时,"读经运动"也经由海外传到中国,在中小学生中轰轰烈烈地掀起。其积极倡导者主要是蒋庆、王贵财等人。与其蓬勃之势相对照,"读经运动"受到了来自社会各界的质疑、批评和争鸣。耶鲁大学历史系博士生薛涌在《南方周末》发表《走向蒙昧的文化保守主义》一文,严厉批评蒋庆的努力是"一场以'文化保守主义'为旗帜的愚民运动似乎正在开始",属于"文化蒙昧主义"[2]。随后在《南方周末》和宪政论衡等网络论坛上,北京学者秋风、北大博士刘海波和四川学者王怡对薛涌展开了批评。

虽然弘扬中华传统文化是主流意识形态所倡导的行为,但由于"读经运动"的某种异化和变味,还是受到了主流媒体的批评。2016年9月8日《人民日报》刊发题为《如此读经为何只能造就庸才(金台论道·告别平庸系列谈8)》的文章,认为这是一场毫无意义的赌博,输光了孩子的宝贵青春后,造就了一批庸才与废物。"读经运动"从根本上违反教育规律、违反认知规律,是注定要失败的。同时提醒说,"读经运动"是在传统文化热中出现的。对传统文化热,我们必须保持足够的清醒,防止出现形式主义和走极端的情况。尤其是要防止有些人借"读经运动",大搞商业性国学班,一边赚钱一边毁人。[3]

与《人民日报》对"读经运动"质疑和批评不同,从2006年起,中央电视台的"百家讲坛"栏目即推出了中国传统文化系列讲座,造就了于丹等一批

---

[1] 许嘉璐等:《甲申文化宣言》,《大地》,2004年第18期。
[2] 薛涌:《走向蒙昧的文化保守主义》,《南方周末》,2004年7月8日。
[3] 张贺:《如此读经为何只能造就庸才(金台论道·告别平庸系列谈8)》,《人民日报》,2016年9月8日。

第六章 回到"五四",超越"五四":当代思想在"复调"基础之上,以多元化和多重性的方式或姿势展开(1992—)

"国学"名人。"于丹《论语》心得"、"于丹《庄子》心得"先后推出,受到了一些观众的热捧,但批评和质疑之声同样不绝于耳。

这些拓展以及拓展之中的某些犹疑和迟缓,正是一种曾经被视为异类的思想逐渐向中心和主流靠拢时的必然现象之一。这同时也表明,以马克思主义"改革派"为核心的官方意识形态,出于更为深远的目的,比如中国民族文化的建设以及在"全球化"的大背景下确立自己的文化依托和文化自信问题,对现代新儒学采取了更为积极的容纳和吸收的态度。90年代以来,中央多次把"弘扬优秀中华传统文化"写入正式文件。

自由主义与现代新儒学的关系,则显得更为复杂。"五四"新文化运动是以反对"孔孟之道"作为反封建的主要任务的,"全盘西化"是其主要的文化口号或现代化目标。然而,自由主义在本质上并不全盘否定包括儒学在内的中国传统文化,这从胡适等人提倡"整理国故"即可见一斑。应该说,在融汇中西以创建中国文化这个目标上,中国自由主义与现代新儒学在大的目标上也是一致的,至少取同一方向和向度的。事实上,现代新儒学也并不反对向西方文化学习这些现代化性目标,只是更多强调以儒家文化为主的"中国文化本位主义"的重要性和必要性,提出更多吸纳中国传统文化的精髓部分并以此救助或弥补西方现代文化之不足的主张。因此,在自由主义与现代新儒学之间,虽然也存在某种文化上的紧张关系,但在建设民族文化的大目标上是没有分歧和差异的。

90年代以来,以"文化本位主义"为特征的现代新儒学的再度兴起,预示着新文化思想的另一组"复调"关系也由此回归。现代新儒学汇入了新思想文化建设的奏鸣曲之中。

90年代以来,中国现代思想史呈现出多元化和"复调"式的交响,多元化思想在相互争鸣、冲突中实现自我表述,呈现出复杂纠合关系。除了以上思想"复调"之外,还有现代主义与后现代主义、新权威主义与新保守主义、激进主义与保守主义、世界主义与后殖民主义(民族主义)等"复调"式的思想存在。例如,世界主义是马克思主义的重要思想内容,但民族主义、后殖民主义等思想则无疑是对"世界主义"怀有深刻的戒备和怀疑。从某种程度上来说,"世界主义"往往被民族主义者和后殖民主义者理解为政治、经济和文化上的被侵略以及主权的丧失。

以上是90年代以来,中国新思想文化总体上的思想脉络和发展路径。应该说,90年代以及其后的21世纪,中国当代新思想文化基本上在"复调"性的基础之上,以"多元化"和"多重性"的方式存在并展开的。

现代新思想文化,从来就不应该是你死我活的单一存在物。新思想文化的这种包容性、互动性的品格,无疑属于一种现代品格。欧洲中世纪那种在宗教法庭上烧死"异端者"的做法,不仅说明了思想的不宽容,也是思想者的罪恶,这就像在斯大林主义统治时期,以及中国"文革"时那样,是人类思想史上的黑暗时代。

这种"复调"基础之上的思想多元化以及多重性的展开,恰恰是一幅美好的图景。启蒙没有死,现代启蒙主义在新的时代呈现出了生命的蓬勃之势;启蒙也没有"崩溃"或"瓦解",相反,在这个历史时期,现代启蒙主义恰恰在真正意义上有了崛起和深入,并有了远为充分的展开。

正如著名学者许纪霖、罗岗等在《启蒙的自我瓦解:1990年代以来中国思想文化界重大论争研究》一书中所说——

"启蒙死了,启蒙万岁。死去的是启蒙传统中各种绝对主义的元话语,而永恒的将是启蒙思想中的交往理性和批评精神。"[1]

---

[1] 许纪霖、罗岗等:《启蒙的自我瓦解:1990年代以来中国思想文化界重大论争研究》,第42页,长春:吉林出版集团有限责任公司,2007年。

主要参考文献

［英］罗素：《西方哲学史》，何兆武、李约瑟译，北京：商务印书馆，1963年。

［美］舒衡哲：《中国启蒙运动——知识分子与"五四"遗产》，刘京建译，北京：新星出版社，2007年。

［美］费正清：《伟大的中国革命（1800—1985）》，刘尊棋译，北京：国际文化出版公司，1989年。

［美］格里德：《胡适与中国的文艺复兴——中国革命中的自由主义（1917—1950）》，鲁奇译，南京：江苏人民出版社，1989年。

［美］布兰特利·沃马克：《毛泽东政治思想的基础（1917—1935）》，霍伟岸、刘晨译，北京：中国人民大学出版社，2006年。

［美］里亚·格林菲尔德：《民族主义：走向现代的五条道路》，王春华等译，上海：上海三联书店，2010年。

［英］崔瑞德、鲁惟五：《剑桥中华秦汉史》，北京：中国社会科学出版社，2016年。

［英］崔瑞德：《剑桥中华隋唐史》，北京：中国社会科学出版社，2016年。

［美］牟复礼、［英］崔瑞德：《剑桥中国明代史》（上、下），杨品泉等译，北京：中国社会科学出版社，2016年。

［美］费正清、刘广京：《剑桥中华晚清史》（上、下），杨品泉等译，北京：中国社会科学出版社，2016年。

[美]费正清:《剑桥中华民国史》(上、下),杨品泉等译,北京:中国社会科学出版社,2016年。

[美]R.麦克法夸尔、费正清:《剑桥中华人民共和国史:革命的中国的兴起(1949—1965)》,谢亮生等译,北京:中国社会科学出版社,1990年。

[美]R.麦克法夸尔、费正清:《剑桥中华人民共和国史:中国革命内部的革命(1966—1982)》,俞金尧等译,北京:中国社会科学出版社,1990年。

[美]费正清:《中国的思想与制度》,郭晓兵等译,北京:世界知识出版社,2008年。

[英]托兰德等:《托兰德与激进启蒙》,刘晓枫编,冯庆等译,北京:华夏出版社,2015年。

[美]房龙:《宽容》,迮卫、靳翠微译,北京:生活·读书·新知三联书店,1985年。

[法]卢梭:《论人类不平等的起源与基础》,李常山译,北京:红旗出版社,1997年。

[法]卢梭:《社会契约论》,何兆武译,北京:红旗出版社,1997年。

[英]约翰·西奥多·梅尔茨:《十九世纪欧洲思想史》(第一卷),北京:商务印书馆,2017年。

[英]约翰·西奥多·梅尔茨:《十九世纪欧洲思想史》(第二卷),北京:商务印书馆,2017年。

[英]彼得·沃森:《20世纪思想史(上、下)》,上海:上海译文出版社,2008年。

[英]戴维·麦克莱伦:《卡尔·马克思传》,王珍译,北京:中国人民大学出版社,2005年。

[德]E.卡西尔:《启蒙哲学》,顾伟铭等译,济南:山东人民出版社,2007年。

[美]詹姆斯·施密特编:《启蒙运动与现代性》,徐向东、卢华萍译,上海:上海人民出版社,2005年。

[美]罗素·哈丁:《自由主义、宪政主义和民主》,王欢、王申民译,北

京:商务印书馆,2017年。

[美]L. J. 宾克莱:《理想的冲突》,马元德等译,北京:商务印书馆,1983年。

[美]弗·杰姆逊:《后现代主义与文化理论》,唐小兵译,西安:陕西师范大学出版社,1986年。

[美]埃德加·斯诺:《西行漫记》,北京:生活·读书·新知三联书店,1979年。

[德]马克思、恩格斯:《马克思恩格斯选集》,北京:人民出版社出版,1972年。

[德]马克思等:《论人性、异化、人道主义》,北京:清华大学出版社,1983年。

[美]威廉·H. 布兰察德:《革命道德:关于革命者的精神分析》,北京:中央编译出版社,2004年。

[英]罗素:《宗教与科学》,北京:商务印书馆,2000年。

[美]埃利奥特·阿伦森:《社会性动物》,郑日昌等译,北京:新华出版社,2001年。

[美]约翰·费斯克:《理解大众文化》,王晓珏、宋伟杰译,北京:中共编译出版社,2001年。

[美]塞维尔:《启蒙运动的内在问题:莱辛思想再释》,刘小枫主编,贺志刚译,北京:华夏出版社,2007年。

[英]罗伯特·伯恩斯、休·雷斯:《历史哲学:从启蒙到后现代性》,北京:北京师范大学出版社,2009年。

[德]卡西尔:《启蒙哲学》,顾伟铭等译,济南:山东人民出版社,1988年。

[德]马克斯·霍克海默、西奥多·阿道尔诺:《启蒙辩证法》,渠敬东等译,上海:上海人民出版社,2006年。

[美]詹姆斯·施密特:《启蒙运动与现代性:18世纪与20世纪的对话》,徐向东、卢华萍译,上海:上海人民出版社,2005年。

［德］爱德华·伯恩斯坦:《伯恩斯坦文选》,北京:人民出版社,2008年。

［法］朱利安:《论普世》,吴泓缈、赵鸣译,北京:北京大学出版社,2016年。

［美］约翰·格拉夫、大卫·瓦恩、托马斯·内勒:《流行性物欲症》,闾佳译,北京:中国人民大学出版社,2006年。

［德］恩斯特·卡西尔:《人论》,甘阳译,上海:上海译文出版社,1985年。

［德］埃里希·弗罗姆:《逃避自由》,陈学明译,北京:工人出版社,1987年。

［美］埃里希·弗洛姆:《在幻想锁链的彼岸:我所理解的马克思和弗洛伊德》,张燕译,长沙:湖南人民出版社,1986年。

［德］马克斯·韦伯:《文明的历史脚步》,黄宪起、张晓琳译,上海:上海三联书店,1988年。

［德］西格蒙德·弗洛伊德:《文明及其缺憾》,傅雅芳、郝冬瑾译,合肥:安徽文艺出版社,1987年。

［德］席勒:《审美教育书简》,张玉能译,南京:凤凰传媒集团,2009年。

［瑞士］雅各布·布克哈特:《历史讲稿》,刘北成、刘研译,北京:生活·读书·新知三联书店,2009年。

［瑞士］雅各布·布克哈特:《意大利文艺复兴时期的文化》,何新译,北京:商务印书馆,1979年。

［法］托克维尔:《旧制度与大革命》,冯棠译,北京:商务印书馆,2002年。

［英］阿克顿:《法国大革命讲稿》,北京:商务印书馆,2013年。

［法］勒内·格鲁塞:《东方的文明》,北京:商务印书馆,2016年。

［美］亨利·基辛格:《世界秩序》,北京:中信出版集团,2015年。

［美］马斯洛等著:《人的潜能和价值》,林方主编,北京:华夏出版社,1987年。

［法］葛兰言:《中国文明》,杨英译,北京:中国人民大学出版社,

2012年。

[美]周锡瑞:《义和团运动的起源》,张俊义、王栋译,南京:江苏人民出版社,1995年。

[英]苏埃德·斯潘塞、安德烈·克劳兹:《启蒙运动》,蔡清子译,合肥:安徽文艺出版社,2009年。

[美]斯蒂芬·埃里克·布隆纳:《重申启蒙:论一种积极参与的政治》,殷杲译,南京:江苏人民出版社,2006年。

[美]帕尔默等:《启蒙到大革命:理性与激情》,陈敦全等译,北京:世界图书出版公司,2010年。

[美]萨莱诺:《超越启蒙时代:社会理论家的生活和思想》,济南:山东人民出版社,2009年。

[德]里夏德·范迪尔门:《欧洲近代生活:宗教、巫术、启蒙运动》,王亚平译,北京:东方出版社,2005年。

[英]梅格纳德·德赛:《马克思的复仇:资本主义的复苏和苏联集权社会主义的灭亡》,汪澄清译,北京:中国人民大学出版社,2006年。

[加]约翰·华特生编选:《康德哲学原著选读》,韦卓民译,武汉:华中师范大学出版社,2000年。

[美]保罗·法伊尔阿本德:《自由社会中的科学》,兰征译,上海:上海译文出版社,2005年。

[美]汉娜·阿伦特:《人的境况》,王寅丽译,上海:上海人民出版社,2009年。

[英]史蒂文·康纳:《后现代主义文化》,周宪、许钧主编,严忠志译,北京:商务印书馆,2002年。

[美]赫伯特·马尔库塞:《单向度的人:发达工业社会意识形态研究》,刘继译,上海:上海译文出版社,1989年。

[美]尼尔·波兹曼:《娱乐至死》,桂林:广西师范大学出版社,2009年。

[法]德里达:《德里达中国讲演录》,杜小真、张宁主编,北京:中央编译出版社,2003年。

[德]罗尔夫·魏格豪斯:《法兰克福学派:历史、理论及政治影响(上、下)》,孟登迎等译,上海:上海人民出版社,2010年。

朱熹集注:《四书》,顾美华标点,上海:上海古籍出版社,1995年。

韦昭注:《国语》,上海:上海古籍出版社,2007年。

朱越利校点:《墨子》,沈阳:辽宁教育出版社,1997年。

梁运华校点:《管子》,沈阳:辽宁教育出版社,1997年。

刘向编订:《战国策》,上海:上海古籍出版社,2007年。

北京图书馆编:《历代法家文选》,北京:文物出版社,1975年。

康有为:《大同书》,郑州:中州古籍出版社,1998年。

梁启超:《新民说》,郑州:中州古籍出版社,1998年。

梁启超:《梁启超读本》,老愚评注,呼和浩特:内蒙古大学出版社,2008年。

张朋园:《梁启超与清季革命》,长春:吉林出版集团,2007年。

梁启超:《儒家哲学》,北京:中华书局,2015年。

谭嗣同:《仁学》,郑州:中州古籍出版社,1998年。

郑观应:《盛世危言》,郑州:中州古籍出版社,1998年。

魏源:《海国图志》,郑州:中州古籍出版社,1998年。

王韬:《弢园文录外编》,郑州:中州古籍出版社,1999年。

冯桂芬:《校邠庐抗议》,郑州:中州古籍出版社,1999年。

容闳:《西学东渐记》,郑州:中州古籍出版社,1998年。

王国维:《王国维集》,北京:中国社会科学出版社,2017年。

梁漱溟:《梁漱溟文存》,南京:江苏人民出版社,2014年。

钱穆:《中国思想史》,北京:九州出版社,2017年。

钱穆:《中华文化十二讲》,北京:九州出版社,2012年。

钱穆:《文化学大义》,北京:九州出版社,2012年。

钱穆:《中国思想史六讲》,北京:九州出版社,2012年。

钱穆:《民族与文化》,北京:九州出版社,2012年。

唐君毅:《中国人文精神之发展》,桂林:广西师范大学出版社,2005年。

唐君毅:《中国文化之精神价值》,桂林:广西师范大学出版社,2005年。

杜维明:《儒家精神取向的当代价值》,北京:北京大学出版社,2016年。

方东美:《新儒家哲学十八讲》,北京:中华书局,2012年。

方东美:《原始儒家道家哲学》,北京:中华书局,2012年。

辜鸿铭、章太炎等:《儒家二十讲》,北京:华夏出版社,2002年。

康有为、梁启超等:《孟子二十讲》,北京:华夏出版社,2002年。

冯友兰:《中国哲学史(上、下)》,上海:华东师范大学出版社,2000年。

冯友兰:《中国现代哲学史》,广州:广东人民出版社,1999年。

吕思勉:《中国文化史》,北京:海潮出版社,2008年。

柳诒徵:《中国文化史(上、下)》,北京:中国文史出版社,2015年。

蒋维乔:《中国近三百年哲学史》,北京:新世界出版社,2015年。

丁三青:《张君劢解读中国史境下的自由主义话语》,南京:南京大学出版社,2009年。

江堤等编:《寻找文化的尊严:余秋雨、杜维明谈中华文化》,长沙:湖南大学出版社,2000年。

南京大学中国现代文学研究中心编:《启蒙文献选编》(中国卷),上海:上海人民出版社,2010年。

南京大学中国现代文学研究中心编:《启蒙文献选编》(外国卷),上海:上海人民出版社,2010年。

中共中央党史研究室编:《中国共产党历史》(第一卷　1921—1949),北京:中共党史出版社,2011年。

中共中央党史研究室编:《中国共产党历史》(第二卷　1949—1978),北京:中共党史出版社,2011年。

胡适:《胡适文集》(1—7卷),北京:人民文学出版社,1998年。

陈独秀:《独秀文存》,合肥:安徽人民出版社,1987年。

陈独秀等:《新青年》,郑州:中州古籍出版社,1999年。

吴钩:《中国的自由传统》,上海:复旦大学出版社,2014年。

张申府:《什么是新启蒙运动》,北京:生活・读书・新知三联书店,

2012年。

吴根友主编:《多元范式下的明清思想研究》,北京:生活·读书·新知三联书店,2011年。

陈宝良:《悄悄散去的幕纱:明清文化历程新说》,西安:陕西人民教育出版社,1988年。

许苏民、申屠炉明主编:《明清思想文化变迁》,南京:南京大学出版社,2009年。

童世骏:《中西对话中的现代性问题》,上海:学林出版社,2010年。

许纪霖、宋宏编:《现代中国思想的核心观念》,上海:上海人民出版社,2011年。

袁伟时:《文化与中国转型》,杭州:浙江大学出版社,2016年。

公羊主编:《思潮——中国"新左派"及其影响》,北京:中国社会科学出版社,2003年。

萧功秦:《超越左右激进主义:走出中国转型的困境》,杭州:浙江大学出版社,2012年。

甘阳:《文明·国家·大学》,北京:生活·读书·新知三联书店,2012年。

甘阳:《民主四讲》,北京:生活·读书·新知三联书店,2008年。

甘阳:《通三统》,北京:生活·读书·新知三联书店,2007年。

黄仁宇:《资本主义与二十一世纪》,北京:生活·读书·新知三联书店,1997年。

金冲及:《二十世纪中国史纲》(上、下),北京:社会科学文学出版社,2009年。

吕思勉:《中国近代史》,南京:江苏人民出版社,2014年。

胡绳:《从鸦片战争到五四运动》(上、下),北京:人民出版社,2010年。

朱宗震:《真假共和:1912年中国宪政实验的台前幕后》,太原:山西人民出版社,2008年。

章开沅、严昌洪主编:《辛亥革命与中国政治发展》,武汉:华中师范大学出版社,2005年。

董德福、史云波:《回首五四:百年中国思潮和人物》,北京:人民出版社,2008年。

王彬彬:《并未远去的背景》,广州:广东人民出版社,2010年。

丁玲等编:《红军长征记》(上、下),桂林:广西师范大学出版社,2006年。

李洁非、杨劼:《解读延安:文学、知识分子和文化》,北京:当代中国出版社,2010年。

张伟瑄等主编:《共和国风云四十年(1949—1989)》,北京:中国政法大学出版社,1989年。

萧冬连等:《求索中国:"文革"前十年史》(上、下),北京:中共党史出版社,2011年。

高皋、严加其:《"文化大革命"十年史》,天津:天津人民出版社,1986年。

哈佛燕京学社编:《儒家传统与启蒙心态》,南京:江苏教育出版社,2005年。

董健:《跬步斋读思录》,南京:江苏教育出版社,2001年。

李泽厚:《中国古代思想史论》,北京:生活·读书·新知三联书店,2008年。

李泽厚:《中国近代思想史论》,北京:生活·读书·新知三联书店,2008年。

李泽厚:《中国现代思想史论》,合肥:安徽文艺出版社,1994年。

李泽厚:《批判哲学的批判》,合肥:安徽文艺出版社,1994年。

李泽厚、陈明:《浮生论学》,北京:华夏出版社,2002年。

孙隆基:《中国文化的"深层结构"》(上、下),西安:华岳文艺出版社,1988年。

智效民编著:《民主还是独裁:70年前一场关于现代化的论争》,广州:广东人民出版社,2010年。

何锡蓉主编:《新中国哲学的历程》,上海:学林出版社,2012年。

杨振宁等:《中国文化与科学》,南京:江苏教育出版社,2003年。

费孝通等著:《中国文化与全球化》,南京:江苏教育出版社,2003年。

孙中山:《孙中山选集》,北京:人民出版社,1956年。

毛泽东:《毛泽东选集》(一——四卷),北京:人民出版社,1968年。

毛泽东:《毛泽东选集》(第五卷),北京:人民出版社,1977年。

邓小平:《邓小平文选》(第二、三卷),北京:人民出版社,1983年。

江泽民:《江泽民文选》(一——三卷),北京:人民出版社,2006年。

习近平:《习近平谈治国理政》,北京:外文出版社,2014年。

中共中央宣传部编:《习近平总书记系列重要讲话读本》,北京:学习出版社、人民出版社,2016年。

鲁迅:《鲁迅全集》(第一、四卷),北京:人民文学出版社,2005年。

林贤治:《五四之魂:中国知识分子精神史》,桂林:广西师范大学出版社,2008年。

杨河主编:《五四运动与民族复兴》,北京:北京大学出版社,2010年。

牛大勇、欧阳哲生主编:《五四的历史与历史中的五四》,北京:北京大学出版社,2010年。

刘再复:《共鉴"五四"》,福州:福建教育出版社,2010年。

张椿年:《从信仰到理性:意大利人文主义研究》,杭州:浙江人民出版社,1993年。

张骥等:《中国文化安全与意识形态战略》,北京:人民出版社,2010年。

袁伟时主编:《告别中世纪——五四文献选粹与解读》,广州:广东人民出版社,2004年。

张竞生:《美的人生观》,北京:生活·读书·新知三联书店,2009年。

王晓明编:《人文精神寻思录》,上海:文汇出版社,1996年。

许纪霖编:《20世纪中国知识分子史论》,北京:新星出版社,2005年。

王元化:《清园近思录》,北京:中国社会科学院出版社,1998年。

海马:《激流与残冰——启蒙视域中的1990年代中国大陆戏剧》,南京:南京大学出版社,2012年。

茅于轼:《中国人的道德前景》,广州:暨南大学出版社,1997年。

钱中文:《新理性精神文学论》,武汉:华中师范大学出版社,2000年。

蔡元培:《中国伦理学史》,上海:上海古籍出版社,2005年。

陈乐民:《启蒙札记》,北京:生活·读书·新知三联书店,2009年。

陈乐民:《对话欧洲:公民社会与启蒙精神》,北京:生活·读书·新知三联书店,2009年。

赵林、邓守成主编:《启蒙与世俗化:东西方现代化历程》,武汉:武汉大学出版社,2008年。

刘小枫:《儒教与民族国家》,北京:华夏出版社,2007年。

刘小枫:《拯救与逍遥》,北京:华夏出版社,2007年。

祁志祥:《中国人学史》,上海:上海大学出版社,2002年。

祁志祥:《中国现当代人学史》,上海:学林出版社,2006年。

顾准:《顾准文集》,贵阳:贵州人民出版社,1994年。

汪晖:《现代思想的兴起》系列丛书,北京:生活·读书·新知三联书店,2008年。

徐友渔:《人文立场》,北京:中国青年出版社,2008年。

秦晖:《农民中国:历史反思与现实选择》,郑州:河南人民出版社,2003年。

秦晖:《传统十论:本土社会的制度、文化及其变革》,上海:复旦大学出版社,2010年。

张一兵:《文本的深度耕犁:后马克思思潮哲学文本解读》,北京:中国人民大学出版社,2008年。

唐正东:《从斯密到马克思:经济哲学方法的历史性诠释》,南京:江苏人民出版社,2009年。

陈贤治:《西洋政治思想史》,长春:吉林出版集团有限公司,2008年。

钱理群:《拒绝遗忘:钱理群文选》,北京:中国大百科全书出版社,2009年。

许纪霖主编:《启蒙的遗产与反思》,南京:江苏人民出版社,2010年。

许纪霖、罗岗等:《启蒙的自我瓦解:1990年代以来中国思想文化界重大论争研究》,长春:吉林出版集团有限责任公司,2007年版。

后　记

写作《中国思想文化百年史》可谓是一趟艰难的旅行和长途的跋涉。这是思想之旅,文化之旅,历史之旅,也是心灵之旅。它既是时间上的,也是空间上的,具有历史与现实相交叉、叠合的特征,并具有特有的思想意义和文化价值。

2013年8月—2014年9月,我受江苏省高校首批优秀中青年教师及校长境外研究计划的资助,访学于澳门大学人文学院。在此期间,我的访学导师朱寿桐教授正在策划、运作"新文化百年史"这一宏大的写作和出版工程,本人有幸受邀承担了《中国思想文化百年史》一书的编纂和写作工作。从2013年10月至2018年12月,相关资料的收集、阅读以及写作工作历时近五年,其间的艰辛以及酸甜苦辣自不必说,唯有寸心知之。

对于文科的学习者来说,现代新思想文化是我们的精神得以成长和成熟的乳汁或食粮。我们长期以来接受它的各种滋养,但对于它的历史进程以及各种思想体系之间复杂、纠合的关系却不甚清晰。因此,这个写作的过程不仅是梳理思想、探究文化、烛照历史,同时,对于笔者来说也是绝好的学习和思考的一个机缘。

细思中国思想文化百年史,它至少有如下若干不可回避的关键词:现代、传统、思想、文化、中国、西方、启蒙、救亡(革命)。而这些词语的交叉和组合,又构成了诸多新语汇和新含义,由此也就形成了新思想文化史复杂甚至是庞杂的特殊语境。它们与更为复杂的中国社会的政治、经济、军事等现实语境相交会,汇聚而成了一支宏大、悲壮且震撼人心的时代交响曲。

本书的《绪论》对这些关键词以及其间的关系做了初步的梳理和条缕分析,这有助于对这支宏大的交响曲进行本质上的理解和融通,而不至于陷入琐屑的历史性细节的记录和描述之中。因此,史和论的有机结合是这本书的特征之一。

由于笔者在原始资料的占有上尚有不足,且对思想文化史的总体把握在很多时候陷入力所不能及的窘境,这本书的写作不能不留下了诸多缺陷和遗憾。这只能留待于再版时加以修正和提升,如果本书还有再版机会的话。

在这本书的写作过程中,我得到了学校领导以及家人的理解和支持,在此表示感谢。还有南京师范大学出版社的丁亚芳主任以及她的同仁们,在我稍有懈怠之时,即及时"耳提面命","催逼"写作进度。如果没有她们所给予的这些压力,这本书得以及时完成是不可能的,在此一并致谢。

王　勇
2018 年 12 月 5 日于北书房